斜拉桥技术

杨 昀 刘殿元 杨 飞 杨可雄 编著

人民交通出版社股份有限公司

北 京

内 容 提 要

本书在充分调研国内外斜拉桥建设基础上,介绍了斜拉桥桥型结构发展、类型、性能、体系,系统归纳总结了斜拉桥最新的建设技术,包括设计方法、主要施工工艺及养护措施。特别地,本书还收录了2010年以后国内部分钢结构、钢-混组合结构斜拉桥的工程实例,便于读者更好地了解和认识国内斜拉桥技术的发展。

本书主要供从事桥梁工程研究、设计、施工和管理的人员使用,亦可供桥梁相关专业师生参考。

图书在版编目(CIP)数据

斜拉桥技术/杨昀等编著.—北京:人民交通出版社股份有限公司,2024.1
ISBN 978-7-114-18718-6

Ⅰ.①斜… Ⅱ.①杨… Ⅲ.①斜拉桥—工程技术
Ⅳ.①U448.27

中国国家版本馆 CIP 数据核字(2023)第 243956 号

Xielaqiao Jishu
书　　　名：斜拉桥技术
著　作　者：杨　昀　刘殿元　杨　飞　杨可雄
责任编辑：侯蓓蓓
文字编辑：周　凯
责任校对：赵媛媛　魏佳宁
责任印制：刘高彤
出版发行：人民交通出版社股份有限公司
地　　　址：(100011)北京市朝阳区安定门外外馆斜街 3 号
网　　　址：http://www.ccpcl.com.cn
销售电话：(010)59757973
总　经　销：人民交通出版社股份有限公司发行部
经　　　销：各地新华书店
印　　　刷：北京市密东印刷有限公司
开　　　本：787×1092　1/16
印　　　张：21.25
字　　　数：388 千
版　　　次：2024 年 1 月　第 1 版
印　　　次：2024 年 1 月　第 1 次印刷
书　　　号：ISBN 978-7-114-18718-6
定　　　价：120.00 元

(有印刷、装订质量问题的图书,由本公司负责调换)

PREFACE 前　　言

斜拉桥是桥梁结构大家族中极为重要的一员,它结构类型多、静动力和抗风抗震性能好,而且结构协调、美观,是极具特色的一种桥型。它自诞生起就受到业内人士的赏识,被广泛地应用于实际工程中。现代斜拉桥起源于德国,发展在欧洲、美国、日本,发扬光大在中国,尤其国内改革开放四十多年的大规模跨江越岭的交通基础设施建设,给斜拉桥在中国的应用发展提供了良好时机。目前,一座座千姿百态的斜拉桥已遍及祖国的山河大地,成就举世瞩目,确有许多新技术和工程经验值得凝练总结。

本书旨在为广大桥梁专业工作者和研究人员提供一本全面系统展示各类斜拉桥建设技术的综述性参考书,重点介绍斜拉桥结构发展、类型、性能、体系及设计、施工、养护等多方面的技术成就,注重内容的完整性和先进性,同时注意内容上理论与方法的结合、点和面的兼顾以及深和浅的把握。

本书共分九章。

第一章斜拉桥概述,主要介绍斜拉桥结构组成、体系、特点、类型、性能、适用范围和总体发展。其中结构性能包括静力性能、动力性能和非线性性能;总体发展概要性介绍国内外斜拉桥技术发展的要点。

第二章斜拉桥建设成就,主要介绍各类斜拉桥的技术发展概况。按典型主梁结构分混凝土主梁斜拉桥、钢箱斜拉桥、钢桁架斜拉桥、叠合梁斜拉桥、混合梁斜拉桥和矮塔斜拉桥六种情况介绍;其他类型斜拉桥的介绍包括波形钢腹板斜拉桥、拱形索塔斜拉桥和无背索斜拉桥。

第三章斜拉桥总体设计,主要介绍三方面内容:①基础资料收集、设计原则、总体布置、设计流程、体系选择和结构参数;②独塔、双塔与多塔结构的选择、矮塔斜拉桥特性以及曲线斜拉桥特性;③辅助墩设置、材料及耐久性以及主要附属设施。

第四章斜拉桥设计计算,主要介绍结构静力和稳定、疲劳、动力特性及抗风、抗震计算。由于现代斜拉桥计算主要依靠专业程序,故只介绍计算概念、要求及规定。

第五章斜拉桥主梁设计,主要介绍混凝土主梁、钢箱主梁、钢桁架主梁、叠合梁主梁、混合梁主梁以及波形钢腹板主梁六种主梁的结构设计内容及方法。

第六章斜拉桥主梁施工,首先介绍主梁施工的几种主要方法,然后分混凝土主梁、钢箱主梁、钢桁架主梁、叠合梁主梁、混合梁主梁及波形钢腹板主梁介绍施工工艺及注意事项。

第七章斜拉索设计与施工,主要介绍斜拉索的发展、设计和施工技术,其中斜拉索设计包括总体布置、主要构造、拉索技术体系、振动与减振措施及拉索计算等内容;斜拉索施工包括斜拉索上索和展索、塔端挂索、梁端挂索、斜拉索张拉以及斜拉索换索等内容。

第八章斜拉桥索塔设计与施工,主要介绍索塔的发展、设计和施工技术,其中索塔设计包括索塔材料和形式选择、索塔塔高和截面设计、索塔斜拉索锚固构造、多塔和高低塔结构设计以及索塔计算要点等内容;索塔施工包括混凝土索塔施工和钢索塔施工两部分内容。

第九章斜拉桥养护与维修,主要介绍斜拉桥养护、检测、评定、维修及健康监测技术,其中重点介绍斜拉桥常见病害及产生原因、斜拉桥常见检测技术等内容。

本书由中路高科交通检测检验认证有限公司赞助出版,并得到业内许多专家的指导和帮助,在此一并表示感谢。

限于编著者水平,本书在资料整理、内容阐述、文字表达等方面一定存在不全面、不准确、不严谨等问题,恳请读者批评指正。来函请寄北京市海淀区西土城路8号,中路高科交通检测检验认证有限公司总工办杨昀收,邮编100088,联系电话:13501123057。

作　者
2023年6月

CONTENTS 目　　录

第一章　斜拉桥概述

第一节　结构特征 …………………………………… 002
第二节　结构性能 …………………………………… 008
第三节　适用范围 …………………………………… 011
第四节　总体发展 …………………………………… 014

第二章　斜拉桥建设成就

第一节　概况 ………………………………………… 024
第二节　稀索时期斜拉桥 …………………………… 024
第三节　密索时期：混凝土主梁斜拉桥 …………… 030
第四节　密索时期：钢箱斜拉桥 …………………… 040
第五节　密索时期：钢桁架斜拉桥 ………………… 050
第六节　密索时期：叠合梁斜拉桥 ………………… 056
第七节　密索时期：混合梁斜拉桥 ………………… 064
第八节　密索时期：矮塔斜拉桥 …………………… 071
第九节　密索时期：其他斜拉桥 …………………… 077

第三章　斜拉桥总体设计

第一节　基础资料收集 ……………………………… 086
第二节　顶层设计 …………………………………… 086
第三节　体系选择 …………………………………… 090
第四节　结构主要参数 ……………………………… 092

第五节　独塔、双塔与多塔结构选择 ················· 094

第六节　矮塔斜拉桥特性 ··························· 100

第七节　曲线斜拉桥特性 ··························· 103

第八节　辅助墩设置和支反力设计 ··················· 106

第九节　材料及耐久性 ····························· 108

第十节　主要附属设施 ····························· 113

第四章　斜拉桥设计计算

第一节　概述 ····································· 122

第二节　静力计算 ································· 126

第三节　稳定验算 ································· 142

第四节　疲劳计算 ································· 145

第五节　动力计算 ································· 147

第六节　抗风计算 ································· 151

第七节　抗震计算 ································· 158

第五章　斜拉桥主梁设计

第一节　混凝土主梁 ······························· 166

第二节　钢箱主梁 ································· 171

第三节　钢桁架主梁 ······························· 177

第四节　叠合梁主梁 ······························· 185

第五节　混合梁主梁 ······························· 192

第六节　波形钢腹板主梁 ··························· 198

第六章　斜拉桥主梁施工

第一节　主梁施工方法概述 ························· 204

第二节　混凝土主梁施工 ··························· 209

第三节　钢箱主梁施工 ····························· 215

第四节　钢桁架主梁施工 ··························· 220

第五节　叠合梁主梁施工 ··························· 224

第六节　混合梁主梁施工 ··························· 229

第七节　波形钢腹板主梁施工 ······················· 232

第七章　斜拉索设计与施工

- 第一节　斜拉索发展 ········· 236
- 第二节　斜拉索设计 ········· 238
- 第三节　斜拉索施工 ········· 250

第八章　斜拉桥索塔设计与施工

- 第一节　索塔发展 ········· 258
- 第二节　索塔设计 ········· 263
- 第三节　索塔施工 ········· 282

第九章　斜拉桥养护与维修

- 第一节　斜拉桥养护 ········· 290
- 第二节　斜拉桥检测技术 ········· 296
- 第三节　斜拉桥评定技术 ········· 308
- 第四节　斜拉桥维修技术 ········· 312
- 第五节　斜拉桥健康监测技术 ········· 314

参考文献

CHAPTER ONE 第一章

斜拉桥概述

第一节 结构特征

一、结构组成

斜拉桥是由主梁、斜拉索、索塔(墩)、基础和附属设施组成的超静定结构体系,如图 1-1 所示。标准的斜拉桥是双塔三跨结构,实际工程中因为需要也可设计成独塔、多塔、矮塔等结构。斜拉桥一般是结构自锚式体系,即斜拉索锚固在主梁和索塔上,也有少量地锚式体系,即边跨斜拉索一端锚固在索塔上,另一端锚固在地锚上。斜拉桥的主要承重构件是主梁、斜拉索和索塔。斜拉桥基础一般属于桥梁共性结构如桩基、沉井等,因此不在本书阐述,可参考其他相关文献。

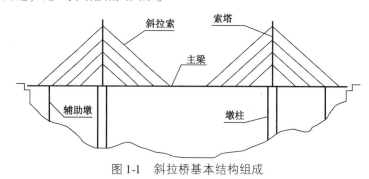

图 1-1 斜拉桥基本结构组成

1. 主梁

斜拉桥主梁的作用是承重车辆荷载和人行荷载。按材料划分,主梁结构可分为混凝土、钢、钢混叠合或混合结构;按截面形式划分,主梁结构可分为箱形、肋板式、格构梁和桁架式等几种形式。主梁结构不同,受力性能、适用跨径和施工方法也不同。按目前实际工程建设情况,不同材料的主梁最大跨径依次是混凝土主梁、钢混叠合主梁、混合结构主梁和钢结构主梁。

2. 斜拉索

斜拉索的作用是将主梁恒载和汽车、人行活载递到塔柱上,再通过塔柱传到基础上。按材料划分,斜拉索可分为钢丝索、钢绞线索、钢筋索和封闭式钢缆,经过发展,目前较常见的是钢丝和钢绞线斜拉索。对于不同的主梁结构,斜拉索所起的作用也不同。对于普通斜拉桥,斜拉索是主要承重构件,主梁其次;但对于矮塔斜拉桥,主梁是主要承重构件,斜拉索其次。斜拉索的布置形式主要分扇形、竖琴形和辐射形三种。一般在斜拉桥两端部位的斜拉索称为尾索,边跨上的斜拉索又称为背索。

3. 索塔

斜拉桥索塔的作用是承受主梁、斜拉索恒载和汽车、人行活载。按材料划分,索塔可分为混凝土、钢和钢-混组合结构,其中混凝土索塔最为常见,钢结构和钢-混组合结构次之。索塔除了承重外,还可以通过造型使结构更加美观,如拱形索塔、无背索斜塔等。索塔常见形式有 H 形、A 形、人字形和钻石形。矮塔结构是索塔中特殊的一类,因其高度一般仅为通常索塔高度的一半左右而得名。

4. 辅助墩

斜拉桥辅助墩的作用是提高主跨刚度、减小拉索应力变化幅度和缓解端支点负反力。实际工程中,设置辅助墩的斜拉桥居多,但也有不设的实例,是否设置辅助墩应根据边孔净空高度、结构刚度要求,以及经济和使用条件等具体情况而定。辅助墩根据需要可设置多个。

5. 附属设施

斜拉桥附属设施主要包括桥面系、支座、阻尼器、除湿系统、桥下检测车等。桥面系包括栏杆(护栏)、人行道、桥面铺装、伸缩缝等。其中,支座、阻尼器虽属于附属设施,但在结构中却起到重要作用。

二、结构体系

斜拉桥索、塔、梁之间的关系即构成结构的基本体系。根据塔(墩)梁之间约束变化,又可细分为以下四种情况:全飘浮体系、半飘浮体系、塔梁固结体系和刚构体系。不同的结构体系呈现出不同的力学特点。

(1)全飘浮体系。全飘浮体系的特征是塔墩固结,梁在塔处一般设竖向拉索,不设竖向支座,全桥不设纵向约束;另外,塔梁之间根据需要设置纵向限位阻尼和横向限位器。该结构体系可以较好地适应温度、风和地震等外力作用下的结构位移,达到消能的作用,对减小混凝土徐变效应和塔处负弯矩有利。但在悬臂施工时要进行塔梁临时固结。

(2)半飘浮体系。半飘浮体系是指全桥纵向不约束或者弹性约束,在塔墩横梁上设置竖向弹簧支座或可调节支座。设置可调支座的目的是在成桥时调整支座反力,以消除结构大部分收缩、徐变等不利影响。

(3)塔梁固结体系。塔梁固结体系是指索塔与主梁固结在一起并支承在墩柱上,其优点是消除了塔底弯矩,减小了主梁中央段轴力,并有效降低了主梁和索塔温度内力。

(4)刚构体系。刚构体系是指塔、梁、墩互为固结,索塔处不需要设置支座。刚构体系的优点是结构整体刚度大,主梁和索塔变形小。

实际自锚式斜拉桥工程中,大跨径结构多采用飘浮体系,以半飘浮体系居多;矮塔结构多采用塔梁固结体系,独塔结构多采用刚构体系。实际地锚式斜拉桥数量很少,且自成体系。

三、结构特点

斜拉桥、梁桥、拱桥和悬索桥是桥梁家族中四种主要桥型结构,如图 1-2 所示。其中,大跨径斜拉桥和悬索桥都属于柔性结构,有时简称缆索结构。斜拉桥与其他三种桥梁结构相比,所呈现出的力学特性明显不同。

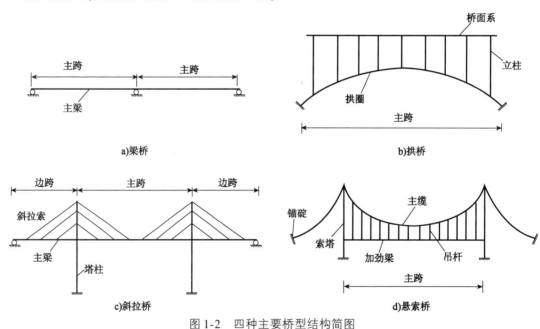

图 1-2 四种主要桥型结构简图

斜拉桥与梁桥相比,主梁结构上增加了斜拉索,相当于多点弹性支承,这些支承使主梁由单一大跨变成若干小跨,结果自然是梁体中的弯矩和挠度显著降低,因为梁弯矩与跨径的平方成正比。反过来,主梁中的弯矩降低又可减小主梁截面高度、降低梁体自重;梁体自重荷载减轻,又会降低梁体中的弯矩。如此循环,使得斜拉桥主梁与梁桥主梁相比发生了根本的变化,即梁桥主梁以受弯剪为主,斜拉桥主梁则以受压为主。这就是为什么斜拉桥主梁纤细,截面高度基本上不受跨径影响的原因。

斜拉桥与拱桥相比,结构中构件组成形式都是为了降低主梁弯矩,只是方法不同。拱桥通过上拱主梁,增加梁体中轴力(压力)达到降低梁体弯矩的目的,其理想状态是结构压力线与拱轴线重合;斜拉桥则是通过设置斜拉索来减小梁体跨径,达到降低梁体弯矩的目的。前者主拱圈是主要承重构件,后者斜拉索是主要承重构件(矮塔斜拉桥除外)。两者都使得结构跨径大为增长。

斜拉桥与悬索桥相比,斜拉桥是通过设置斜拉索来减小主梁弯矩,而悬索桥则是通过设置主缆上的吊杆来减小主梁弯矩,前者斜拉索直接锚固在索塔上,后者吊杆则是锚固在主缆上。因此,两者相比结构刚度上有差别,一般同等跨径下,斜拉桥的刚度要大一些。另外,斜拉桥主梁要承受拉索产生的巨大轴向力,是偏心受压构件;而悬索桥主梁是悬吊结构,基本不承受轴向力。斜拉桥可以通过调索进行内力调整,以获得合理的内力分布,悬索桥则无法做到。

斜拉桥与悬索桥结构最为接近,它们都是柔性结构,跨越能力大。两者相比,斜拉桥具有如下优点:

(1)斜拉桥属高次超静定结构,刚度大,其抗风稳定性优于悬索桥,尤其是密索体系,索能抑制主梁振动,只要主梁断面选择合适,就可以得到较好的抗风稳定性,而悬索桥体系柔,相对容易形成大振幅的共振状态。

(2)斜拉桥的竖向刚度比悬索桥大,故活载挠度比悬索桥小。或者说,当荷载引起的挠度在容许范围内时,斜拉桥主梁所需的弯曲刚度比悬索桥小。

(3)斜拉桥架设无论采用何种方法都比悬索桥方便。结构总体造价,一般情况下斜拉桥优于悬索桥。

四、结构类型

斜拉桥结构类型(图1-3)一般以主梁结构来区别,主要有钢结构斜拉桥、混凝土斜拉桥、叠合梁斜拉桥、混合梁斜拉桥和波形钢腹板斜拉桥等。矮塔斜拉桥是特例,它是介于普通斜拉桥和连续刚构桥之间的一种结构。每一种斜拉桥类型都可以根据需要选择钢丝或钢绞线斜拉索;选择钢结构、混凝土结构或钢-混结构索塔。不同结构类型的主梁、索塔、斜拉索相互组合构置出丰富多彩的斜拉桥结构家族。每一种斜拉桥结构表现出来的结构性能和应用场合都有所不同,设计和施工也各有特色。

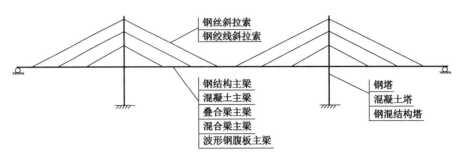

图 1-3　斜拉桥结构类型

1. 混凝土斜拉桥

混凝土斜拉桥主梁主要以肋板式和箱形结构为主。混凝土结构的优势主要是造价低、刚度大、抗腐蚀能力强、后期维护费用低。由于混凝土主梁结构刚度较大,故在汽车荷载作用下产生的挠度一般约为钢结构主梁的60%,其振动衰减系数一般约为钢结构主梁的两倍,所以结构抗风稳定性好。混凝土结构的劣势主要是跨越能力不如钢结构大,施工速度不如钢结构快。

2. 钢结构斜拉桥

钢结构斜拉桥主梁主要分钢桁架梁、格构梁和钢箱梁三类。钢桁架主要应用于双层结构,如公铁两用桥;格构梁和钢箱梁主要用于平层斜拉桥结构。钢结构斜拉桥的优势是结构重量轻、构件可实现工业化的制造和拼装、构件运输和架设方便,一般适用于大、特大跨径斜拉桥,尤其是沿海工程。钢结构斜拉桥的劣势是抗风稳定性相对弱,在大气和海洋环境作用下钢结构易生锈,养护费用较混凝土结构大。

3. 叠合梁斜拉桥

叠合梁斜拉桥主梁叠合主要分两种情况,一种是混凝土桥面板与钢格构梁叠合,另一种是混凝土桥面板与钢箱叠合。无论哪类叠合,叠合的目的都是为了充分发挥混凝土、钢两种不同材料的优势,即混凝土桥面板主要以受压为主、钢结构梁主要以受弯为主。叠合后的结构性能介于混凝土与钢结构之间,其刚度和抗风稳定性均优于纯钢箱和钢格构梁,而且钢材用量节省。叠合梁结构的劣势是在结构负弯矩区,混凝土桥面板不能充分发挥混凝土材料特性,需要在构造和施工上采取措施,解决混凝土桥面板开裂问题。如果混凝土桥面板与钢桁架结合,一般不称为叠合梁,仍然称钢桁架梁。

4. 混合梁斜拉桥

混合梁斜拉桥的主梁混合形式呈现多种多样，如边跨混凝土结构与中跨钢结构纵向对接混合，或边跨混凝土结构与中跨叠合结构纵向对接混合，或边跨叠合结构与中跨钢结构纵向对接混合。其中，边跨混凝土结构与中跨钢结构纵向对接混合最为常见。混合梁布置分对称和不对称两种，对称是指两个边跨都是同种结构主梁、不对称是指两个边跨为不同结构主梁。混合梁结构的优势是，无论哪种纵向对接混合，都是为增大边跨主梁的刚度和重量，以达到减小主跨结构内力和变形，以及减小或避免边跨端支点出现负反力的目的；混合梁结构的劣势是，施工中可能出现多种架梁方式，而且增加了钢-混结合段施工工序，需要处理好连接构造。

5. 波形钢腹板斜拉桥

波形钢腹板结构是从传统混凝土箱梁中派生出来的一种新型结构，即由波形钢板腹板替代混凝土腹板，整体仍然保持箱形断面。实际工程中，在多室情况下也有混凝土腹板与波形钢腹板并存的工程实例。波形钢腹板结构的优势主要体现在：①用波形钢腹板代替混凝土腹板，结构自重大约可以减轻20%～30%；②波形钢腹板纵向刚度较低，结构预应力可视为均由混凝土顶、底板来承担，因此可提高预应力效率，减小混凝土收缩和徐变的影响；③波形钢腹板节段构件尺寸小、重量轻，易于工厂加工制作，现场安装也很方便。波形钢腹板结构的劣势主要体现在：①应用时间不长，结构设计理论和方法还不够成熟；②钢波形腹板较薄，导致结构抗扭刚度降低，并存在局部稳定性问题；③波形钢腹板与混凝土顶底板的连接构造相对复杂，增加了施工难度。

6. 矮塔斜拉桥

矮塔斜拉桥是介于斜拉桥和连续刚构之间的一种桥型，而且结构性能多偏向于连续刚构。实际工程中主梁多采用变截面混凝土箱形结构，但也有采用波形钢腹板结构的。矮塔斜拉桥的结构特点是：①塔较矮，主梁以上索塔高度只有常规索塔高度的一半左右；②跨中和塔区主梁无索区域大；③拉索应力变幅小，一般只有普通斜拉桥的1/3左右；④拉索在塔上多采用鞍座贯通式锚固。矮塔斜拉桥的出现，使跨径在150～300m之间的桥梁设计有了新的选择，这种结构由于设置了斜拉索，对避免跨中下挠有好处，但由于主梁以受弯为主，其跨径发展也因此受到了限制。

第二节 结构性能

一、静力性能

斜拉桥的静力性能与结构组成密切相关。斜拉桥无论形式上怎么变化,其结构特征都离不开主梁、拉索和索塔三个构件,它们之间有机结合,形成承载受力的结构,即车辆荷载通过主梁传递给锚固在主梁和索塔上的拉索,再通过索塔传递给基础。结构体系、承载方式和荷载传递路线决定了结构的静力性能。

1. 主梁

斜拉桥主梁形式多种多样,但从受力来讲,主要分普通斜拉桥和矮塔斜拉桥两种情况。对于普通斜拉桥,多采用密索体系,斜拉索为主要承重构件,主梁次之,故在强大的拉索索力作用下,主梁以受压为主,弯剪为辅,梁截面高度基本上不受跨径长度影响,但随着跨径增长,结构变柔,抗震抗风问题开始突显;对于矮塔斜拉桥,多采用刚梁柔索体系,变截面主梁为主要承重构件,斜拉索次之,故在结构荷载作用下,主梁以受弯剪为主,受压为辅,梁截面高度受跨径长度影响较大,正因为跨径受限,活载偏载和横向静阵风作用下的结构效应也就不明显。

主梁以受压为主的特性直接影响了主梁材料的选择。对于混凝土斜拉桥,主梁受压相当于结构上施加了预应力,这对抗拉性能较差的混凝土材料来讲十分有利。但随着跨径增大,混凝土主梁自重的增加将使结构不堪重负,这就是混凝土斜拉桥适用跨径在500m以下的根本原因。钢结构主梁自重轻,跨径不受500m限制可以继续增大,但随着跨径增大,拉索对索塔处主梁的轴向压力积累到一定程度时,由于钢结构主梁面积相对小,稳定问题将会显露出来。

2. 拉索

斜拉索属于柔性构件,一般只受拉不受压。拉索受力大小与塔上和梁上锚固间距有直接关系。增大锚固间距,拉索的恒载索力都要增大,尤其是梁上锚固间距影响更大。拉索在索塔上的锚固间距还影响着拉索的倾角,提升拉索锚固点位置,可以改变拉索角度,增大对主梁的竖向力,减小对主梁的水平力,反之亦然。拉索除承受轴向力作用外,主梁动力反应变形将使其发生挠曲而承受二次应力,即拉索疲劳性。通常情况下,尾索的应力变幅可达到200MPa左右,一般需将拉索的使用应力幅降到$\sigma_{max}=0.45\sigma_b$以下才能通过200万次应力变化频率的疲劳验算。

3. 索塔

索塔受力与自身结构纵横向布置形状密切相关。

对于通常索塔如H形、A形、独柱、钻石形索塔等,在恒活载、风和地震力作用下,受力以压弯为主,塔根部一般受力最大,索塔结构形状不同受压弯程度也不同,相比之下钻石形和A形索塔受力更为复杂一些。如果是塔-梁-墩固结情况,固结点处受力相对复杂。扭转方面,除要计算索力偏心引起的扭矩外,还要计算在各种顺桥向矢量分量引起的扭矩。

对于无背索索塔,可分两种情况:①刚塔刚梁,索塔自重效应可完全平衡主梁竖向荷载效应,此时索塔根部在恒载作用下只承受轴力,不承受弯矩。②柔塔刚梁,索塔自重效应不能完全平衡主梁竖向荷载效应,还需要主梁自身承担一部分,这与矮塔斜拉桥类似。对于拱形索塔情况,由于横向两根塔柱在塔顶弯曲合并成一体,呈现拱桥受力特征,即在恒载作用下拱顶区段以受弯为主。

二、动力性能

结构动力性能与结构动力特性参数密切相关。结构动力特性参数主要包括结构自振频率、阻尼和振型,是由结构形式、质量分布、结构刚度、材料性质等因素决定,与外荷载作用无关。一旦结构确定,其发生振动的可能与自由度相关,也就是有多少自由度就有多少对应的自振频率和相应振型。对于结构动力计算而言,一般结果取前十阶频率及相应的振型进行分析。十阶自振频率由低向高排列,自振频率越低,说明结构在这个方向振动的刚度配置越低,约束越弱,对应的振型发生的可能性越高。由此可见,动力特性是反映结构质量分布和刚度大小的指标,也是判断结构动力性能优劣的基本指标。

具体到斜拉桥结构而言,矮塔斜拉桥接近连续刚构,其动力性能要优于普通斜拉桥;普通斜拉桥中,混凝土斜拉桥的动力性能要优于钢结构斜拉桥,钢-混结构斜拉桥的动力性能介于混凝土与钢结构两者之间。由于普通斜拉桥跨径一般都在200m以上,无论是钢结构、混凝土结构还是钢-混结构,相对连续刚构而言其动力性能都要弱很多,故一般都要进行抗风稳定性分析。

实际斜拉桥抗风计算,常将由外荷载引起的振动分为竖向弯曲振动、扭转振动和弯扭耦合振动。竖向弯曲振动主要表现在主梁的垂直方向弯曲振动及塔柱沿桥纵向的弯曲振动,这种振动的特点是在面内振动,亦可称为竖向振动;由于斜拉索的牵制作用,面外横向振动总是与主梁和索塔的扭转振动耦联在一起,总称为横向振动。认识风致振动形态,并通过断面选型、风动数值试验和增加抗风措施等手段,达到提高结构抗风动力性能的目的。

三、非线性性能

现代大跨径斜拉桥属于柔性结构,几何非线性是它的主要特征,具体体现在三个方面:①斜拉索的垂度效应;②结构大位移效应;③梁-柱效应($P\text{-}\Delta$效应)。同时,斜拉桥也存在材料非线性问题,如混凝土结构收缩徐变效应、非线性屈曲问题。

1. 斜拉索的垂度效应

现代斜拉索多为柔性索。柔性索在索自重作用下有垂度,垂度大小受到索力影响,表现出非线性刚度特性。由于斜拉桥自重引起的索力是总索力的主要部分,故在施工阶段索的非线性影响可以通过人为控制索力来解决,对于运营阶段活载对索的垂度影响,可以通过采用 Ernst 提出的换算弹性模量的方法来解决。

2. 结构大位移效应

斜拉桥大位移效应即是不满足位移微小的假定,而呈现出几何非线性特性,带来的后果是平衡方程需要建立在结构变形后的位置上。几何非线性问题主要分三类:①大位移小应变问题;②大位移大应变问题;③大转动问题。斜拉桥几何非线性问题属于大位移(大平移、大转动)小应变问题,一般采用有限位移理论解决。有限位移理论的基本思想是需要建立初位移刚度矩阵或单元大位移刚度矩阵,即反映由大位移引起的结构刚度变化。

3. 梁-柱效应($P\text{-}\Delta$效应)

斜拉桥塔、梁在恒载作用下具有一定的初始内力,使其可以维持一定的几何形状。后续荷载(如活载)作用时,塔、梁形状发生一定改变,结构先期存在的初始内力对后续荷载作用下的变形存在着抗力,产生二次作用,表现出几何非线性特征。这种塔、梁轴向力和弯矩的耦合作用及其对结构单元刚度的影响称为梁-柱效应或 $P\text{-}\Delta$ 效应。实际工程中,必须考虑这种效应。相关文献表明,考虑和不考虑恒载内力对活载的影响,其计算结果出入很大。如杨浦大桥按线性(不考虑初始轴力影响)和非线性(考虑初始轴力影响)计算,塔根部处活载弯矩相差 60%。

4. 收缩徐变效应

混凝土索塔、主梁存在收缩徐变效应。混凝土徐变是指混凝土结构因承受长期荷载而产生的相对变形,而收缩则是在混凝土凝结时期产生的变形,两者都与时间有关,故产生的结构应力、应变关系不满足胡克定律,呈现材料非线性。

5. 非线性屈曲问题

大跨径斜拉桥在密索体系下,由于主梁受力已由"梁"特征变成了"压杆特征",故主梁稳定问题突出。尤其是钢结构斜拉桥,可按两类失稳问题进行分析,一类为分支点失稳问题,另一类为极值点稳定问题。前者实质上是刚度问题,不与强度问题关联,计算中应考虑结构初始缺陷的影响;后者实质上是极限承载力问题,与强度关联,计算中既要考虑几何非线性影响,又要考虑材料非线性影响。

第三节 适 用 范 围

桥梁自诞生之日起,跨越长度即跨径大小就成为衡量技术进步的重要标志。从18世纪后期算起,现代桥梁的发展已历经200多年,桥梁的单一跨径从几十米已发展到超过2000m。随着材料、结构、计算等技术的飞速发展,各种桥型都有了长足的进步。图1-4所示为主要桥型的大致适用跨径范围。

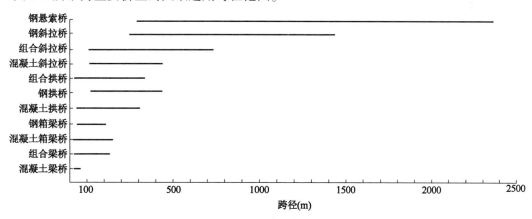

图1-4 主要桥型的大致适用跨径范围

从图1-4可以看出,斜拉桥主要应用于大跨径桥梁。早期斜拉桥被认为适用于跨径200~500m之间,小于200m可采用梁式桥,大于500m可采用悬索桥。目前工程实践表明,斜拉桥的应用已突破这个范围,有了更广泛的应用。这主要得益于斜拉桥索、塔、梁结构材料、组合形式和计算精细化技术的发展。

一、小跨径斜拉桥

100m以下的小跨径斜拉桥多应用于市政工程中,或为人行天桥或为景观桥,如辽宁沈阳跨越新开河的人行天桥、南五马路人行天桥,海南海口车站广场人行天桥,湖南怀化府星路人行天桥,吉林敦化江源斜拉桥、联谊斜拉桥等。小跨径斜拉桥不仅技术先进,造型美观,结构形式可塑性强(主跨、边跨、索塔形式、主梁结构均可多方案比选),而且多数情况下经济性还有可比性。

二、中、大跨径斜拉桥

100～500m中、大跨径是斜拉桥主要应用范围,各种不同类型的斜拉桥如混凝土斜拉桥、波形钢腹板斜拉桥、叠合梁斜拉桥、钢结构斜拉桥、矮塔斜拉桥等相断出现。其中,矮塔斜拉桥、波形钢腹板斜拉桥、无背索斜拉桥、拱形索塔斜拉桥等属于另类斜拉桥,它们的应用跨径都有局限性,一般都在300m以下。300～500m跨径是混凝土斜拉桥的主要应用跨径,其他钢结构斜拉桥、钢-混组合斜拉桥在这一范围也有不少应用,但不局限此范围。

混凝土斜拉桥的代表性工程有湖北鄂黄长江大桥(主跨径480m)、四川宜宾长江大桥(主跨径460m);叠合梁斜拉桥的代表性工程有上海南浦大桥(主跨径423m)、浙江椒江二桥(主跨径480m);波形钢腹板斜拉桥的代表性工程有山西运宝黄河大桥(主跨径220m)、郑州朝阳大桥(主跨径188m);钢结构斜拉桥的代表性工程有南京长江二桥(钢箱,主跨径628m)、重庆白沙沱大桥(钢桁架,主跨径432m);拱形索塔斜拉桥的代表性工程有辽宁沈阳三好桥(主跨径100m)、杭州之江大桥(主跨径246m)。

三、特大跨径斜拉桥

跨径大于500m则为特大跨径,据统计,500m以上跨径普通混凝土斜拉桥已基本退出舞台,只有钢结构和钢-混组合结构斜拉桥在应用。这只是一种跨径分法,特大跨径斜拉桥究竟定多大跨径合适,目前没有定论。跨径划分不是目的,把问题说清楚才是目的。据统计,目前世界上主跨径超过500m的特大跨径斜拉桥不超过80座,是斜拉桥发展的里程碑工程,如俄罗斯的俄罗斯岛大桥(主跨1104m)、日本的多多罗大桥(主跨径890m)、法国的诺曼底大桥(主跨径856m)和中国的南京长江三桥(主跨径648m)、苏通大桥(主跨径1088m)等。

四、极限跨径

随着交通基础设施建设的深入,工程技术人员越来越关心像斜拉桥和悬索桥这种特大跨径桥型的极限适用跨径究竟是多少,尤其是当面对海湾、海峡水深超过80m的联岛工程时,希望桥梁跨越能力大,以避免设置深水桥墩。探索桥梁极限跨径已成为国内外学者一项重要的研究课题。

对斜拉桥极限跨径的探索,国内外学者从20世纪末就开展了研究。国际上法国的J. Muller教授认为基于现有材料的强度,传统自锚体系斜拉桥的极限跨径为1200~1500m,而采用双锚体系(Bi-stayed cable System)可将跨径极限增大1.5~2.5倍;丹麦N. J. Gimsing教授认为,用现有材料,从拉索使用效率比出发推算跨径可达5000m,如采用新型材料,并用双锚体系、空间外拉体系、双梁体系等,将能获得更大跨径。国内李国豪教授从斜拉索弹性模量非线性影响出发提出,最大跨径可达3600m;学者王伯惠认为:"现有拉索强度、拉索弹模低引起主梁的挠度、颤振临界风速等都不是斜拉桥跨径发展的障碍,跨径可以做到8000m以上"(见《斜拉桥结构发展和中国经验》)。

在学术界探讨斜拉桥极限跨径的同时,工程界也在做超大跨径斜拉桥的设计探索。丹麦Great Belt东桥曾做过1204m斜拉桥方案,它的特点是在动风稳定方面增加了措施,如增宽桥面、增加辅助索;印度尼西亚与新加坡之间的柔佛海峡曾做过1200m斜拉桥方案,它的特点是采用双锚法,即地锚与自锚相结合;连接欧非大陆的直布罗陀海峡上曾做过2625m的斜拉桥方案,它的特点是采用V形塔空间四索面技术;意大利亚平宁半岛与西西里岛之间的墨西拿海湾曾做过1800m斜拉桥方案,它的特点是纵向大间距人字形索塔;西班牙与摩洛哥之间的Gilbraltar海峡曾做过8400m斜拉桥方案(图1-5),它的特点是高低索塔;国内琼州海峡联络工程曾做过1200m斜拉桥方案(图1-6),它的特点是V形塔斜拉-悬索协作体系。

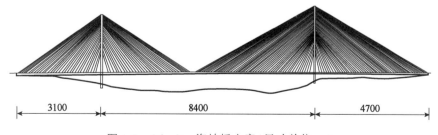

图1-5 Gibraltar海峡桥方案(尺寸单位:m)

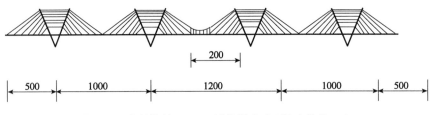

图1-6 琼州海峡1200m斜拉桥方案(尺寸单位:m)

对于斜拉桥极限跨径,目前无论是理论分析还是方案设计,都表明跨径发展还有不少潜力,常规结构斜拉桥如此,采用双锚体系、斜拉-悬索协作体系的非常规斜拉桥更是如此。从现有文献来看,常规斜拉桥跨径达到1500m左右是十分现实和可行的。最新资料表明,国内江苏常泰长江大桥已于2019年开始建设,该桥是世界上首座集高速公路、城际铁路、一级公路于一体的过江通道,主桥为1176m的钢桁架斜拉桥。

第四节 总体发展

一、斜拉桥起源

1. 早期斜拉桥

早期人类受到借助斜拉负重生活行为的启发,进而发明了斜拉桥,虽然仅仅是藤条挂在树上拽住放在小溪上的竹板,但已具备了斜拉桥的本质特征:斜拉索(藤条)、树(塔)和主梁(竹板)。在文献中还可以找到早期的"工程实例",如老挝的原始藤索桥、印度尼西亚的竹拉索桥和中国进出城门的绳索拉桥等。

后来,随着生产力的发展,出现了铁链、木板、混凝土梁等,斜拉桥开启了近代发展的序幕。欧洲最早有记载的斜拉桥,是1617年意大利人设计的一座铁链斜拉桥。随后德国、英国等地修建了一些跨径几十米的铁链、铁塔或木塔、木斜杆斜拉桥,如1824年德国修建的Nienburg Saale River桥、1883年美国修建的Brooklyn桥。但受当时科技水平的限制,斜拉桥很长一段时间没有获得大的发展。加上19世纪20年代前后所修建的几座斜拉桥因人群超载或风振作用而遭到破坏,导致斜拉桥这种桥型在一段时间内得不到应用。

如今看来,斜拉桥在这段历史时期出现的问题应该与当时对这种高次超静定结构斜拉桥体系缺乏分析技术有关,这就导致对结构力系平衡与变形协调难以控制;与低强度缆索材料和不牢靠的锚固方式也有关,导致缆索张拉得不紧,在中等风速下就会发生很大振幅,不仅主梁随之振荡,而且缆索本身也会因疲劳导致破坏。这些其实并不是斜拉桥桥型结构自身存在致命缺陷所导致。

2. 现代斜拉桥

高强度钢材的问世、电子计算机的出现,以及结构分析方法和桥梁建造技术的不断完善,给桥梁工程师提供了充分发挥其想象力和创造力的机会,人们重新研究了斜拉桥的构造体系。1938年,德国工程师迪辛格尔(F. Dichinger)对斜拉桥的研究取得了创新成果,并于1955年设计建造了世界上第一座现代斜拉桥,即瑞典的Strömsund桥(图1-7):主跨径182.6m,塔高28m,主梁为钢板梁,梁宽14.3m,设横梁连接。梁上索距35m,塔上索距3.25m。瑞典Strömsund桥的优势在于,采用几根拉索来取代深水桥墩,降低了施工难度,增加了跨越长度,它最大的进步意义在于又恢复了斜拉桥与悬索桥竞争的活力,毕竟斜拉桥结构可省去庞大而昂贵的地锚。

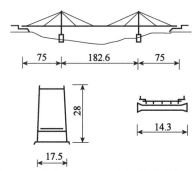

图1-7 瑞典Strömsund桥(尺寸单位:m)

二、斜拉桥主要发展期

1. 稀索时期

现代斜拉桥最初是采用稀索体系。美国、日本、加拿大、澳大利亚、欧洲等地在20世纪50年代中期至70年代末期修建了大量稀索体系斜拉桥,跨径大多数在100~300m之间。瑞典的Strömsund桥就是稀索体系,如图1-7所示。稀索体系斜拉桥的主要结构特征是:梁上拉索布置以辐射型为主,数量稀少,无论跨径大小基本上都在1~3对索之内,而且一对索的工程实例并不是个案。

国内第一座稀索体系斜拉桥是1975年建成的重庆云阳桥(图1-8)。该桥是公路斜拉桥,孔跨布置为(34.9+75.8+34.9)m,双塔结构,塔墩固结,主梁连续并与墩铰支;每塔有三对辐射式斜拉索;主梁为单箱,主梁边跨在支架上现浇,中跨为节段预制,用缆索起重机安装。云阳桥之后又修建了一些稀索体系斜拉桥,但数量不多,持续时间也不长。

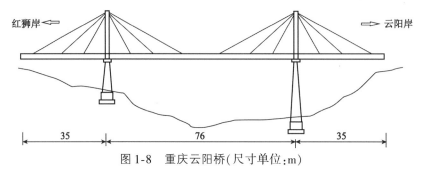

图 1-8　重庆云阳桥(尺寸单位:m)

2. 密索时期

20 世纪 60 年代中期开始出现密索结构,以 1967 年建成的波恩北莱茵河桥(图 1-9)为代表,主跨径 280m,单索面钢箱结构。随后西德又修建了一些密索体系斜拉桥,如 1972 年建成的法兰克福赫希斯特美因河桥(主跨径 94m + 148m)、1974 年建成的汉堡库尔布兰德高架桥(主跨径 325m)等。之后密索体系被世界各国接受,开始流行至今。

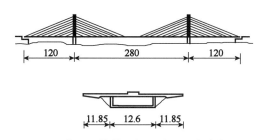

图 1-9　波恩北莱茵河桥示意(尺寸单位:m)

密索体系斜拉桥主要特征是,拉索索力由稀索体系的集中在几根上变为分散到密索体系的几十根上,这使每根拉索的索力大为降低。索力降低简化了拉索锚固装置,方便了拉索在梁上和索塔上锚固,同时也降低了锚固点应力集中现象。此外,主梁受力也由受弯剪为主变为受压为主。

国内早期的密索体系斜拉桥是在 20 世纪 80 年代建造的,分别是辽宁长兴岛大桥、上海泖港大桥和济南黄河大桥,三座大桥都是混凝土斜拉桥。相比之下长兴岛大桥建造最早,于 1981 年建成,三跨支承体系,主跨径 176m,索距 6m,单箱三室。

密索体系与稀索体系相比,其优势在于:索间距缩短,主梁梁高自然可以降低,节段梁重随之减轻。稀索体系主梁高跨比很少小于 1/100,而密索体系高跨比大幅减小,达到 1/150 ~ 1/300 之间,甚至更低。降低节段主梁重量的好处是,既可以减小桥梁基础工程量,又为全面采用悬臂施工方法创造了条件。索力变小,索结构和锚固结构变简单,也方便了后续换索。目前,斜拉桥跨径可以超过千米,密索体系为之奠定了基础。

密索体系与稀索体系的形成与发展,从时间上讲有过一段交叉,这说明密索体系的优势是逐步被行业接受的。同时,密索体系也存在不足,主梁变柔后结构竖向刚度降低,抗风问题开始突显,另外多塔结构的联塔效应问题也变得突出。尽管如此,密索体系依然成为继稀索体系之后的主流设计方法。20 世纪 80 年代后,稀索体系慢慢退出了历史舞台。

三、斜拉桥主梁发展

1. 主梁轻型化

影响斜拉桥经济指标的关键因素是主梁重量。如果梁重量大,则拉索索力、索塔断面面积和基础承载力皆要相应增大,全桥经济指标也必然增加。因此,在斜拉桥技术发展过程中,主梁轻型化是必然的研究课题,尤其针对混凝土主梁。

进入密索体系发展阶段后,斜拉索布置加密,主梁以受压为主,梁高不再与跨径直接挂钩,梁体重量也就随之减轻,这是主梁轻型化的必然结果;其次,对于混凝土箱梁顶底板、腹板的尺寸优化,混凝土斜撑改为钢斜撑,以及斜腹板的应用都导致了结构轻型化。

混凝土肋板式结构的出现是斜拉桥主梁轻型化的成功范例。混凝土肋板式截面是在美国 East Hvntington 桥首先采用的,形式如图 1-10 所示。该桥两边实心梁宽 1.05m,高 1.52m,两边梁之间密布横梁,间距 2.74m,用钢制作,与桥面混凝土板形成组合梁参与全

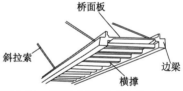

图 1-10 混凝土梁板式结构主梁

桥受力。由于横梁的间距小,桥面混凝土板的计算跨径也小,因而板厚得以减薄,只有 20.3cm,每 5 片横梁一对拉索,索距 13.7m。1985 年,美国 East Hvntington 桥建成后,肋板式主梁开始在世界范围内流行,几乎成为双索面大跨径斜拉桥的首选截面形式。

肋板式主梁结构轻巧、施工方便,也很受国内同行喜爱。国内修建了一批肋板式混凝土斜拉桥,如安徽铜陵长江大桥、重庆长江二桥和湖南洞庭湖大桥等。至今跨径在 200~400m 之间的混凝土斜拉桥仍在选用肋板式断面。

2. 主梁多样化

斜拉桥的发展,主梁多样化是发展特色之一。实际工程中,面对桥位不同的工程地

质、水文、通航情况,以及施工和投资条件,逐渐发展和完善了斜拉桥的主梁结构形式,以满足不同的设计要求或规避可能出现的风险。从发展时间上看,先有传统的混凝土和钢结构主梁,然后发展了叠合梁和混合梁,最后出现波形钢腹板主梁。

混凝土主梁的发展主要是轻型化,以增加适用跨径;钢箱梁的发展主要是断面优化以提高抗风性能,以及正交异性钢桥面板改进板厚以提高抗疲劳损伤性能;钢桁架梁的发展主要是适应双层重载交通的需求,改进完善主桁形式及桥面板与主桁连接构造;叠合梁的发展初衷是采用混凝土桥面板代替昂贵的正交异性钢桥面板,由此发展了钢格梁、整体钢箱、PK 钢箱等钢梁形式,以及混凝土桥面与钢梁连接的剪力键构造;混合梁的发展主要是体现在研发了多种混合形式(混凝土主梁与钢主梁混合、混凝土主梁与叠合梁混合等),以及钢混结合段构造的不断完善;波形钢腹板主梁出现较晚,工程实例不多,属于完善发展阶段,就目前情况而言,主要发展了波形钢腹板节段定型产品、钢腹板与顶底板的连接构造,以及悬臂施工工艺等。图 1-11 所示为发展相对晚的分离式钢箱断面,其抗颤振性能更为优良。

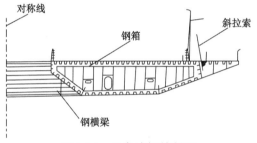

图 1-11　分离式钢箱断面

目前,国内外已建成多座 800m 跨径以上的钢箱梁斜拉桥,其中国内的苏通大桥,主跨径 1088m,跨径位居世界第一。钢桁架斜拉桥在国内发展迅速,尤其是近十年建成多座世界级的钢桁架斜拉桥,综合技术走在了世界前列。在建的江苏常泰长江大桥主跨径达到 1176m,是世界上最大跨径的钢桁架斜拉桥;叠合梁斜拉桥,国外著名的是 1988 年建成的加拿大 Annacis 桥,主跨径 465m,是具有里程碑意义的工程。目前,最大跨径的叠合梁斜拉桥是湖北赤壁长江大桥,主跨径 720m。第一座混合梁斜拉桥是 1979 年德国建成的 Düsseldorf Rheinbrüche Flehe 桥,如图 1-12 所示。该桥主跨径 368m,独塔单索面,中跨为

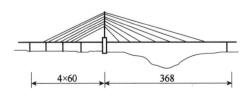

图 1-12　德国 Düsseldorf Rheinbrüche Flehe 桥(尺寸单位:m)

钢箱,边跨为混凝土箱,是单侧混合梁斜拉桥。随后,该种桥型受到欧洲、日本等国家的青睐,先后建成著名的法国诺曼底大桥(主跨径856m)、日本多多罗大桥(主跨径890m)。我国20世纪90年开始关注混合梁斜拉桥,建成广东崖石大桥(主跨径518m)、湖北鄂东长江大桥(主跨径926m)、荆岳长江大桥(主跨径816m)。近十年来混合梁斜拉桥发展较快并展现出强大的生命力。目前,最大跨径的混合梁斜拉桥是俄罗斯岛大桥,主跨径1104m。

四、斜拉桥索塔与斜拉索发展

1. 索塔

索塔的基本形式与斜拉索单双索面布置、横向抗风要求和基础工程量大小有密切相关。经过稀索体系时期的发展,索塔I形、A形、H形、倒Y形和钻石形等基本索塔形式就已形成,随后进入密索体系时期,更多发展的是索塔上斜拉索的锚固构造、塔柱间横梁设置,以及景观索塔和钢-混组合索塔。

随着经济发展,许多城市或风景区的桥梁建设景观要求高,因此一般情况下的索塔形式已不能满足这一需求。于是,索塔根据美学要求,变幻出千姿百态的索塔形式,如拱形索塔、无背索索塔、网球拍形索塔等,拉索也由普通的平面索变成空间曲线索。

国内外多数斜拉桥为混凝土索塔;国外钢索塔多于国内,尤其是日本。近期国内钢索塔、钢-混组合索塔开始增多,南京长江五桥、安罗高速公路黄河特大桥、常泰长江大桥的索塔采用钢-混组合结构。图1-13为南京长江五桥(南京江心洲长江大桥)钢-混组合索塔的横断面图。该桥塔钢壳由内外壁板、竖向加劲肋、水平加劲肋、连接角钢、剪力钉等组成,塔内浇筑C50补偿收缩混凝土。钢壳内竖向钢筋依次穿过水平加劲肋的钢筋孔,水平钢筋依次穿过竖向加劲肋的钢筋孔,以形成钢筋混凝土榫,实现钢结构与混凝土的协同工作。正在施工的安罗高速公路黄河特大桥索塔采用无纵筋钢壳混凝土组合索塔,索塔钢壁板与混凝土之间的结合方法与南京长江五桥类似。

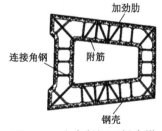

图1-13 南京长江五桥索塔横断面

矮塔斜拉桥是斜拉桥技术发展中不可忽略的一个重要组成部分。一般认为,日本1994年建成的小田原港(Odawara Blueway)桥是第一座真正意义上的矮塔斜拉桥。该桥的特点是塔梁墩固结,斜拉钢索贯通索塔锚固在两边的主梁上。由于矮塔斜拉桥比普通斜拉桥结构简单、经济指标好,小田原港桥建成后,该种桥型结构在日本和世界各地得到迅速发展。国内第一座矮塔斜拉桥是福建漳州战备桥,主跨径132m。

2004年以后,矮塔斜拉桥越来越受到行业认同,独塔、多塔、双索面、平曲线等结构形式开始出现,主跨径也由最初的150m左右发展到588m。2020年建成的芜湖长江三桥主跨径588m,是目前建成的最大跨径矮塔斜拉桥。

2. 斜拉索

早期斜拉索分刚性索和柔性索两种。

刚性索是稀索时期的产物,是由钢索外包预应力混凝土而形成的刚性构件,其优点是拉索数量少、集中,刚度大,工程实例如国内江苏桃江马迹塘桥、广州沙溪大桥,跨径都是60m。进入密索时期后,斜拉桥很少再应用刚性索。柔性索早期大致包括卷制钢绞线索、卷制钢丝索、封闭式钢丝绳和平行钢丝索等,其中封闭索使用较多,特别是欧洲国家,如瑞典Strömsund桥就是采用封闭索。封闭索工艺复杂、造价高,目前已不再应用。现代斜拉索主要是平行钢丝索和钢绞线索两种。

斜拉索的发展主要体现在两方面:①抗拉强度不断提高,以满足大跨径结构设计荷载的需要。对于钢丝斜拉索,其抗拉强度由早期的1570MPa,经过1670MPa、1770MPa、1860MPa的发展,直到近期出现的2000MPa;对于钢绞线斜拉索也经历了1770MPa和1860MPa的发展。②防腐性能不断改进提高,由早期的光面钢丝(涂防锈脂),发展到镀锌钢丝和镀锌铝钢丝;防护外套也由最初的钢管、铝管发展到挤压方式的热挤塑聚乙烯护套。斜拉索防护早期都是在工地现场制作完成,现在已不需要了,都是成品索,直接向厂家订购即可。

五、斜拉桥施工技术发展

斜拉桥的施工方法主要包括拉索、索塔和主梁三部分,其中主梁施工是最重要的环节。最初主梁施工采用支架和吊装方法,后来慢慢发展了顶推、悬臂、转体、缆索吊装等方法。尤其是悬臂施工方法的诞生,为斜拉桥施工技术发展作出了重要贡献,目前无论混凝土梁、钢梁、叠合梁都主要采用悬臂施工方法架设。索塔施工由滑模、翻模和爬模施工为主发展到主要以爬模施工为主的索塔施工方法。拉索施工主要是锚固方法的发展,索塔上拉索锚固由最初的齿块锚固发展到了现在钢锚梁、钢锚箱锚固;主梁上拉索锚固由梁体上构造锚固发展到梁上锚拉板锚固。

下面是几个值得记载的工程实例,因为它们开创了斜拉桥主梁架设的新方法。

(1)顶推施工。德国杜塞尔多夫尤利希大街桥(图1-14),跨径布置为(31.8+98.7+31.8)m,塔梁固结,单索面,单箱5室,是世界上首次采用顶推法施工的斜拉桥。

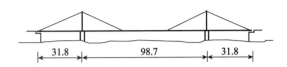

图 1-14 德国杜塞尔多夫尤利希大街桥(尺寸单位:m)

(2)节段悬拼。1978 年美国建成了第一座密索体系混凝土斜拉桥华盛顿州帕斯科—肯尼威克桥(图 1-15),跨径布置为(123.9 + 299 + 123.9)m,双边箱混凝土主梁,门式索塔。该桥首创预制节段悬臂拼接方法,即在墩顶段上安装挂篮(钢吊架),利用塔顶的辅助钢束保持平衡。挂篮上安装与吊杆相连的千斤顶,当驳船将预制节段运至桥下后吊杆与预制梁段铰接,然后通过千斤顶起吊,使节段梁缓缓提升到桥面高程就位。节段梁质量为 270t。

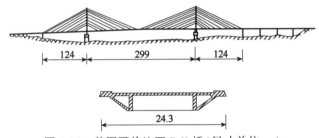

图 1-15 美国哥伦比亚 P-K 桥(尺寸单位:m)

(3)缆索吊装。国内贵州鸭池河大桥主桥为双塔双索面半飘浮体系的混合梁斜拉桥(图 1-16),跨径布置为(72 + 72 + 76 + 800 + 76 + 72 + 72)m;边跨为预应力混凝土箱梁,中跨为钢桁梁结构,边中跨比为 0.275,斜拉索扇形布置。鸭池河大桥是第一座采用缆索吊装施工的斜拉桥。

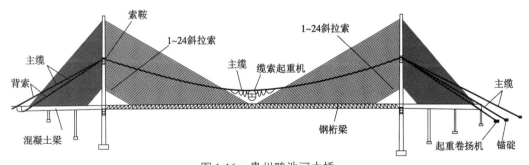

图 1-16 贵州鸭池河大桥

CHAPTER TWO 第二章

斜拉桥建设成就

第一节　概　　况

从建成瑞典 Strömsund 桥至今,现代斜拉桥经过了近 70 年的发展,无论在设计还是施工方面,都取得了显著的成就。70 年发展的前期成就,主要是在欧洲、美国、日本等发达国家和地区中取得;70 年发展的后期成就,主要在发展中国家中取得,尤其是中国斜拉桥建设成就更令世人瞩目。总体上讲,斜拉桥建设成就主要体现在如下几方面:①结构体系由最初的稀索体系发展出密索体系;②主梁由最初的钢结构、混凝土结构发展出钢-混组合结构、波形钢腹板结构和钢管混凝土结构等;③结构索塔由最初的独塔、双塔发展出多塔、矮塔、景观索塔等结构;④形成了主梁、索塔、斜拉索较为成熟的架设方法和施工工艺;⑤形成了较为完善的斜拉桥结构设计与施工规范体系;⑥开发了桥梁专业计算分析程序(包括斜拉桥),如 TDV、Midas、桥梁博士、QJX 等系统。上述成就的取得与各国基础设施的发展时期有着密切的关系。国外斜拉桥的建设成就主要是在第二次世界大战后的 40 多年中取得的;国内斜拉桥的建设成就主要是在改革开放后的 40 多年中取得的。

第二节　稀索时期斜拉桥

一、总体情况

稀索体系是斜拉桥发展的重要时期。20 世纪 50 年代中期至 20 世纪 70 年代末期,以欧洲、美国、日本为主修建了大量稀索斜拉桥,既有公路桥也有铁路桥。稀索斜拉桥的主要设计思想是:①采用少量几根拉索代替深水桥墩,方便通航和排洪;②拉索、塔、梁构成多个三角形结构,刚度大、稳定性高;③主梁因中间设置拉索,可避免梁高增大,减少施工困难。国内斜拉桥起步也是从稀索体系开始,时间约为 20 世纪 70 年代后期到 20 世纪 80 年代初期。那时改革开放刚开始,建设规模较小,因此斜拉桥数量不多。

稀索斜拉桥斜拉索布置形式主要以竖琴、辐射式为主,数量在一对索到四对索之间。尽管梁上设置拉索,但主梁依然呈现弯剪受力,故主梁截面形式以箱梁为主,若桥梁不宽也可采用肋板式。若为双索面箱梁多采用分离双箱断面;若为单索面,则多采用单箱多室断面。那时,无论是板式还是箱式断面,一般均采用钢结构。典型主梁断面如图 2-1 所示。

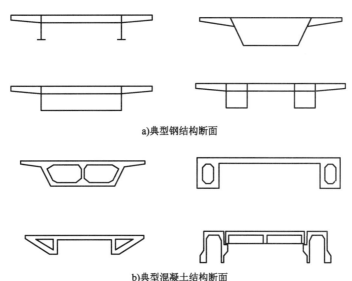

a) 典型钢结构断面

b) 典型混凝土结构断面

图 2-1　稀索斜拉桥主梁典型断面

稀索斜拉桥梁高较大,主梁高度/主跨径一般在 1/50～1/80 之间,且沿纵向高度不变(只有极少数主梁在邻近索塔处变化);梁段较长,一般在 25m 以上,故梁段重量较大,施工相对困难。稀索斜拉桥索塔形式主要取决于拉索布置、桥面宽度以及主跨径等因素。索塔横向以单柱形、双柱形、门形、倒 Y 形或倒 V 形为主;纵向以 A 形和柱形为主。索塔可选择与桥墩固结或铰接,也可选择与主梁固结。稀索斜拉桥虽然发展期不长,但确是不可或缺,因为它为后续发展奠定了基础。

二、工程统计

表 2-1 为国外早期典型稀索体系斜拉桥的工程统计,最大跨径 372m,主梁以钢箱断面为主,混凝土断面和钢桁架断面为辅;索布置以辐射式和竖琴式为主,绝大多数都是对称布置,个别有不对称布置,如澳大利亚旋涡岬巴特曼桥,独塔结构,一边一束索,一边三束索。表 2-2 为国内早期典型稀索体系斜拉桥的工程统计,以小跨径和混凝土主梁结构为主。那个时期国内斜拉桥建设主要以学习国外先进技术为主,斜拉索的材料、锚固方式等具有早期特征,如钢丝绳拉索,塔顶设置鞍座等。

国外早期部分稀索斜拉桥统计（200m 以上） 表 2-1

序号	桥 梁 名 称	主跨径(m)	索布置	主梁断面	建成年代
1	美国路易斯安那卢灵桥	377	三对索	分离钢箱	1981 年
2	奥地利林茨弗斯特桥	215	三对索	钢单箱三室	1972 年

续上表

序号	桥 梁 名 称	主跨径(m)	索布置	主梁断面	建成年代
3	奥地利海恩堡多瑙河桥	228	两对索	钢单箱单室	1972年
4	澳大利亚旋涡岬巴特曼桥	205	一+三对索	钢单箱单室	1968年
5	澳大利亚墨尔本西门桥	336	两对索	钢单箱三室	1978年
6	加拿大蒙特利尔-拉瓦尔帕皮诺勒希朗桥	241	两对索	钢单箱三室	1969年
7	加拿大新不伦瑞克霍克斯霍桥	217	一对索	钢板梁	1967年
8	英国厄斯金桥	305	一对索	钢单箱单室	1971年
9	英国切普斯托杯河桥	234	一对索	钢单箱单室	1966年
10	日本德岛末广桥	250	两对索	钢单箱	1975年
11	日本大阪丰里桥	216	两对索	钢单箱单室	1970年
12	日本广岛尾道桥	215	两对索	钢桁架	1968年
13	荷兰蒂尔瓦尔河桥	267	两对索	混凝土分离箱	1975年
14	委内瑞拉马拉开波湖桥	235	一对索	混凝土分离箱	1962年
15	赞比亚新卢安瓜桥	222	两对索	叠合梁	1968年

国内早期部分稀索斜拉桥统计　　　表2-2

序号	桥 梁 名 称	跨径组成(m)	拉索布置	断面形式	建成年代
1	重庆云阳桥	35+76+35	三对索	混凝土单箱单室	1975年
2	上海新五桥	24+54+24	三对索	混凝土分离双箱	1975年
3	台北淡水河桥	67+2×134+67	两对索	混凝土肋板式	1977年
4	青岛大沽河桥	46+104+46	三对索	混凝土分离双箱	1977年
5	陕西安康汉水桥	38+120+38	三对索	混凝土分离双箱	1979年
6	四川金川桥	71+39	三+四对索	混凝土单箱三室	1981年
7	广西来宾红水河桥	48+96+48	三对索	混凝土单箱双室	1981年

三、工程实例

1. 国外部分

(1)德国科隆塞弗林莱茵河桥。如图2-2所示,该桥为单塔双索面斜拉桥,跨径布置为(47+301+150+52)m,分离钢箱截面,主梁不对称布置,横向A形塔,拉索辐射形布置。该桥1959年建成,是世界上第一座独塔斜拉桥。

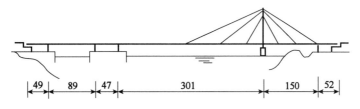

图2-2　德国科隆塞弗林莱茵河桥(尺寸单位:m)

(2)德国汉堡北易北河桥。如图2-3所示,该桥为双塔单索面斜拉桥,跨径布置为(64+171.9+64)m,钢单箱单室断面,一字形索塔,是世界上第一座单索面斜拉桥。

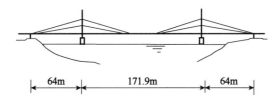

图2-3　德国汉堡北易北河桥(尺寸单位:m)

(3)委内瑞拉马拉开波湖桥。该桥1962年建成,特点是采用意大利人里卡多·莫兰第创建的莫兰第体系,即由若干独立的平衡体系组成,每个体系都是由一个单独的桥墩和塔架支承,然后由中间挂孔连接起来。该桥跨径布置为(160+5×235+160)m,分离式单箱断面,框架式索塔,各跨跨中带挂梁,被称为第一座现代预应力混凝土斜拉桥。

(4)利比亚埃尔贝达瓦迪库夫桥,如图2-4所示,该桥跨径布置为(97+282+97)m,同样采用莫兰第体系。

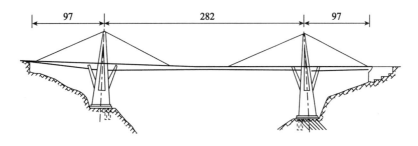

图2-4　利比亚埃尔贝达瓦迪库夫桥(尺寸单位:m)

(5)日本岐阜—富山合掌桥。如图2-5所示,该桥为单塔双索面斜拉桥,跨径布置为(167+167)m,双边钢箱断面,索塔横向H形,纵向A形。索塔整体刚度较大,有利于承受索塔两侧拉索的不平衡力,这是稀索体系斜拉桥的明显特征。

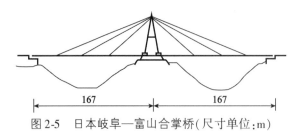

图2-5 日本岐阜—富山合掌桥(尺寸单位:m)

(6)日本岩手小本川桥。如图2-6所示,该桥为双塔双索面斜拉桥,跨径布置为(46 + 85 + 46)m,混凝土箱形断面,单箱单室。该桥的特点是采用刚性拉索。在拉索数少而集中的情况下,这种刚性索对提高主梁刚度,改善拉索疲劳性能,减少预应钢材用量有显著效果。刚性拉索斜拉桥比柔性拉索斜拉桥的工程实例要少很多,国内广东沙溪桥、江苏桃江马迹塘桥等都是采用刚性拉索。

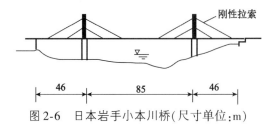

图2-6 日本岩手小本川桥(尺寸单位:m)

(7)日本大阪丰里桥。如图2-7所示,该桥为双塔双索面斜拉桥,跨径布置为(80.5 + 216 + 80.5)m,钢单箱单室,横向A形索塔,是世界上首次采用预制平行钢丝索的斜拉桥。

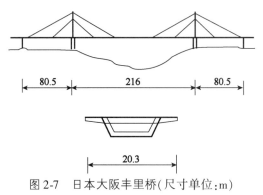

图2-7 日本大阪丰里桥(尺寸单位:m)

2. 国内部分

(1)重庆云阳大桥。该桥为双塔双索面稀索斜拉桥,跨径布置为(35 + 76 + 35)m,塔墩固结,主梁连续并与主墩铰支;主梁为单箱单室,边跨主梁在支架上现浇,中跨主梁为节段预制,用缆索起重机安装;钢筋混凝土门形塔,塔跨比1:6.8;斜拉索为钢丝绳,梁上间距10.8m,锚固在主梁伸出的悬臂横梁上。重庆云阳桥是国内第一座公路稀索斜拉桥。

(2) 广西来宾红水河桥。如图 2-8 所示,该桥为铁路稀索斜拉桥,跨径布置为(48+96+48)m;主梁为混凝土单箱双室,塔梁固结,塔墩分离,塔高 29m,两个平行索面各由三对竖琴形布置的缆索组成;边跨主梁采用膺架法施工,中跨主梁采用悬臂浇筑法施工。

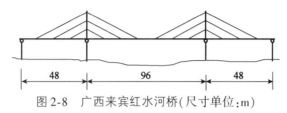

图 2-8　广西来宾红水河桥(尺寸单位:m)

(3) 台北淡水河大桥。如图 2-9 所示,该桥为三塔预应力混凝土稀索斜拉桥,跨径布置为(67+2×134+67)m,混凝土肋板式主梁,门式塔,梁上索距 32m,主梁跨中设置可转动和伸缩的铰。该桥是亚洲第一座三塔混凝土斜拉桥。

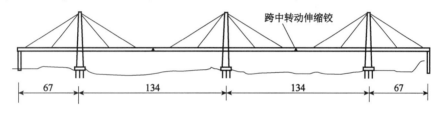

图 2-9　台北淡水河大桥(尺寸单位:m)

(4) 青岛海湾大桥沧口航道桥和红岛航道桥。现代斜拉桥中也有采用稀索结构体系,如青岛海湾大桥中的沧口航道桥(图 2-10)和红岛航道桥都是采用平行稀索钢箱梁斜拉桥,其中沧口航道桥主跨 260m,双塔结构;红岛航道桥主跨 120m,独塔结构。由于采用稀索结构,斜拉索塔上和梁上锚固都做了相应的研究。塔上锚固采用传统的锚垫板和钢套筒结合的方式,搭支架在塔上外侧张拉斜拉索;梁上锚固采用锚箱式锚固,即在钢箱梁腹板外侧焊接箱形结构。

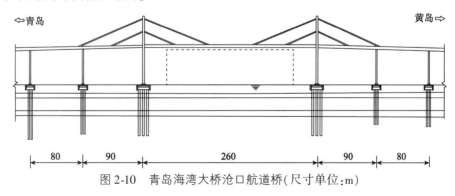

图 2-10　青岛海湾大桥沧口航道桥(尺寸单位:m)

第三节 密索时期：混凝土主梁斜拉桥

一、总体情况

国外初期修建的斜拉桥以钢结构为主，直到20世纪70年代后期才陆续修建了一些混凝土斜拉桥，并开创了混凝土斜拉桥的三个典型断面（图2-11）：①单箱加斜撑式；②双三角边箱式；③肋板式。一般情况下，对于双索面，为便于斜拉索的锚固和增加主梁抗弯抗扭刚度，多采用单箱或双边箱断面；对于独塔单面索多采用单箱梁，因为单箱梁和独塔相结合，不仅外观简洁、优美，而且主要支承设在桥梁中央，对于偏心荷载引起的截面扭转，可借助主梁的抗扭刚度来克服；当结构建筑高度受到严格限制时可采用肋板式断面。

国外混凝土斜拉桥的代表工程有西班牙 Luna 桥、美国 Dame Point 桥和挪威的 Skarnsundet 桥。

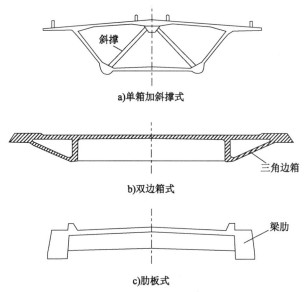

图 2-11 混凝土斜拉桥典型断面

国内早期的密索斜拉桥是在20世纪80年代建造的，分别是辽宁长兴岛大桥、上海泖港大桥和济南黄河大桥，都是混凝土斜拉桥。这三座大桥是改革开放后三座具有代表意义的大桥，尤其是后两座大桥的跨径达到了200m，为后续斜拉桥的发展奠定了基础。这一时期修建的双塔混凝土斜拉桥还有：天津永和大桥（主跨径260m），分离式预制三角形箱梁，支架法拼接；长沙湘江北大桥（主跨径210m），采用国内首创的轻型挂篮施工技术，首次设计和研制了大吨位5000kN级的斜拉索和冷铸镦头锚，结束了我国大跨径斜拉桥主要材料依靠进口的历史；安徽凤台淮河大桥（主跨径224m），节段箱梁预制拼接等。修建的独塔混凝土斜拉桥有：浙江上虞章镇桥，不对称独塔斜拉桥[跨径布置为(72+54)m]；云南东风桥，双索面混凝土斜拉桥（主跨径100m）；重庆石门大桥（主跨径230m）等。

国内混凝土斜拉桥在20世纪90年代得到了较大的发展。这一时期，无论独塔还是双塔结构，主梁主要采用肋板式和箱形截面。肋板式截面主梁是美国East-Huntington桥（1985年建成）首次应用。这种截面主梁简洁、施工方便，被国内外多座桥采用，国内如铜陵长江大桥（主跨径432m）、重庆长江二桥（主跨径432m）、广东番禺大桥（主跨径380m）、重庆涪陵长江大桥（主跨径330m）；箱形截面主梁如湖北郧阳汉江大桥（主跨径414m）、武汉长江二桥（主跨径400m）等。其中，湖北郧阳汉江大桥为国内第一座地锚式斜拉桥，并创造了在跨中设置纵向滑移无轴力的接头构造；广东番禺大桥是国内第一座采用倒Y形索塔的斜拉桥。这一时期还修建了一批混凝土独塔斜拉桥，基本上都是塔梁墩固结体系，只有云南景洪西双版纳大桥为飘浮体系。其中，四川内江沱江三桥主梁为部分预应力混凝土结构，88m边跨主梁上的斜拉索集中锚固；杭州钱塘江三桥为国内首座双独塔等跨单索面斜拉桥。

进入2000年后，国内混凝土斜拉桥得到继续发展。2002年建成的湖北荆州长江公路大桥是混凝土斜拉桥的代表之作。该桥分北汊和南汊通航孔桥，南汊通航孔桥，桥跨布置为(160+300+97)m，高低塔，肋板式主梁；北汊通航孔桥，桥跨布置为(200+500+200)m，飘浮体系，肋板式主梁，H形索塔，是国内最大跨径的混凝土斜拉桥。除湖北荆州长江公路大桥外，同期还建设了一批300~500m跨径的独塔和双塔混凝土斜拉桥。独塔结构体系以塔梁墩固结为主，主梁以箱梁为主；双塔结构体系以飘浮体系为主，主梁以肋板式为主。澳门西湾大桥是混凝土主梁斜拉桥的特例，主梁为双塔四索面双层混凝土箱形结构，上层为高速公路，下层为轻轨铁路。

进入2010年后，国内大跨径混凝土斜拉桥的建设基本上停留在400m以下的跨径，400m以上跨径逐步被叠合梁、混合梁和钢梁斜拉桥所替代。广东水东湾大桥（主跨径328m）和重庆蔡家嘉陵江大桥（主跨径320m），都是双塔双索面混凝土斜拉桥，也是这一时期的代表作。

二、工程统计

表2-3为国外混凝土主梁斜拉桥的部分工程统计。表2-4为国内混凝土斜拉桥的部

分工程统计。从表中工程建成的时间上看,直到密索体系的出现,混凝土主梁斜拉桥才得到大规模的发展。由于国内资料相对完整,故表中工程以十年一周期统计。

国外混凝土主梁斜拉桥的部分工程统计 表2-3

序号	国家	桥名	主跨径(m)	建成年代
1	挪威	Skarnsundet桥	530	1991
2	挪威	Helgeland桥	425	1991
3	西班牙	Luna桥	440	1983
4	葡萄牙	Vasco Da Gama桥	420	1998
5	美国	华盛顿州帕斯科-肯尼威克桥	299	1978
6	美国	Sunshine Skyway桥	366	1988
7	美国	Dame Point桥	396	1989
8	美国	杰拉尔德·德斯蒙德桥	305	2020
9	法国	Brotonne桥	320	1977
10	巴拿马	巴拿马运河三桥	530	2017
11	泰国	SOBRR桥	500	2007
12	越南	白斋桥	435	2006
13	澳大利亚	格里布岛桥	345	1995
14	加拿大	Sky Train桥	340	1988
15	摩洛哥	布里格里格河谷桥	376	2016
16	阿根廷	波萨达斯-恩卡纳西翁巴拉那河桥	330	1984
17	墨西哥	夸萨夸尔科斯桥	288	1984
18	赞比亚	普罗克托维尔-东亨廷顿俄亥俄河桥	274	1993
19	美国	艾思顿-罗素桥替换桥	274	2017
20	法国	埃洛恩河新桥	400	
21	文莱	淡布隆跨海大桥	260	2020

国内混凝土斜拉桥部分工程统计 表2-4

序号	桥名	体系与主梁结构	主跨径(m)	建成年代
20世纪80年代				
1	辽宁长兴岛大桥	单箱三室	176	1981
2	上海泖港大桥	分离式双箱	200	1982
3	济南黄河大桥	分离式单箱双室	220	1982

续上表

序号	桥　名	体系与主梁结构	主跨径(m)	建成年代
4	天津永和大桥	分离式预制三角形箱梁	260	1987
5	安徽凤台淮河大桥	—	224	1989
6	长沙湘江北大桥	单箱三室	210	1989
20世纪90年代				
1	广东金马大桥	肋板式,塔梁墩固结	283+283	1998
2	广西云龙西江桥	—	240	1998
3	福州三县洲闽江大桥	三室箱,塔梁墩固结	238	1999
4	武汉汉江四桥	三室箱,塔梁墩固结	232	1999
5	攀枝花金沙江大桥	肋板式,塔梁固结	149+200	1999
6	台湾基隆河大桥	四室箱	137+200	1999
7	黄山太平湖大桥	三室箱,塔梁墩固结	190	1996
8	浙江南太湖大桥	双主梁,塔梁墩固结	160+190	1996
9	广东三水大桥	肋板式,塔梁墩固结	110+180	1993
10	四川内江沱江三桥	五室箱,塔梁墩固结	88+175	1998
11	杭州钱塘江三桥	五室箱,塔梁墩固结	168+168	1996
12	南昌新八一大桥	肋板式,塔梁墩固结	160+160	1997
13	云南西双版纳大桥	箱梁,飘浮体系	156+156	1999
14	湖北郧阳汉江大桥	单箱三室	414	1994
15	安徽铜陵长江大桥	肋板式,半飘浮体系	432	1995
16	武汉长江二桥	两边箱,飘浮体系	400	1995
17	重庆长江二桥	肋板式,飘浮体系	444	1996
18	重庆涪陵长江大桥	肋板式	330	1997
19	广东番禺大桥	肋板式,飘浮体系	380	1999
21世纪				
1	珠海淇澳大桥	三室箱,塔梁墩固结	320	2000
2	江西鄱阳湖口大桥	肋板式,半飘浮	318	2000
3	湖南洞庭湖大桥	肋板式,飘浮	310	2000
4	重庆大佛寺长江大桥	肋板式,飘浮	450	2001
5	山东利津黄河大桥	—	310	2001
6	重庆马桑溪长江大桥	两边箱,飘浮	360	2001

续上表

序号	桥　名	体系与主梁结构	主跨径(m)	建成年代
7	海南海口世纪大桥	肋板式	340	2001
8	湖北夷陵长江大桥	单箱三室	348	2001
9	湖北荆州长江大桥北汊桥	肋板式,飘浮	500	2002
10	湖北荆州长江大桥南汊桥	肋板式,飘浮	300	2002
11	广东崖门大桥	五室箱,塔梁墩固结	338	2002
12	湖北鄂黄长江大桥	肋板式,飘浮	480	2003
13	湖北巴东长江大桥	肋板式,飘浮	388	2003
14	四川中坝金沙江大桥	肋板式,飘浮	252+175	2003
15	天津滨海大桥	肋板式,半飘浮	364	2003
16	济南市纬六路斜拉桥	两边箱	380	2004
17	湖南建宁大桥	箱梁,塔梁墩固结	240+218	2004
18	宁波招宝山大桥	边箱中板,飘浮	258+102	2004
19	贵州红枫湖大桥	肋板式	185+133	2004
20	江苏淮阴五口河大桥	两边箱,飘浮	370	2005
21	重庆云阳长江大桥	肋板式,飘浮	318	2005
22	重庆奉节长江大桥	肋板式,半飘浮	460	2006
23	辽宁营口辽河大桥	两边箱,飘浮	370	2006
24	山西禹门口黄河大桥	—	352	2006
25	重庆忠县长江大桥	肋板式,飘浮	460	2008
26	四川宜宾长江大桥	分离双箱,半飘浮	460	2008
27	重庆长寿长江大桥	肋板式	460	2008
28	泸州泰安大桥	三室箱,塔梁墩固结	208+270	2008
29	重庆奉节梅溪河大桥	肋板式,半飘浮	386	2009
30	山东长会口大桥	—	230	2010
31	郑州铁路跨线桥	箱梁,塔梁固结	248	2012
32	广东水东湾大桥	肋板式	328	在建
33	重庆蔡家嘉陵江大桥	肋板式	320	在建

三、工程实例

1.国外部分

(1)西班牙 Luna 桥,1983 年建成,如图 2-12 所示。该桥为双塔双索面斜拉桥,跨径布置为(101 + 440 + 106)m,混凝土主梁结构,单箱三室,跨中处为减轻自重,改为部分开口断面;塔墩固结,塔梁分离。主梁中跨跨中设剪力铰,可以传递剪力和扭矩,但在中间铰处桥面不连续。

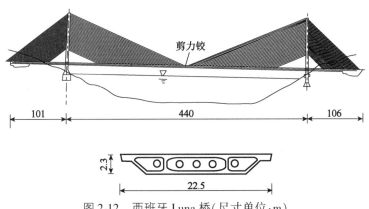

图 2-12 西班牙 Luna 桥(尺寸单位:m)

该桥主跨径440m,是当时世界上最大跨径的地锚式(重力锚固式桥台)混凝土斜拉桥,具有良好的经济性,推动了混凝土结构斜拉桥的发展。

(2)美国 Dame Point 桥,1988 年建成,如图 2-13 所示。该桥为双塔双索面斜拉桥,跨径布置为(198 + 396 + 198)m,混凝土主梁,双主肋断面,塔梁墩固结,跨中设铰。该桥首创牵引式挂篮施工工艺:挂篮后端锚固在已浇梁段上,把待浇梁段斜拉索通过工具式连杆锚固到挂篮前端,由斜拉索和已浇梁段来共同承担待浇梁段的混凝土重量,待现浇梁段混凝土达到强度后,拆除连杆,让梁段重量转换到斜拉索上,再前移挂篮,重复上述施工步骤。

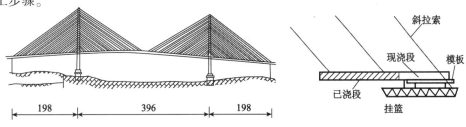

图 2-13 美国 Dame Point 桥及挂篮施工示意(尺寸单位:m)

(3)挪威 Skarnsundet 桥,1991 年建成,如图 2-14 所示。该桥为双塔双索面混凝土斜拉桥,跨径布置为 $(3 \times 27 + 109 + 530 + 109 + 3 \times 27)$ m,三角形单箱双室截面。

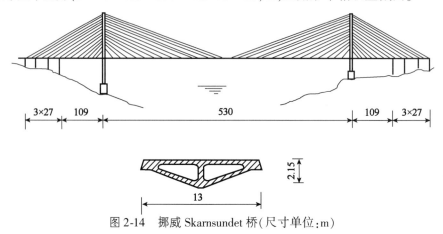

图 2-14　挪威 Skarnsundet 桥(尺寸单位:m)

桥梁跨径增大后,主梁抗风稳定性成为很重要的问题。挪威 Skarnsundet 桥宽跨比达 $530/13 = 40.8$,大大超过一般限定值 30 以下,因此采用三角形单箱双室截面。这种三角形扁平箱梁无论从景观、结构特性或空气动力特性等方面来看,均有很大优越性。

挪威 Skarnsundet 桥的建成再次刷新混凝土结构斜拉桥主跨径的世界纪录,证明跨径在 500m 左右依然可以采用混凝土结构。该桥至今还保持着最大跨径混凝土斜拉桥的世界纪录。

(4)巴拿马运河三桥,2017 年建成,该桥为双塔中央索面混凝土斜拉桥,半飘浮体系,跨径布置为 $(79 + 181 + 530 + 181 + 19)$ m;五跨连续,设一个辅助墩,双边预应力混凝土箱梁,钢绞线拉索,扇形布置。

2. 国内部分

(1)辽宁长兴岛大桥,如图 2-15 所示,1981 年建成,该桥为双塔双索面斜拉桥,三跨支承体系,跨径布置为 $(83.2 + 176 + 83.2)$ m,主梁单箱三室,梁上索距 6m,门式框架索塔,拉索为扇形布置,一次张拉到位。中跨主梁挂篮悬浇,边跨主梁部分支架现浇、部分悬拼。

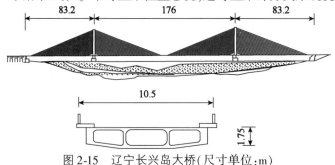

图 2-15　辽宁长兴岛大桥(尺寸单位:m)

(2)上海泖港大桥,如图2-16所示,1982年建成。该桥为预应力混凝土双塔双索面斜拉桥,跨径布置为(85+200+85)m,主梁断面为分离式双箱,箱高2.5m。边跨主梁采用支架现浇,中跨主梁采用预制拼装方法施工。

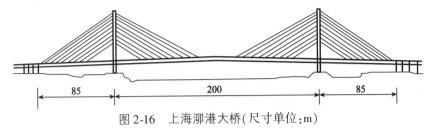

图2-16 上海泖港大桥(尺寸单位:m)

(3)济南黄河大桥,如图2-17所示,1982年建成。该桥为双塔双索面预应力混凝土斜拉桥,五跨连续飘浮体系,跨径布置为(40+94+220+94+40)m;主梁断面为分离式单箱双室,设置三向预应力;A形门式塔,塔梁分离,塔墩固结,每塔11对索,梁上索距8m。主梁采用挂篮悬浇施工。

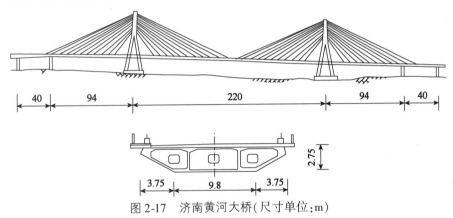

图2-17 济南黄河大桥(尺寸单位:m)

(4)重庆石门大桥,如图2-18所示,1988年建成。该桥为独塔混凝土斜拉桥,桥跨径布置为(200+230)m,塔-梁-墩固结,中央双索面,竖琴式布置,梁上索距7.5m。单箱三室,边箱设预应力混凝土斜拉杆。主梁除墩顶现浇段采用托架施工外,其余部分均采用劲性骨架悬臂浇筑法施工,标准节段长15m。该桥的建成意味着当时我国已具备建造400m以上跨径的预应力混凝土斜拉桥的能力。

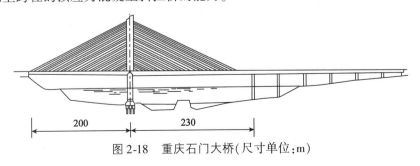

图2-18 重庆石门大桥(尺寸单位:m)

(5)湖北郧阳汉江大桥,如图2-19所示,1994年建成。该桥为双塔双索面混凝土斜拉桥,跨径布置为(43.8+43+414+43+43.8)m,单箱三室断面,梁高2m,钢丝斜拉索,梁上索距8m,拉索处设置一道横梁。锚固桥台总长43.8m,主体为三向预应力混凝土箱形结构,锚固21根拉索。湖北郧阳汉江大桥是国内第一座采用桥台做地锚的大跨径斜拉桥。据报道,2019年开工建设的湖北丹江口水库特大桥也是地锚式斜拉桥,主跨径760m,混合梁结构形式。

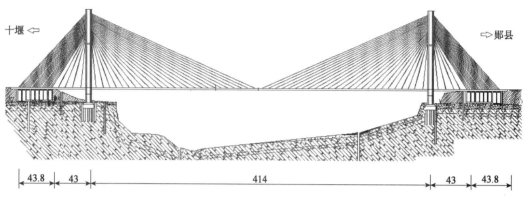

图2-19 湖北郧阳汉江大桥(尺寸单位:m)

(6)安徽铜陵长江大桥,如图2-20所示,1995年建成。该桥为双塔双索面混凝土斜拉桥,跨径布置为(80+90+190+432+190+90+80)m,半飘浮体系,也是变截面连续梁与斜拉桥协作体系;连续梁为箱形断面,斜拉桥为肋板式开口断面(国内首次采用);镀锌平行钢丝拉索,花瓶形索塔,爬模施工;主梁采用前支点挂篮(国内首次),成桥后斜拉索不再调整索力。

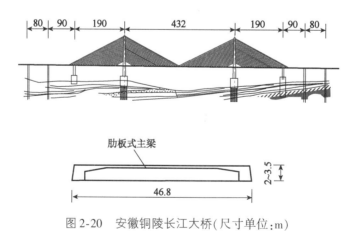

图2-20 安徽铜陵长江大桥(尺寸单位:m)

(7)湖南洞庭湖大桥,如图2-21所示,2000年建成。该桥为不等高三塔混凝土斜拉桥,跨径布置为(129.8+2×310+129.8)m,全飘浮体系;主梁为肋板式断面,板厚

25cm,断面高250cm,标准节段长8m;钻石形索塔,中塔比边塔高出26m,平行钢丝拉索,标准强度1860MPa。

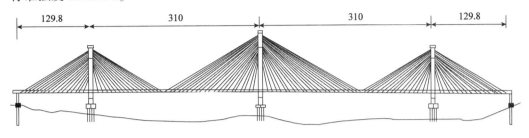

图2-21 湖南洞庭湖大桥(尺寸单位:m)

洞庭湖大桥的特点是三塔斜拉桥,存在中塔效应问题。该桥克服中塔效应的措施有:①高塔根部顺桥向尺寸由8m加大到9m;②主梁梁肋高度由2m加大到2.5m;③背索索距由标准8m加密到2×6m。

(8)湖北夷陵长江大桥,如图2-22所示,2001年建成。该桥是国内第一座单索面三塔混凝土斜拉桥,跨径布置为(38+38.5+43.5+2×348+43.5+38.5+38)m,中塔塔梁墩固结,主梁为单箱三室截面。为确保主跨刚度采用了如下措施:①主梁采用刚度较大的箱形截面;②边跨设两个辅助墩;③减小边跨背索的间距;④中塔塔梁墩固结。

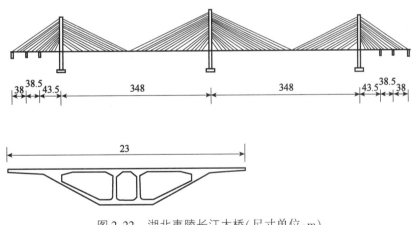

图2-22 湖北夷陵长江大桥(尺寸单位:m)

(9)湖北荆州长江大桥,如图2-23所示,2002年建成。该桥主桥分南北汊通航孔桥,其中北汊通航孔桥为双塔双索面混凝土斜拉桥,飘浮体系,跨径布置为(200+500+200)m;主梁为肋板式断面,标准板厚32cm,C60混凝土,每对拉索处设置一道横梁;H形索塔,塔高145m。北汊通航孔桥建成后是国内最大跨径的混凝土斜拉桥。南汊通航孔大桥也是混凝土斜拉桥,跨径布置为(160+300+97)m,主梁和索塔形式同北汊通航孔大桥。

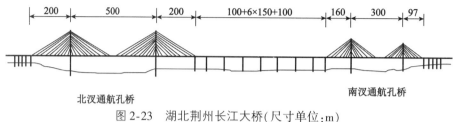

图 2-23 湖北荆州长江大桥(尺寸单位:m)

第四节 密索时期：钢箱斜拉桥

一、总体情况

早期斜拉桥主梁以钢结构为主，钢工字梁、钢箱是常见形式，钢桁架梁由于制作工作量大、维修困难、易于腐蚀，外形也不具吸引力，故在早期斜拉桥中很少采用。早期所使用的双工字梁和多工字梁的缺点是主梁抗扭刚度小。为了增加抗扭刚度，逐渐发展了箱形断面包括单箱或多箱，又有矩形和有斜向腹板类似梯形的类型，如图 2-24 所示。早期国外钢箱梁斜拉桥如西德的波恩北莱茵河桥，主跨径 280m，矩形单箱单室断面，独塔结构；丹麦的法罗岛—法尔斯特岛桥，主跨径 290m，梯形箱梁断面，钻石形索塔；日本大阪海鸥桥，主跨径 240m，梯形箱梁断面，独塔结构。

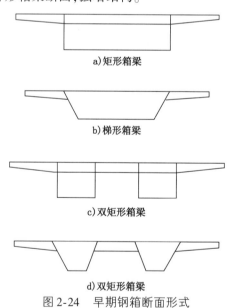

a) 矩形箱梁

b) 梯形箱梁

c) 双矩形箱梁

d) 双矩形箱梁

图 2-24 早期钢箱断面形式

目前钢箱斜拉桥以流线型钢箱为主，如韩国的仁川大桥、法国的米洛大桥、美国约翰·詹姆斯·奥杜邦大桥，中国的苏通大桥、武汉军山长江大桥、舟山金塘大桥等。最初流线型钢箱是出现在英国和丹麦等国的悬索桥上,后引进到大跨径斜拉桥上。

国内第一座双塔双索面钢箱斜拉桥是1987年建成通车的山东胜利黄河大桥(主跨径288m),也是当时国内建成的最大跨径桥梁。进入20世纪90年代后,随着改革开放不断深入,国家钢产量不断增加,大跨径桥梁采用钢结构越来越多。从现有文献看,我国钢结构斜拉桥的建设成就主要是进入21世纪后取得的,有几座是20世纪90年代末开始建造,竣工时已进入21世纪了。

21世纪前10年,国内钢箱斜拉桥建成了武汉军山长江大桥(主跨径460m)、南京长江二桥(主跨径628m)、安庆长江公路大桥(主跨径510m)、南京长江三桥(主跨径648m,首次采用钢索塔)、苏通大桥(主跨径1088m)等一批主跨径450m以上的大跨径斜拉桥,其中苏通大桥主跨径世界上首次超过千米,是里程碑式的工程,影响较大。

2010—2021年,建成或在建的钢箱斜拉桥主要有武汉沌口长江大桥(主跨径760m)、象山港大桥(主跨径688m)、福建琅岐闽江大桥(主跨径680m)、中朝鸭绿江界河桥(主跨径636m)、黄茅海大桥(2×720m三塔斜拉桥,世界上最大跨径的钢箱多塔斜拉桥)、深中通道中的中山大桥(主跨径580m)、南京浦仪公路上坝夹江大桥(主跨径500m)、芜湖长江二桥(主跨径806m,分离式钢箱,斜拉索环形锚固,斜置阻尼器)、宁波舟山港主通道航道桥(三塔结构,主跨径2×550m)等。其中,武汉沌口长江大桥将小型焊接机器人送入U肋内部,实现U肋内部与钢桥面间角焊缝的焊接技术。另外金海特大桥(主跨径3×340m)、四川宜宾临港长江大桥(主桥标准梁宽64m,主跨径522m),为公铁同层斜拉桥,是这一时期斜拉桥建造的亮点之一。该桥钢箱采用大挑臂式横断面(挑臂长达16m),施工采用两节段钢箱梁悬拼新技术。还有柴家峡黄河大桥(主跨径364m)位于600m曲线半径上,为减少曲线段对整体结构的影响,该桥设计采用高低塔非对称结构布置形式。

钢箱梁斜拉桥的建设成就主要体现如下几方面:

(1)为适应抗风需求,发展出流线型整体钢箱、PK钢箱和分体式钢箱等截面形式。

(2)通过改进板厚、发明U肋内外焊接方法及优化横隔板位置等措施,完善了钢箱梁正交异性钢桥面板的抗疲劳损伤技术。

(3)通过优化钢箱梁底板、斜腹板尺寸及横梁位置,完善了截面设计技术。

(4)钢箱梁的设计计算及风动试验技术日趋成熟。

(5)钢箱梁节段间连接发展出栓焊和全焊两种主要连接方式。

(6)发展和完善了钢结构长效重防腐技术和相关技术标准、规范。

(7)发展了多塔连跨钢箱梁斜拉桥设计与施工技术,如法国的米洛大桥,国内的浙江嘉绍大桥、珠海黄茅海大桥、宁波舟山港主通道桥等。

（8）建成了多座 700m 跨径以上的超大跨钢箱斜拉桥，其设计和施工技术日趋成熟。

二、工程统计

国外钢箱斜拉桥资料有限，很多工程只知道桥梁名称及建造年代，其他结构信息较少。表2-5为国外大跨径钢箱斜拉桥的部分工程统计，其中主跨径除法国米洛大桥外均为400m以上，有一些是2010年以后建造，具有一定代表性；从表中得知，斜拉桥索塔以钻石形、A形和H形索塔为主。表2-6为国内钢箱斜拉桥的部分工程统计，跨径400m以上的工程居多。其中，有独塔、双塔和多塔结构，双塔结构钢箱斜拉桥数量较多，2000年之前的工程实例较少。

国外大跨径钢箱斜拉桥部分统计　　　　表2-5

序号	桥 梁 名 称	主跨径(m)	断面形式	索塔形式	建成年代
1	韩国仁川大桥	800	钢箱	钻石形	2009
2	日本名古屋名港中央大桥	590	钢箱	A形	1998
3	墨西哥巴鲁阿特大桥	520	钢箱	A形	2012
4	日本鹤见航道桥	510	钢箱	—	1994
5	美国约翰·詹姆斯·奥杜邦大桥	482	钢箱	H形	2011
6	日本女神大桥	480	钢箱	H形	2005
7	英国Second Severn桥	456	钢箱	H形	1996
8	美国格林威尔大桥	420	钢箱	H形	2010
9	日本名古屋名港东桥	410	钢箱	A形	1998
10	俄罗斯苏尔古特大桥	408	钢箱	H形	2000
11	日本名古屋名港西桥	406	钢箱	A形	1984
12	日本名港西大桥	405	钢箱	A形	1998
13	法国Saint-Nazaire桥	404	钢箱	A形	1975
14	埃及Suez Canal桥	404	钢箱	—	2001
15	西班牙Rande桥	401	钢箱	H形	1981
16	日本鹰岛肥前大桥	400	钢箱	钻石形	2009
17	法国米洛大桥(Millauviaduct)	342	钢箱	一字形	2004

国内钢箱斜拉桥部分工程统计　　　　　　　　　表2-6

序号	桥　　名	主跨径(m)	结构体系	建成年代
1	山东胜利黄河大桥	288	飘浮	1987
2	武汉军山长江大桥	460	半飘浮	2001
3	南京长江二桥	628	半飘浮	2001
4	安庆长江公路大桥	510	半飘浮	2004
5	南京长江三桥	648	半飘浮	2005
6	润扬长江公路大桥北汊大桥	406	半飘浮	2005
7	香港后海湾大桥(独塔)	250+210	塔梁墩固结	2005
8	深圳湾公路大桥(独塔)	180+165	塔梁墩固结	2007
9	苏通大桥	1088	飘浮	2008
10	杭州湾大桥南航道桥(独塔)	260+318	塔梁墩固结	2008
11	杭州湾大桥北航道桥	448	半飘浮	2008
12	济南黄河三桥(独塔)	280+386	支承体系	2008
13	浙江舟山金塘大桥	620	半飘浮	2009
14	上海长江大桥	730	半飘浮	2009
15	浙江象山港大桥	688	半飘浮	2012
16	浙江嘉绍大桥(六塔)	428	半飘浮	2013
17	福建琅岐闽江大桥	680	半飘浮	2014
18	中朝鸭绿江界河桥	636	半飘浮	2015
19	武汉沌口长江大桥	760	半飘浮	2017
20	安徽芜湖长江二桥	806	半飘浮	2017
21	港珠澳青州航道桥	458	半飘浮	2018
22	南京浦仪公路上坝夹江大桥	500	飘浮	2020
23	甘肃柴家峡黄河大桥	364	半飘浮	2019
24	珠海金海特大桥	340	塔梁墩固结	2021
25	宁波舟山港主通道航道桥	550+550	飘浮体系	2021
26	深中通道中山大桥	580	半飘浮	预计2024

三、工程实例

1. 国外部分

(1)法国 Saint-Nazaire 桥,如图 2-25 所示,1975 年建成。该桥为双塔双索面斜拉桥,跨径布置为(158+404+158)m,单箱单室主梁,桥面板较早地采用正交异性钢桥面板;

A形索塔,拉索呈放射性布置跨径。该桥首次突破钢结构400m跨径,是当时世界上最大跨径的斜拉桥。

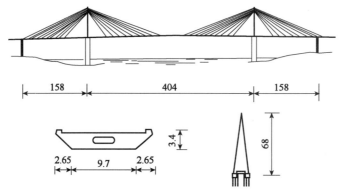

图2-25 法国Saint-Nazaire桥(尺寸单位:m)

(2)法国米洛大桥(Millauviaduct),如图2-26所示,2004年建成。该桥为七塔钢箱单索面斜拉桥,跨径布置为(204+6×342+204)m,桥宽32.05m,正交异性钢桥面板;索塔总高(塔+墩)343m,桥墩最高245m。桥面纵坡3%,结构处于平曲线上。桥墩采用高性能混凝土,整个结构抗震、抗风性能极高。

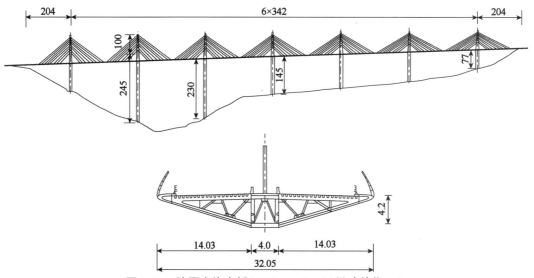

图2-26 法国米洛大桥(Millauviaduct)(尺寸单位:m)

(3)韩国第二珍岛大桥,2005年建成,主跨径388m,横桥向双塔双梁结构,索塔采用A形塔,并在主梁下设置横梁,而钢箱梁和塔的侧向接触面用剪力钉连接,最下端直接支承于混凝土基座上,可确保大桥的安全。该桥采用了阻尼器和气动措施的组合方式,并按实际情况设置了辅助索,以满足抗震设防和抗风设计标准等。

(4)韩国仁川大桥,如图2-27所示,2009年建成。该桥为双塔双索面半飘浮体系斜拉桥,跨径布置为(80+260+800+260+80)m;倒 Y 形混凝土索塔,塔高约240m,流线型扁平钢箱梁,梁高3m,正交异性钢桥面板,最小板厚14mm,桥面板和U肋角焊熔深按 AASHTO 规定的 80% 考虑;边跨的辅助墩和边墩均设置了两根预应力束以抵抗拉力。在索塔处安装了压缩型高阻尼橡胶阻尼器。中跨主梁按悬拼方法施工,边跨主梁为缩短工期按大节段吊装方法施工。

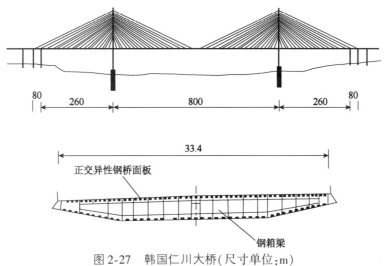

图 2-27 韩国仁川大桥(尺寸单位:m)

2. 国内部分

(1)山东胜利黄河大桥,该桥于1987年建成。跨径布置为(136.5+288+136.5)m,主梁为连续钢双箱(边箱)、正交异性钢桥面板结构,H形索塔,斜拉索为日本进口的1560MPa、7mm 直径的镀锌钢丝。除山东胜利黄河大桥外,同期还建成了黑龙江三棵树铁路斜拉桥,独塔,主跨径47.5m,钢箱结构。

(2)南京长江二桥,如图2-28所示,2001年建成。该桥主桥为双塔双索面钢箱斜拉桥,跨径布置为(58.5+246.5+628+246.5+58.5)m,半飘浮体系,钻石形索塔。该斜拉桥采用的全焊接扁平钢箱梁,正交异性桥面板工地栓焊连接、斜腹板钢材抗层状撕裂评定及拉索与钢箱梁采用钢锚箱连接等关键创新技术为国内首次,推动了钢箱梁斜拉桥的技术进步。

(3)武汉军山长江大桥,如图2-29所示,2001年建成。该桥主桥为五跨连续双塔双索面钢箱梁斜拉桥,跨径布置为(48+204+460+204+48)m,钻石形索塔。该桥采用的钢箱梁大面积电弧喷铝长效防腐体系为国内首次,增加了钢箱梁防腐耐久性,减少了运营期的养护费用。索塔上塔柱环向预应力采用国内自行研制和开发的塑料波纹管和真空辅助压浆工艺。

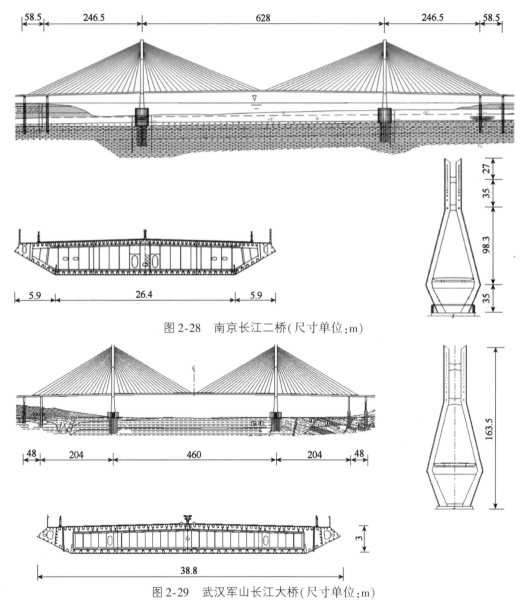

图 2-28 南京长江二桥(尺寸单位:m)

图 2-29 武汉军山长江大桥(尺寸单位:m)

(4)安徽安庆长江大桥,如图 2-30 所示,2004 年建成。该桥主桥为五跨连续双塔双索面钢箱梁斜拉桥,跨径布置为(50＋215＋510＋215＋50)m,流线型钢箱,钻石形索塔。大桥拉索采用多股环氧全涂无黏结预应力钢绞线,并首次采用了斜拉桥尾索应力幅控制方式。

(5)南京长江三桥,2005 年建成。该桥主桥为双塔双索面五跨连续钢箱梁斜拉桥,半飘浮体系,主跨径648m。该桥特点是主塔首次在大跨径斜拉桥中采用钢塔结构(图2-31),其塔高215m,下塔柱及下横梁为钢筋混凝土结构,下塔柱以上部分为钢结构,塔柱外侧圆曲线部分半径720m。南京长江三桥之后,鄂尔多斯康巴什大桥(主跨径450m双塔双索面斜拉桥)、南京浦仪公路上坝夹江大桥(主跨径500m独塔双索面斜拉桥,塔柱见图2-32),主塔亦是钢结构。

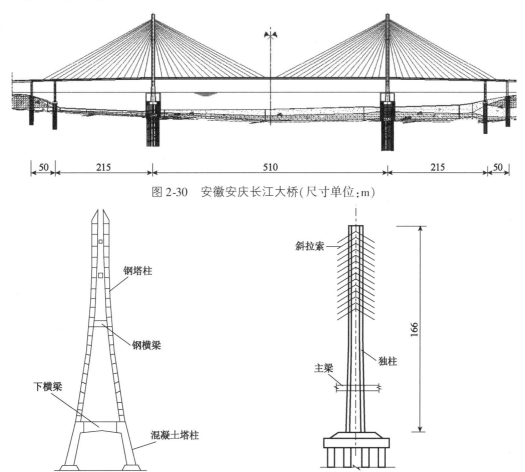

图2-30 安徽安庆长江大桥(尺寸单位:m)

图2-31 南京长江三桥塔柱　2-32 南京浦仪公路上坝夹江大桥塔柱(尺寸单位:m)

(6)苏通大桥,如图2-33所示,2008年建成。该桥主桥为七跨双塔双索面钢箱梁斜拉桥,跨径布置为(2×100+300+1088+300+2×100)m,倒Y形索塔,塔高300.4m,斜拉索锚固采用钢锚箱-混凝土组合结构。该桥塔梁连接采用具有额定行程的刚性限位和动力阻尼抑震的组合装置系统,较好地解决了结构位移和受力间的矛盾,即在主梁发生动力反应时,系统起阻尼耗能、抑制动力反应的作用;在极限风荷载作用时,系统起限位作用。该桥当时为我国自主建设的世界上首次主跨径超千米的斜拉桥。

(7)舟山金塘大桥。2009年建成。该桥主桥为双塔双索面钢箱梁斜拉桥,跨径布置为(77+218+620+218+77)m,封闭式流线型钢箱,钻石形索塔。索塔锚固采用的钢牛腿、钢锚梁组合体系为首创锚固体系(图2-34),成功解决了索塔锚固区开裂问题,提高了结构耐久性。该钢锚梁由一根锚固梁和四个锚固头组成,可以锚固四根空间斜拉索。其构造新颖,受力明确,便于施工,耐久可靠。为了确保新型锚固构造的可靠性,进行了足尺模型试验以验证钢锚梁、钢-混结合构造的受力特性。

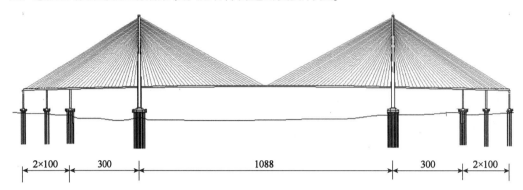

图 2-33 苏通大桥(尺寸单位:m)

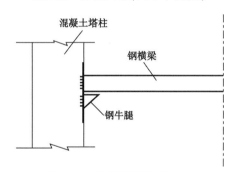

图 2-34 索塔锚固体系示意

(8)嘉绍大桥,如图 2-35 所示,2013 年建成。该桥为五跨六塔钢箱梁斜拉桥,空间四索面,跨径布置为$(70 + 200 + 5 \times 428 + 200 + 70)$m。该桥在跨中钢箱设置刚性铰,其基本构造是在一侧钢箱梁内部放置小箱梁,小箱梁固定在另一侧钢箱梁上,一端固定,一端自由。刚性铰约束释放主梁两端的纵向相对线位移,约束主梁转动和剪切位移。刚性铰相当于把 2680m 长的主梁分为两段,以减小结构温度内力。

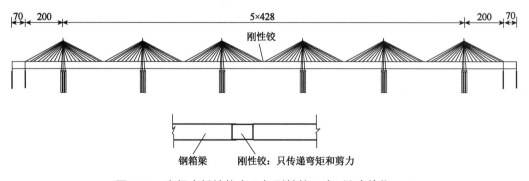

图 2-35 嘉绍大桥结构布置与刚性铰示意(尺寸单位:m)

(9)武汉沌口长江大桥。该桥主桥为双塔双索面 PK 钢箱梁斜拉桥,半飘浮体系,跨径布置为(100 + 275 + 760 + 275 + 100)m,半飘浮体系,主梁采用介于整体式断面和分体式断面之间的 PK 钢箱断面(图2-36),钻石形索塔,梁上索距12m,2017年建成。通常钢箱梁正交异性钢桥面板主流设计是施加单边坡口角焊缝,并要求熔透率达到75% ~ 80%,但在工程实践中很难达到。沌口长江大桥将小型焊接机器人送入 U 肋内部,实现 U 肋内部与钢桥面间角焊缝的焊接。

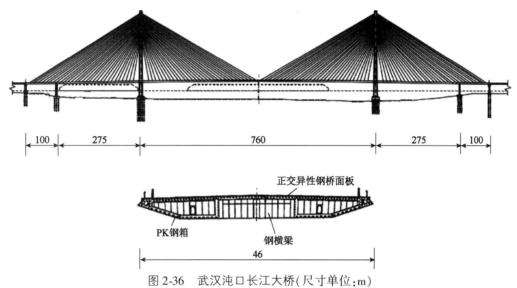

图 2-36　武汉沌口长江大桥(尺寸单位:m)

(10)南京浦仪公路上坝夹江大桥,2020年建成。该桥主桥为双塔双索面钢箱梁斜拉桥,跨径布置为(50 + 180 + 500 + 180 + 50)m,主梁采用全焊扁平流线型分幅钢箱梁,两幅钢箱梁间采用横向联系横梁连接,其上翼缘为正交异性板结构,如图2-37所示。索塔采用独柱钢索塔,纵向倒 Y 形,横向为独柱式结构,索塔采用切角矩形断面,单箱多室布置,由四周壁板和三道腹板构成。

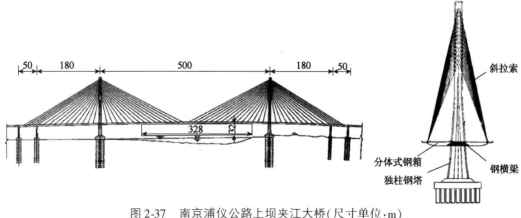

图 2-37　南京浦仪公路上坝夹江大桥(尺寸单位:m)

第五节　密索时期：钢桁架斜拉桥

一、总体情况

钢桁架主梁的发展晚于钢箱梁，其优点是结构刚度相对大，抗风性能好，更适用于双层结构的通行需求。一般情况下，公路在钢桁架上层，铁路在钢桁架下层。铁路在下层又分在中间布置及两侧布置两种情况，其结构形式也不一样。文献表明，世界上首座钢桁架斜拉桥是1977年建成的日本的神户六甲大桥，主跨径220m，双层公路桥，桁高8m。随后又建成了瑞典—丹麦厄勒海峡大桥（Oresund Bridge）和韩国的居金大桥。

国内钢桁架斜拉桥的建设成就主要是进入21世纪后取得的，这主要得益于公路与公路、公路与铁路（含城铁）、公路与市政道路等项目的合建越来越多，而钢桁架结构是实现合建的最佳结构形式。因此，这些年涌现出大量的钢桁架斜拉桥工程实例，如2008年建成的武汉天兴洲大桥（主跨径504m，三主桁）、2014年建成的黄冈公铁两用斜拉桥（主跨径567m，两主桁）、2016年建成的安徽铜陵公铁两用大桥（主跨径630m，三主桁）、2019年建成的公安长江大桥（主跨径518m，重载铁路）、2021年建成的明月峡长江大桥，是国内首座钻石形不对称索塔钢桁架斜拉桥（主跨径425m，双层都是铁路，N形主桁，正交异性密横梁桥面系）、2021年建成的白居寺长江大桥（主跨径660m），以及正在建设之中的江苏常泰大桥（主跨径1176m）和马鞍山公铁两用大桥（主跨径2×1120m）。山区公路荷载下的钢桁架斜拉桥有新疆果子沟大桥、贵州鸭池河大桥、贵州北盘江大桥等。这些年来，钢桁架斜拉桥在结构体系、局部构造、焊接工艺、主梁架设等方面取得了长足的进步。

钢桁架主梁的发展成就主要体现在如下几方面：①先后涌现出板桁组合结构、钢正交异性板整体桥面结构、三主桁结构等新型结构。桥面板参与主桁第一体系作用，不仅提高了结构承载力，而且增大了体系刚度。②钢桁梁杆件连接经历了从铆接到栓焊直至全焊连接的发展过程，栓焊比例也由初期的"少焊多栓"发展到全焊整体节点。③主桁施工从杆件散拼发展到主桁片整体吊装，再发展到整节段吊装。目前国内钢桁架斜拉桥技术正向高强、整体、大跨径、新结构发展，并呈现出"大节间距、箱形杆件、整体节点、横向大框架、板桁组合"的结构特点。

二、工程统计

表2-7和表2-8分别为国外和国内钢桁架斜拉桥的部分工程统计。从表中可以看

出,工程统计以公铁两用钢桁架斜拉桥为主,公路钢桁架斜拉桥为辅。国外钢桁架斜拉桥统计,跨径在300m以上;国内钢桁架斜拉桥统计,跨径在300m以上。

国外大跨径钢桁架斜拉桥部分统计　　　　　　　　　　　　　　　　表2-7

序号	桥梁名称	主跨径(m)	断面形式	索塔形式	建成年代
1	丹麦—德国费马恩大桥(方案)	724	钢桁架	A形	2019
2	瑞典—丹麦厄勒海峡大桥	490	钢桁架	双柱形	2000
3	日本东神户大桥	485	钢桁架	H形	1992
4	韩国居金大桥	480	钢桁架	钻石形	2011
5	日本横滨港湾桥	460	钢桁架	H形	1989
6	日本柜石岛桥	420	钢桁架	H形	1989
7	日本岩黑岛桥	420	钢桁架	H形	1989
8	缅甸Aung Za Ya大桥	300	钢桁桥	H形	2000

国内已建和在建的大跨径钢桁梁斜拉桥的部分统计　　　　　　　　表2-8

序号	桥名	主跨径(m)	用途	建成年代
1	江苏常泰长江大桥	1176	公铁两用	预计2024
2	马鞍山公铁两用大桥	2×1120	公铁两用	预计2024
3	江苏沪通长江大桥	1092	公铁两用	2020
4	贵州鸭池河大桥	800	公路	2017
5	贵州都格北盘江大桥	720	公路	2016
6	上海闵浦大桥	708	公路和市政道路	2010
7	重庆白居寺长江大桥	660	公铁两用	2021
8	安徽铜陵公铁两用大桥	630	公铁两用	2015
9	芜湖长江三桥	588	公铁两用	2020
10	安庆长江铁路大桥	580	公铁两用	2015
11	黄冈公铁两用大桥	567	公铁两用	2014
12	平潭海峡元洪航道桥	532	公铁两用	2019
13	贵州朵花大桥	528	公路	在建
14	公安长江公铁大桥	518	公铁两用	2019
15	武汉天兴洲大桥	504	公铁两用	2008
16	重庆明月峡长江大桥	425	高速铁路和客运专线	2021
17	新疆果子沟大桥	360	公路	2011

三、工程实例

1. 国外部分

(1) 瑞典—丹麦厄勒海峡大桥,如图2-38所示,2000年建成。该桥为公铁两用双塔双索面五跨连续桁架梁斜拉桥,上层公路下层铁路,主跨径490m;三角形桁架,桁架节间距20m;斜拉索呈竖琴布置(平面平行索面),梁上索距20m,塔上索距12m;索塔为H形,高203.5m,不设上横梁。该桥建成时是当时世界上最大跨径的公铁两用斜拉桥。

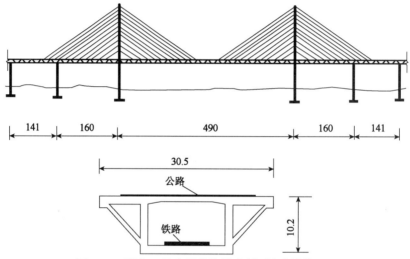

图2-38 瑞典—丹麦厄勒海峡大桥(尺寸单位:m)

(2) 韩国居金大桥,2011年建成,如图2-39所示。该桥为双塔中央索面华伦式钢桁架斜拉桥,跨径布置为(119+198+480+198+119)m,混凝土桥面板;单索面束型设计,即拉索不是锚固在塔柱上,而是锚固在索塔钢横梁上。每束拉索7根,每个索塔两侧分别布置了3组拉索,整座桥共有12组84根拉索。在塔柱内无须设置钢横梁或钢锚箱,极大地方便了塔柱施工,是世界上首座束型拉索集聚锚斜拉桥。之后,国内安徽池州大桥借鉴了集聚锚的设计思想。

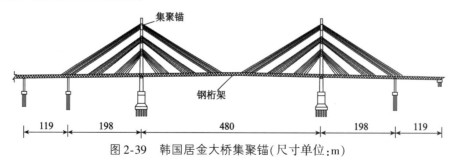

图2-39 韩国居金大桥集聚锚(尺寸单位:m)

2. 国内部分

(1) 武汉天兴洲大桥,如图 2-40 所示,2008 年建成。该桥主桥为双塔三索面三主桁双层桥面钢桁梁斜拉桥,跨径布置为(98 + 196 + 504 + 196 + 98)m,半飘浮体系,采用钢正交异性板与混凝土桥面板组合的新结构。主塔采用钢筋混凝土结构,倒 Y 形;斜拉索为镀锌平行钢丝,最大索力约 12500kN。公路桥面处索距 14m,三索面间相邻索面中心距 15m。该桥采用的三索面结构可有效解决桥梁跨径大、桥面宽、活载重、列车速度快带来的设计难题且为国内首次。

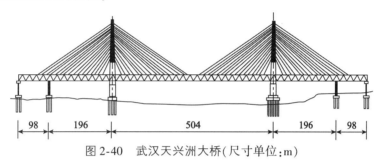

图 2-40　武汉天兴洲大桥(尺寸单位:m)

(2) 上海闵浦大桥,如图 2-41 所示,2010 年建成。该桥为钢桁架斜拉桥,跨径布置为(4×63 + 708 + 4×63)m,中跨主梁为正交异性板桁结合钢桁梁,边跨采用桁架组合梁结构,腹杆采用钢结构,上、下层桥面采用混凝土内包劲性钢骨架,主跨钢桁架节段工厂预制并拼装成整体、驳船运输至现场起吊安装;主塔采用钢筋混凝土结构,直柱式 H 形,采用爬架配翻转模板法施工工艺;斜拉索采用高强度平行钢丝拉索。

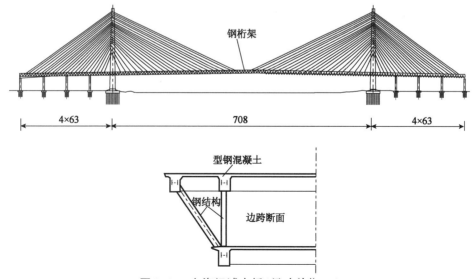

图 2-41　上海闵浦大桥(尺寸单位:m)

上海闵浦大桥的特点:①双层正交异性板桁结合钢桁梁为国内首次采用;钢桁架主梁整体节段制造,现场整体安装,也是国内首次采用;②边跨主梁上、下弦杆以及节点外包混凝土,形成型钢混凝土结构,为国内外首次采用。

(3)黄冈公铁两用大桥,如图2-42所示,2014年建成。该桥为双塔五跨连续钢桁架斜拉桥,半飘浮体系,跨径布置为(81+243+567+243+61)m,钢梁采用板-桁结合的钢桁梁结构形式,公铁桥面均采用正交异性钢桥面板,N形主桁,H形索塔。钢桁架主要采用整体式焊接节点。

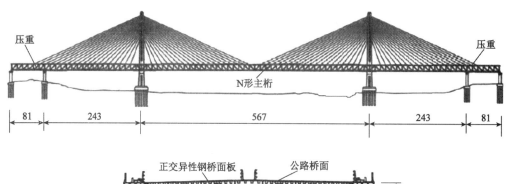

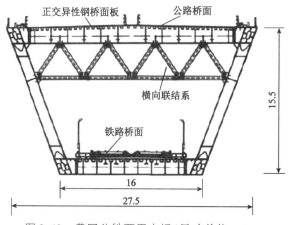

图2-42 黄冈公铁两用大桥(尺寸单位:m)

(4)铜陵公铁两用大桥,如图2-43所示,2015年建成。该桥为双塔五跨连续钢桁架斜拉桥,跨径布置为(90+240+630+240+90)m;结构为飘浮体系,设纵向阻尼器,设铰轴滑板支座;N形主桁(三片),上层正交异性板,下层小正交异性板箱梁,桁片采用全焊式设计(上弦、下弦、腹杆、斜杆通过整体节点焊接在一起),桁片之间通过高强度螺栓连接;钻石形索塔,塔高212m;钢绞线斜拉索,为铁路桥上首次采用。

(5)贵州都格北盘江大桥,如图2-44所示,2016年建成。该桥主桥为双塔双索面钢桁梁斜拉桥,跨径布置为(80+2×88+720+2×88+80)m,钢主梁同样采用板-桁结合的钢桁梁结构形式,H形索塔。正交异性钢桥面板的支撑体系采用主桁+少纵梁+横梁。桥面至谷底的垂直距离为565m。板桁结合钢梁要求在架设主梁时实现节段的整体吊装,而非传统分离式的分次吊装逐步拼接。这就要求施工时的缆索吊跨度达到千米级,同时实现大吨位的吊重。

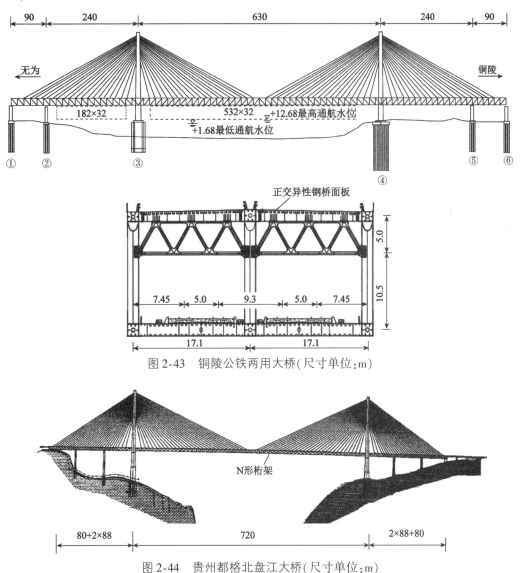

图 2-43 铜陵公铁两用大桥(尺寸单位:m)

图 2-44 贵州都格北盘江大桥(尺寸单位:m)

(6)沪通长江大桥,如图 2-45 所示,2020 年建成。该桥主桥为公铁两用钢桁架斜拉桥,跨径布置为(142+462+1092+462+140)m,主桥采用三主桁 N 形桁架结构,铁路桥面采用钢箱结构,公路桥面采用正交异性钢桥面板结构;7mm 平行钢丝斜拉索,2000MPa;钻石形索塔,塔高 320m,塔上钢锚梁整体制造安装。主桥钢桁架梁采用大节段整体制造、架设,最大节段重 1744t。

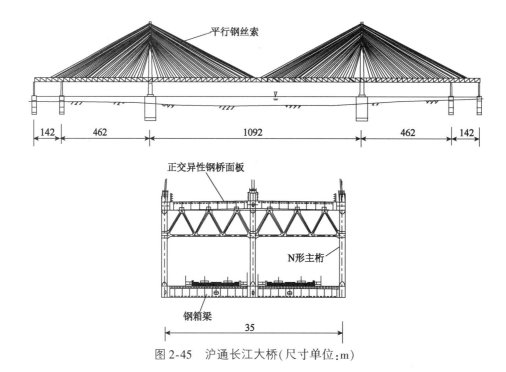

图 2-45 沪通长江大桥(尺寸单位：m)

第六节　密索时期：叠合梁斜拉桥

一、总体情况

1980 年，国际著名桥梁专家莱翁哈特(Leonhardt)教授在佛罗里达州日照桥(Sunshine skyway Bridge)投标方案中，提出了大跨径叠合梁斜拉桥做法。它的基本思想是：①用较经济的混凝土桥面板代替昂贵的正交异性钢桥面板；②钢纵梁采用开口断面，钢纵梁、横梁形成钢格梁与混凝土桥面板，通过剪力焊钉连接结合成整体共同受力；③两片主梁布置在桥面两侧，斜拉索锚在主梁外侧；④采用等长节段主梁，密索体系。以上莱翁哈特教授的基本思想，也正是现代叠合梁斜拉桥的基本特征。虽然日照桥方案未中标，但其思想影响了后续叠合梁斜拉桥的设计。

最早实现这一思想的是印度的 Hooghly 河桥，该桥 1978 年开始修建，设计要求混凝土桥面板在恒载下不产生应力，因而采用在架立完的钢梁上再安装预制混凝土桥面板的方法。由于设计变更和施工问题，该桥直到 1992 年才通车。在这之前的 1988 年，加拿大的 Annacis 桥也是采用叠合梁的斜拉桥且先于 Hooghly 河桥完工，故现在一般文献认为 Annacis 桥是世界第一座现代叠合梁斜拉桥，也是当时最大跨径的斜拉桥(主跨径

465m）。叠合梁中的钢主梁主要分格构梁和箱梁两种。格构梁+混凝土桥面板的叠合梁斜拉桥应用较广，尤其适用于山区缺乏运输和吊装条件的桥位；钢箱+混凝土桥面板的叠合梁斜拉桥则主要应用于沿海有大型吊装能力的桥位。

实践证明，这种新型叠合梁有着明显的优势：①混凝土板比钢板能更好地承受斜拉桥的轴向压力，不易屈服；②钢边梁、横梁、混凝土桥面板可分别制作，易于运输、起吊、架设；③在混凝土板上进行桥面铺装远比在钢桥面上简单容易、技术成熟，且后期温度变形小。

叠合梁斜拉桥具有优异的结构性能，受到业内人士的认可和欢迎。自Annacis桥建成后美国、日本、韩国、加拿大、印度、欧洲等地建造了一批叠合梁斜拉桥，如美国Arthur Ravenel Jr.桥、加拿大Port Mann桥、英国Queensferry Forth Crossing桥、韩国釜山港大桥、越南日新桥和土耳其Nissibi EUPHRATES桥等。叠合梁最初是钢板梁，后发展为双边钢箱和槽钢箱，如2019年建成的加拿大新尚普兰大桥，主梁断面是开口箱+混凝土桥面板。目前，叠合梁已成为大跨径斜拉桥的首选之一。

国内叠合梁斜拉桥的发展始于上海南浦大桥。该桥在总结加拿大Annacis桥经验教训的基础上，针对混凝土桥面板开裂问题，采取了横梁反顶、现浇膨胀混凝土等措施。上海南浦大桥的建成，是在学习和消化世界先进建桥技术的基础上，开创了我国修建400m以上大跨径斜拉桥的先河。项海帆院士曾撰文指出，主跨径423m南浦大桥的建成是一个里程碑，它掀起了全国范围内的建造大跨径斜拉桥的高潮。

南浦大桥之后，同样是叠合梁结构的杨浦大桥于1993年建成通车。该桥主跨径为602m，是当时世界最大跨径的斜拉桥。随后，香港汀九大桥于1997年建成，为三塔四索面四孔连续叠合梁斜拉桥，特色明显。

进入21世纪后，国内叠合梁斜拉桥继续向前发展。福州青州闽江大桥于2001年建成，并首次在国内采用将斜拉索锚拉板直接焊接在钢主梁顶板上的技术。其他主跨径大于300m的叠合梁斜拉桥还有，2005年建成的东海大桥主航道桥（主跨径420m，开口箱+混凝土板）、哈尔滨松花江大桥（主跨径336m，工字梁+混凝土板）、浙江颗珠山大桥（主跨径332m，工字梁+混凝土板），2006年建成的江苏灌河大桥（主跨径340m，工字梁+混凝土板），2008年建成的江津观音岩长江大桥（主跨径436m，工字梁+混凝土板）。

2010年以后建成的叠合梁斜拉桥有，安徽望东大桥、贵州六广河特大桥、青海哇加滩黄河大桥、浙江椒江二桥、武汉赤壁长江大桥、珠海洪鹤大桥和贵州老棉河特大桥等。其中，2012年建成的宁波绕城公路甬江大桥，主跨径468m，索塔为双菱形联体四索面索塔，与传统分离塔柱相比减少了横风作用下塔底应力。2016年建成的望东大桥开发了一体化叠合梁上部结构制作、安装新技术,即主梁采用工厂整体预制,即在完成叠合梁钢梁部分的加工后,直接在其上进行混凝土桥面板的浇筑,形成整体节段。2020年建成的武汉赤壁长江大桥,主跨径720m,是目前国内外最大跨径的叠合梁斜拉桥,该桥采用了新型钢锚梁索塔锚固和锚拉板索梁锚固构造,既减少了索梁锚固构造占用桥梁空间,又能消除体系温度和混凝土塔壁收缩徐变引起的次内力。

叠合梁斜拉桥的发展成就主要体现在如下几方面:

①发展和完善了叠合梁钢主梁结构形式和细部构造,包括整体箱、开口箱、PK箱和工字形格构梁。

②针对叠合梁的特点,研究发展了轻质高强的桥面板材料、桥面板负弯矩区构造及减小负弯矩的措施方法;研究发展了钢-混结合部位剪力键形式及防水措施。

③创新发展了山区叠合梁架设的新方法,即在塔区散件拼接成型,然后运至悬臂梁端转桥面起重机进行悬拼的方法。

二、工程统计

表2-9、表2-10分别为国外和国内叠合梁斜拉桥的部分工程统计。表中叠合梁斜拉桥主梁不包括桁架形式,因为实际工程数量较多,故表中工程只录入了跨径300m以上的实例。

国外叠合梁斜拉桥的部分工程统计   表2-9

序号	桥梁名称	主跨径(m)	索塔形式或材料	建成年代
1	英国 Queensferry Forth Crossing 桥	650	一字形	2016
2	希腊 Rion-Antirion 大桥	560	4肢形	2004
3	越南芹苴大桥	550	—	2010
4	韩国釜山港大桥	540	钻石形	2011
5	马来西亚柔佛河大桥(叠合+混合)	500	A形	2011
6	韩国木浦大桥	500	钻石形	2012
7	美国 John James Audubon 桥	482	拱形	2011
8	美国 Arthur Ravenel Jr. 桥	471	钻石形	2005
9	加拿大新曼港大桥	470	独柱型	2013
10	加拿大 Annacis 桥	465	钻石形	1988
11	美国斯坦·穆休老兵纪念大桥	457	A形	2014
12	印度 Hooghly 桥	457	H形	1992
13	越南万贡大桥	450	—	2017

续上表

序号	桥梁名称	主跨径(m)	索塔形式或材料	建成年代
14	印度尼西亚苏拉马都大桥	434	—	2009
15	韩国猫岛大桥	430	—	2012
16	巴拿马世纪大桥	420	钻石形	2004
17	瑞典乌德瓦拉大桥	414	钻石形	2000
18	韩国马昌大桥	400	—	2008
19	土耳其 Nissibi EUPHRATES 桥	400	—	2015
20	俄罗斯科拉贝尼夫大桥	320	H型	2019

国内叠合梁斜拉桥的部分工程统计　　　　　表2-10

序号	桥梁名称	主跨(m)	断面形式	索塔形式	建成年代
1	武汉赤壁长江大桥	720	PK箱梁	H形	2020
2	安徽望东大桥	638	PK箱梁	钻石形	2016
3	福州青州闽江大桥	605	工字钢梁	H形	2002
4	上海杨浦大桥	602	两边钢箱	钻石形	1993
5	南京长江五桥	2×600	钢箱梁	独柱	2020
6	贵州六广河特大桥	580	工字钢梁	H形	2017
7	青海哇加滩黄河大桥	560	上字形钢梁	H形	2017
8	贵州平塘大桥	2×550	工字钢梁	A形	2019
9	河南安罗高速公路黄河大桥	520	钢筋梁	H形	在建
10	珠海洪鹤大桥	500	工字钢梁	钻石形	2020
11	台州湾跨海大桥	488	PK钢箱	H形	2018
12	贵州老棉河特大桥	480	工字钢梁	H形	2020
13	浙江椒江二桥	480	两边箱	钻石形	2014
14	香港汀九大桥	475+448	钢格梁	一字形	1998
15	宁波绕城公路甬江大桥	468	边钢箱	钻石形	2012
16	海南洋浦大桥	460	叠合梁	钻石形	2014
17	南益高速公路胜天大桥	450	PK箱梁	钻石形	2019
18	江津观音岩长江大桥	436	边工字梁	钻石形	2009
19	上海南浦大桥	432	边工字梁	H形	1991
20	青兰高速公路黄河大桥	430	悬臂槽型梁	钻石形	2019
21	东海大桥主航道桥	420	开口箱	钻石形	2005
22	齐河黄河大桥	410	PK钢箱	H形	2018

三、工程实例

1. 国外部分

（1）加拿大 Annacis 桥，如图 2-46 所示，1988 年建成。该桥为双塔双索面叠合梁斜拉桥，跨径布置为(50 + 182.7 + 465 + 182.7 + 50)m，飘浮体系；工字钢格构梁 + 21.5cm PC板，H 形索塔，塔高 154.3m。尽管该桥存在桥面裂缝问题，但为叠合梁斜拉桥的发展起到了示范性作用。1991 年我国南浦大桥建设前曾去该桥考察，并加强了桥面防开裂措施。

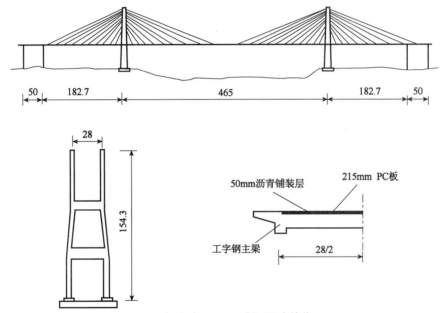

图 2-46　加拿大 Annacis 桥(尺寸单位：m)

（2）希腊 Rion-Antirion 桥，2004 年建成。该桥为四塔五主跨叠合梁斜拉桥，桥跨布置为(286 + 3×560 + 286)m，主梁连续，塔墩固结；主梁由双纵工字钢梁 + 混凝土桥面板组成(图 2-47)，钢梁高 2.2m，桥面板厚 25~35cm。该桥特点是桥位地处地震高发区，有较强的抗震需求。

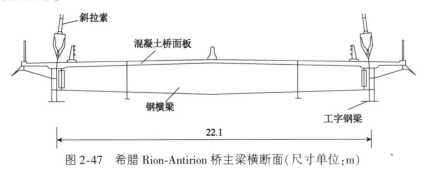

图 2-47　希腊 Rion-Antirion 桥主梁横断面(尺寸单位：m)

(3)美国 Arthur Ravenel Jr. 桥,2005年建成。该桥为双塔双索面叠合梁斜拉桥,跨径布置为(68.5+198+471.2+198+68.5)m;主梁由工字钢边主梁和横梁+混凝土桥面板组成,钻石形索塔,钻孔灌注桩。该桥特点是偏心布置塔端斜拉索锚固区(图2-48),以减少主塔力矩。

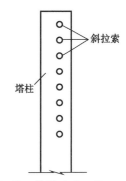

图 2-48　美国 Arthur Ravenel Jr. 桥塔上斜拉索偏心布置示意

(4)英国 Queensferry Forth Crossing 桥,如图2-49所示,2017年建成。该桥为三塔中央索面叠合梁斜拉桥,跨径布置为(104+223+2×650+223+104)m;大型钢槽梁和混凝土板组成封闭的箱形截面,混凝土板宽39.8m,厚度不等;一字形索塔,塔高210m,所有的索塔都能抵抗横向力;扇形斜拉索,在跨中交叉布置,可减少中塔基础的倾覆力矩,降低主跨不对称活载时的桥跨挠度。

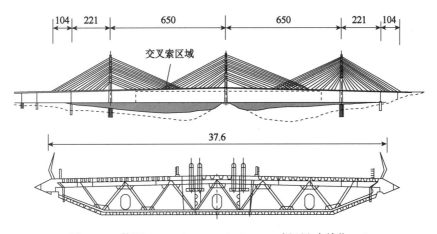

图 2-49　英国 Queensferry Forth Crossing 桥(尺寸单位:m)

2. 国内部分

(1)上海南浦大桥,如图2-50所示,1991年建成。该桥为双塔双索面叠合梁斜拉桥,桥跨布置为(171+423+171)m。主梁的平面钢梁格由两个工字钢主梁,车行道横梁、小纵梁、钢人行道悬臂梁组成。钢主梁中距为24.55m,梁高2.21m,之间设有纵向间距4.5m的工字钢横梁。该桥设辅助墩和锚固墩,辅助墩上采用双连杆支座,既能降低塔的弯矩,又能提高辅助墩顶上梁的安全储备。锚固墩一般不产生拉力,只是在发生地震时可能会受拉,故墩上设置垂直拉索,将主梁与锚固墩锚住。

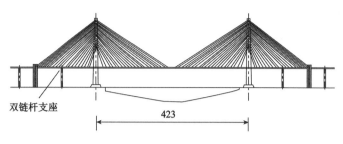

图 2-50 上海南浦大桥(尺寸单位:m)

(2)香港汀九大桥,如图 2-51 所示,1997 年建成。该桥主桥为三塔四索面四孔连续叠合梁斜拉桥,桥跨布置为(127 + 448 + 475 + 127)m;主梁为钢格梁和混凝土桥面板结合而成,梁高 1.78m,梁宽 18.8m,中间开槽 6m,沿桥身纵向每隔 13.5m 以钢横梁相连;索塔为独柱式结构,索塔顶部安装钢拉索锚箱,以解决拉索塔上锚固问题。

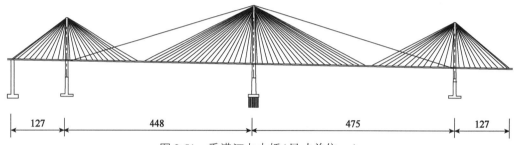

图 2-51 香港汀九大桥(尺寸单位:m)

(3)福州青州闽江大桥,如图 2-52 所示,2001 年建成。该桥主桥为双塔双索面叠合梁斜拉桥,跨径布置为(250 + 605 + 250)m,两端各设 40m 的简支过渡孔,主梁伸入过渡孔 8.5m;钢主梁断面为工字形,横桥向两主梁中心间距 27m,混凝土板厚 25cm,主梁高度仅 2.7m,非常纤细,梁高与主孔跨度之比为 1/204;钻石形索塔,塔高 175.5m;钢绞线斜拉索采用先进的防护体系;该桥在国内首次采用将斜拉索锚拉板直接焊接在钢主梁顶板上的技术。

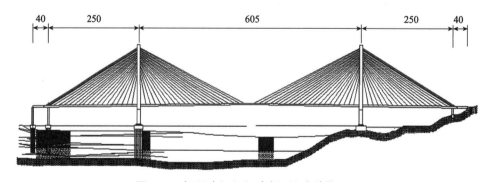

图 2-52 福州青洲闽江大桥(尺寸单位:m)

(4)安徽望东大桥,如图2-53所示,2016年建成。该桥为双塔双索面半飘浮体系斜拉桥,跨径布置为(78+228+638+228+78)m,主梁为PK箱梁+混凝土桥面板,标准节段长10.8m,边跨尾索区节段长7.2m,主梁设计采用基于时变效应应力作用下的钢-混结合新方法。钻石形索塔,塔高216m。该桥是当时国内外最大跨径的叠合梁斜拉桥。

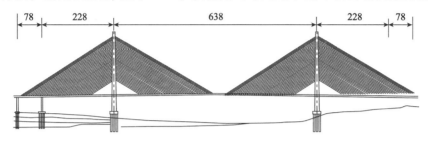

图2-53 安徽望东大桥(尺寸单位:m)

(5)贵州平塘大桥,如图2-54所示,2019年建成。该桥为三塔双索面叠合梁斜拉桥,跨径布置为(249.5+2×550+249.5)m;主梁为双工字钢+混凝土桥面板,其中钢梁由纵梁、横梁、小纵梁通过节点板及高强度螺栓连接形成钢构架;混凝土桥面板预制,与钢梁上的抗剪栓钉形成整体,现场现浇微膨胀混凝土湿接缝;钻石形索塔,塔高分别为320m、332m和298m。平塘大桥主梁标准节段施工是在塔区拼装,然后运至悬臂端悬拼安装,其施工工艺为山区类似桥梁的主梁施工提供了成功范例。

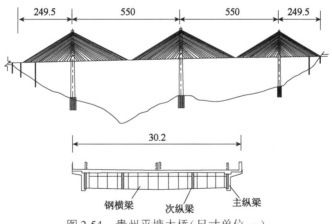

图2-54 贵州平塘大桥(尺寸单位:m)

(6)南京长江五桥,如图2-55所示,2020年建成。该桥主桥为三塔中央双索面叠合梁斜拉桥,半飘浮体系,跨径布置为(80+218+2×600+218+80)m;主梁为钢箱梁+混凝土桥面板,其中混凝土桥面板采用粗集料活性粉末混凝土,节段梁重量大为减轻;索塔采用钢混组合结构,中塔高175m,边塔分别高167m。索塔外部设置钢壳,内部浇筑C50混凝土;钢绞线斜拉索,扇形布置,塔上锚固采用钢锚梁结构,张拉端设置在梁端。中塔设置支座约束结构纵向位移及竖向位移,并设置横向抗风支座。南京长江五桥的建设将叠合梁斜拉桥建设水平提到了一个新的高度。

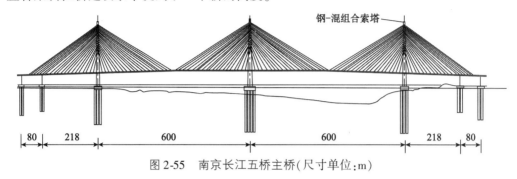

图 2-55　南京长江五桥主桥(尺寸单位:m)

第七节　密索时期:混合梁斜拉桥

一、总体情况

当混凝土和钢结构斜拉桥发展到一定程度时,混合梁斜拉桥必然诞生,因为混凝土和钢结构有各自明显的优势和劣势,如将两者结合起来取长补短是很容易想到的事情。混合梁斜拉桥中跨采用钢结构、边跨采用混凝土结构,正是发挥中跨钢结构跨越能力大、边跨混凝土结构自重大的优势,既实现了中跨大跨径,又有效提高了结构整体刚度,是一种很好的结合。

自 20 世纪 70 年代出现混合梁斜拉桥后,这种混合结构先后受到欧洲、日本等国家的青睐,这些国家修建了一批混合梁斜拉桥,既有主梁对称混合,也有主梁单侧混合。混合梁斜拉桥的优势在超大跨径斜拉桥中体现得更加明显。截止到 2020 年,世界跨径排名前十的斜拉桥中,混合梁斜拉桥就有六座,最大跨径已达 1104m。

国内第一座混合梁斜拉桥是 1999 年建成的广东汕头礐石大桥,主跨径 518m。进入 21 世纪后,混合梁斜拉桥的优势逐渐体现,并得到进一步的发展,如 2000 年建成的主跨径 618m 的武汉白沙洲大桥、2003 年建成的主跨径 580m 的浙江桃夭门大桥、2006 年建成的主跨径 480m 的广东湛江海湾大桥和 2009 年建成的主跨径 1018m 的香港昂船洲大桥等。其中,香港昂船洲大桥为双塔混合梁斜拉桥,飘浮体系,流线型分离式双箱梁,圆锥形独柱式索塔,塔顶部以下 118m 为钢与混凝土的组合结构,其余部分为混凝土结构,索塔和主梁之间由两个垂直支座承托,容许主梁扭转,在横向不容许有位移,在纵向(沿桥身)加装液压缓冲器。该桥主跨伸延至边跨 49.75m 长的部分为钢箱梁结构,边跨的其余部分为预应力混凝土箱梁。

21世纪前10年，建成或者正在建设多座800m以上跨径的混合梁斜拉桥，而且结合桥位地形和通航要求，混合梁形式呈现多种多样，有单侧混合、双侧混合以及混凝土梁与叠合梁混合等。钢-混结合段构造也得到不断地完善。混合梁斜拉桥的代表作是2010年建成的鄂东长江大桥，该桥为九跨连续半飘浮双塔混合梁斜拉桥，主梁中跨采用分离式双箱断面钢箱梁，边跨采用同外形的双箱断面混凝土箱梁，钢-混结合面设在中跨距索塔中心线12.5m处，并首次在千米级混合梁斜拉桥的钢混结合段采用钢格室+PBL键的构造，推动了混合梁斜拉桥的技术进步。同期建成的有湖北荆岳长江大桥，主跨径816m。二七长江大桥是国内最大跨径的三塔叠合梁+混合梁斜拉桥，该桥主梁为双肋式主梁（两道工字形纵梁，中间横梁），锚拉板锚固，边跨94m为混凝土梁，中塔与主梁铰接，纵向、竖向约束，释放转动。位于西藏林芝地区的迫龙沟大桥，主跨径430m，边跨主梁为混凝土结构，中跨主梁为叠合梁结构，是国内首座中跨主梁悬拼、边跨主梁现浇的非对称混合梁体系斜拉桥。到2021年底，我国先后建成湖北青山长江大桥、湖北嘉鱼长江大桥、湖北武穴大桥、安徽池州大桥和重庆万州牌楼大桥等一批700m以上跨径的混合梁斜拉桥，其中湖北青山长江大桥主桥中跨采用钢箱梁结构，边跨采用"开口钢箱+混凝土桥面板"的叠合梁结构，是极具特色的一座大桥，该桥桥面总宽48m，是目前长江上最宽的桥梁；另外嘉鱼、武穴和池州大桥为单侧混合梁结构。此外，平潭海峡公铁大桥跨越元洪航道、鼓屿门水道、大小练水道，均为双塔双索面钢桁混合梁斜拉桥，主跨分别为532m、364m、336m，目前该桥公路桥已通车。

正在建设之中的鳊鱼洲长江大桥主航道桥为672m跨径的交叉索混合箱梁斜拉桥，主跨及辅助跨采用钢箱梁，边跨采用混凝土箱梁，是我国目前跨径最大的铁路钢箱混合梁斜拉桥，也是目前国内线路最多、荷载最大铁路箱梁斜拉桥。

混合梁斜拉桥的建设成就主要体现在如下几方面：

①创新发展了多种多样混合梁的结构形式（单侧、双侧、不同结构混合）。

②深入研究了钢混结合段的合理位置和构造。

③建成了多座800m以上超大跨径的混合梁斜拉桥。

二、工程统计

表2-11为国外跨径300m以上的混合梁斜拉桥的部分工程统计；表2-12为国内跨径450m以上的混合梁斜拉桥的工程统计。由表可知，混合梁斜拉桥在超大跨径斜拉桥中发展前景较好。

国外混合梁斜拉桥的部分工程统计　　　　　　　　　　　　　　　　表2-11

序号	桥梁名称	主跨径(m)	钢梁形式	索塔形式	建成年代
1	俄罗斯岛大桥	1104	钢桁架	倒Y形	2012
2	日本多多罗大桥	890	钢箱	钻石形	1999
3	法国诺曼底大桥	856	钢箱	倒Y形	1995
4	俄罗斯金角湾大桥	737	钢箱	V形	2012
5	墨西哥Baluarte桥	520	—	—	2011
6	巴拿马运河四桥	510	钢箱	—	预计2023
7	日本生口大桥	490	钢箱	钻石形	1991
8	瑞典Tjorn桥	366	钢箱	H形	1982
9	印度巴索赫利大桥	350	钢箱	倒Y形	2015
10	埃及罗德法拉格轴线桥	300	钢箱	H形	2019

国内混合梁斜拉桥的部分工程统计　　　　　　　　　　　　　　　　表2-12

序号	桥名	主跨径(m)	主梁	建成年代
1	江苏沪通长江大桥	1092	钢桁架+混凝土箱	2020
2	香港昂船洲大桥	1018	分离钢箱+混凝土箱	2009
3	湖北青山长江大桥	938	钢箱+叠合梁	2021
4	湖北鄂东长江大桥	926	钢箱+混凝土箱	2010
5	湖北嘉鱼长江大桥	920	钢箱+混凝土箱	2019
6	湖北石首大桥	820	钢箱+混凝土箱	2019
7	安徽池州长江大桥	828	钢箱+混凝土箱	2019
8	江西九江公路大桥	818	钢箱+混凝土箱	2013
9	湖北荆岳长江大桥	816	钢箱+混凝土箱	2010
10	湖北武穴长江大桥	808	钢箱+混凝土箱	2021
11	贵州鸭池河大桥	800	钢桁架+混凝土箱	2017
12	重庆万州牌楼大桥	730	钢箱+混凝土箱	2019
13	广东江顺大桥	700	钢箱+混凝土箱	2015
14	湖北鳊鱼洲长江大桥	672	钢箱+混凝土箱	在建
15	武汉白沙洲大桥	618	PK钢箱+混凝土箱	2000

续上表

序号	桥　　名	主跨径(m)	主　梁	建成年代
16	湖北二七长江大桥	616+616	钢箱+混凝土箱	2012
17	广州红莲大桥	580	钢箱+混凝土箱	在建
18	浙江桃夭门大桥	580	钢箱+混凝土箱	2003
19	福建长门闽江特大桥	550	钢箱+混凝土箱	2018
20	福建沙埕湾跨海特大桥	535	钢箱+混凝土箱	2020
21	平潭海峡公铁大桥	532	钢桁架梁+混凝土箱	2020
22	四川泸州黄舣大桥	520	钢箱+混凝土箱	2015
23	广东崖石大桥	518	钢箱+混凝土箱	1999
24	贵州红水河大桥	508	钢箱+混凝土箱	2016
25	广东湛江海湾大桥	480	钢箱+混凝土箱	2006
26	湖北宜昌香溪河大桥	470	钢箱+混凝土箱	2019
27	海南洋浦大桥	460	钢箱+混凝土箱	2014
28	鄂尔多斯康巴什大桥	450	钢箱+混凝土箱	2014

三、工程实例

1. 国外部分

（1）德国 Mannheim 桥和 Dusseldorf-Flehe 桥。两座桥都是混合梁斜拉桥，前者建于1972 年，独塔，主跨 287m，边跨 125.16m，中跨为钢梁，边跨为混凝土梁，钢混结合段进入中跨 2.85m，以避开支座位置；后者如图 2-56 所示，建于 1979 年，独塔单索面，跨径布置为(4×60+368)m，中跨钢箱，边跨混凝土箱，是单侧混合梁斜拉桥。目前 Mannheim 桥被认为是第一座混合梁斜拉桥。

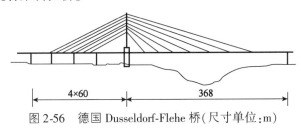

图 2-56　德国 Dusseldorf-Flehe 桥(尺寸单位：m)

（2）法国诺曼底大桥，如图 2-57 所示，1995 年建成。该桥为双塔双索面混合梁斜拉桥，主跨径 856m，其中中跨跨中 624m 为钢梁，中跨其余部分和边跨全部为混凝土梁，主梁外形为扁平梯形箱梁。A形索塔,平行钢丝斜拉索。中跨主梁采用悬臂法施工,边跨主梁采用顶推法施工。诺曼底大桥充分发挥了混合梁的结构性优势,将大跨径斜拉桥的跨越能力从挪威Skarnsundet桥的530m跨径提高到800m以上,令世人瞩目。

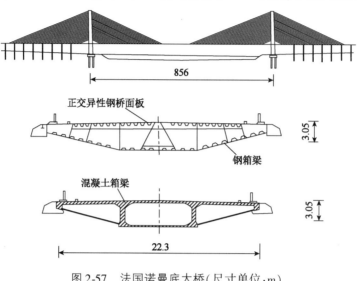

图2-57 法国诺曼底大桥(尺寸单位:m)

(3)日本多多罗大桥,如图2-58所示,1999年建成。该桥为双塔双索面混合梁斜拉桥,桥跨布置为(170+890+270)m,其中中跨为钢箱梁,边跨为预应力混凝土箱梁。混合梁提高了结构刚度,较好地满足了结构在抗风、抗震设计上的要求。多多罗大桥再次将混合梁梁斜拉桥的跨越能力提高到890m,为当时世界上最大跨径的斜拉桥。

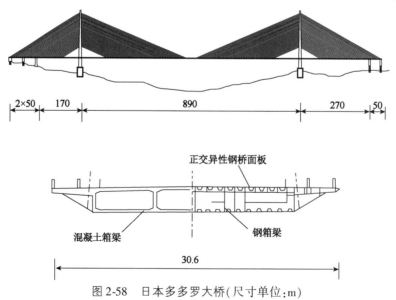

图2-58 日本多多罗大桥(尺寸单位:m)

(4)巴拿马运河四桥,如图2-59所示,预计2023年建成。该桥为公轨两用混合梁斜拉桥,主跨径510m。中跨钢箱全宽51m。结合面距索塔中心32.5m。钢箱标准节段长13m,重约370t。该桥的施工特点是在钢箱梁架设上。大跨径钢箱梁斜拉桥,多采用悬臂拼装法安装钢箱。悬臂拼接时,待安装梁段在悬吊状态下与已拼装梁段对接就位,由于两者受力状态不同,拼接断面往往存在横向变形偏差,这不仅带来匹配困难,还会在结构中产生较大的残余应力,而且钢箱梁横向宽度越宽,这种效应越明显。为克服这种效应,该桥钢箱梁悬臂拼接除纵向分段外,横向又对称分成两块进行拼接。

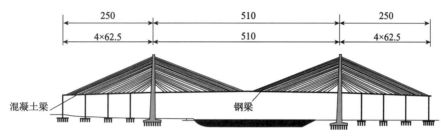

图2-59 巴拿马运河四桥(尺寸单位:m)

2. 国内部分

(1)广东岩石大桥,如图2-60所示,1999年建成。该桥主梁为两边箱断面,桥跨布置为(2×47+100+518+100+2×47)m,其中(2×47)m采用混凝土箱梁PK断面,其他部分采用钢箱梁PK断面;钻石形索塔,OVM250型斜拉索体系。钢混结合段的钢箱梁套在混凝土箱梁的外面,钢箱梁上下翼缘板通过抗剪焊钉与包覆的混凝土梁体牢固结合,并设置纵向预应力束连接。岩石大桥的建成具有里程碑式的意义,它为国内此类混合梁斜拉桥的设计提供了成功的范例。

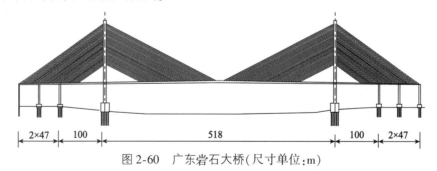

图2-60 广东岩石大桥(尺寸单位:m)

(2)香港昂船洲大桥,如图2-61所示,2009年建成。该桥主跨径1018m,两对称边跨组合为(79.5+70+70+69.25)m。采用流线型分离式双箱梁。主跨伸延至边跨49.75m长的部分为钢箱梁结构,边跨的其余部分为预应力混凝土箱梁。索塔为圆锥形独柱式,高度达298m,塔顶部以下118m为钢与混凝土的组合结构,其余部分为混凝土结构。

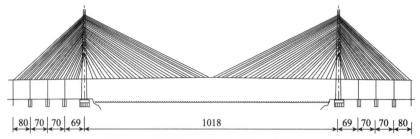

图 2-61　香港昂船洲大桥(尺寸单位:m)

(3)湖北鄂东长江大桥,如图 2-62 所示,2010 年建成。该桥主桥为九跨连续半飘浮双塔混合梁斜拉桥,跨径布置为(3×67.5+72.5+926+72.5+3×67.5)m,边跨设置三个辅助墩和一个过渡墩,桥面全宽36m;主梁中跨采用分离式双箱断面钢箱梁,边跨采用同外形的双箱断面混凝土箱梁,钢混结合面设在中跨距索塔中心线 12.5m 处,钢箱标准梁段长度 15m。鄂东长江大桥首次在千米级混合梁斜拉桥的钢混结合段采用钢格室+PBL 键的构造。

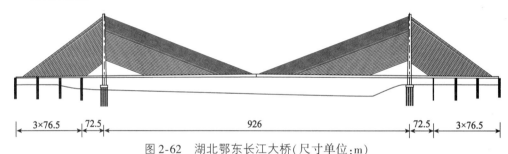

图 2-62　湖北鄂东长江大桥(尺寸单位:m)

(4)湖北嘉鱼长江大桥,如图 2-63 所示,2019 年建成。该桥主桥为双塔不对称混合梁斜拉桥,采用纵向约束七跨连续半飘浮体系,主跨径920m;主梁选用预应力混凝土箱梁,混凝土箱梁和钢箱梁均采用整幅闭口单箱三室断面。南边跨和中跨主梁采用外形统一的钢箱梁。混凝土梁设置三向预应力。倒 Y 形索塔,塔上斜拉索锚固采用钢锚梁,平行钢丝斜拉索。钢混结合段的钢格室为箱形封闭结构,设置 PBL 键,填充 C60 微膨胀钢纤维自密实混凝土。

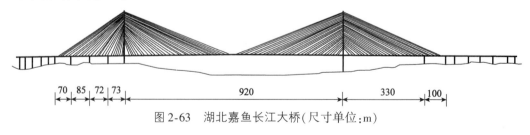

图 2-63　湖北嘉鱼长江大桥(尺寸单位:m)

第八节 密索时期：矮塔斜拉桥

一、总体情况

1980年，瑞士著名的桥梁设计大师Christian Menn设计了跨越Ganter峡谷的Ganter大桥。这座桥的索塔高度只有11.1m，为主跨径的1/16.7，只为一般常规斜拉桥塔高的1/8.7~1/7，开创了低塔斜拉桥的结构形式。Ganter大桥尽管斜拉索被混凝土包裹形成板拉结构，与现在矮塔斜拉桥概念相左，但依然被认为是矮塔斜拉桥的鼻祖。

随后，1988年法国工程师Jacguesmathivat在设计位于法国西南的阿勒特·达雷高架桥的替代方案时，首次明确地提出了矮塔斜拉桥的概念。其方案的基本思想是塔、梁固结，斜拉索穿过矮塔上的鞍座锚固在主梁上，此时斜拉索更像预应力混凝土梁的体外束，索鞍相当于体外束的转向点。这样做的优点是拉索应力变幅与普通索相比大为较少，降低了疲劳损伤程度。这个方案后来因故没有实施。

小田原港桥(图2-64)是在借鉴瑞士Ganter大桥、法国Jacguesmathivat桥等基础上，经过深入研究发展起来的，其特点是塔梁墩固结，斜拉钢索贯通索塔锚固在两边的主梁上。随后，矮塔斜拉桥在日本得到迅速发展，先后建成了屋代南(北)铁路桥、冲原桥、蟹泽大桥、新唐柜大桥、木曾川桥、日见桥、近江大鸟桥、土狩大桥等，其中木曾川桥的特点是多塔、单索面和混合梁；日见桥的特点是双索面、波形钢腹板PC箱梁；近江大鸟桥的特点是双幅、单塔、单箱三室截面波形钢腹板PC箱梁；土狩大桥的特点是多塔、变截面体外预应力箱梁。这些桥的跨径都在100~180m之间。通过这些桥的工程实践，当时认为这种桥型的适应跨径在100~200m之间，其主梁起主要承重作用，斜拉索起辅助承重作用，索塔高度只有常规斜拉桥塔高的1/2~1/3，整体结构性能介于普通斜拉桥与连续刚构之间。

小田原港桥之后，矮塔斜拉桥这种桥型以它独特的优势被世界认可。目前，欧洲、美国、南美洲、韩国、越南等地修建了大量矮塔斜拉桥。

国内矮塔斜拉桥起步较晚。2000年建成的安徽芜湖长江大桥，由于航空飞行限制，索塔较一般斜拉桥要矮，被认为是国内第一座矮塔斜拉桥。该桥为钢桁梁结构，主跨径312m，双层桥面，上层行驶汽车、下层行驶火车，是世界首次采用钢桁架梁作主梁的矮塔斜拉桥。另一座同期建成的福建漳州战备大桥与矮塔斜拉桥的特征更为接近，即主梁采用预应力变截面混凝土箱形梁，索塔高只有17m，斜拉索没有尾索，因此也有人认为漳州战备大桥是国内首座矮塔斜拉桥。

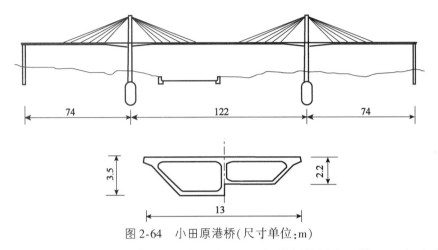

图 2-64　小田原港桥(尺寸单位:m)

自安徽芜湖长江大桥、福建漳州战备大桥之后,矮塔斜拉桥发展并不迅速,起初建造的几座矮塔斜拉桥如厦门同安银湖大桥(主跨径80m,2002年建成)、兰州小西湖黄河大桥(主跨径136m,2003年建成)、山西离石高架桥(主跨径135m,2004年建成)、江苏常澄高速公路常州运河桥(主跨径120m,2003年建成)等,其设计思路几乎和福建漳州战备大桥一样,跨径在100~150m之间。这几座桥的共同特点是单索面、塔梁固结,斜拉索在塔顶连续通过索鞍,两侧对称锚固于梁体上。这一时期矮塔斜拉桥并未引起国内设计同行的广泛关注,因为毕竟是新的桥型,被广泛接受需要一个过程。

2004年以后,矮塔斜拉桥越来越受到行业认同,独塔、多塔、双索面、平曲线等结构形式开始出现,主跨径也由最初的150m左右发展到588m,即2020年建成的芜湖长江三桥主跨径588m,是目前国内最大跨径的不对称矮塔斜拉桥,该桥为公铁两用桥,钢桁架结构。这一时期矮塔斜拉桥的代表作有宁波中兴大桥(主跨径400m),主梁为混合梁结构,塔梁固结;还有重庆嘉悦大桥(主跨径250m)、山东惠清黄河大桥(主跨径220m)、广东珠海荷麻溪大桥(主跨径230m)和山西神仙河大桥(单塔、主跨径136m)、浙江洪溪矮塔斜拉桥(双塔分幅结构,主跨径265m)、海南万宁港北大桥(主跨径298m),陕西王家河大桥,五塔六跨曲线矮塔斜拉桥,主跨径230m,以及重庆墨寨乌江大桥,主跨径296m,其特点是主墩高达216m。中国台湾地区在考察了日本矮塔斜拉桥之后,也普遍接受了这种新的桥型,并建成了斗山二号高架桥、河曲高架桥和南港溪桥等矮塔斜拉桥工程。

矮塔斜拉桥的建设成就主要体现在如下几方面:
①研究发展了矮塔斜拉桥"刚梁柔索"的设计理论及相关结构体系、设计参数等。
②发展完善了索塔贯通式拉索锚固构造及止滑器装置。
③形成了矮塔斜拉桥主要构件索、塔、梁的成套施工工艺及装备。

④建成了各种形式的矮塔斜拉桥,包括不同索塔形式、不同主梁形式及多塔联跨结构形式等。

二、工程统计

表 2-13、表 2-14 分别为国外和国内跨径大于 130m 的矮塔斜拉桥的部分工程统计。

国外矮塔斜拉桥部分工程统计　　　　表 2-13

序号	桥 名	跨径布置(m)	主跨径(m)	塔高(m)
1	日本木曾川桥	160＋3×275＋160	275	30
2	美国高堡桥替换桥	112＋274＋112	274	—
3	日本揖斐川桥	154＋272×4＋157	272	30
4	加拿大 Golden Ears 桥	121＋3×244＋121	242	42
5	英国罗丝·肯尼迪桥	95＋2×230＋95	230	27
6	日本德之山八德桥	140＋220＋140	220	23
7	日本三户望乡大桥	99＋200＋99	200	25
8	孟加拉国帕亚拉大桥	3×200	200	—
9	菲律宾第二曼达—麦克坦大桥	111＋185＋111	185	18
10	日本冲原桥	65＋180＋76	180	16
11	印度苏丹甘吉大桥	125＋163＋163＋125	163	54

国内矮塔斜拉桥部分工程统计　　　　表 2-14

序号	桥 名	跨径布置(m)	主跨径(m)	塔高(m)
1	芜湖长江三桥(结构不对称)	98＋238＋588＋224＋84	588	130
2	宁波中兴大桥	主跨径400	400	—
3	广东榕江特大桥(混合梁)	60＋70＋380＋70＋60	380	51.6
4	芜湖长江大桥	180＋312＋180	312	37
5	重庆墨寨乌江特大桥	153＋296＋153	296	—
6	福平铁路乌龙江特大桥	144＋288＋144	288	40
7	河南商登大桥	143＋265＋143	265	45
8	浙江洪溪大桥	150＋265＋150	265	—
9	重庆嘉悦大桥	145＋250＋145	250	33

续上表

序号	桥名	跨径布置(m)	主跨径(m)	塔高(m)
10	广州沙湾大桥	137.5+248+137.5	248	25
11	广东珠海荷麻溪大桥	125+230+125	230	39
12	陕西王家河大桥	4×230	230	—
13	山东惠青黄河大桥	133+220+133	220	30
14	深圳东宝河大桥	120+216+120	216	35
15	重庆嘉陵江南屏大桥	112+190+92	190	27.4
16	澳门澳凼三桥	110+180+110	180	48
17	湖南常德沅水四桥	106.2+4×175+106.2	175	32.5
18	广西柳州三门江大桥	100+160+100	160	23
19	山西汾河特大桥	90+150+90	150	29
20	中俄黑龙江大桥(双边钢箱)	84.7+84+5×147+84+84.7	147	18.4
21	开封黄河二桥主桥	85+6×140+85	140	36
22	台湾斗山二号高架桥	85+4×140+85	140	18
23	台湾河曲高架桥	75+5×140+75	140	18
24	湖南株洲湘江四桥	75+140+140+75	140	19
25	山西神仙河大桥	131+136	136	—
26	兰州小西湖黄河大桥	81+136+81	136	17
27	山西离石高架桥	85+135+85	135	18
28	福建漳州战备大桥	81+132+81	132	17
29	广东中山岐江河大桥	81+132+81	132	21

三、工程实例

1. 国外部分

(1)瑞士 Ganter 桥,1980 年建成,如图 2-65 所示。该桥中跨174m 位于直线,两边跨127m 位于半径 200m 的曲线上,塔梁固结,主梁单箱单室,主墩高150m。斜拉索张拉后,用混凝土板包裹,板厚0.4m。主梁悬臂施工。

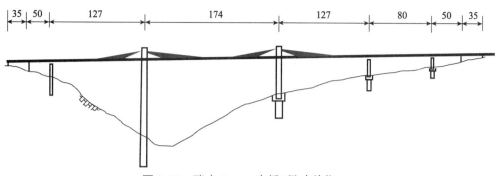

图 2-65　瑞士 Ganter 大桥(尺寸单位：m)

(2)日本木曾川大桥,如图 2-66 所示,2001 年建成。该桥为四塔五跨矮塔单索面混合梁斜拉桥,跨径布置为(160 + 3 × 275 + 160)m,主梁为单箱单室,跨中 110m 为钢梁,塔高 30m,拉索间距 5m,只布置在混凝土梁段上。

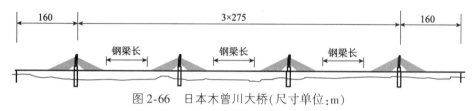

图 2-66　日本木曾川大桥(尺寸单位：m)

(3)英国罗丝·肯尼迪桥,2020 年建成。该桥为三塔中央索面预应力混凝土矮塔斜拉桥,跨径布置为(95 + 2 × 230 + 95)m,主梁为单箱单室,索塔采用单柱不等高形式,中塔高 27m,拉索梁上间距 6.5m,塔上间距 1.1m。

2. 国内部分

(1)芜湖长江大桥,如图 2-67 所示,2000 年建成。该桥为公铁两用钢桁架矮塔斜拉桥,飘浮体系,跨径布置为(180 + 312 + 180)m。N 形主桁,桁高 14m,主桁外设置副桁,斜拉索通过副桁与主桁连接,钢桁架梁采用焊接整体节点。主塔为钢筋混凝土结构,外形简洁,不设上横梁。

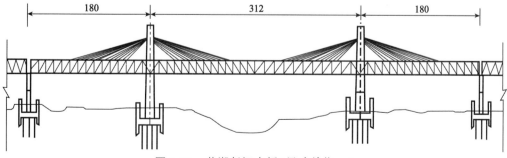

图 2-67　芜湖长江大桥(尺寸单位：m)

(2)福建漳州战备大桥,如图2-68所示,2000年建成。该桥为双塔单索面矮塔斜拉桥,塔梁固结,塔墩分离,墩顶设置支座,跨径布置为(80.8+132+80.8)m。主梁为预应力混凝土箱梁。主塔采用实心矩形断面,塔上部设置鞍座(双套管结构),高度17m。

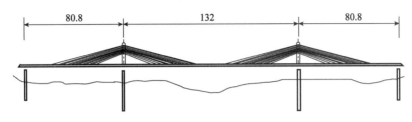

图2-68 福建漳州战备大桥(尺寸单位:m)

(3)台湾斗山2号桥,2005年建成,该桥是连接台湾东西部高速公路的一座桥梁,桥梁总长1580m,主跨径为140m,索塔高度为19m,主梁截面采用PC单箱三室箱形截面,并且在设计中考虑了体内索与体外索相结合的方式。该桥10塔11跨中间设有一辅助墩,是当时世界桥跨数最多的矮塔斜拉桥。

(4)重庆嘉悦大桥,如图2-69所示,2010年建成。该桥为双塔双索面矮塔斜拉桥,跨径布置为(66+75+75+145+250+145)m;主梁为单箱单室变截面大悬臂断面形式,梁底按抛物线变化,箱梁顶宽28m,底宽12m;Y形索塔,桥面以上高度32.5m,主塔横向分左右两肢,依靠横梁连接。该桥是矮塔斜拉桥中桥塔造型较为美观的一种结构形式。斜拉索为1770MPa的钢绞线。

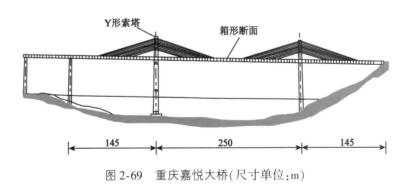

图2-69 重庆嘉悦大桥(尺寸单位:m)

(5)芜湖长江三桥,如图2-70所示,2020年建成。该桥为公铁两用高低塔(矮塔)钢桁架斜拉桥,跨径布置为(98+238+588+224+84)m;主梁创新采用强箱弱桁的箱桁组合结构,即上层桥面板桁结合、下层桥面箱桁结合。上层正交异性钢桥面板与上弦杆栓焊连接,下层钢箱,横隔板与下弦栓接,顶底板与弦杆焊接。斜拉索采用2000MPa的平行钢丝。

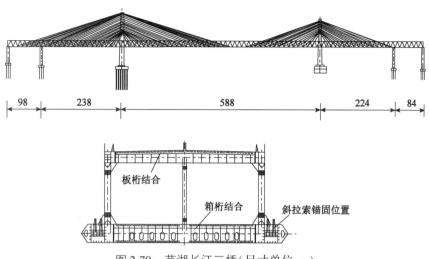

图 2-70　芜湖长江三桥(尺寸单位:m)

第九节　密索时期：其他斜拉桥

一、波形钢腹板斜拉桥

1986年法国工程师提出用弯成波折形状的薄壁钢板代替混凝土腹板的设计思想，并成功建成一座主跨径43m的波折钢腹板连续箱梁桥(Cognac桥)。波形钢腹板结构的优势主要体现在：①用波形钢腹板代替混凝土腹板，结构自重大约可以减轻20%～30%；②波形钢腹板在桥梁纵向的刚度较低，结构施加的预应力被认为由混凝土顶、底板承担，因此可大幅提高预应力效率，并减小混凝土徐变、收缩影响；③波形钢腹板制作、安装更具优势，可实现工厂化，因为构件自重轻，施工架设更容易。

随着这种波折钢腹板结构的成功运用，世界各国相继采用。早期波形钢腹板结构主要运用于连续梁或连续刚构桥上，如法国的Maup`re桥、Asterix桥和Dole桥，挪威的Tronko桥，委内瑞拉的Caracas桥、Corniche桥和日本新开桥。直到2003年，日本才建成了世界上第一座波形钢腹板斜拉桥——日见大桥(单箱单室)，随后又于2007年建成了栗东大桥，如图2-71所示。

栗东大桥为双索面矮塔钢波形腹板PC斜拉桥，该桥先于日见大桥设计，但晚于日见大桥竣工。栗东大桥的结构特点是桥面较宽，主梁采用了单箱三室截面，以及为了减轻结构自重，横隔板采用钢结构。在波形腹板PC梁中，栗东大桥采用多室截面，这在世界上是第一次。钢横隔板主要承担斜拉索的竖向分力，为箱梁提供抗扭刚度，并对体外索起定位作用。

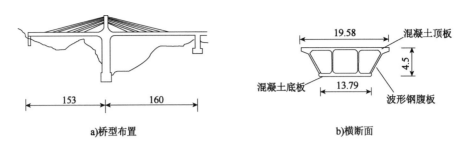

图 2-71 日本栗东大桥(尺寸单位:m)

国内第一座波形钢腹板结构斜拉桥是 2011 年建成的河南新密溱水河大桥,主跨径 70m。随后又于 2015 年建成了郑州朝阳沟大桥(主跨径 118m)、江西朝阳赣江大桥(主跨径 150m)。目前国内外最大跨径的波形钢腹板矮塔斜拉桥是 2018 年建成的山西运宝黄河大桥,主跨径 200m。

江西朝阳赣江大桥是波形钢腹板斜拉桥的代表工程。该桥为波形钢腹板 PC 组合箱梁六塔连续单索面矮塔斜拉桥(图 2-72),跨径布置为 $(79+5\times150+79)$m,塔梁固结、梁墩分离体系,主梁为双层结构,上层布置双向八车道,下层布置人行和非机动车道。节段悬臂浇筑法施工。朝阳赣江大桥为世界上第一座多塔波形钢腹板矮塔斜拉桥。

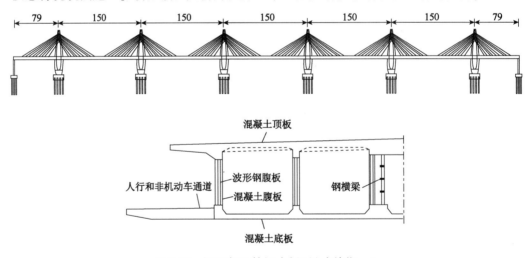

图 2-72 江西朝阳赣江大桥(尺寸单位:m)

表 2-15 为国内外波形钢腹板斜拉桥的部分工程统计。由于文献资料有限,目前国外统计的波形钢腹板斜拉桥主要是日本。表中所列工程多数都是矮塔结构,说明波形钢腹板箱梁结构与矮塔相结合扩展了应用跨径,前景更为广阔。但目前人们对这种新结构的认识还不够深入,也有一些质疑,如"波形钢腹板桥"和"矮塔斜拉桥"结合,优势到底何在?斜拉索在波形钢腹板箱梁上如何锚固?如何传力?这些问题需深入研究。

国内外波形钢腹板斜拉桥工程统计　　　　表2-15

序号	桥梁名称	跨径(m)	施工方法	备注
1	日本矢作川桥	173+2×235+173	悬臂施工	—
2	日本日见大桥	92+180+92	悬臂施工	矮塔结构
3	日本栗东桥(上行)	137+170+115+68	悬臂施工	矮塔结构
4	日本栗东桥(下行)	153+160+75+90+73	悬臂施工	矮塔结构
5	日本生野大桥	96+188+103	悬臂施工	
6	匈牙利Tisza桥	96+180+96	—	矮塔结构
7	中国江西朝阳赣江大桥	79+5×150+79	悬臂施工	矮塔+连梁结构
8	中国江西鄱阳湖大桥	125+2×220+125	悬臂施工	矮塔结构
9	中国郑州朝阳沟大桥	58+2×118+108	顶推施工	矮塔结构
10	中国新密溱水河大桥	30+70+30	支架施工	无背索+矮塔结构
11	中国孙武黄河大桥	120+4×190+120	—	矮塔结构

二、拱形索塔斜拉桥

拱形索塔斜拉桥是景观桥梁中的一种形式,它的结构特点是索塔呈现不同形状风格的拱形结构,致使斜拉索的索面不在一个平面上,而是呈一种空间螺旋曲面的样式。从受力上分析,拱形索塔斜拉桥的索力为空间分布,除产生纵向水平力和竖直力外还有横向水平分力;斜拉索间距、倾角及索力分布对结构静动力性能都有影响。

从文献上看,最早的拱形索塔斜拉桥出现在人行天桥上,即1997年建成的日本美秀美术馆人行桥。该桥由著名建筑设计大师贝聿铭设计,形式为斜钢箱抛物线形索塔,它获得国际桥梁与结构工程协会(IABSE)2002年度杰出结构奖(Outstanding Structure Awards)。

随后,2006年意大利建成了Torino Olympic Village人行桥,全长365m,主跨径150m,索塔形式为钢箱拱形,塔面形状为椭圆形。2007年俄罗斯建成了Zhivopisny桥,全长1460m,其中主桥全长409.5m,桥面宽度47m,索塔为抛物线形的钢桁架。

随着经济发展,国内城市或景区的景观桥也有了较大发展,其中通过索塔造型变化形成独特景观的拱形索塔斜拉桥是应用较多的一种。文献表明,国内景观索塔斜拉桥工程实例大多出现在2000年以后。如:2002年建成的抛物线形钢拱塔斜拉桥——台湾南投猫罗溪桥;2007年建成的椭圆形斜钢箱拱形索塔斜拉桥——江苏通州世纪大桥、椭圆形X形双斜钢混箱拱塔斜拉桥——山东临沂腾飞桥;2008年建成了网球拍形V形双斜钢箱拱塔斜拉桥——辽宁沈阳三好桥。

表 2-16 为国内外拱形索塔斜拉桥的部分工程统计。

国内外拱塔斜拉桥的部分工程统计 表 2-16

序号	桥 名	国家	建成年代	结构形式	索塔形式	塔面形状
1	Miho Museum 人行桥	日本	1997	双索面独塔	斜钢箱拱形	抛物线形
2	Torino Olympic Village 人行桥	意大利	2006	双索面独塔	钢箱拱形	椭圆形
3	Santiago Calatrava 桥	意大利	2007	双索面独塔	钢箱拱形	长椭圆形
4	Zhivopisny 桥	俄罗斯	2007	双索面独塔	钢桁架拱形	抛物线形
5	台湾南投猫罗溪桥	中国	2002	四索面独塔	钢箱拱形	抛物线形
6	台湾台中乌日桥	中国	2003	双索面独塔	钢拱形	抛物线形
7	山东临沂腾飞桥	中国	2007	双索面独塔	X 形双斜钢混箱拱	椭圆形
8	江苏通州世纪大桥	中国	2007	双索面独塔	斜钢箱拱	椭圆形
9	辽宁沈阳三好桥	中国	2008	双索面独塔	V 形双斜钢箱拱	网球拍形
10	天津河北大街立交桥	中国	2008	双索面独塔	斜钢箱拱	椭圆形
11	陕西浐灞河 2 号桥	中国	2008	双索面独塔	斜钢箱拱	椭圆形
12	吉林延吉天池大桥	中国	2009	双索面独塔	V 形双斜钢箱拱	椭圆形
13	江苏宜兴荆邑大桥	中国	2009	双索面独塔	X 形双斜钢箱拱	椭圆形
14	江苏京杭运河泗阳大桥	中国	2010	双索面独塔	斜钢箱拱	椭圆形
15	福建三明台江大桥	中国	2011	双索面独塔	钢箱拱	网球拍形
16	辽宁锦州小凌河云飞大桥	中国	2011	双索面独塔	X 形双斜钢箱拱	椭圆形
17	辽宁本溪北地跨河大桥	中国	2011	双索面独塔	斜钢箱拱	椭圆形
18	杭州之江大桥	中国	2012	双索面双塔	钢箱拱	椭圆形
19	马鞍山长江公路大桥右汊桥	中国	2013	双索面三塔	混凝土箱拱	椭圆形
20	柳州白沙大桥	中国	2018	双索面独塔	钢箱	椭圆反对称
21	永定河特大桥	中国	2019	双索面双塔	倾斜钢拱	椭圆形

工程实例:安徽马鞍山长江公路大桥右汊桥。混凝土拱形索塔斜拉桥(图 2-73),主跨径 260m,主梁采用预应力混凝土双边箱梁,主梁中心处梁高 3.2m。顺桥向为三个不等高的拱形主塔,中塔总高 106m,每个边塔的总高为 88m。塔柱采用空心矩形断面。塔柱横桥向采用曲线变化线形,其中桥面以下外侧采用椭圆线形,内侧采用圆弧线形,桥面以上塔柱内外侧均采用椭圆线形,塔顶加厚块采用悬链线形。索塔采用可调曲率液压爬模系统施工。马鞍山长江公路大桥右汊航道桥为国内首座三塔拱形索塔斜拉桥。

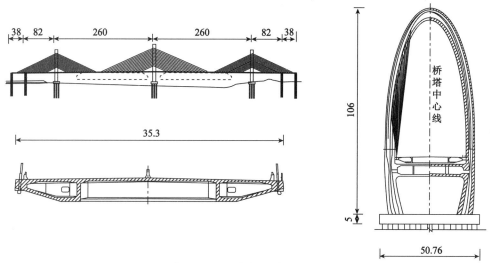

图 2-73 马鞍山长江公路大桥右汊桥(尺寸单位:m)

三、无背索斜拉桥

无背索斜拉桥也是景观桥梁中的一种形式,它的结构特点是索塔仅有主跨单侧索,边跨或岸跨没有斜拉索,或只有几根斜拉索,如此造型使得索塔的受力与常规斜拉桥显著不同。常规斜拉桥在索塔两侧均有斜拉索,恒载作用下塔两侧斜拉索水平力可保持平衡,主塔仅在活载及附加荷载作用下承受一定的水平力和弯矩。而无背索斜拉桥后倾的塔身与斜拉索吊起的主梁结构构成平衡体系。无背索斜拉桥索塔的后倾角度一般为 27°~34°。正因为塔的后倾,为施工带来一定的麻烦,主要是要考虑裸塔和上拉索后索塔的平衡问题。无背索斜拉桥绝大多数都是采用塔梁墩固结体系,主梁可采用混凝土、钢或钢-混组合结构。无背索斜拉桥的造价比一般斜拉桥要高一些。

首座无背索斜拉桥是 1992 年建成的西班牙 Alamillo 桥(图 2-74),它是为巴塞罗那奥运会而建的景观桥。Alamillo 桥主跨径 200m,塔墩梁固结,塔高 134m,塔的根部为外部用钢板、内侧浇混凝土的组合构件,其上为钢筋混凝土构件,拉索按竖琴形布置。这座桥设计上体现了将结构、建筑、雕塑融为一体的杰出构思,具有极为精致的建筑美感。它的建成引起了各国桥梁界的关注,后续相继建造了一些无背索斜拉桥,包括韩国、捷克等国。

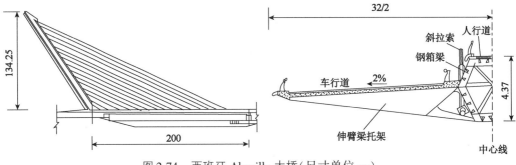

图 2-74　西班牙 Alamillo 大桥(尺寸单位:m)

国内无背索斜拉桥建设同样以城市景观桥为主,先后建成了白鹭大桥(主跨径 120m)、长春伊通河大桥(主跨径 130m)和长沙洪山大桥(主跨径 206m)等。其中,白鹭大桥,塔梁墩固结,主梁采用顶推施工,钢塔与路面呈 58°;钢塔竖向转体施工,在桥面上现场焊接、拼装钢箱主塔,然后顶推就位再竖转成形。

国内无背索斜拉桥的代表工程为长沙洪山大桥,如图 2-75 所示,2004 年建成。该桥为无背索斜塔竖琴式斜拉桥,跨径布置为(21 + 206 + 30.3)m,主跨主梁为钢-混凝土组合脊骨梁结构,中央的钢箱梁为矩形截面,宽7m,高 4.4m,主箱梁两侧设悬臂长度 13m 的箱形钢挑梁,挑梁纵向间距 4m。主梁为全焊结构,除主箱梁加厚段采用 14MnNbq 钢外,其余部分均采用 16Mnq 钢。梁、塔、墩固结处采用庞大体积的钢壳混凝土结构。由于斜塔自身不能维持平衡,无背索斜拉桥的施工不能像常规斜拉桥那样采用"先塔后梁,梁体悬拼(浇)"的方法,而需要保证施工过程中塔梁的平衡,因而采用"先梁后塔"的工序。

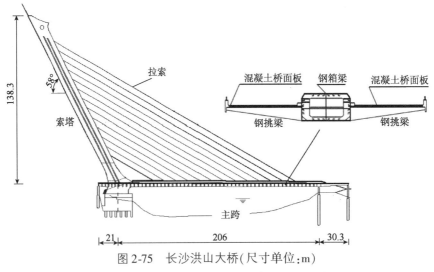

图 2-75　长沙洪山大桥(尺寸单位:m)

表 2-17 为国内外无背索斜拉桥的部分工程统计。

国内外无背索斜拉桥的部分工程统计　　　　　表 2-17

序号	桥梁名称	主跨径(m)	索塔结构	主梁结构	建成年代
1	西班牙 Alamillo 大桥	200	钢塔	钢-混组合	1992
2	韩国 Kum Dang 大桥	160	独柱	钢箱	2002
3	荷兰 Zwolle 桥	56	—	钢脊骨梁	1998
4	中国长沙洪山大桥	206	独柱	钢-混组合	2004
5	中国哈尔滨太阳桥	140	倒 Y 形	钢箱	2000
6	中国湖北孝感孝南匝道桥	140	双柱	钢箱	2005
7	中国江西景德镇白鹭大桥	120	独柱	钢-混组合	—
8	中国郑州贾鲁河大桥	120	独柱	钢箱	2018
9	中国苏州石湖大桥	100	双柱(钢)	格构钢梁	2003

四、钢管混凝土斜拉桥

20 世纪 90 年代国内建造了一座特殊结构的斜拉桥,即 1997 年建成的广东南海紫洞大桥(图 2-76)为世界上第一座钢管混凝土斜拉桥,桥跨布置为(69 + 140 + 69)m,塔梁墩固结体系,双塔单索面,桁架梁、塔柱均采用钢管混凝土。重庆万安大桥是另一座钢管混凝土斜拉桥,双塔单索面,主梁为钢管混凝土空间桁架组合结构,桥跨布置为(72 + 140 + 72)m。塔柱也是钢管混凝土结构。主梁采用顶推法施工。

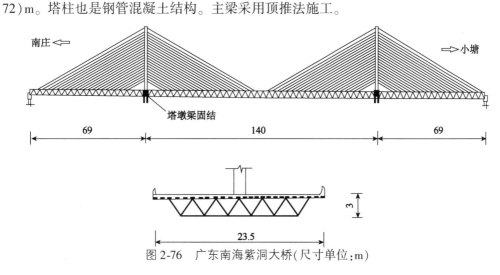

图 2-76　广东南海紫洞大桥(尺寸单位:m)

五、协作体系斜拉桥

斜拉桥与其他结构桥梁组合形成新的结构体系称为协作体系斜拉桥。协作的目的是发挥各自结构优势,使结构整体性能更优。目前,协作体系斜拉桥数量不多,但特点明显,值得关注。

1. 与 T 构协作

广东金马大桥是一座斜拉桥与 T 构桥协作的大桥,如图 2-77 所示。该桥边跨 283m 中的 60m 为边 T 构的一侧。这种组合体系的优点是可增大主跨跨径,相对减小塔高和斜拉索的用量,减小斜拉桥悬臂施工的悬臂长度;缺点是斜拉桥与 T 构断面不一致时需要设置过渡段,另外施工相对复杂。安徽铜陵长江大桥也是类似的结构布置。

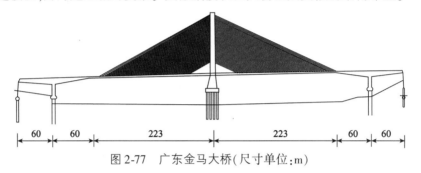

图 2-77 广东金马大桥(尺寸单位:m)

2. 与悬索桥协作

贵州乌江大桥是一座斜拉桥与悬索桥协作的大桥,1997 年建成,是世界上第一座拉吊组合的斜拉桥(图 2-78)。该桥桥跨布置为[6 + 2 × 60(斜拉桥) + 168(吊桥) + 2 × 60(斜拉桥) + 6]m,双塔双索面对称布置,索距 6m,全桥共 40 对索。拉索都锚固在主梁上,每根拉索在塔上设置的鞍座上转向。这种协作体系的初衷是通过设置斜拉索来提高结构的整体刚度。

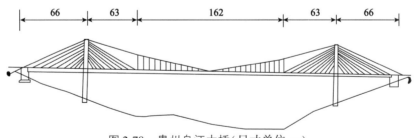

图 2-78 贵州乌江大桥(尺寸单位:m)

国外 2018 年建成的博斯普鲁斯海峡三桥也是拉吊组合体系,跨径 1408m。中央 792m 为悬索悬吊区域,其余为斜拉索布置区域。该桥主梁为流线型钢箱,正交异性钢桥面板。之所以选择拉吊组合体系,是因为该桥为重载轨道交通。国内目前正在施工的西堠门公铁两用大桥,主跨径 1488m 也是协作体系斜拉桥,该桥的特点是公铁合建同层布置。此外,G3 铜陵长江公铁大桥(主跨径 988m)、荆州李埠长江公铁大桥(主跨径 1120m)都是斜拉-悬索协作体系。

CHAPTER THREE 第三章

斜拉桥总体设计

第一节　基础资料收集

斜拉桥设计基础资料的收集、分析和整理，不同阶段的程度要求不一样，但内容大致包括地质、地形、水文、气象等自然情况；通航要求、荷载标准、基本地震烈度、线形与接线指标、设计车速、桥面宽度、洪水频率等设计标准；建筑材料、施工方法、美观需求等辅助设计资料。必要时应进行地震安全评价、环境评估、风速观测、水文分析、河流静动床冲刷试验，以及防撞分析等专题研究。

第二节　顶层设计

一、设计原则

由索、塔、梁组成的斜拉桥，跨径大，结构比其他桥型复杂，一般都要经历方案设计、初步设计和施工图设计三个典型设计阶段，对于特大跨径斜拉桥还应增加技术设计阶段。方案设计主要解决工程可行性问题；初步设计主要解决工程投资问题；技术设计主要解决工程技术可行性问题；施工图设计主要解决工程实施问题。无论哪个设计阶段，设计原则、要求和内容基本一致，只是程度不同。

我国《公路桥涵设计通用规范》(JTG D60—2015)明确规定，公路桥梁应按安全、耐久、适用、环保、经济和美观的原则设计，这与以前按适用、经济、安全和环保的原则设计有了一定的差别，即把安全放在了第一位，并增加了耐久原则，实际上强调了全寿命周期的设计思想。全寿命周期设计时，应充分考虑主体结构和可更换部件对使用年限的要求。对斜拉桥而言，主体结构如塔梁的使用年限为100年；可更换部件如斜拉索为20年，支座和伸缩缝不少于15年。

1. 桥梁安全

结构安全是通过满足承载力来实现的。对于斜拉桥来说，结构计算要正确考虑所承受的荷载，包括常规的恒载、活载、温度荷载和施工荷载等，以及根据桥位地质和自然条件决定是否考虑地震、风、雪、冻胀力等特殊荷载。还要根据桥位情况和以往经验正确选择索塔、主梁和斜拉索的形式与构造，以及相应的施工方法。最后通过计算分析，来确保结构是否有足够的承载力。由于我国桥梁规范的可靠度分析是基于杆件而不是基于结构,故在满足承载力要求外,还要保证构件之间的连接可靠性。

按照《公路桥梁设计通用规范》(JTG D60—2015)要求,各级公路上的特大桥、大桥和中桥属于设计安全等级一级。按此要求,斜拉桥设计应属于安全等级一级。

2. 桥梁耐久

结构耐久是结构具有可靠性的重要环节。耐久性是结构材料抵抗自身和自然环境双重因素长期破坏作用的能力,耐久性越好,材料的使用寿命越长。对于混凝土,耐久性通常表现为抗渗性、抗冻性和抗侵蚀性;对于钢结构,耐久性通常表现为耐腐蚀性和抗疲劳性。我国现行《公路钢筋混凝土及预应力混凝土桥涵设计规范》(JTG 3362)和《公路钢结构桥梁设计规范》(JTG D64)对结构耐久性设计均有明确的规定,结构满足正常使用极限状态是保证结构耐久性的主要指标。对于像斜拉桥这样的大桥,一般都要进行耐久性专项设计,尤其是位于沿海、寒冷等特殊环境地区的桥梁。

3. 桥梁适用

桥梁适用性是指行车的畅通、舒适和对地震、风、温度等环境因素的适应,以及满足通航、抗洪、环保等要求。大跨径斜拉桥结构相对柔,在荷载作用下结构变形较大,应满足行车舒适性要求,尤其是沿海地区受台风影响,不仅存在行车舒适性问题,还存在当风力超过一定数值后,关闭交通问题。靠近城市、村镇、铁路及水利设施的桥梁,还应结合具体情况,综合利用,满足各有关方面的要求;对于特殊重要的桥梁,还应考虑在战时适应国防的要求。桥梁适用性含义较广,应具体情况具体分析。

4. 桥梁环保

目前基础设施建设对环保要求极高。工程项目无论大小,除进行分阶段设计外,项目的立项、审批都必须有环境评价报告,否则不予审批。斜拉桥一般建设规模较大,无论在江河湖海还是在崇山峻岭,其建设过程都会对周边环境产生影响,故环保设计极为重要。环保设计内容一般包括:①集约设计,利用通道资源,比如公路与铁路、高速公路与普通公路共用线位。对于斜拉桥而言,就是双层结构设计。②桥位环保选择,应依法避绕自然保护区、水源地保护区等生态环境敏感区。③环保施工要求,应采取措施降低噪声污染、降低电磁辐射污染;应统筹布设施工临时便道、驻地、预制场、拌和站等;应积极推进取土、弃土与改地、造地、复垦等综合措施。

5. 桥梁经济

桥梁经济性是一个重要指标,斜拉桥也不例外,它应包括设计、施工和全寿命周期内维修养护的总费用。设计阶段,应根据项目特点,在充分考虑施工可行性和运营、维修养护费用的前提下,比选斜拉桥索塔、主梁和拉索的结构与材料类型,并使总费用达到最优。事实证明,如果片面追求较低的建设费用而忽视耐久性对维修养护费用的影响,那么后期运营投入的维修养护费用将十分巨大,甚至远远超过建设期节省的费用。桥梁的经济性是体现在全寿命周期成本的最优,而不是设计、施工和维养哪个阶段最优。

6. 桥梁美观

随着社会经济、文化发展水平的不断提高,人们越来越重视建筑艺术造型,除享受它的功能之外,还要欣赏它的艺术外表,桥梁建筑也不例外。斜拉桥本身由索塔、主梁和拉索组成,跨径一般超过200m,结构外形美观、挺拔,具有成为地标性建筑的"天生潜质"。建设香港昂船洲大桥时,香港特区政府专门组织了桥梁方案设计竞赛,评委会在27个桥型方案中优选出了三个方案都是斜拉桥方案。2018年竣工通车的港珠澳大桥是世界上最长的跨海联岛工程,影响较大,其中九洲航道桥索塔采用风帆造型、青州航道桥索塔采用中国结造型,十分恰当、到位。安徽池州大桥索塔锚固采用集聚锚方式,外表设装饰钢球面,寓意佛珠,突显九华山佛教圣地的地标特征。

二、总体构思

斜拉桥设计总体布置内容包括纵、横、竖三个方向的结构布置。总体布置方案应在充分调研桥位处地形、地质、气象、地震等情况的基础上,综合考虑结构材料、施工方法和后期维修养护等因素进行比选,以寻求经济合理的最优方案。

斜拉桥主要结构包括索、塔、梁三部分,是设计最为关心的结构。对于斜拉索的选择,主要是钢丝和钢绞线拉索的对比分析,包括材料极限强度的选择;对于索塔的选择,主要依据基础规模、主梁类型、抗震抗风要求、施工难易程度、景观要求等因素选择,索塔材料一般为混凝土结构,根据需要也可选择钢结构、钢-混组合结构;对于主梁的选择主要依据跨径大小、索塔受力、抗震抗风要求、施工难易程度、景观要求等因素选择,主梁形式一般在混凝土、钢、叠合、波形钢腹板、混合结构中选择。若跨径是主要因素,应依次选择混凝土、叠合、混合和钢结构。对于公铁两用桥梁,钢桁架结构是主要选择。在结构形式确定之后,结构参数的选择主要包括主梁边中跨比、主梁高跨比、塔高与跨度比、梁上索距、钢混结构分界点位置等。

施工方法的选择一般主要针对主梁架设。主梁架设方法主要包括支架现浇、顶推、悬臂浇筑、悬臂拼接、缆索吊装、转体等方法。支架现浇和转体施工适用于中小跨径主梁施工或大跨径边跨主梁施工;顶推、悬臂、缆索吊装施工适用于大跨径主梁施工。

三、设计流程

斜拉桥设计流程一般包括基础资料收集、总体布置、横断面设计、确定设计荷载、结构分析与验算等过程。以混凝土斜拉桥为例,设计流程如图 3-1 所示。在设计流程中,斜拉桥体系和结构类型选择、辅助墩设置、主要结构参数确定、材料耐久性设计以及结构静动力分析是重要环节。

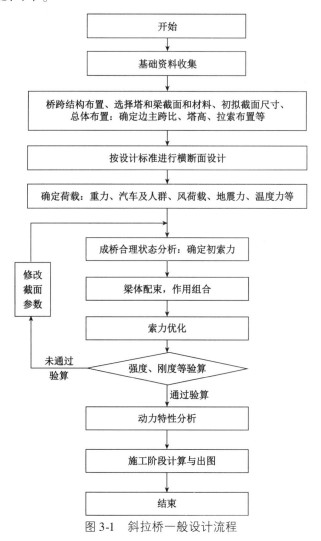

图 3-1　斜拉桥一般设计流程

第三节 体系选择

斜拉桥的三个组成部分,索、塔、梁之间的关系即构成结构体系。经过演变发展,目前自锚式斜拉桥共有四种基本结构体系:全飘浮体系、半飘浮体系、塔梁固结体系和刚构体系,如图3-2所示。四种结构体系的构造特征参见第一章第一节的相关内容。实际上四种结构体系都是针对主梁进行不同形式的约束,因此称之为主梁约束体系更为准确。

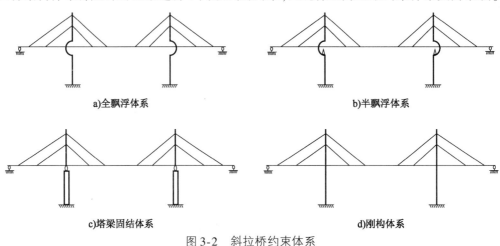

图 3-2　斜拉桥约束体系

一、体系特点

1. 全飘浮体系

全飘浮体系的优点是索塔两侧主跨布载时,索塔处主梁弯矩无负弯矩峰值,结构内力和变形变化平缓、温度及收缩徐变内力较小;纵向飘浮结构有利于吸震消能。缺点是悬臂施工时,索塔处塔梁需要临时固结,以抵抗施工中不平衡弯矩和纵向剪力。全飘浮体系的工程实例有 Rion-Antirion 大桥、上海杨浦大桥、湖北鄂黄长江大桥、重庆大佛寺长江大桥、武汉长江二桥等。

2. 半飘浮体系

半飘浮体系的优点是在成桥时可以根据需要调整支座反力,以消除大部分收缩、徐变产生的不利影响;缺点是同样悬臂施工时,索塔处塔梁需要临时固结,以抵抗施工中不平衡弯矩和纵向剪力。若半飘浮体系中只设置竖向支座,不约束纵向位移,有时也被称为支承体系。半飘浮体系的工程实例较多，如珠江黄埔大桥、安庆长江大桥、安徽望东大桥、福建青州闽江大桥、贵州老棉河特大桥、浙江椒江二桥、香港汀九桥、江津观音岩大桥等。

3. 塔梁固结体系

塔梁固结体系的优点是消除了塔底弯矩，减小了主梁中央段轴力，并有效降低了主梁和索塔温度内力。缺点是结构刚度小、变形大。资料表明，当中跨满布荷载时，主梁跨中挠度和塔顶水平位移比支承体系或飘浮体系分别大30%和40%左右。另外，由于塔、梁、索的重量都由支座传给桥墩，故支座反力较大。

矮塔斜拉桥基本上都是采用塔梁固结体系。除此之外，上海的泖港桥、法国的勃鲁东那（Brotonne）桥、广东南海九江大桥、红水河铁路大桥等也是采用塔梁固结体系。

4. 刚构体系

刚构体系的优点是结构整体刚度大，主梁和索塔变形小。缺点是塔-墩-梁固结处的主梁负弯矩较大，资料表明，当全桥满布活载时，此处负弯矩约为飘浮体系的3.5倍，为支承体系的1.6倍。

独塔结构常采用刚构体系，除此之外，广州的海印大桥、重庆水土嘉陵江大桥、黑瞎子岛乌苏大桥、阿根廷的Chaco Corrientes桥等也是采用刚构体系。

二、体系选择

斜拉桥的四种约束体系，本质上可归为三类体系，即飘浮体系、塔梁固结体系和刚构体系。全飘浮和半飘浮体系总体上差异不大，性质相近。实际工程中，半飘浮体系应用更为广泛。

1. 飘浮体系

飘浮体系的特点是，主梁仅由密布的拉索吊住，结构纵向、竖向均不受"硬约束"，体系有较大的空间运动自由度。从结构静力分析可知，飘浮体系的弯矩图比较均匀，在塔墩处没有突变；从结构动力分析可知，如果在主塔处设置横向约束，第一振型为竖向振动，相对有利。在飘浮体系基础上，设置竖向支座或竖向限位装置，或设置纵向弹性约束和限位装置就转变为半飘浮体系。

2. 塔梁固结体系

塔梁固结体系的特点是，索塔仅与主梁固结，塔墩分离，形成传统的上下部两部分结构。塔墩分离的目的是释放塔（墩）根部巨大的弯矩，从而可以减小基础尺寸，但上部塔、梁和索重量都要通过支座传到桥墩上，故支座吨位较大。力学分析表明，塔梁固结体系结构刚度小、变形大，主梁跨中挠度和塔顶位移比飘浮和刚构体系都大30%以上。

3. 刚构体系

刚构体系的特点是，梁塔墩三者固结在一起，不需要设置支座。由于塔梁墩固结，结构整体刚度大、主梁挠度和索塔位移小，但固结处负弯矩较大，因此常应用于独塔或高塔情况。

4. 体系比较与应用

从结构刚度上比较，刚构体系刚度 > 飘浮体系刚度 > 塔梁固结体系刚度；从结构受力上比较，刚构体系和塔梁固结体系都有突出的优点和弱点，飘浮体系更为平衡，因此应用最广。刚构体系多用于独塔结构斜拉桥；塔梁固结体系多用于中小跨径斜拉桥，如矮塔斜拉桥；飘浮体系多用于大跨径和超大跨径斜拉桥，尤其是抗震要求高的桥位，释放纵向位移可有效提高在温度、收缩徐变和地震力作用下的结构性能。

第四节　结构主要参数

斜拉桥结构参数主要包括边中跨比、主梁高跨比、塔高与跨度比、梁上索距等。不同的斜拉桥结构体系，由于主梁结构、约束情况不一，故其结构参数取值一般不固定，大致在一定范围内。这个范围经过大量实践，慢慢形成业内可接受的数值。本书推荐的结构参数主要取自《公路斜拉桥设计规范》(JTG/T 3365-01—2020)和以往的工程经验。

一、边中跨比

参数边中跨比是斜拉桥塔-梁-索结构内力分布的重要参数，一般按恒载平衡的原则设计。边中跨比与塔数、主梁材料有关，设计时应根据具体情况选取。另外边中跨比对背索的应力幅分布影响较大，主跨上有活载时会增加背索应力，边跨上有活载时会减小背索内力。混凝土主梁自重比例大，故允许有比钢梁更大的边跨。合理的边跨比应该使斜拉桥在恒载作用下，索塔弯距接近于零，主梁弯距接近于刚性支承连续梁的弯距。

(1) 独塔斜拉桥：双侧跨径比一般为 $0.5 \sim 1.0$。

(2) 双塔三跨斜拉桥。

① 边主跨比一般为 $0.33 \sim 0.5$，多数在 0.4 左右。

②钢主梁时,边主跨比宜为 0.3～0.4。

③叠合梁时,边主跨比宜为 0.4～0.5。

④混凝土主梁时,边主跨比宜为 0.4～0.45。

⑤混合梁主梁时,边主跨比宜为 0.3～0.45。

(3)多塔斜拉桥:边主跨比一般为 0.35～0.55。

(4)矮塔斜拉桥:边主跨比一般为 0.5～0.76。

二、主梁高跨比

密索斜拉桥的主梁以受压为主,梁高可大大降低,而且沿桥跨不变。一般情况下,主梁高度与跨径比受主梁材料、塔数影响而略有差异。对于单索面斜拉桥,确定主梁高跨比还应考虑抗扭刚度的影响。

(1)双塔三跨斜拉桥。

①混凝土主梁时,梁高与主跨径比:1/100～1/220。

②叠合梁主梁时,梁高与主跨径比:1/125～1/200。

③钢梁主梁时,梁高与主跨径比:1/180～1/330。

(2)独塔斜拉桥:1/35～1/70。

(3)矮塔斜拉桥。

①对于等截面混凝土主梁,梁高与主跨径之比 1/35～1/45。

②对于变截面混凝土主梁,根部梁高与主跨径之比 1/25～1/30;跨中梁高与主跨径之比 1/55～1/65。

三、塔高与跨度比

斜拉桥索塔高度与主跨径、斜拉索倾角有直接关系。在主跨径不变情况下,塔低拉索倾角小,拉索对主梁支承作用就小;反之,塔高拉索倾角大,拉索对主梁支承作用就大。从受力和经济角度讲,拉索的倾角不宜小于 22°。密索体系斜拉桥塔高与跨度比多数在 1/4 左右,此时钢索用钢量最经济。

桥面以上索塔高度与跨径比:

①独塔斜拉桥 1/2.7～1/3.7。

②双塔、多塔斜拉桥:1/4～1/6。

③矮塔斜拉桥:1/8～1/12。

四、梁上索距

对于密索斜拉桥,一般根据受力要求和施工能力设计主梁节段长度,即梁上斜拉索间距,为了方便施工,除尾索需要集中锚固外,其余部位尽量设计成等索距。

钢梁或组合梁时,梁上索距8~16m。

混凝土梁时,6~12m。

对于矮塔斜拉桥,一般控制梁上无索区长度。

无索区长度:

①索塔附近0.15~0.20倍主跨跨径。

②中跨跨中0.20~0.35倍中跨跨径。

③边跨部分0.20~0.35倍边跨跨径。

第五节　独塔、双塔与多塔结构选择

斜拉桥按索塔数量,可划分为独塔、双塔和双塔以上的多塔斜拉桥(图3-3)。实际工程中,标准的双塔三跨式斜拉桥最多,其次是独塔斜拉桥,约占斜拉桥总数的1/6~1/4。三塔以上的多塔结构,随着结构设计水平的不断进步也呈现出上升势头,尤其是大跨径多塔结构的诞生,说明斜拉桥的设计水平达到了一个新的高度。

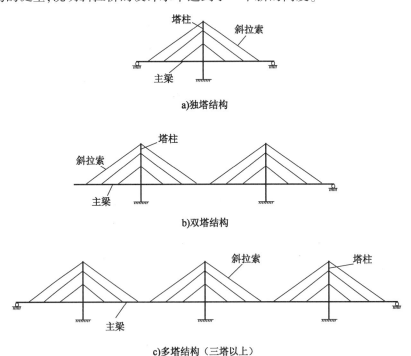

图3-3　三种典型斜拉桥布置

不同塔数的斜拉桥受力特点有显著区别,独塔结构受力相对简单,双塔结构因为只有一个主跨,结构受力也相对明确,最复杂的受力情况是多塔结构,因为存在多塔效应问题,主跨之间受力影响较大。

以下分析是基于现代密索体系而言。

一、独塔斜拉桥

顾名思义,独塔斜拉桥索塔个数只有 1 个,或在桥位中间,形成对称结构;或偏至一岸形成不对称结构。索塔可直立也可斜置,若斜置,形成无背索结构(只有半边有斜拉索)。1981 年我国建成了第一座独塔斜拉桥——四川金川县曾达桥,跨径布置为(39 + 71)m,采用平转法施工。虽然独塔斜拉桥的发展比不上双塔斜拉桥,但发展成就还是比较可观。独塔斜拉桥工程统计(部分)参见表 3-1 所示。

独塔斜拉桥工程统计　　　　表 3-1

桥 梁 名 称	跨径布置(m)	塔高(m)	体系和结构要点
国外部分			
俄罗斯西伯利亚 OB 河桥	408 + 148	141	地锚
西班牙塔拉韦拉—德拉雷纳桥	主跨径 318	192	混凝土四室箱梁
挪威 Grenland 桥	67 + 305	—	叠合梁
美国东亨廷顿桥	185 + 274	88.4	双索面,飘浮体系
英国新威尔河桥	主跨径 240	105	叠合梁,钢塔
奥地利海恩堡多瑙河桥	138 + 228	76.3	单室箱,稀索体系
澳大利亚旋涡岬巴特曼桥	54 + 205	91	叠合梁,稀索体系
日本岐阜—富山合掌桥	167 + 167	50	分离钢筋
国内部分			
广东横门西特大桥	390 + 324	—	独塔钢箱,半飘浮体系
台湾高屏溪大桥	180 + 330	—	双索面钢箱 + 混凝土箱
天津海河大桥	310 + 190	168	主跨钢箱,边跨混凝土箱
广东金马大桥	60 + 283 + 283 + 60	130.7	双索面,塔梁墩固结,肋板式主梁,与 60m T 构组合
泸州泰安长江大桥	208 + 270	145.2	双索面,塔梁墩固结
宁波招宝山大桥	258 + 102	103.8	双索面,飘浮,设一个辅助墩,与 45m T 构组合
宜宾中坝金沙江大桥	252 + 105	117.5	双索面,飘浮体系

续上表

桥 梁 名 称	跨径布置(m)	塔高(m)	体系和结构要点
温州飞云江三桥	240＋170＋60	122.2	塔梁固结,三室箱
株洲建宁大桥	240＋134	114.4	塔梁墩固结,三室箱
广西云龙西江大桥	240	—	—
福州三县洲闽江大桥	238＋76＋56＋47	105	塔梁墩固结,三室箱
武汉汉江四桥	232＋75＋34＋28	110.5	塔梁墩固结,三室箱
重庆石门大桥	200＋230	106	塔梁墩固结,三室箱
深圳湾公路大桥	210	—	独塔钢箱
攀枝花金沙江大桥	149＋200＋51	74.5	塔梁墩固结,肋板式主梁,与51m T构组合
台湾基隆河桥	137＋200	—	四室箱
黄山太平湖大桥	190＋190	86.3	塔梁墩固结,三室箱
浙江湖州南太湖大桥	67＋92＋190＋38	108.7	双主梁
贵州红枫湖大桥	31＋102＋185	96.8	塔梁墩固结,肋板式
重庆沙溪庙嘉陵江大桥	180＋180	—	塔梁固结,边箱中板
广东三水大桥	110＋180	88	塔梁固结,肋板式,4辅助墩
湖北仙桃汉江大桥	50＋82＋180	150.2	塔梁固结
广东下角东江大桥	180＋101＋45	119.1	塔梁墩固结,肋板式
四川内江沱江大桥	56＋32＋175＋30	78.7	五室箱
通化西昌大桥	170＋92＋37	83.2	五室箱
贵州芙蓉江大桥	40＋49.5＋170	98.5	地锚式混凝土斜独塔斜拉桥
杭州钱塘江三桥	168＋168	80	五室箱
南昌新八一大桥	160＋160	86	肋板式
浙江丽水紫金大桥	160＋160	90.3	塔梁墩固结,肋板式
浙江临海大桥	36＋110＋160	80.8	梯形三室箱
广东南海九江大桥	160＋160	80	塔梁墩固结,四室箱
云南西双版纳大桥	156＋156	85	飘浮体系,箱梁

从表 3-1 中可得：①独塔斜拉桥大部分都是采用塔梁墩固结体系，也有采用飘浮体系；②主梁断面大部分都是采用单箱多室，或单箱三室或单箱五室；③单双索面都有，数量差不多。若横向刚度要求大，一般都采用双索面；④主梁为混凝土结构，或钢结构，或混合梁结构，前两者相对多；⑤在建的广东横门西特大桥是国内最大跨径的独塔斜拉桥，主跨径 390m；⑥贵州芙蓉江大桥是为数不多的地锚式独塔斜拉桥，主跨径 170m。

独塔结构多采用固结体系，即索塔、主梁、墩柱固结在一起，并在边墩上设置滑板支座，允许两端主梁伸缩。固结体系既可以大大提高结构的整体刚度，又可以避免索塔根部因温度、收缩徐变引起过大的弯矩，这是一个相对合理的结构体系。由于塔-梁-墩固结，两边墩简支，主梁活载挠度较小，最大挠度发生在距索塔 5/8～3/4 主跨范围内，这个区域正处于拉索布置区内，因此能受到拉索竖向分力的作用，十分有利。若主梁不对称布置，较小的边跨一侧需加密背索或设置地锚索，以加强主跨的竖向刚度，减小主跨跨中挠度。

与双塔斜拉桥相比，独塔斜拉桥活载挠度相对小，最大挠度发生在拉索区内，对受力有利；而双塔斜拉桥最大挠度发生在无索区，会形成拉弯受力区，对受力不利。对于收缩徐变以及温度梯度的影响，无论梁的挠度还是塔顶的水平变位，独塔斜拉桥均比双塔斜拉桥小。

无背索结构，索塔是向岸侧倾斜，拉索索力依靠塔身重量平衡。索塔和主梁在活载作用下的受力与塔梁刚度比有关，一般情况下，索塔刚度会比主梁刚度大很多，即形成弱梁强塔结构。无背索结构作为独塔结构类型之一，同样多采用固结体系，为了使索塔根部弯矩处于合理状态，显然高墩柱是不适合的。

无论索塔竖直还是倾斜，设置辅助墩都可以提高整体结构的竖向刚度，还可以减小梁端相对位移，不足之处是会带来辅助墩顶处主梁较大的应力幅。

二、双塔斜拉桥

双塔斜拉桥是斜拉桥中的标准布置，结构对称，受力对称；也有结构不对称布置，如高低塔组合。结构整体受力性能与结构体系密切相关。飘浮体系主梁受力比较均匀，抗风抗震性能较好；塔梁固结体系塔身和温度内力最小；刚构体系一般要求墩较高。工程实践表明，双塔结构体系多采用飘浮体系，以利于释放温度、收缩徐变、风和地震水平力的作用。

与独塔结构相比，双塔结构中跨跨中的主梁无索区是独特的部位，这里在活载作用下挠度最大，加上斜拉索水平分力指向索塔，造成该区域受拉，十分不利。目前解决措施主要有：①在边跨设置 1～2 个辅助墩增加中跨跨中竖向刚度；②边跨拉索锚固在边墩上,或梁端加密拉索及施加配重,用以控制塔顶向跨中倾斜。

双塔结构的一种特殊情形是高低塔结构,如日本的新上平井大桥(图3-4),主跨径220m,高塔桥面以上65m,低塔桥面以上29m。高低塔的结构受力特点是主跨最大挠度不在中间无索区,而是偏向高塔侧,随着大桥运营期增长,最大挠度还可能继续向高塔侧偏移直至达到最终平衡。高低塔结构往往应用到不对称的河道或V形山谷上,有它独特美观的一面。高低塔各自部分的整体刚度决定了全桥刚度的走向。墨西哥1993年建成的Mezcala桥是三塔高低塔斜拉桥,主跨径(311+299)m。国内2000年建成的湖南鄱阳湖大桥,也是高低塔斜拉桥,主跨径318m,高塔桥面以上93.6m,低塔桥面以上70.1m。

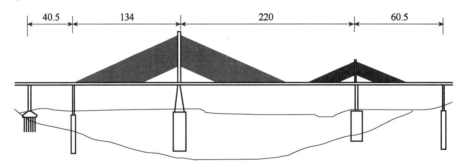

图3-4 日本新上平井大桥桥跨布置(尺寸单位:m)

三、多塔斜拉桥

多塔斜拉桥与独塔、两塔斜拉桥相比,最突出的力学特性是由于中塔效应导致体系刚度降低,结构在车辆荷载作用下内力和变形相对较大。所谓中塔效应是指中间塔两侧的主跨,在车辆荷载最不利布置情况下的竖向刚度小于独塔和双塔结构,因为独塔和双塔结构有边跨背索存在,限制了塔顶位移,使得结构整体变形相对较小,而多塔结构各中间主跨既无后锚索,辅助墩作用又有限,故导致结构整体变形相对较大,这种效应一般以四塔时为最大状态,塔数增多,中塔效应趋于平稳。

解决多塔斜拉桥体系刚度问题,目前的措施大致有:优化桥跨布置、增加边跨塔刚度、增加辅助墩、增加塔间加劲索、采用刚性索塔或混合梁结构等。优化桥跨布置一般指减小边中跨比,以增加边跨刚度约束塔顶位移;增加辅助墩本质上也是增加边跨刚度;增加塔间加劲索,通过在边塔和中塔之间设置或水平或斜向加劲索,以约束中塔水平变位,从而有效降低主梁挠度,这种措施对飘浮体系效果最好;采用刚性中塔是最直接的方法,但存在经济比较问题;采用混合梁结构,即边跨采用混凝土结构,中跨采用钢结构,目的同样是增加边跨刚度限制中塔位移。另外,在主跨跨中设置交叉索也是提高结构竖向刚度、解决多塔效应的有效措施。

多塔斜拉桥的工程统计参见表3-2。

多塔斜拉桥部分工程统计 表3-2

桥 梁 名 称	跨径布置(m)	结 构 特 点
国外部分		
英国 Queensferry Crossing 桥	2×650	世界上已建最大跨径的多塔斜拉桥
希腊 Rion-Antirion 大桥	286+3×560+286	四塔三主跨连续斜拉桥,塔墩固结
法国 Millau Viaduct	204+6×342+268	七塔六主跨斜拉桥,塔梁固结,塔墩间设置双排支座,单索面
英国默西盖特威大桥	2×318	预应力单箱单室,独柱型索塔
越南日新大桥	150+5×300+150	五塔四主跨斜拉桥,悬浮体系
墨西哥 Mezcala 桥	57+80+311+299+84+68+39	三塔双索面结合梁斜拉桥,塔墩固结
加拿大 Gololen Ears 桥	122+3×244+122	叠合梁,双索面
委内瑞拉马拉开波湖桥	117.5+5×235+117.5	六塔双索面稀索体系斜拉桥,塔梁墩固体系,每塔1对索
韩国世丰大桥	2×220	半飘浮体系
国内部分		
黄茅海大桥	2×720	在建。世界上最大跨径三塔斜拉桥
武汉二七长江大桥主桥	90+160+2×616+160+90	边跨设2个辅助墩,采用钢-混结合梁
南京长江五桥	80+218+2×600+218+80	钢壳索塔,组合梁
贵州平塘大桥	249.5+2×550+249.5	三塔双索面组合梁斜拉桥,中塔塔梁铰接,塔高328m。缆索吊装施工
香港汀九大桥	127+448+475+127	中塔顶部向两边塔根部设置长拉索
嘉绍大桥主航道桥	70+200+5×428+200+70	中间设置刚性铰
蒙华铁路洞庭湖大桥	98+140+406+406+140+98	公铁两用桥,钢桁架梁
湖南宜章赤石大桥	165+3×380+165	中塔固结,边塔半飘浮

续上表

桥梁名称	跨径布置(m)	结构特点
湖北宜昌夷陵长江大桥	120＋2×348＋120	中塔高与梁固结,边跨梁为飘浮连续结构,设两个辅助墩
湖南岳阳洞庭湖大桥	130＋2×310＋130	飘浮体系,增大塔柱刚度和梁自重,加大背索面积,减小背索索距
山东滨州黄河大桥	84＋300＋300＋84	中塔高125m,塔梁固结
山东建邦黄河大桥	53.5＋56.5＋2×300＋56.5＋53.5	中央索面三塔斜拉桥,中塔高112.5m

第六节 矮塔斜拉桥特性

矮塔斜拉桥是介乎梁桥和斜拉桥之间的一种过渡桥型,若主梁刚度大一些,则结构表现出的力学性能接近梁桥(连续刚构),反之结构力学性能接近斜拉桥。从发展时间上看,先有梁桥后有斜拉桥,最后出现矮塔斜拉桥。这个发展过程反映了人们对桥梁结构的认识,梁式桥主梁以受弯为主,斜拉桥主梁以受压为主,这是主梁结构力学特征的两个极端点,矮塔斜拉桥既受弯也受压,居两个极端点之间,其设计的灵活性大大优越于梁式桥和斜拉桥。矮塔斜拉桥与连续刚构桥相比,斜拉钢索相当于体外束,既提高了主梁预应力效率,又降低了主梁根部梁高,同时缓解了跨中底板钢束的预应力度,降低发生崩裂的可能性;与普通斜拉桥相比,主梁呈变截面形式,刚度远大于普通斜拉桥,结构动力性能和斜拉索抗疲劳性能也都优于普通斜拉桥。

一、索梁荷载分担比例

对于矮塔斜拉桥而言,主梁起主要承重作用,斜拉索起辅助承重作用,两者协同工作,形成矮塔斜拉桥的受力特性。这一点与普通斜拉桥斜拉索起主要承重作用完全不同。既然主梁与斜拉索分担荷载,就存在一个问题,这个比例的大小关系到结构的受力是否更合理、造价是否经济。

日本学者山崎淳、山縣敬二,采用斜拉索的竖直荷载分担比例 β 来界定矮塔斜拉桥与普通斜拉桥的区别,他们认为 β 等于30%为矮塔斜拉桥和斜拉桥的分界点,当 β 小于30%时为矮塔斜拉桥,当 β 大于30%时为普通斜拉桥。

$$\beta = \frac{斜拉索分担的竖直荷载}{全部竖直荷载} \times 100\% \tag{3-1}$$

索梁荷载分担比例道出了矮塔斜拉桥的受力特性,即结构恒荷载主要由刚性主梁承担,以受弯为主;活载主要由斜拉索承担,以受拉为主。也有学者用恒载索力与总索力的比值(称为索力度),同样可以反映出矮塔斜拉桥的受力特性,以厦门银湖矮塔斜拉桥为例,其索力度达到96.4%,而普通斜拉桥的索力度约为80%,说明活载索力占总索力的比例很小,应力幅较小,斜拉索基本上不存在疲劳问题。

由矮塔斜拉桥的受力特性可以得到拉索的容许应力的取值,较一般斜拉桥而言可以提高,即矮塔斜拉桥的容许应力取值可以参照预应力混凝土梁取标准强度的0.55~0.6倍,而一般斜拉桥取标准强度的0.4~0.45倍,这样可以大大节约斜拉索的用量。另外,矮塔斜拉桥的受力特性决定了多塔效应较低,这就是为什么实际工程中出现较多的多塔矮塔斜拉桥的原因。

二、塔高度与主梁刚度关系

对于普通斜拉桥而言,通常索塔的高度宜选用高值,以降低斜拉索的用钢量、减小主梁跨中挠度。对于矮塔斜拉桥而言,由于受力以梁为主索为辅,所以一般塔的刚度较小,且不设端锚索,所以塔高取值应慎重,不宜取值过高。这也是目前常用所谓柔塔刚梁矮塔斜拉桥的原因。与之相对应的是刚塔柔梁结构,采用这种结构形式的斜拉桥并不多,主要用于多塔结构(如早期的马拉开波桥)和个别矮塔结构(如瑞士的Sunniberg桥)。

矮塔斜拉桥,因为主梁受力以受弯为主,所以在计算主梁下挠时应计入梁的弯曲刚度。主梁下挠计算方法见公式(3-2)。

$$\delta = \frac{Pl}{E_s A_s \sin^2\alpha \cos\alpha} + \frac{Pl^2 H_t}{3E_t I_t} + \frac{Pl^3}{mE_l I_l} \tag{3-2}$$

式中:δ——主梁下挠值(m);

P——作用在拉索锚点处的荷载(kN);

l——梁上拉索锚固点到塔的距离(m);

E_s、E_t——斜拉索和塔的弹性模量(MPa);

A_s——拉索的面积(m^2);

α——拉索的倾斜角度(°),如图3-5所示;

I_t——索塔及背索的换算截面惯性矩(m^4);

E_l——主梁的弹性模量(MPa);

I_l——主梁的截面惯性矩(m^4);

m——与主梁边界条件、主跨跨径以及 P 点作用位置相关的系数。

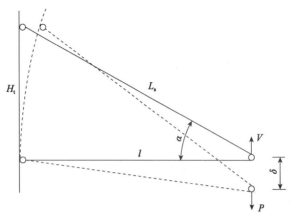

图 3-5 塔高和索长、倾角相互关系

L_s-拉索长；H_t-塔高；l-拉索至索塔距离

式(3-2)等号右边第三项为荷载 P 作用下,主梁弯曲引起的挠度。显然,主梁的弯曲刚度 $E_l I_l$ 越大,主梁的挠度就越小;由式(3-2)第二项可知,塔高 H_t 越小,塔变形小,进而对主梁跨中挠度影响就越小。换个角度讲,如果主梁挠度一定的情况下,主梁刚度越大,需要的塔高就越小;反之,主梁刚度越小,需要的塔高就越大。

矮塔斜拉桥的主塔截面刚度较小,所以索塔不宜过高,而过矮又对结构竖向荷载的分担程度降低,所以在初步拟定塔高后,还需结合整体结构计算分析,以求达到最佳的塔高。一般情况下,先确定主梁刚度,再确定索塔高度。

三、主梁梁底曲线

矮塔斜拉桥主梁纵向一般呈变截面,因此存在梁底曲线的选择问题,这点不同于普通斜拉桥。梁底曲线选取的好坏直接影响主梁的内力分布和配筋情况。图 3-6 所示是梁底曲线变化对沿纵向梁高的影响情况,图中曲线可分为两个区域,x 小于 1 的区域和 x 大于 1 的区域。高次曲线在 x 小于 1 的区域 y 值大于低次曲线,在 x 大于 1 的区域 y 值小于低次曲线。主梁设计中,截面变化一般是起点和终点是固定数值,所以桥梁的梁底曲线应该落在图中 x 小于 1 的区域。也就是说,在曲线变化段长度和支点梁高及跨中梁高都相同的情况下,梁底曲线次数越高,变化段的同一截面主梁高度越小,反之,梁底曲线次数越低,变化段内的同一截面主梁高度越大。

矮塔斜拉桥的梁底曲线选择,当主跨径小于 200m 时宜采用高次曲线(一般选用二次抛物线)是合理的;当主跨径大于 200m 时宜采用低次曲线(如 1.8 次)是合适的。圆曲线与二次抛物线对梁高的影响不大,所以可视情况综合考虑采用。曲线矮塔斜拉的梁底曲线可以参考直线矮塔斜拉桥的取值,尽量取小值,因为主梁在塔根部扭矩较大,曲线次数小,梁高较高,对抵抗扭矩是有利。

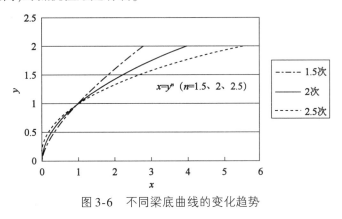

图 3-6　不同梁底曲线的变化趋势

第七节　曲线斜拉桥特性

曲线斜拉桥是斜拉桥中的个例,工程实例不多,因为大跨径斜拉桥设计一般都是"路服从桥",即先确定桥位再确定两头接线,因此斜拉桥基本上都是直桥,也有特殊情况顺应地势设计成曲桥,如林同炎设计的美国 RAC 桥位于两山之间,山坡很陡,与水平线夹角为 40°,若正常设计两头接线要开挖很深路堑和隧道,因此以修建曲线桥为合理方案,如图 3-7 所示。

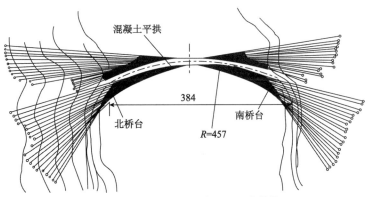

图 3-7　美国 RAC 桥平面布置(尺寸单位:m)

除此之外,在矮塔斜拉桥中曲线桥要多一些,因为矮塔斜拉桥跨径不大,一般都是桥服从路设计,因此曲线桥相对多,但大多数都是半径超过 1000m,曲桥效应并不明显,也有少量 1000m 以下半径的情况,如贵州龙井河大桥为塔、墩、梁固结的双塔单索面预应力混凝土曲线矮塔斜拉桥,跨径布置为(86 + 160 + 86)m,箱梁中心线处平曲线半径为

852.75m,如图3-8所示。矮塔斜拉桥主梁一般为变截面箱梁,能较好地适应曲线结构的受力要求。日本的新塘柜大桥和新上平井大桥都是曲线矮塔斜拉桥,前者为双塔双索面结构,西行桥主跨径140m,东行桥主跨径120m,曲线半径为400m;后者为高低塔单索面结构,主跨径220m,S形平曲线半径为334m、270m。

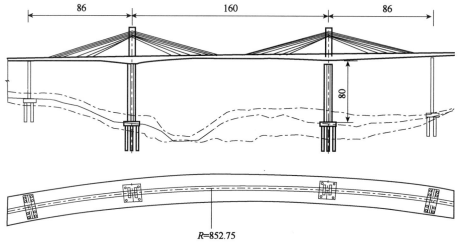

图3-8 贵州龙井河大桥桥型布置(尺寸单位:m)

曲线斜拉桥的受力具有明显的空间效应。对于主梁,无论在恒载还是活载作用下,都呈现出弯扭耦合的受力特征,温度效应也是横向和纵向耦合在一起,这与直桥不同。此外,曲梁平面呈拱形,大大提高了梁体在水平方向(横向)的稳定性,横向稳定性的提高无论对桥梁结构抗风和抗震都是十分有利。对于索塔而言,若主梁结构平面弯曲,索塔受力要复杂得多,既可能是纵桥向和横桥向受压弯,也可能由于曲线原因受扭,更为直观的效应是增加了横向受力。尤其是塔梁固结的单索面曲线斜拉桥,在恒载作用下,主塔有较大的横向弯矩和位移。塔顶的横向位移主要是由主梁的恒载偏心引起的,这就使设计者在设计主塔截面时要特殊考虑主塔的横向刚度,一般主塔的横向尺寸要较直桥大,必要时,还需要在主塔设置横向不对称的预应力钢筋,以平衡主塔截面的不平衡内力。另外,由于主塔的横向变形,往往需要在施工过程中对主塔进行横向预偏,这是曲线矮塔斜拉桥施工控制的一个特点。

曲线斜拉桥设计的首要问题是确定索塔和拉索的布置方式,这与直线桥设计有较大的区别。王伯惠编著的《斜拉桥结构发展和中国经验》一书中给出了曲线斜拉桥拉索布置的两种情况,即切线和弦线布置,如图3-9所示。相比之下,拉索弦线布置对主梁受力更为有利,因为拉索拉力在主梁上的径向方向为向心方向。索塔位置也很重要,以单索面为例说明索塔位置与拉索布置之间的关系:索塔以位于主梁轴线与弦线(斜拉索投影)之间最为有利(图3-10),因为:①对于平面拱形主梁,拉索径向分力在梁上全部都是向心荷载,引起轴向压力,对混凝土主梁最为有利。如果主梁为钢梁,希望降低轴向压力,可将塔位向轴线方向移动。②对于索塔,拉索横向分力在梁中间部分是离心推力,两端部分是向心推力,二者可以抵消,从而大幅减小塔根横向弯矩。③拉索长度相对较短。对于双索面情况类似,可参考相关文献。

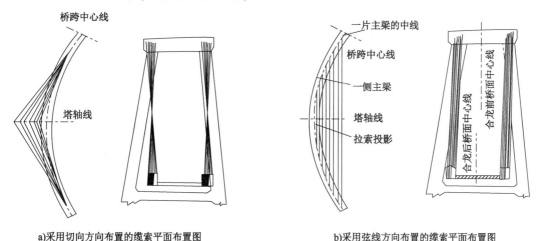

a)采用切向方向布置的缆索平面布置图　　　b)采用弦线方向布置的缆索平面布置图

图3-9　曲线斜拉桥拉索布置方式

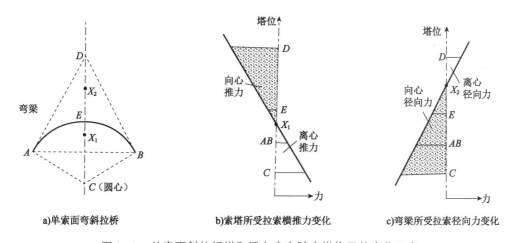

a)单索面弯斜拉桥　　　b)索塔所受拉索横推力变化　　　c)弯梁所受拉索径向力变化

图3-10　单索面斜拉桥塔和梁上索力随索塔位置的变化示意

注:图3-10a)为一弯梁斜拉桥,线为AB,圆心为C,梁中点为E,两端切线交于D,索塔位置沿CD轴变化。图3-10b)为索塔所受推力的变化情况,在弯梁内某点X_1,推力为零。向外X_1D段为向心推力,越向外越大;向内X_1C段为离心推力,最向内越大。图3-10c)为主梁所受径向力,在弯梁外某一点X_2其合力为零,向外X_2D段为离心径向力,越向外越大,向内X_2C段为向心径向力,越向内越大。

第八节　辅助墩设置和支反力设计

一、辅助墩设置

斜拉桥结构布置时应考虑是否设置辅助墩。

影响设置辅助墩的因素有边跨高度、通航要求、全桥刚度以及经济性等。实际工程中设置辅助墩是多数,但不是每座斜拉桥都必须设置辅助墩。既然是多数,说明设置辅助墩对结构有明显好处。

单从提高全桥刚度角度看,设置辅助墩对减小边跨主梁弯矩、索塔根部弯矩和中跨跨中挠度绝对有利。工程实例表明,边跨设一个辅助墩后,塔顶水平位移、主梁跨中挠度、塔根弯矩和边跨主梁弯矩都大为减小,一般只有不设辅助墩时数值的40%~65%。

对于大跨径斜拉桥,由于活载加载时边墩支座反力和端锚索应力幅变化比较大,单靠调整边中跨比例来协调往往很困难,这时在边跨适当位置处设置辅助墩,不仅可以减小成桥状态下拉索的应力变化幅度、缓和端支点负反力,同时还可减小悬臂长度,提高结构最不利悬臂施工状态下的风致稳定性,降低施工风险。

若斜拉桥边跨桥面高度较高或边跨水深较深,是否设置辅助墩存在方案比较问题,可以考虑边跨主梁向引桥方向延伸一孔或数孔,这样做相当于边墩成为辅助墩,同样可以起到减小端锚索的应力集中、缓和端支点负反力的作用,从而达到提高结构整体刚度的目的,但效果不如在边跨直接设置辅助墩明显。另外,可以通过优化主梁结构和调整索力来使整体结构受力合理,如荆州大桥南汊通航孔主桥就是这样设计的。

辅助墩数量以设置1~2个为宜。望东大桥计算表明,当设置一个辅助墩时,端锚索索力幅值降低至50%~60%之间;当设置2个辅助墩时,端锚索索力幅值降低至15%~20%之间;但当设置3个辅助墩时,端锚索索力幅值降低十分有限。

二、支反力设计

边跨辅助墩和边墩上的支座在恒活载荷载作用下往往会出现负反力。目前对负反力的处理有两种思路,一是恒载作用下不允许出现负反力,活载作用下可以出现;二是无论恒载、活载都不允许出现负反力。理想状态应该是后者,即通过局部构造加厚或配重措施使辅助墩和边墩支反力在恒活荷载作用下均不出现负反力,如苏通大桥。若允许出现负反力一般均要设置拉压支座。

沈阳富民大桥为折线形双塔独柱式单索面预应力混凝土斜拉桥,如图 3-11 所示。由于没有设置辅助墩,该桥为了保证边支座在施工和成桥时不出现负反力,仅在运营状态下出现负反力,采用了如下措施:①边跨处设计牛腿,用以对支座进行集中配重。②引桥简支在牛腿上,用以减少支座负反力。③边跨主梁分段配重。④设计组合式拉力支座,用以承受运营阶段出现的负反力。

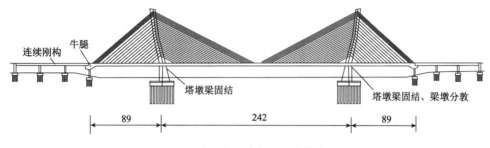

图 3-11　沈阳富民大桥(尺寸单位:m)

辅助墩处主梁一般存在负弯矩问题。斜拉桥中辅助墩处主梁受力复杂,是全桥主梁受弯较大的区域,随着跨径的增大,辅助墩处主梁受力问题会更为突出,尤其是叠合梁斜拉桥,由于边跨辅助墩支反力作用,墩顶区域主梁承受负弯矩,混凝土桥面板容易发生开裂。根据相关文献,解决辅助墩处主梁负弯矩问题有如下措施:

(1)边跨主梁混凝土桥面板加厚或辅助墩墩顶处混凝土桥面板加厚,以及辅助墩墩顶混凝土桥面板中配置纵向预应力钢束。实际工程中,往往这两项措施联合采用。

(2)早期杨浦大桥在辅助墩墩顶设置板式滑动橡胶支座及与钢主梁相连的锚固拉索以满足结构纵向移动要求和抵消负反力的要求。

(3)增加辅助墩处主梁自重,如采用在钢梁内浇筑混凝土填实段的构造措施,以抵消墩顶负反力,填实段长度无论取多长,都存在主梁在填实段交界处刚度发生突变问题,应引起注意。

2017 年竣工的望东大桥采用了新的结构支承体系,即在辅助墩处设置大吨位弹性支座。新的支承体系优化了辅助墩处主梁的结构受力,使得采用普通 C55 混凝土组合梁即可使结构成立,并且减少了边跨桥面板预应力配置和钢梁板厚。设置弹性支座后,辅助墩处支座运营阶段活载产生的最大压力和最大拉力均有明显的下降,辅助墩附近的斜拉索活载应力幅也有所降低。不足之处是,索塔塔底弯矩有所增加,但索塔截面强度由地震工况控制,因此对结构基本没有影响。主梁跨中挠度有所增加,但仍能满足规范要求。

第九节　材料及耐久性

一、材料设计

1. 混凝土

斜拉桥各部分构件混凝土选择要符合现行《公路钢筋混凝土及预应力混凝土桥涵设计规范》(JTG 3362)的要求。钢筋混凝土索塔、盖梁、墩柱、承台等构件,强度等级不应低于C30;预应力混凝土主梁、桥面板、索塔、盖梁等构件,强度等级不应低于C40。实际应用中,对于大跨径斜拉桥,主要混凝土结构强度等级已普遍应用C50,个别达到C60。

2. 普通钢筋

斜拉桥无论是钢筋混凝土还是预应力混凝土构件中的普通钢筋,如塔柱、主梁、桥面板、下部结构等,均应按现行《公路钢筋混凝土及预应力混凝土桥涵设计规范》(JTG 3362)规定选择。预应力混凝土构件中的箍筋应选用其中的带肋钢筋。按构造要求配置的钢筋网可采用冷轧带肋钢筋。

3. 预应力束

斜拉桥中预应力构件,如塔柱横梁、混凝土主梁和桥面板等,其中的预应力束应选用钢绞线或钢丝,对有些部位,如横向预应力、竖向预应力可选用螺纹钢筋。预应力钢束强度等级应按现行《公路钢筋混凝土及预应力混凝土桥涵设计规范》(JTG 3362)规定选择,对于抗拉强度标准值为1960MPa的钢绞线作为预应力钢筋使用时,应有可靠工程经验或充分试验验证。无论钢绞线、钢丝或螺纹钢筋均应选用配套的锚具系统。

4. 钢板及连接材料

斜拉桥钢结构的钢材应按现行《公路钢结构桥梁设计规范》(JTG D64)中的规定选择,其质量应分别符合现行《碳素结构钢》(GB/T 700)和《低合金高强度结构钢》(GB/T 1591)的规定。其中,Q235钢中的沸腾钢不应用于承重的焊接构件和承重的需验算疲劳的非焊接构件。

斜拉桥需要进行疲劳验算的钢结构构件,应具有钢材冲击韧性的质量保证。当桥梁处于≥-20℃环境工作时,可选用现行国家标准中质量等级为 B、C、D 的钢材,但对焊接结构构件,且工作环境处于-20℃时,则宜选用质量等级为 E 的钢材。

斜拉桥钢结构焊接构件当其板厚大于 40mm,且承受沿板厚方向的拉力作用时,宜采用 Z 向钢材,其质量应符合现行《厚度方向性能钢板》(GB/T 5313)的规定。

斜拉桥钢结构高强度螺栓、螺母、垫圈的技术条件应符合现行《钢结构用高强度大六角头螺栓、大六角螺母、垫圈技术条件》(GB/T 1231)或《钢结构用扭剪型高强度螺栓连接副》(GB/T 3632)、《钢结构用扭剪型高强度螺栓连接副技术条件》(GB/T 3633)的规定。

斜拉桥钢结构选用的焊接材料应与主体金属相匹配,并且应符合下列要求:①手工焊接采用的焊条应符合现行《碳钢焊条》(GB/T 5117)或《低合金钢焊条》(GB/T 5118)的规定。选择的型号应与主体金属力学性能相适应。对需要验算疲劳的构件宜采用低氢型碱性焊条。②自动焊和半自动焊采用的焊丝和焊剂应与主体金属力学性能相适应,并保证其熔敷金属的力学性能不低于现行国家标准《埋弧焊用非合金钢及细晶粒钢实心焊丝、药芯焊丝和焊丝-焊剂组合分类要求》(GB/T 5293)或《低合金钢埋弧焊用焊剂》(GB/T 12470)的规定。

5. 斜拉索

斜拉索采用强度及弹性模量较高的高强钢丝或钢绞线。高强钢丝常见 $\phi 5mm$ 和 $\phi 7mm$ 热镀锌钢丝两种,其标准强度不小于 1570MPa,性能不低于现行《桥梁缆索用热镀锌钢丝》(GB/T 17001)的要求。钢绞线应采用高强低松弛预应力钢绞线,其标准强度不小于 1860MPa,性能不低于现行《预应力混凝土用钢绞线》(GB/T 5224)的要求。无论高强钢丝或钢绞线,均应采用配套的锚具系统。

二、混凝土结构耐久性设计

斜拉桥混凝土构件存在耐久性问题,主要是环境介质(水、Cl^-、CO_2 等)对混凝土有侵蚀作用,并伴随发生物理化学反应产生内应力,导致混凝土微观结构的损伤,形成裂缝,又加剧侵蚀和损伤,最终造成混凝土的耐久性能下降,服役期缩短。耐久性破坏的主要形式是钢筋锈蚀和混凝土开裂。

混凝土结构耐久性设计内容主要包括:

1. 确定结构及构件所处环境类别

对此,《公路钢筋混凝土及预应力混凝土桥涵设计规范》(JTG 3362—2018)有明确规定,如表 3-3 所示。

公路桥涵混凝土结构及构件所处环境类别划分 　　　表 3-3

环 境 类 别	条 　 件
Ⅰ类:一般环境	仅受混凝土碳化的环境
Ⅱ类:冻融环境	受反复冻融影响的环境
Ⅲ类:近海或海洋氯化物环境	受海洋环境下氯盐影响的环境
Ⅳ类:除冰盐等其他氯化物环境	受除冰盐影响的环境
Ⅴ类:盐结晶环境	受混凝土孔隙中硫酸盐结晶膨胀影响的环境
Ⅵ类:化学腐蚀环境	受酸碱性较强的化学物质侵蚀的环境
Ⅶ类:磨蚀环境	受风、水流或水中夹杂物摩擦、切削、冲击等作用的环境

2. 确定混凝土等级和构件保护层厚度

斜拉桥一般都是大跨径,使用年限为 100 年以上,构件混凝土等级和混凝土保护层最小厚度不得低于表 3-4 规定。若是工厂预制的混凝土构件,其保护层最小厚度可将表 3-4 中相应数值减小 5mm,但不得小于 20mm。

斜拉桥混凝土构件最低标号和保护层最小厚度(单位:mm) 　　表 3-4

构件类别 混凝土最低强度等级 和保护层最小厚度	梁、塔、板		墩台身		承台	
	混凝土 强度等级	保护层	混凝土 强度等级	保护层	混凝土 强度等级	保护层
Ⅰ类:一般环境	C40	20	C35	25	C30	40
Ⅱ类:冻融环境	C40	30	C35	35	C30	45
Ⅲ类:近海或海洋氯化物环境	C40	35	C35	45	C30	65
Ⅳ类:除冰盐等其他氯化物环境	C40	30	C35	35	C30	45
Ⅴ类:盐结晶环境	C40	30	C35	40	C30	45
Ⅵ类:化学腐蚀环境	C40	35	C35	40	C30	60
Ⅶ类:磨蚀环境	C40	35	C35	45	C30	65

3. 确定耐久性技术措施

(1)预应力防护措施。预应力材料无论是高强度钢绞线、钢丝还是精轧螺纹粗钢筋,均应选择恰当的防护措施,如涂层、灌浆等。预应力管道应采用高密度聚乙烯(HDPE)管成孔,管道压浆应采用专用压浆料或专用压浆剂配制的浆液,管道灌浆应采用真空吸(压)浆工艺施工。张拉完预应力,应采用不低于结构混凝土强度80%的无收缩高性能细石混凝土封锚,封锚混凝土厚度(锚具外缘至封锚面)不小于6cm,并在表面涂装防水防腐材料。

(2)混凝土原材料要求。主要材料要求如下:

①水泥。配制海工耐久混凝土不得使用立窑水泥,不宜使用早强、水化热较高和高C_3A含量的水泥,质量必须符合现行《通用硅酸盐水泥》(GB 175)要求。

②集料。应选择质地均匀坚固、粒形和级配良好、吸水率低、空隙率小的集料,细集料应满足现行《建设用砂》(GB/T 14684)的要求;配制海工耐久混凝土的粗集料应满足现行《建设用卵石、碎石》(GB/T 14685)的要求,采用级配良好的坚硬卵石、砾石或碎石。

③拌和用水及养护用水。应满足现行《公路工程水质分析操作规程》(JTJ 056)相关要求。

④矿物掺合料。粉煤灰、磨细高炉矿渣等矿物掺合料,其性要满足现行《高强高性能混凝土用矿物外加剂》(GB/T 18736)的要求。配制海工混凝土时,掺合料的具体掺量必须通过试验论证。

⑤化学外掺剂。化学外加剂应符合现行《混凝土外加剂》(GB 8076)中一等品指标的要求。为了防止钢筋的锈蚀,对承台、浪溅区墩身等处于恶劣腐蚀环境的结构,混凝土中应掺入复合氨基醇类钢筋阻锈剂。钢筋阻锈剂的质量验证按现行《水运工程混凝土试验规程》(JTJ 270)测定。

(3)海工混凝土配制要求。应根据斜拉桥结构部件、配筋设计要求、施工方法、环境侵蚀作用、原材料等不同情况,分别进行海工耐久混凝土的配合比设计。应控制海工耐久混凝土的最大水胶比、混凝土浇筑入模时的坍落度和氯离子总含量。判定结构混凝土耐久性的主要监控指标是氯离子扩散系数,其检测应按参照现行《普通混凝土长期性能和耐久性能试验方法标准》(GB/T 50082)进行试验。

(4)混凝土抗冻措施。首先在保持混凝土配合比不变的情况下掺用引气剂,引气剂生成的气泡相应增大了水泥浆的体积,从而提高拌合物的流动性,缓冲混凝土内水结冰所产生的水压力,提高混凝土的抗冻性。其次添加抗冻外加剂,降低水的冰点,使混凝土在负温度下仍处于液相状态,水化热能够继续进行。

(5)结构混凝土耐久性防护措施。

①浪溅区、水位变动区的结构如承台或索塔。应采用海工耐久性混凝土 + 海水耐蚀剂,并控制保护层厚度、最小胶凝物质用量和最大水胶比。

②结构表面抗裂。采用模板布、硅烷浸渍涂料或海工钢筋混凝土防腐专用涂料等措施。

(6)钢筋防腐措施。对于浪溅区、水位变动区的结构钢筋应采用热浸镀锌、环氧涂层、不锈钢钢筋。

三、钢结构防腐设计

混合梁斜拉桥、叠合梁斜拉桥和钢梁斜拉桥中的钢结构应根据现行《公路桥梁钢结构防腐涂装技术条件》(JT/T 722),按照腐蚀环境、工况条件和防腐年限进行防腐涂装设计。主桥钢结构防腐涂装体系有效使用寿命总体要求应不低于30年。应采用性能可靠、附着力强、耐候性好、防腐蚀强、成熟可靠的防腐与涂装体系。

1. 三个基本问题

钢结构的防腐设计首先要明确腐蚀环境、涂装部位和防腐寿命三个基本问题:①腐蚀环境。考虑腐蚀因素时,除了关注该地区的气候特征外,还应该更加关注钢结构所处的局部环境和微环境。局部环境是指一个结构的组成部件周围的大气条件,微环境是指在一个结构的组成部件和它周围交界的环境。②涂装部位。大致分封闭和非封闭结构两种,封闭如钢箱梁,非封闭如钢桁架。封闭环境内表面的典型部位为钢箱梁内壁,如果配置除湿系统,腐蚀环境大大降低,如果没有除湿系统一般会等同或略低于结构外表面的腐蚀情况。钢桁架梁主结构分类较复杂,但主体上类似于结构外表面。③防腐寿命。随着高性能富锌底漆、热喷锌、喷铝技术、高性能氟碳面漆、聚硅氧烷面漆的出现,以及涂装工艺技术的发展,桥梁涂层防腐设计寿命一般可达20~25年。若寿命期内经过1~2次大的维修涂装,防腐寿命可达到30~50年。

2. 涂层体系

(1)钢结构涂装体系。斜拉桥钢结构一般包括钢塔、锚固横梁、锚拉板、钢箱、格子梁、剪力钉等。由于钢结构部位不同,重要性不一样,加上内部一般设有除湿系统,故钢结构内外表面、不同构件的涂装体系不一样。主梁外表面涂装体系要求最强,一般体系设计如下:表面处理、除锈、底漆、二次表面处理、电弧喷铝、封闭漆、中间漆和面漆。

(2)防腐产品要求。涂装体系中的底漆、封闭漆、中间漆、面漆等的技术要求和试验方法需符合现行《公路桥梁钢结构防腐涂装技术条件》(JT/T 722)的规定。各防腐产品须提供国家涂料监督检测中心权威机构出具的检测报告。

(3)预埋钢构件的防腐。各种永久外露预埋钢板和预埋螺栓应根据环境特点提出相应的防腐要求。

第十节 主要附属设施

一、钢桥面铺装

斜拉桥无论是混凝土桥面板还是钢桥面板,其上面的铺装结构主要采用沥青混凝土。一般情况下,混凝土斜拉桥的桥面铺装与其他混凝土桥结构的桥面铺装基本相同。钢桥面铺装则不同,由于钢斜拉桥结构相对柔、变形大,铺装与钢桥面板结合难度高,因此钢桥面铺装的设计和施工相对复杂。

1. 总体要求

(1)具有良好的高温抗车辙性能和低温抗裂性能。良好的温度稳定性,可以保证桥面铺装在高温、重载条件下,不产生车辙等破坏;在低温、重载条件下,不发生开裂等破坏。

(2)具有良好的抗滑性能。要保证雨天路面湿滑情况下行车的抗滑安全性。

(3)具有良好的防水性能。铺装下层应该具有一定的密水性能,加上铺装层与主梁之间的防水黏结层,两者共同组成桥面铺装的防水结构体系。

(4)具有良好的耐久性。为避免中断交通维修,铺装层的寿命应尽可能长。

2. 发展情况

针对大跨径钢桥面铺装的研究,欧洲、日本、美国起步早,经验和成果相对成熟。欧洲以英国、德国、瑞典等国为代表发展了以聚合物改性沥青为结合料的浇筑式沥青混合料为主的单层或多层铺装结构体系,以及"浇筑式沥青混合料+聚合物改性沥青SMA"的结构;日本则发展了"浇筑式沥青混合料+改性沥青密级配混凝土"的铺装结构,而美国以双层环氧沥青混合料铺装为主。

国内对钢桥面铺装的研究始于西陵长江大桥、虎门大桥等早期大跨径钢桥,主要是对改性沥青SMA铺装进行了系统研究。随后,厦门海沧大桥、武汉白沙洲大桥、武汉军山长江大桥的铺装均在虎门大桥研究的基础上相继作了改进。由于经验不足及超载交通量大等原因,早期大跨径钢桥面铺装出现了车辙、推挤及疲劳开裂等问题。2000年以后,国内沥青混凝土研究逐步从双层单质材料向双层双质材料发展,如南京长江二桥、润扬大桥、南京长江三桥、苏通大桥、珠江黄埔大桥等采用了双层环氧沥青混凝土铺装结构,使用效果较好。安庆大桥、重庆朝天门大桥、上海闵浦二桥以及港珠澳大桥等,则采用上面层改性沥青SMA、下面层浇筑式沥青混凝土的双层铺装结构,也取得了良好效果。目前,大跨径钢桥面板的主流铺装结构就是采用双层双质材料结构。

3. 典型结构

钢桥面铺装结构主要由结构层和界面功能层组成。结构层通常由保护层和磨耗层两层构成,保护层起到承载和保护钢桥面板的作用,并与防水黏结层一起组成防水体系;磨耗层提供承载、抗滑等作用。界面功能层通常包括防腐层、防水黏结层、黏层等,如图3-12所示。防腐层涂布在钢桥面顶板表面,起防止钢板生锈腐蚀的作用;防水黏结层用于钢板与保护层之间,起界面联合作用,并能阻止水分侵蚀钢板;黏层用于保护层与磨耗层之间,起黏结作用。

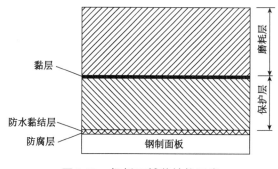

图3-12 钢桥面铺装结构示意

国内典型钢桥面沥青混凝土铺装结构主要分两种:①上面层改性沥青混凝土+下面层浇筑式沥青混凝土,如图3-13a)所示;②上面层环氧沥青混凝土或改性沥青密集配混凝土+环氧沥青混凝土,如图3-13b)所示。上面层沥青混凝土的作用主要是抗磨、抗滑并且要求易于维修;下面层沥青混凝土的作用主要是承载和与钢板结合性要好,层间抗拉能力强。

图3-13 典型钢桥面铺装结构

《公路钢桥面铺装设计与施工技术规范》(JTG 3364-02—2019)明确给出钢桥面铺装结构层总厚度应满足桥梁设计的恒载要求,单层厚度应根据沥青混合料压实特性确定,沥青混合料公称最大粒径应与单层厚度相匹配。各种沥青混合料单层厚度应符合表3-5的规定。铺装结构层组合设计可参考表3-6中的组合方案进行。

单层沥青混合料最小厚度与适宜厚度 表3-5

混合料类型	公称最大粒径(mm)	最小厚度(mm)	适宜厚度(mm)
改性沥青混合料 SMA、AC	9.5	30	35~40
	13.2	35	40~45
浇筑式沥青混合料	9.5	25	30~40
	13.2	30	35~45
环氧沥青混合料	4.75	15	20~30
	9.5	25	25~35

铺装结构层组合参考方案 表3-6

铺装材料	方案1		方案2		方案3		方案4		方案5	
	磨耗	保护	磨耗	保护	磨耗	保护	磨耗	保护	磨耗	保护
改性沥青混合料 SMA、AC	√	—	—	—	√	—	—	—	√	√
浇筑式沥青混合料	—	—	√	—	—	—	—	√	—	—
环氧沥青混合料	—	—	—	√	√	—	√	√	—	—

二、支座和阻尼器

支座和阻尼器是大跨径斜拉桥必不可少的附属设施。支座的作用是将上部结构的作用(压力、拉力等)集中传递到下部结构,同时还可释放某些内力(温度应力、不利弯矩等),以避免下部主要结构处于不利的受力状态。阻尼的作用是通过运动的阻力耗减运动能量的装置,比如限制主梁纵向位移、耗散地震动能量等。

1. 支座类型

大跨径斜拉桥支座类型主要有盆式橡胶支座和钢球铰支座两种。

盆式橡胶支座主要由上支座板、下支座板、中间衬板、橡胶板、钢箍圈、平面摩擦副(聚四氟乙烯板和不锈钢滑板)等部件组成。盆式橡胶支座的竖向承载能力及其外形的平面尺寸受其橡胶板的抗压强度控制。盆式橡胶支座由于承受压载和转角位移的关键部件——橡胶块较薄,表面老化后影响使用寿命,到一定期限必须更换。盆式橡胶支座一般用于斜拉桥抗风横向支座。盆式橡胶支座的设计应符合《公路桥梁盆式橡胶支座》(JT/T 391—2019)的规定。

球型支座是在盆式橡胶支座的基础上发展起来的一种新型桥梁支座。球型支座主要由底盆、球冠衬板、顶板,以及平面摩擦副(镜面不锈钢板与聚四氟乙烯板)和球面摩擦副(硬铬镀层球面与聚四氟乙烯板)等组成。

由于球型支座的转动是通过球面实现的,因此,其允许转角远大于盆式橡胶支座。球型支座的其他工作原理与盆式橡胶支座基本相同。

钢球型支座主要用于斜拉桥墩、塔位置处的竖向支座,有时也可以用横向支座。钢球型支座承载能力大,使用寿命长,是目前斜拉桥竖向支承的首选支座。钢球型支座的设计应符合《桥梁球形支座》(GB/T 17955—2009)的规定。

2. 阻尼类型

在结构中采用的阻尼器按其作用原理,目前主要有以下三种:①摩擦阻尼;②黏弹性阻尼;③液压黏滞阻尼。由于液压黏滞阻尼精确性好,稳定性高是目前桥梁结构中应用最多的一种阻尼器。液压黏滞阻尼器又可分为 Lock-Up 装置(一种阻尼结构)和耗能式液体黏滞阻尼器(图 3-14)。前者主要用来减少和限制由温度变形、中小地震荷载和风荷载所带来的结构各部分间的碰撞等;后者不仅可以减少振动时结构的位移,还可以改善结构的内力,是目前大跨径斜拉桥应用较多的阻尼装置。

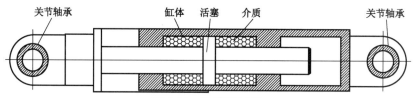

图 3-14 黏滞阻尼器

黏滞阻尼器为速度依赖型阻尼器,可以很好地适应正常运营状态下的塔梁温度变形需要,同时在地震作用下,又可以显著消耗地震的输入能力,增加结构阻尼,减小飘浮体系的位移响应,而且不改变结构的振动频率特性。黏滞阻尼器的阻尼力可通过下式求得:

$$F_d = CV^\alpha \tag{3-3}$$

式中:F_d——黏滞阻尼力(kN);

C——黏滞阻尼阻尼常数(kN·s/m);

V——活塞与缸体相对运动速度(m/s);

α——介于 0.3~1.0 之间的速度指数,$\alpha=1$ 时为线性阻尼器,$\alpha \neq 1$ 时为非线性阻尼器。

斜拉桥纵向设置黏滞阻尼器，一方面利用阻尼器来降低斜拉桥关键部位的位移，如主梁和主塔顶部位移，避免或减轻主梁在地震作用下和桥台发生碰撞破坏；另一方面利用阻尼器改善结构关键部位的受力特性，如主塔底部、辅助墩底等部位的轴力、剪力和弯矩等的响应。在抗震计算中，应研究阻尼器参数变化对结构响应的变化规律，以确定合理的黏滞阻尼器参数，达到理想的减震控制效果。

3. 支座和阻尼器布置及要求

大跨径斜拉桥支座与阻尼器布置与结构体系有关。在考虑地震、风速和活载条件下，以典型的半飘浮体系为例说明支座与阻尼器的一般布置情况：

(1) 竖向支承：在索塔下横梁处和各辅助墩、交界墩处设置竖向活动支座。

(2) 横向支承：在索塔和交界墩处设置横向支承。一般索塔处设置专门的抗风、抗震支座，交界墩处的竖向活动支座兼有横向限位的功能，用于抵抗风荷载及地震荷载作用下的主梁横向效应。

(3) 顺桥向限位：索塔下横梁处设纵向黏滞阻尼器，以控制风、地震、汽车制动力等动力荷载对主梁产生的位移和速度，保护梁端伸缩缝；每个索塔处一般设置4组纵向黏滞阻尼器。

(4) 在边跨交界墩、辅助墩顶范围内设置混凝土压重，避免交界墩、辅助墩出现支座上拔力。

若斜拉桥结构为飘浮体系，支座和阻尼器设置可参考图3-15。

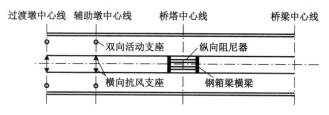

图3-15 支座和阻尼器布置示意

注：1. 过渡墩支座：纵向滑动、横向主从约束、竖向约束。
    2. 辅助墩支座：纵向滑动、横向主从约束、竖向约束。
    3. 索塔处：支座横向约束、纵向阻尼限位。

支座应具有调高构造，以适应支座实际预留高度误差。所有竖向支座及边墩和过渡墩横向抗风支座适应能力不低于±2mm，索塔横向抗风支座及纵向限位支座适应能力不低于±5mm。球形支座滑移、转动摩擦系数$\mu \leqslant 0.03$。支座应安装刻度尺，标明支座的位移状态。

黏滞阻尼器的稳定性能应满足：经过10000次以脉动风位移±5mm，不低于2mm/s

的速度，小于 1Hz 的频率循环试验后，密封系统不漏油，阻尼装置在第 2 个和第 9998 个周期的力学滞回曲线的变化小于 15%。

三、除湿系统

1. 除湿原理

钢箱梁内部的腐蚀问题至关重要，因为它直接影响桥梁的使用寿命。目前，钢箱梁防腐除涂料涂装外，一般在钢箱梁内部设置除湿系统来干燥空气，保证箱室内湿度在设计值范围内，以达到减缓钢箱梁腐蚀的目的。目前，国内钢箱梁、主缆、锚碇等结构中的除湿方法主要采用转轮式除湿机进行空气除湿。

转轮式除湿机由隔板分成两个扇形区，除湿处理区域和空气再生区域。除湿过程就是除湿转轮不断缓慢转动，经过处理区利用吸湿剂吸收潮湿空气中的水分子，变成饱和状态后，自动转到再生空气区处理，并将湿空气排出室外。这个过程周而复始，空气不断除湿，转轮不断再生，以保持钢箱梁室内空气的相对湿度水平控制在低于 50%。

2. 除湿系统设计

（1）系统划分。首先应根据大桥整体尺寸、钢箱梁内部封闭构造情况，将全桥纵横向划分成若干个区域，每个区域设置 1 个干空气循环除湿系统。每个系统的干燥风循环机组由除湿机、加压风机、混合箱、连接风管、电气盘和湿度控制仪表等组成。考虑到尽可能使区域内的循环距离最短，有利于减少风管阻力和风量分配及调节，一般将机组布在每半个桥的中部左右位置。除湿机在钢箱梁内位置示意如图 3-16 所示。

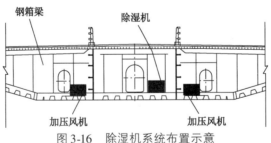

图 3-16 除湿机系统布置示意

（2）除湿机选型。系统划分后一般由换气量和除湿量来选择除湿机型号。换气量和除湿量需要根据钢箱梁的标准尺寸来确定。需要注意的是单纯以空气体积为计算单位并不能正确反映空气的处理量，应根据送入的主流空气与箱内空气混合后导致空气密度和空气体积发生变化的情况进行修正。

(3)送风管路。一般利用钢箱梁内 U 形肋作为干燥空气的送风管。

(4)空气压力平衡。为了控制钢箱梁梁体内由于空气温度变化造成的压力膨胀,保持和平衡箱室内外压差,一般需要在箱梁内底板处设置空气压力平衡阀,按照设定的室内外压差,自动开启或关闭与室外连通管道的风阀,对内部空气压力进行平衡。

(5)除湿监控。钢箱梁内部除湿系统需要通过设置湿度传感器,自动控制除湿机的开启,由此控制箱体内各区域的相对湿度,达到经济运行的目的。并将每台除湿机湿度传感器信号及除湿机控制面板上的运行信号经转换后传输给远程监控中心计算机,以便在运行过程中对系统工作情况进行实时监控。

四、养护设施

斜拉桥的结构养护设施主要包括索塔内爬梯(或电梯)、主梁梁底桥检车。若桥位在山区,应根据实际情况设置养护永久通道,使养护人员可到达主墩、辅助墩等位置。

桥检车一般由桁架和驱动机构组成,如图 3-17 所示。桁架主要承受自重、行人和维护检修机具等荷载。驱动机构是桥检车的动力装置,主要由摇柄机构和平衡梁等组成。检修车多采用悬挂式起重机方案,即驱动机构通过钢轮倒置于焊接在梁底的工字钢轨道上,桁架通过门架与驱动机构相连。驱动机构有电动和手动两种。

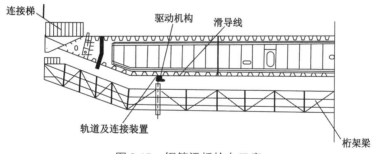

图 3-17 钢箱梁桥检车示意

CHAPTER FOUR 第四章

斜拉桥设计计算

第一节 概 述

一、基础理论

斜拉桥是由拉索、索塔和主梁组成的结构,其自身除承受自重、收缩徐变、预应力等静力荷载外,还要承受汽车活载、温度荷载、风荷载、水流荷载和地震荷载等动力荷载。计算这些静动力荷载效应要应用到诸多的基础计算理论,如结构力学、流体力学、空气动力学等。了解和掌握这些基础计算理论是做好斜拉桥结构计算的基础,是深化认识斜拉桥力学特性的金钥匙。

通常情况下,斜拉桥的结构效应虽然要考虑非线性影响,如几何非线性行为,以及混凝土材料的收缩徐变等时效问题,但总体结构在施工过程和正常使用阶段应处于线弹性范围之内,只有在强风、强震,船舶撞击等偶然作用,或者研究结构的极限承载能力等特殊情况时才涉及材料的弹塑性问题。

做好斜拉桥计算需要具备如下基础理论知识:

1. 材料力学

材料力学理论提供了简单材料构件在各种外力作用下产生的应变、应力、强度、刚度和稳定性的计算方法,以及导致各种材料破坏的极限状态计算方法,即可将斜拉桥各构件如塔柱、横梁、主梁、斜拉索简化为一维杆件,然后计算杆中的应力、变形并研究杆的稳定性,以保证结构能承受预定的载荷。应用材料力学理论解决问题的最终目的是选择适当的材料、截面形状和尺寸,以便设计出既安全又经济的结构构件。

2. 弹性力学

弹性力学是从三维上研究弹性物体在外力或其他外界因素作用下的变形与内力关系,也可以说是材料力学的基础。对于斜拉桥而言,钢箱梁薄板分析就属于弹性力学中的板壳结构问题,其他如采用实体单元有限元进行结构分析亦要用到弹性力学的基本理论。求解一个弹性力学问题,就是设法确定弹性体中各点的位移(u、v、w)、应变(ε_x、ε_y、ε_z、γ_{xy}、γ_{yz}、γ_{zx})和应力(σ_x、σ_y、σ_z、τ_{xy}、τ_{yz}、τ_{zx})共15个函数。从理论上说,只有15个函数全部确定后,问题才算彻底解决。但在各种具体问题中,常常只关心其中的某几个函数,有时甚至只关心物体的某些部位的某几个函数。所以在实用上,常常不需要确定全部函数。如钢箱梁薄板弯曲问题就是忽略 z 方向的应力,即 $\sigma_z = 0$。

3. 塑性力学

塑性力学是研究物体超过弹性极限后所产生的永久变形和作用力之间的关系,以及物体内部应力和应变的分布规律。与弹性力学的区别在于,塑性力学考虑物体内产生的永久变形,而弹性力学不考虑。对大跨径斜拉桥而言,结构材料非线性的分析,以及残余应力计算都要应用塑性力学的基本理论。

4. 结构静力学

结构静力学是研究工程结构在静荷载作用下的弹塑性变形和应力状态以及结构优化问题。静荷载是指不随时间变化的外加载荷,如自重、预应力、二期桥面铺装、施工临时荷载等;变化较慢的荷载,也可近似地看作静荷载,如收缩徐变、温度荷载等,这样可以简化理论分析和设计计算;即便是动荷载如风、活载、地震惯性力也可取最大值按静荷载计算。结构静力学是结构动力学、结构断裂和疲劳力学的基础。

5. 结构动力学

结构动力学是研究工程结构在动荷载作用下的响应和性能的分支学科。动荷载是指随时间而改变的荷载,如地震动荷载。在动荷载作用下,结构内部的应力、应变及位移也必然是时间的函数。由于计及时间因素,结构动力学的研究内容一般比结构静力学复杂。对斜拉桥而言,结构动力性能参数如自振周期、振型、频率等,以及地震动效应都要依据结构力学基本理论来解决。

6. 结构稳定理论

结构稳定理论是研究结构的屈曲特性。现代工程中大量使用细长型和薄型结构,如细杆、薄板和薄壳。它们受压时,会在内部压应力远小于屈服极限的情况下发生失稳(皱损或屈曲),即结构产生过大的变形,从而降低以致完全丧失承载能力。对于斜拉桥而言,索塔、高墩柱、钢箱梁等都存在稳定性问题。大变形还会影响结构设计的其他要求,例如钢箱梁的空气动力学性能。结构稳定理论中最重要的内容是确定结构的失稳临界荷载。

7. 结构断裂和疲劳理论

结构断裂和疲劳理论是研究工程结构的裂纹在交变荷载作用下扩展而引起疲劳破

坏的学科。工程结构尤其是钢结构焊接部位不可避免地存在先天性微裂纹,裂纹会在外荷载作用下逐渐扩展而引起断裂破坏,也会在幅值较小的交变荷载作用下逐渐扩展而引起疲劳破坏。对于斜拉桥而言,正交异性钢桥面板的疲劳损伤问题,需要依据结构断裂和疲劳力学理论来解决。

8. 空气动力学

空气动力学主要研究物体在同空气或其他气体做相对运动情况下的受力特性、气体的流动规律和伴随发生的物理变化。对于斜拉桥而言,索塔、拉索和主梁都存在气动稳定性问题,尤其是拉索风雨振和钢箱梁颤振稳定性问题更为突出。空气动力学研究一般以模型试验为主,通过试验检验理论分析或数值结果的正确性和适用范围,并提出进一步深入进行试验或理论研究的问题。如此不断反复去揭示空气动力学问题的本质。目前大跨径斜拉桥抗风设计主要采用数值风洞试验方法进行,并以物理模型试验为辅助手段。

综上所述,各种基础理论的关系如图 4-1 所示。

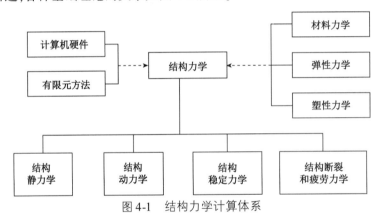

图 4-1　结构力学计算体系

二、计算方法与内容

1. 计算方法

斜拉桥属于高次超静定结构,即便具备较强的理论基础,力学概念清楚,理论公式熟悉也不可能依靠手算解决,毕竟结构问题过于复杂。斜拉桥早期之所以诞生以后有一段沉默期,正是因为那时对这种高次超静定结构斜拉桥体系缺乏分析技术,即现代计算机技术及有限元方法。应用有限元方法解决斜拉桥各种计算是必然的结果。

有限元方法是由结构力学位移法、矩阵法衍生出来的,它的基本原理是把连续结构体离散成有限个单元,每个单元的场函数只包含有限个待定节点参量的简单场函数,这些单元场函数的集合就能近似代表整个连续结构体的场函数。根据能量方程,可建立有限个待定参量的代数方程组,求解此离散方程组就得到有限元法的数值解。目前,斜拉桥静动力、稳定、疲劳计算主要依靠大型有限元法专业计算程序完成。

斜拉桥结构计算大致分为静动力、稳定、疲劳、抗风和抗震计算。静动力计算是基础,其余稳定、疲劳、抗风和抗震计算是专项计算。一般施工过程只关注静力、稳定和抗风问题;运营阶段则需要全面关注。一般情况下,斜拉桥结构的总体和局部静力分析、稳定分析和动力分析宜采用空间结构计算模型;进行局部静力分析时,计算区域应满足圣维南原理。

无论是钢结构、混凝土结构还是钢-混组合结构斜拉桥,都需要通过下列计算来保证结构安全与使用舒适的要求:

(1)持久状况下的承载能力极限状态和正常使用极限状态。

(2)短暂状况下承载能力极限状态,根据需要满足正常使用极限状态。

(3)偶然状况下承载能力极限状态。

(4)地震状况下承载能力极限状态。

2.计算内容

在设计阶段,斜拉桥结构的主要分析和计算内容应按照《公路斜拉桥设计规范》(JTG/T 3365-01—2020)中的相关要求进行,见表4-1。

斜拉桥结构分析计算内容　　　　表4-1

项 目	分析内容	计算内容
成桥状态静力分析	在永久作用和可变作用下主要构件的最不利内力、应力和变形	1.检验基础、索塔、桥墩、主梁、斜拉索和支承连接装置的承载力; 2.检验主梁的挠度、支承装置的位移
成桥状态静力分析	在永久作用和可变作用下,主要构件连接部位典型应力扰动区的受力情况	检验索塔与横梁连接区、索塔与主梁连接区、索塔的锚固部位、主梁的锚固部位等应力扰动区的承载力
施工阶段静力分析	在永久作用和施工荷载作用下,主要构件的最不利内力和应力	检验基础、索塔、桥墩、主梁、斜拉索和支撑连接装置的承载力
施工阶段静力分析	在永久作用和施工荷载作用下,主要构件连接部位典型应力扰动区的受力情况	检验索塔与横梁连接区、索塔与主梁连接区、索塔的锚固部位、主梁的锚固部位等应力扰动区的承载力

续上表

项　目	分析内容	计算内容
稳定分析	在永久作用和可变作用下，结构整体稳定和局部稳定	检验结构的稳定性系数
	在永久作用和施工荷载作用下，结构整体稳定和局部稳定	检验结构的稳定性系数
动力分析	在地震作用下结构的内力和变形	检验基础、索塔、桥墩和支撑连接装置的承载力、延性性能和变形性能
	在风荷载作用下结构的静力及动力响应	检验主梁、索塔的空气动力稳定性、斜拉索的风振和风雨振性能
	在船舶撞击作用下结构的内力、变形	检验基础、索塔和桥墩的承载力

第二节　静力计算

斜拉桥结构静力计算是整个结构是否成立的基础性计算，它主要解决在常规荷载作用下结构整体和局部受力是否合理，以及架设全过程是否安全等关键问题。斜拉桥静力计算的一般流程，如图4-2所示。

静力计算主要内容包括：①选择分析模式，按平面计算还是按空间计算；②主要效应计算，包括线性和非线性效应、地基效应、截面有效宽度、翘曲和畸变效应、收缩徐变等；③确定合理成桥和施工状态，主要包括刚性支承连续梁法、零位移法、内力平衡法、弯曲能量最小法等几种常见的方法；④结构静力稳定计算，包括整体和局部稳定计算；⑤局部和构件验算；等等。

一、选择计算模式

斜拉桥是由索、塔、梁组成的结构，其内力与变形计算经历了手算和电算的变化过程。手算主要采用古典结构力学中的力法、位移法或能量法，按平面杆系结构求解。由于斜拉桥是高次超静定结构，手算求解繁复，很难得到圆满的结果，早期稀索体系斜拉桥手算还可以进行，目前到了密索体系时代，有限元电算方法是唯一的选择。

斜拉桥本身是空间结构，虽然纵方向尺寸远大于横向和竖向，但依然具有明显的空间特性，如空间索作用效应、偏载作用下的扭转效应等。严格意义上讲，斜拉桥应该按照空间结构计算。手算阶段，结构空间效应是通过将平面结果乘以偏心增大系数来近似计算。有限元方法从理论上讲,采用空间梁、板壳和实体单元可以完全仿真模拟结构各个构件,精确计算内力和变形,但对计算机性能要求高,计算工作量较大。

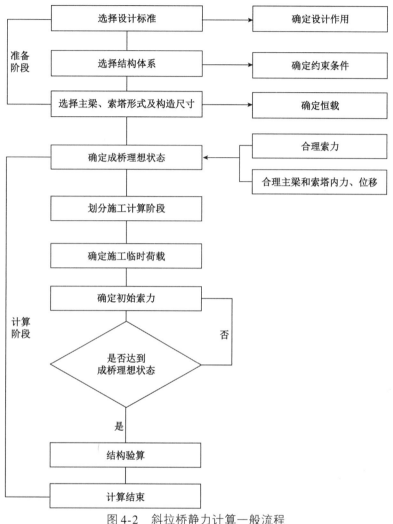

图 4-2　斜拉桥静力计算一般流程

目前实际工作中,平面和空间有限元都在应用。平面杆系有限元主要解决结构纵、竖向受力问题,抓住了主要矛盾,单元离散少,计算速度快,尤其对几十个计算阶段来讲速度优势明显。空间板壳和实体单元在结构局部分析中,信息量大,对复杂应力分析优势明显。

在斜拉桥整体静力分析计算上,既可以采用平面杆系元,也可以采用空间梁单元。初步设计阶段主要采用平面杆系元计算,施工图阶段两者都可以,对于桥宽不大、平面索布置的混凝土斜拉桥多数仍采用平面杆系元计算。对于结构局部分析和计算,如塔梁连接区域、锚固部位及钢混结合部等受力复杂部位,宜采用空间有限元方法。未来,随着计算机软硬件技术的不断发展,采用空间有限元方法计算也许是唯一的选择。

二、主要效应计算

1. 非线性计算

桥梁结构按线弹性分析计算,结构应服从如下假定:①杆件材料由连续介质组成,杆件中的应力、形变、位移等量是连续的,可以采用连续函数表示。②杆件材料匀质和各向同性。杆件的弹性常数(弹性模量,泊松系数)不随位置坐标和方向而变化。③杆件材料完全弹性。杆件服从胡克定律,即应力与形变成正比。④杆件变形很微小。很微小是与杆件的尺寸相比,意味着在平衡状态时,可以不考虑杆件尺寸的改变;在研究杆件的形变时,可以略去形变的乘积。⑤杆件无初始应力。杆件处于自然状态,即在受到外荷载之前,杆件内部没有应力。

对比线弹性假定,多数斜拉桥由于属于柔性结构,变形较大,不符合第③条假定,导致呈现大位移效应和梁柱效应;对于混凝土结构斜拉桥,由于存在收缩徐变效应,不符合第④条假定,即杆件不服从胡克定律。前者非线性效应属于几何非线性;后者非线性效应属于材料非线性。实际中,斜拉桥非线性效应主要表现在如下几方面:①斜拉索垂度效应;②索塔和主梁的梁-柱效应或称 $P\text{-}\Delta$ 效应;③结构大位移效应;④混凝土收缩徐变效应。

1)斜拉索的垂度效应

斜拉索的垂度效应主要指柔性索在自重作用下有垂度,垂度大小受到索力影响,表现出非线性刚度特性。施工阶段索的非线性影响可以通过人为控制索力来解决,对于运营阶段活载对索的垂度影响可以通过采用 Ernst 提出的换算弹性模量的方法来解决。换算弹性模量的方法[见公式(4-1)]是近似地使非线性问题线性化。公式(4-1)在小位移、高应力条件下具有较高精度,但在大位移和低应力条件下,误差较大,应采用柔索切线刚度法。

$$E_{eq} = E_e \bigg/ \left(1 + G^2 (\cos\alpha)^5 \times \frac{E_g A_g}{12H^3}\right) \tag{4-1}$$

式中:E_{eq}——拉索换算弹性模量;

E_e——拉索弹性模量;

G——拉索包括索套单位长度上的重量;

E_g、A_g——钢丝弹性模量和钢丝总面积;

α——拉索倾角。

在应用公式(4-1)时,应注意斜拉索的使用应力不能过低。

2)梁-柱效应(P-Δ效应)

斜拉桥塔、梁在恒载作用下具有一定的初始内力,使其可以维持一定的几何形状。后续荷载(如活载)作用时,塔、梁形状发生一定改变,结构先期存在的初始内力对后续荷载作用下的变形存在着抗力,产生二次作用,表现出几何非线性特征。这种塔、梁轴向力和弯矩的耦合作用及其对结构单元刚度的影响称为梁-柱效应或 P-Δ 效应。实际工程中必须考虑这种效应。有关文献表明,考虑不考虑恒载内力对活载的影响,计算结果出入很大,如杨浦大桥按线性(不考虑初始轴力影响)和非线性(考虑初始轴力影响)计算,塔根部处活载弯矩相差60%。梁-柱效应(P-Δ效应)的分析方法,是在建立最终的平衡方程时,将初始状态的内力、荷载考虑进去。

3)结构大位移效应

固体力学中建立本构、几何和平衡三个方程的基本假定是材料符合胡克定律、位移微小、约束理想。三个基本假定都满足为线性结构,不满足其中一个即为非线性结构。斜拉桥大位移效应即是不满足位移微小的假定,而呈现出几何非线性特性,带来的后果是平衡方程需要建立在结构变形后的位置上。

几何非线性问题主要分三类:①大位移小应变问题;②大位移大应变问题;③大转动问题。斜拉桥几何非线性问题属于大位移(大平移、大转动)小应变问题,一般采用有限位移理论解决。有限位移理论的基本思想是建立初位移刚度矩阵或单元大位移刚度矩阵,即反映由大位移引起的结构刚度变化。

几何非线性问题求解主要依据非线性理论,一般分总体拉格朗日列式法(Total Lagrangian Formulation,T.L列式法)和更新的拉格朗日列式法(Update Lagrangian Formulation,U.L列式法)。T.L列式法更适合几何非线性,U.L列式法更适合材料非线性。T.L列式法的思路是将参考坐标选在未变形的结构上,通过引入大位移刚度矩阵来考虑大位移问题。

T.L列式法的单元平衡方程见式(4-2):

$$[K_T]d\{\delta\} = d\{f\} \tag{4-2}$$

式中:$[K_T]$——单元切线刚度矩阵,$[K_T] = [K_0 + K_L + K_\sigma]$;

K_0——单元弹性刚度矩阵;

K_L——单元大位移刚度矩阵;

K_σ——单元初应力刚度矩阵;

$\{\delta\}$——单元杆端位移向量;

$\{f\}$——单元杆端力向量。

对于斜拉桥几何非线性计算,关键是得到单元切线刚度矩阵$[K_\mathrm{T}]$,其中K_L反映结构大位移效应,K_σ反映结构梁-柱效应。对于平面柔性索单元的切线刚度矩阵和平面梁单元的切线刚度矩阵的推导参见《桥梁设计与计算》(邵旭东、程翔云、李立峰著)一书相关章节。非线性方程通常采用迭代法进行求解。

4)收缩徐变效应

混凝土索塔、主梁存在收缩徐变效应。由于混凝土收缩徐变效应与时间有关,故产生的结构应力、应变关系不满足胡克定律,呈现材料非线性。混凝土收缩应变和徐变系数的计算可按《公路钢筋混凝土及预应力混凝土桥涵设计规范》(JTG 3362—2018)附录C执行。徐变二次力计算按换算弹性模量法进行。

叠合梁是由混凝土桥面板和钢梁两种材料组成,桥面板和钢梁通过剪力键连接,变形相互约束,故存在桥面板收缩、徐变的内力重分布问题,计算时应予以注意。

5)非线性屈曲问题

大跨径斜拉桥在密索体系下,由于主梁受力已由"梁"特征变成了"压杆特征",故主梁稳定问题突出。稳定问题可按两类进行分析,一类为分支点失稳问题;一类为极值点稳定问题。第一类实质上是刚度问题,不与强度问题关联,计算中应考虑结构初始缺陷的影响;第二类实质上是极限承载力问题,与强度关联,计算中既要考虑几何非线性影响,又要考虑材料非线性影响。

斜拉桥究竟多大跨径时应考虑结构非线性影响,目前没有明确的界定。

一般来讲,对于跨径较大的斜拉桥计算,尤其是钢结构梁斜拉桥和叠合梁斜拉桥,整体刚度相对柔,应考虑结构非线性影响。对于混凝土斜拉桥,一般刚度较大,当跨径小于200m时,非线性效应不大,可以不考虑非线性影响;跨径200m以上或结构刚度较柔时,应考虑非线性影响。

对于斜拉索的垂度效应,因本身材料性质决定,无论跨径大小都应考虑非线性影响。对于收缩徐变效应,只要是斜拉桥中的混凝土结构如索塔、主梁都要考虑非线性影响。实际工程中已经这样做了。

对于非线性屈曲问题,实际工程中多为二类稳定问题,但因为特征值计算相对简单,大多采用一类分支点失稳计算,即只单纯得到失稳极限荷载,结构强度按传统方法计算,两者分开,具有一定的近似性。对于大跨径斜拉桥,应该按二类稳定问题计算,强度与刚度联合计算,相对准确。

对于结构非线性分析,活载部分需要特别注意。由于线性叠加原理已不成立,因此活载的最不利布载和最不利布载下的内力计算无法再用传统的影响线加载法进行。需要修正影响线,采用迭代方法进行,即以结构恒载状态为初始状态计算影响线,按最不利活载求出第一次近似,然后将前一次活载与恒载共同作用时的状态代替初态,重新计算影响线和最不利效应得出第二次近似。反复迭代,直到本次活载效应与上次活载效应的误差落在允许范围之内。

下面给出一些考虑非线性影响的工程计算实例,以供参考。

《斜拉桥设计》(刘士林、王似舜主编)一书中列举了一些考虑非线性影响的工程实例:①天津永和桥,预应力混凝土双塔斜拉桥,跨径260m,考虑非线性影响,弯矩增大5%~10%。②武汉长江二桥,跨径400m预应力混凝土双塔斜拉桥,不考虑非线性影响,最大差值为15%~18%,一般在10%左右。③武汉军山长江大桥,跨径460m双塔双索面钢箱梁斜拉桥,不考虑非线性影响,索力误差1.9%以内,主梁弯矩误差15%以内,个别区域达到25.9%,主梁轴力误差2.0%,支反力在索塔处误差为18.4%,主梁竖向累计位移误差25%以内,个别区域达43.4%,塔顶水平位移误差为0.8%。

文献表明,国内洞庭湖大桥,三塔混凝土斜拉桥,主跨径310m,也做过非线性分析,结果是中跨梁弯矩影响系数4.44%,边跨梁弯矩影响系数4.29%,中塔顶位移影响系数2.65%,主梁跨中位移影响系数<2%。苏通大桥综合效应下非线性影响在10%~15%左右。

2. 地基模拟

在大跨径斜拉桥计算中是否考虑基础变形是一个值得重视的问题,若不需要精确计算如初步设计阶段,地基基础可以按刚性固结计算。若精确计算如施工图设计阶段则要考虑基础变形影响。以桩基础为例,若按平面杆系分析,桩基础可模拟成支承单元,由两个拉压弹簧和一个扭转弹簧组成,如图4-3所示,支承单元的刚度矩阵见公式(4-3):

$$[K]\{\delta\} = \{f\} \tag{4-3}$$

式中:$[K]$——单元刚度矩阵,由水平、竖向和扭转刚度组成;

$\{\delta\}$——单元杆端位移向量,由水平、竖向、转角组成;

$\{f\}$——单元杆端力向量。

若按空间梁单元分析,桩基础支承单元将由六个方向的弹簧来模拟,平动三个、转动三个。支承单元既可以模拟刚性支承边界,也可以模拟弹性支承边界。在需要体系转换时,支承单元可以添加和拆除。

实际工程中,在大跨径斜拉桥分析中已普遍采用将群桩基础简化为等效双柱刚架

(图4-4)的模拟结构,以回避桩-土之间复杂的力学关系。基本原理是以原结构 A 点与刚架 A 点三个方向的变形一致为出发点,通过等效方程求解出刚架参数 L、H、竖杆的 I 值。

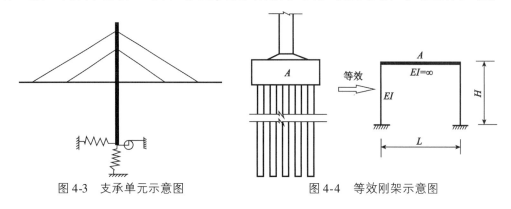

图4-3 支承单元示意图　　　　图4-4 等效刚架示意图

3. 剪力滞效应

箱形或T形薄壁梁在纵向弯曲时,弯曲的法向应力横向分布主要是通过腹板、上下翼缘板的剪切变形传递来实现的。腹板剪力流在腹板与翼板的交界处最大,而在向翼缘板传递的过程中,由于翼缘板存在剪切变形,故向板内传递的剪力流要逐渐减小。因此,剪切变形沿顶板和底板的分布是不均匀的,从而造成弯曲法向应力的横向分布也不均匀。这种由于腹板处剪力流向翼缘板传递的滞后而导致翼缘板法向应力沿横向呈现不均匀分布的现象,称为"剪力滞效应"。靠近腹板处翼板中的纵向应力大于初等梁理论的正应力,称为"正剪力滞效应",反之称为"负剪力滞效应",如图4-5所示。

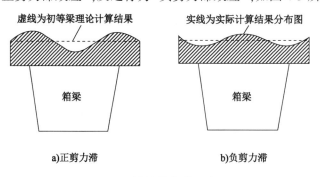

a)正剪力滞　　　　b)负剪力滞

图4-5 结构剪力滞示意图

剪力滞效应依靠平面杆系有限元或空间梁单元是无法计算的,只有通过实体有限元才能准确地计算出箱形或T形薄壁梁的剪力滞效应。一般情况,正剪力滞发生在跨中梁段,负剪力滞发生在支点附近梁段,翼缘处的应力离腹板越远,滞后现象越严重。为简化计算,引入截面有效宽度概念,将初等梁理论计算结果与实际剪力滞分布结果相等效。

有效宽度的计算,混凝土结构应参照现行《公路钢筋混凝土及预应力混凝土桥涵设计规范》(JTG 3362)进行;钢结构应参照现行《公路钢结构桥梁设计规范》(JTG D64)进行。

4. 翘曲和畸变效应

薄壁箱形梁在荷载作用下,一般会发生纵向弯曲、刚性扭转、畸变和横向弯曲四种变形,如图4-6所示。纵、横向弯曲效应常见,不难理解;刚性扭转分自由扭转和约束扭转,箱梁变形属约束扭转,一般约束扭转在截面上产生翘曲正应力和约束扭转剪应力;畸变效应是箱形截面周边变形使箱梁截面产生横向弯曲应力、纵向翘曲正应力和畸变剪应力。

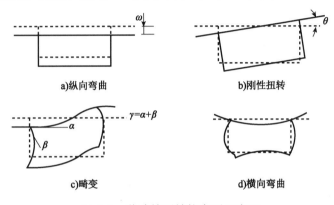

图4-6 薄壁箱形结构变形示意图

一般情况,由恒载产生的对称弯曲应力是主要的,由活载偏心产生的扭转应力是次要的,横向弯曲大小与桥宽有关,效应最小的是翘曲和畸变效应值。纵向弯曲采用平面杆系有限元即可计算得到其主要效应值,但顶、底板剪力滞效应需采用有效宽度方法另行简化计算;横向挠曲属空间问题需要采用空间梁单元、梁格单元才能计算出横向效应值。对于翘曲和畸变效应,一般平面杆系有限元、空间梁单元、梁格单元都无法计算得到其效应值,必须改造单元增加参数,或采用空间实体单元计算才能解决。空间实体单元计算出来的结果是综合效应,其效应值无法分离出各个单项应力值。

薄壁箱梁的翘曲和畸变效应计算可参考《箱形梁设计理论》(郭金琼、房贞政、郑振著)一书相关章节。

5. 温度计算

温度对结构的影响分两部分:整体均匀温变和温度梯度,两部分在结构计算中均要计入。对于整体温度影响,起始温度应从结构因温度作用引起的结构变形受到约束时(一般为合龙)起算,然后考虑年最高和最低的有效温度值;对于温度梯度,无论混凝土结构还是钢混组合结构一般都按现行《公路桥涵设计通用规范》(JTG D60)提供的模式计算,如图4-7所示。其中,最高温度 T_1 是指桥面板表面处,不包括铺装层。该规范中未给出钢结构的温度梯度,目前行业多采用英国 BS5400 规范的相关规定,如图4-8所示。无论是均匀温变还是梯度温变,有实测数据时应按实测数据取值。

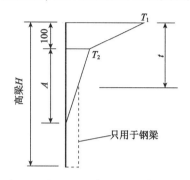

图 4-7 混凝土主梁和叠合梁正温差温度梯度模式

注:A 为参数,混凝土结构当梁高 H 小于 400mm 时,$A = H - 100$mm;当梁高 H 大于或等于 400mm 时,$A = 300$mm;当混凝土桥面的钢结构 $A = 300$mm;t 为混凝土桥面板厚度(mm)。

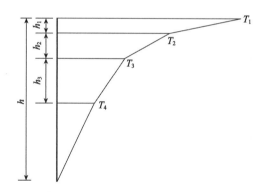

图 4-8 钢主梁正温差温度梯度模式

$h_1 = 0.1\text{m}; h_2 = 0.2\text{m}; h_3 = 0.3\text{m}; T_1 = 24℃; T_2 = 14℃; T_3 = 8℃; T_4 = 4℃$

图4-7和图4-8中的温度梯度呈非线性化,但结构梁截面计算服从平面假定,导致梁截面的温差变形在纵向纤维之间受到限制,因此在界面上产生自平衡的纵向约束应力,称为自应力。关于温差作用效应的计算应参照《公路钢筋混凝土及预应力混凝土桥涵设计规范》(JTG 3362—2018)附录D。由于斜拉桥结构为超静定结构,故温变作用将在结构中产生次内力,一般按有限元方法计算。

对于宽幅箱梁,宜考虑横向温度梯度引起的效应。目前,横向温度梯度规范没有给出明确规定,若考虑应根据桥梁地理位置、环境条件进行调查研究来确定。

三、确定合理成桥和施工状态

1. 合理成桥状态

斜拉桥结构布置、约束条件、外荷载作用形式确定后,通过调节钢束张拉力,可以找到应力和变形相对合理的状态,即斜拉桥合理成桥状态。由于主梁成桥线形可以通过在施工过程中调整预拱度的方式来实现,故通常提到的斜拉桥合理成桥状态仅指成桥内力状态。

确定成桥内力合理的标准或称原则主要包括如下几方面:①控制主梁弯矩在可行域(控制正弯矩和控制负弯矩之间)范围之内,使主梁的位移和应力在合理范围内,且分布均匀;②控制主塔弯矩,数值不宜过大,在恒载作用下主塔应向岸侧有一定的预偏;③控制索力,使索力介于斜拉索垂度要求与材料强度要求之间;④控制边墩与辅助墩顶支座反力,最好在恒载作用下有一定的压力储备,在活载作用下不出现负反力。成桥内力状态合理性的出发点是既充分发挥构件材料的使用价值,又使索、塔、梁协调受力,效应合理。

在结构体系、约束方式和作用(恒载、活载、温度等荷载)已经确定,施工流程和临时荷载也基本确定的前提下,影响合理成桥状态的主要因素是斜拉桥的索力。优化结构索力是确定合理成桥状态的主要手段。但若从施工全过程顺序推算合理成桥状态相当困难,因为斜拉桥是高次超静定结构,无论采用悬臂、顶推、支架、转体等何种架设方法施工,其结构体系和荷载状况都会随着施工过程不断变化,过程过于复杂,很难找到一组优化的成桥索力。

目前的做法是,不考虑施工过程,斜拉桥结构一次落架成型,即按成桥状态先优化索力确定合理的内力和位移状态,得到一组成桥索力,然后划分施工阶段、确定临时荷载,通过全过程仿真分析去找到一组优化的初始索力。这样做的最大好处是,相对容易找到合理的成桥状态。确定斜拉桥合理成桥状态的索力优化方法有很多,目前常见的有:①刚性支承连续梁法;②零位移法;③内力平衡法;④最小弯曲能量法;⑤影响矩阵法。

1)刚性支承连续梁法

假定拉索作用下的主梁为刚性支承的连续梁,通过选择合理成桥索力,使主梁结构在成桥状态的恒载内力与刚性支承连续梁的内力一致。这种方法的优点是主梁的内力最小,混凝土主梁徐变的二次内力也较小;不足之处是对于采用悬臂施工的斜拉桥,跨中合龙段的弯矩失真,因为它与一次张拉索力无关,且可能出现索力跳跃、不均匀现象。对于不对称的斜拉桥结构,塔的弯矩难以顾及。

2)零位移法

零位移法与刚性支承连续梁法相似,它的原理是通过选择合理成桥索力,使成桥状态下主梁和斜拉索交点处的位移为零。这种方法的索力优化结果和刚性支承连续梁结果基本一致。不同的是零位移方法的计算结果相对合理,因为其分析中包括了拉索水平分力的作用。对于不对称的斜拉桥结构,零位移方法的计算结果对塔的弯矩同样难以顾及。

3)内力(应力)平衡法

刚性支承连续梁法和零位移法主要针对斜拉桥恒载内力的优化,这不够精确。若要考虑恒载和活载(可广义地包含预应力、徐变、收缩、温度等)共同作用下,使斜拉桥的结构内力(索塔和主梁)处于合理状态,可采用内力平衡法。内力平衡法的基本原理是通过选择合理的初索力,使结构各控制截面上翼缘最大应力与容许应力之比等于下翼缘最大应力与容许应力之比。内力平衡法较适用于混凝土斜拉桥,因为主梁应力往往成为控制条件。

4)最小弯曲能量法

这种方法以结构(主塔和主梁)弯曲应变能最小为目标函数。与之类似的方法是弯矩平方和最小法,其目标函数是梁、塔、桥墩在内的结构弯矩平方和。两种方法的不足之处是考虑活载和预应力影响较为困难,只适用于恒载索力的优化。

5)影响矩阵法

通过影响矩阵建立受调向量和施调向量之间的关系,以期达到最优解的目的,关系式如下:$[A]\{X\} = \{D\}$。式中,$[A]$为影响矩阵、$\{X\}$为施调向量、$\{D\}$为受调向量。通常情况,斜拉桥结构控制截面的应力、内力和位移被视作受调向量,拉索索力作为施调向量。施调向量中,某个元素发生单位变化引起受调向量的变化就构成了影响矩阵。基于上述原理,影响矩阵法可以与刚性支承连续梁法、最小弯曲能量法、最小弯矩法等方法结合确定合理成桥状态。

上述确定成桥合理状态方法的比较见表 4-2。实际工程中,确定成桥合理状态的过程较为复杂,需分步骤实现。对于混凝土斜拉桥大致的步骤是,初步拟定结构尺寸,选择确定成桥合理状态的方法初定成桥状态,用最小二乘法调匀索力,计算活载应力包络图,计入预应力,设定主梁恒载弯矩可行域,通过调索形成合理的成桥状态,最后检查主梁和索塔应力、索力、辅助墩支反力是否满足要求。由于采用的索力优化方法不同,可能导致成桥状态结果差异较大。实际工程中应用相对多的方法是最小弯曲能量法和影响矩阵法。

成桥合理状态确定方法比较　　　　　　　　　　　　　　　表 4-2

编号	确定成桥合理状态方法	适用条件	方法特点
1	刚性支承连续梁法	恒载作用下的主梁	概念清楚,计算简单。不对称结构慎用
2	零位移法	恒载作用下的主梁	概念清楚,计算简单。考虑了拉索水平分力的作用。不对称结构慎用
3	内力(应力)平衡法	恒载+活载作用下的索塔和主梁	计算结果相对合理
4	最小弯曲能量法	恒载作用下的索塔和主梁	计算结果相对合理,通常采用矩阵位移法分析
5	影响矩阵法	恒载+活载作用下的索塔+主梁	计算结果相对准确,实际应用较多

2. 合理施工状态

合理成桥状态的确定是按一次性落架模式计算,一旦得到成桥状态结果,必然面临一个问题,即怎样通过合理的施工阶段(或称状态)达到已设定的成桥状态。这个形成过程的复杂程度与架设方法,如顶推、悬臂、支架或转体有关,无论采用何种方法架设,斜拉桥的结构体系都在不断变化。

确定合理施工状态的工作内容主要有:①根据主梁架设方法,制定详细的施工阶段方案;②确定施工临时荷载的形式和大小,以及阶段施工时间;③确定主梁合龙的温度;④选择计算方法,离散结构,划分计算阶段,得到合理的初始索力和立模高程。上述工作内容是大桥施工监控单位必须要做的事情。

计算合理施工状态的方法主要有:①正装迭代法;②倒拆法;③正装—倒拆迭代法;④无应力控制法等。

1)正装迭代法

假定一组索力,按成桥正装顺序计算得到一个成桥状态,然后将该成桥状态与事先假定好的合理状态进行比较,若有差异以最小二乘法原理调整索力进行新一轮正装计算,直至收敛为止。正装迭代法的优点是只需做正装计算,可较好地计入混凝土徐变、收缩的影响。

2）倒拆法

以合理成桥状态为初始状态，按成桥施工的逆步骤，一步步对结构进行倒拆，分析每次拆除对剩余结构的影响，从而得到合理的施工状态，即得到各施工状态的高程、索力以及控制截面应力等控制参数。这种方法正装、倒拆计算的状态不闭合，只适用于几何非线性影响、徐变和收缩影响较小的斜拉桥。

3）正装—倒拆迭代法

在每一次迭代计算中，先进行倒拆计算，然后根据结果进行正装计算。首次倒拆计算时采用钢丝弹模（不计索垂度引起的非线性效应），不计混凝土徐变、收缩；第二次倒拆计算时用上一次正装计算时的相应索力来计算钢索的等效模量，并以上一次正装时的历史应力来作为该次倒拆分析时的徐变计算依据，如此反复直至收敛。这种方法合理地考虑了斜拉索的垂度效应。

4）无应力状态控制法

无应力状态控制法的基本思想是：在线性状态下对一座已建斜拉桥进行解体，只要各单元长度与曲率不变，则无论按什么程序恢复，还原后的结构内力和线形将与原结构一致。应用这种原理建立斜拉桥施工阶段与成桥状态之间的联系。由于实际结构是非线性的，实施起来要采用迭代方法。

四、施工阶段计算

本节主要阐述斜拉桥施工过程中的阶段划分及各阶段主要的计算内容。斜拉桥常见的施工方法有悬臂施工法、支架浇注法、顶推法和转体施工法等，以悬臂施工法最为常见，无论是混凝土斜拉桥，还是钢结构斜拉桥、钢-混组合斜拉桥，都有大量的悬臂施工的工程实例。

斜拉桥施工计算最重要的是对施工过程的准确模拟，也就是将施工关键工艺过程划分成若干个计算阶段，通过内力分析确保每个阶段结构都处于安全状态，并最终达到与合理成桥状态相吻合。施工过程的模拟与施工方法密切相关，同一种施工方法又因结构不同而有所差异，例如悬臂施工方法，都是对称同步架设梁段，但具体到一个节段的施工流程，叠合梁和钢结构就不一样，而这个差异在计算中必须考虑进去，才能确保结构的安全。

1. 施工过程的阶段划分

1）悬臂施工

索塔部分，主要按塔柱、横梁划分计算阶段，塔柱须根据实际施工节段情况，或 4m

或6m一节段计算;横梁一般整体算一个阶段。对于有倾斜塔柱的索塔,如钻石形索塔,计算时应计入为保证塔柱线形而设置的对拉或横撑临时杆件的作用。上部结构情况相对复杂,但大致分两类,一类是悬臂浇筑施工,如混凝土斜拉桥包括矮塔斜拉桥;另一类是悬臂拼接施工,如钢结构(钢箱、钢桁架)斜拉桥,以及预制桥面板的叠合梁斜拉桥。

混凝土斜拉桥一般采用悬臂浇筑法施工。由于混凝土梁体较重,节段施工时的挂篮通常采用前支点挂篮,即利用斜拉索作为挂篮的前端承重构件,待已浇梁段达到强度后,再将斜拉索从挂篮上转移到梁体上。悬臂浇筑施工的混凝土斜拉桥上部结构大致划分如下计算阶段:

①0号块施工并塔梁临时固结;
②安装挂篮;
③悬臂对称施工标准梁段(循环);
④辅助墩段施工(若有);
⑤边跨现浇和边跨合龙(二期钢束)施工;
⑥悬臂对称施工剩余中跨梁段;
⑦拆除边跨支架和张拉剩余边跨预应力;
⑧拆除挂篮;
⑨中跨合龙施工;
⑩施工桥面系。

一个标准混凝土梁段的施工流程,以常见的π形梁为例:挂篮移动→张拉第一次索力→浇筑一半混凝土→张拉第二次索力→浇筑另一半混凝土→张拉结构预应力和第三次索力,共六个阶段如图4-9所示,其中i、j、k点为施工控制节点。

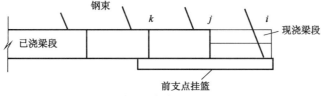

图4-9 前支点挂篮施工流程示意

钢结构或叠合梁斜拉桥悬臂施工一般都采用节段悬拼方法。对于钢桁架斜拉桥,其桁架杆件在工厂加工运至现场,然后通过桥面起重机逐一空中拼接成桁架节段。若起重能力大,亦可现场拼成整体桁片或整体节段吊装。对于叠合梁斜拉桥,钢主梁构件(钢箱或格梁)在工厂加工,桥面板事先在预制场预制,然后运至现场,通过桥面起重机节段悬拼。若起重能力大,如沿海采用大型浮式起重机,节段钢结构与桥面板可在现场成型后再整体吊装;如在山区则一般分开吊装拼接。对于钢箱斜拉桥情况相对简单,节段钢箱工厂或现场成型,然后整体起吊拼装。悬臂拼接施工的钢结构或叠合梁大致划分如下计算阶段:

① 0号节段施工并塔梁临时固结;

②安装桥面起重机;

③悬臂对称吊装标准钢结构(钢桁架、钢箱、钢格构梁)节段循环;

④吊装桥面板;

⑤辅助墩顶节段施工(若有);

⑥钢主梁端部压重;

⑦拆边跨起重机,安装边跨支座;

⑧中跨合龙段施工;

⑨拆中跨起重机,体系转换;

⑩纵向预应力施工(若有);

⑪二期恒载、调束。

一个标准钢桁架节段(含混凝土桥面板)一般施工流程:移动桥面起重机→拼接节段桁架(一般空中散拼)→吊装桥面板→张拉索力。施工过程中分两次调索,安装过程中调一次,成桥后调一次。若桥面板在全桥合龙后才浇筑湿接缝及预留孔混凝土,那么在此之前桥面板重量按荷载计入,浇筑后再计入刚度的影响。一个桁架节段(如N形节段),如图4-10所示。

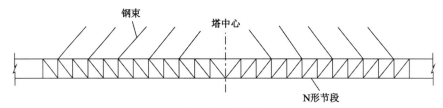

图4-10 钢桁架节段拼接施工流程示意

一个标准叠合梁节段一般施工流程:移动桥面起重机→吊装已拼接好的钢梁节段(或空中拼接纵横梁)→初张拉索力→吊装节段桥面板→第二次张拉索力→施工桥面板湿接缝→第三次张拉索力→张拉桥面板横向预应力,如图4-11所示。实际工程中有桥面板湿接缝完成后再张拉索力,即第二次索力与第三次索力合并的情况。若是钢箱斜拉桥节段标准流程与叠合梁相似,只是没有混凝土桥面板。

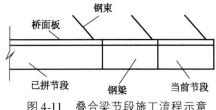

图4-11 叠合梁节段施工流程示意

2）顶推施工

斜拉桥主梁顶推施工过程大致如图 4-12 所示，主梁由一端向另一端不断接长顶进，结构体系在顶推过程中不断变化，主梁各部分内力、位移以及临时墩的反力也随之不断变化。

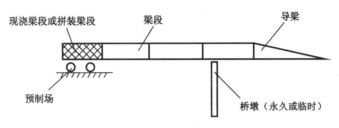

图 4-12　斜拉桥主梁顶推施工流程示意

以钢结构斜拉桥为例，大致顶推施工阶段划分如下：

①拼接梁段；
②顶推移动位置；⎫
③顶推到位落梁；⎬一跨内循环⎫
④导梁爬上墩顶前；⎪　　　　　⎬多跨循环
⑤导梁爬上墩顶后；⎭　　　　　⎪
⑥全部顶推就位；
⑦张拉斜拉索；
⑧二期恒载。

在进行上述顶推施工阶段划分之前，需要提前计算如下内容：

（1）导梁长度和刚度的确定。导梁通常采用钢结构，长度主要由主梁在顶推至支点处的负弯矩控制，一般情况为顶推跨径的 60% ~ 70%；导梁重量不宜过大，一般情况与主梁重量比在 0.1 ~ 0.18 之间。

（2）导梁与主梁连接部位的计算。对于混凝土主梁，导梁与主梁连接为钢-混结合段，受力较为复杂，需要计算确定预埋钢筋数量，或预应力钢束数量。

（3）临时墩计算。对常规顶推方法，临时墩上的竖反力随着主梁滑移不断变化，水平摩阻力也不可能保持常数。应对临时墩不平衡水平推力的结构效应进行验算。

3）转体施工

斜拉桥转体施工多应用于跨铁路线工程。斜拉桥转体前结构成形一般采用支架现浇或悬臂施工（悬浇或悬拼）。以某矮塔斜拉桥为例，阐述斜拉桥转体施工的一般步骤。

①搭设支架、预压并布置球铰支座和滑道；

②支架分段拼装转体箱梁节段；

③浇筑索塔并张拉斜拉索；

④支架拆除阶段(两侧梁端支架不拆除)；

⑤称配重及转体阶段；

⑥转体就位、对支座进行反力调试；

⑦主梁施加上顶力；

⑧合龙阶段；

⑨桥面铺装施工。

对于结构转体，转盘是否能够转动以及转动是否平稳是关键技术问题，应通过计算确定转动力矩是否满足转动要求，并使转动重力的合力线与轴心中心线重合。所需要的转动力矩与摩擦系数有很大关系，只有准确地确定或测试得到摩擦系数，才能正确确定转动力矩。

2. 主要计算内容

在进行施工阶段内力、变形计算及结构验算时，应考虑结构自重、施工荷载、预应力、混凝土收缩与徐变、温度、风力、支座沉降等荷载。所需计算和验算的内容主要包括：主梁应力、挠度、预拱度、转角。索塔压力、塔顶水平位移；拉索的应力及应力幅，支座的反力等等。对于风力较大的情况，应进行施工过程抗风稳定计算。

第三节 稳定验算

结构的失稳现象一般分为两类，一类是欧拉稳定性问题(分支点失稳问题)；另一类是极值稳定性问题。欧拉稳定问题的特征是结构变形产生了性质上的突变，即原来的平衡形式成为不稳定的，可能出现新的与原来平衡形式有本质区别的平衡形式，其变化带有突然性；极值稳定问题的特征是结构平衡形式并不发生质的变化，只是随着荷载的增加，变形迅速增长，最后使结构丧失承载能力。欧拉稳定和极值稳定的概念内涵不同，计算方法也不同。

实际工程中的稳定问题一般都表现为第二类稳定问题，但是由于第一类稳定问题是特征值问题，求解方便，故也在应用，只是两类稳定问题的稳定安全系数不一样。一般来讲，对于第一类欧拉稳定问题按线弹性屈曲计算，其稳定安全系数应大于或等于 4；对于第二类极值稳定问题，即考虑几何非线性和材料非线性的影响，通常都表现为强度稳定，其稳定安全系数（极限荷载/设计荷载）混凝土主梁应大于或等于 2.5，钢主梁大于或等于 1.75。

斜拉桥的塔、梁、墩都属于压弯结构，理论上都可能出现失稳现象，而且实际中情况比较复杂，与跨径大小、塔形式、单双索面布置等有关，失稳不一定是单一因素造成，如梁、塔在面内外的失稳可能是耦合的，因此要精确分析结构的稳定性，一般应采用有限元方法。

1. 稳定问题的平衡方程

无论哪类问题都可建立一般稳定问题的平衡方程如下式：

$$([K] + [K]_\sigma)\{\delta\} = \{F\} \tag{4-4}$$

式中：$[K]$——结构弹性刚度矩阵，由单元刚度矩阵集合而成；

$[K]_\sigma$——结构几何刚度矩阵，由单元几何刚度矩阵集合而成，与单元轴力有关；

$\{\delta\}$——结构位移向量；

$\{F\}$——结构荷载向量。

求解时根据假定可按特征值求解，也可按照极值求解。

2. 稳定问题求解

对于斜拉桥而言，荷载由恒载和运营荷载组成，采用式(4-4)计算结构稳定系数时，可按下列选择计算。

1）按第一类稳定问题求解

在小变形情况下，当式(4-4)中$\{F\}$增加 λ 倍时，几何刚度矩阵及杆端力均增加 λ 倍，形成式(4-5)：

$$([K] + \lambda[K]_\sigma)\{\delta\} = \lambda\{F\} \tag{4-5}$$

如果 λ 继续增大，达到临界状态，即$\{\delta\}$变成$\{\delta\} + \{\Delta\delta\}$时，求解临界荷载等同于求解特征值：$|([K] + \lambda[K]_\sigma)| = 0$。此为结构稳定问题的控制方程，对应的临界稳定荷载为 $\lambda\{F\}$。

上述线性分析引入了两个假定：

(1) 轴向力或薄膜力由线弹性分析确定。

(2) 在屈曲引起的小位移过程中，轴向力或薄膜力保持不变。

在线性假定下，公式中只使用了结构内力形成的几何刚度矩阵，这就意味着忽略了屈曲前的结构位移,得到的临界荷载应为欧拉屈曲荷载。

2)按第二类稳定问题求解

大跨径斜拉桥在荷载作用下,结构位移并非小位移,因此设计荷载的几何刚度矩阵与临界荷载时的几何刚度矩阵并不存在线性关系;或结构在发生失稳前部分构件已进入塑性阶段。即大跨径斜拉桥的稳定问题通常为非线性稳定问题。求解方法有荷载增量法和位移增量法两种。相比之下,位移增量法可以模拟结构的荷载-位移全过程曲线,可以把结构强度、稳定性的变化历程表述得十分清楚,但计算相对繁复。实际计算中荷载增量法应用更多。

荷载增量法的主要解题思路如下:

建立增量平衡方程:

$$([K]_0 + [K]_1 + [K]_2)\{\Delta\delta\}_i = \{\Delta F\}_i \tag{4-6}$$

式中:$[K]_0$——结构弹性刚度矩阵,由单元刚度矩阵集合而成;

$[K]_1$——结构几何刚度矩阵,由单元几何刚度矩阵集合而成,与单元轴力有关;

$[K]_2$——局部坐标下大位移几何刚度矩阵,它依赖于位移增量$\{\Delta\delta\}_i$;

$\{\Delta\delta\}_i$——结构位移增量;

$\{\Delta F\}_i$——结构荷载增量。

求解式(4-6)需要通过一系列线性变化来逼近非线性,即假定每荷载增量步内的结构刚度矩阵保持不变,在荷载接近结构失稳状态的极限荷载时,迭代很难收敛,故一般给一个判定收敛范围,进入范围内即认为迭代收敛,因此采用荷载增量法求得的极限荷载是接近临界荷载。

结构分级加载,最终求得的是整个结构的极限承载力 $F_{cr} = \sum_{i=1}^{n}\Delta F$,也可以表示成:

$$\{F_{cr}\} = \{F_d\} + \lambda\{F_l\} \tag{4-7}$$

式中:$\{F_{cr}\}$——结构总失稳荷载;

$\{F_d\}$——结构一期恒载;

$\{F_l\}$——结构二期恒载或运营荷载;

λ——结构失稳时相对于F_d的加载倍数。

稳定安全系数定义:$K = (F_d + \lambda F_l)/(F_d + F_l)$。

3. 斜拉桥施工和成桥阶段稳定计算内容

大跨径斜拉桥施工和成桥阶段的稳定计算内容,以悬臂施工为例介绍,见表4-3。

大跨径斜拉桥施工和成桥状态的稳定计算内容　　　　　表 4-3

结构状态		荷载描述
施工阶段	裸塔	恒载作用
		恒载作用 + 横桥向风荷载作用
		恒载作用 + 纵桥向风荷载作用
	最大双悬臂	恒载作用
		恒载作用 + 横桥向风荷载作用
		恒载作用 + 纵桥向风荷载作用
	最大单悬臂	恒载作用
成桥工况	成桥状态	恒载作用
		恒载作用 + 横桥向风荷载作用
		恒载作用 + 纵桥向风荷载作用
	全桥满布、半桥满布、全桥半跨宽满布、边跨满布、中跨满布汽车活载	恒载作用
		恒载作用 + 汽车 + 横桥向风荷载作用
		恒载作用 + 汽车 + 纵桥向风荷载作用

第四节　疲　劳　计　算

所谓疲劳是指材料或构件在循环加载下,在某点或某些点产生局部的永久性损伤,并在一定循环次数后形成裂纹或使裂纹进一步扩展直到完全断裂的现象。斜拉桥结构中,拉索、正交异性钢桥面板和钢塔塔柱等都可能发生疲劳现象,相比之下,实际斜拉桥工程中,正交异性钢桥面板和拉索更容易发生疲劳破坏。尤其是正交异性钢桥面板疲劳细节多(参见本书第九章)、破坏模式复杂,疲劳问题更为突出。

1. 基本概念

(1)疲劳特征:疲劳破坏是一种损伤积累的过程,也就是通常所说的疲劳裂纹的发生、发展、形成宏观裂纹、发生破坏的全过程。疲劳损伤破坏与一般静力破坏不同,它的最主要的特征是在循环应力远小于静强度极限的情况下,破坏就可能发生,但不是立刻发生,而要经历一段时间,有时甚至是很长的一段时间。简单来讲循环荷载、损伤积累是疲劳的主要特征。

(2)循环应力:循环应力,也称交变应力,它的特征是应力周期性变化,其中最大应力

σ_{max}和最小应力σ_{min}的代数差的一半σ_a称为应力幅。产生疲劳破坏所需要的循环次数取决于应力水平(应力幅大小)的高低,破坏循环次数越大,表示施加的应力水平越低。

(3)疲劳寿命:在循环加载下,产生疲劳破坏所需应力的循环次数称为疲劳寿命。常规疲劳强度计算是以名义应力为基础的,可分为无限寿命计算和有限寿命计算。所谓名义应力是指一种结构整体的等效应力,并不是实际作用于结构的局部应力,它低于屈服强度,产生的应力应变关系服从胡克定律。应力幅大小是影响疲劳寿命的主要因素,应力幅越大疲劳寿命越短,反之亦然。

(4)疲劳性能:材料或构件抵抗疲劳破坏的能力。疲劳性能常用S(应力水平)$-N$(疲劳寿命)曲线来表征,一般S-N曲线需试验测定。在S-N曲线上对应某一寿命值的最大应力幅称为疲劳强度。

(5)疲劳荷载谱:根据实测载荷数据编制出的载荷-时间历程称为疲劳荷载谱。构件疲劳寿命的理论估算和试验结果的可靠性很大程度上取决于荷载谱的真实性。目前对疲劳荷载处理有三种基本方法:①按规范给出的疲劳荷载模型。BS5400、AASHTO、EurCode和我国现行《公路钢结构桥梁设计规范》(JTG D64)等均对疲劳荷载进行了明确规定。②数值模拟即通过交通调查和参数估计,建立疲劳荷载谱。③由桥梁结构关键点监测数据识别疲劳荷载。

2. 疲劳损伤分析方法

传统的疲劳分析方法是建立在S-N曲线和Miner线性累积损伤准则基础上的,也称为总寿命法。这是一种基于经验的方法,目前各国的桥梁设计规范中大部分都沿用此方法。这种方法需要解决疲劳细节的确定和荷载与应力谱模拟这两个关键问题。应用传统方法估算疲劳寿命,一般采用名义应力法。名义应力法依据构件的S-N曲线或与构件应力集中系数相同的材料的S-N曲线计算损伤度。

断裂力学分析方法是根据构件初始存在的裂纹以及在交变载荷作用下裂纹的扩展规律来预测构件到断裂时所具有的疲劳寿命。基于断裂力学的分析方法的优势:①承认初始缺陷的存在;②评估的立足点是结构的目前状况,不需要考虑结构过去的受载历史。

损伤力学法认为构件的疲劳寿命通常分为两个阶段:第一阶段为材料内部的损伤演化、发展,直至宏观可见裂纹的萌生;第二阶段为裂纹扩展至疲劳破坏。与断裂力学相比,损伤力学可以较好地预测疲劳裂纹的萌生。

3. 主要计算内容

实际斜拉桥工程中,正交异性钢桥面板最容易发生疲劳破坏,尤其是U肋与顶板相接部分的构造细节焊缝的疲劳破坏,而焊趾是疲劳裂纹最容易萌生的部位。在进行钢斜拉桥正交异性钢桥面板疲劳性能分析时,应着重解决以下三个关键问题:①焊缝焊趾附近的应力分布规律和应力集中分析;②焊接残余应力的计算;③考虑焊趾应力集中与残余应力影响的疲劳寿命评估。

公路钢桥正交异性钢桥面板和斜拉索的疲劳计算应符合现行《公路钢结构桥梁设计规范》(JTG D64)的规定(汽车荷载模型和疲劳细节)。对于矮塔斜拉桥斜拉索的疲劳计算应控制疲劳应力幅度不应小于80MPa。

第五节 动 力 计 算

现代斜拉桥结构轻巧柔细,在汽车活载、风力和地震等作用下,必然会引起结构种种振动。这种振动,轻则影响行车、行人舒适,重则使桥梁毁坏。因此,了解掌握斜拉桥动力特性,尤其是掌握结构抗风、抗震性能十分必要。

一、基本概念

斜拉桥动力特性主要指结构的自振频率、振型和阻尼。动力特性是结构固有的特性,一旦结构体系的基本参数(质量、刚度)确定下来,它们也随之而确定。动力特性不同,结构在振动中的响应特点亦不同。

1. 结构自振频率

自振频率是结构自身固有的振动频率,其数值与初始条件和所受外力的大小无关。对于斜拉桥这种多质点结构体系,在忽略阻尼影响时,自振频率与自身质量及其分布(刚度)、边界支承条件以及振动形式(称为"振型")有关。为了减小动力响应一般要调整结构的自振频率,而自振频率只能通过改变体系的质量、刚度来达到。总的来说增加质量将使自振频率降低,增加刚度将使自振频率增加。结构自振频率的计算是结构动力(包括抗震、抗风)计算的基础。

2. 结构振型

振型是结构体系自身固有的振动形式,是体系上所有质量按相同频率做自由振动时的振动形状,一般可用质点在振动时的相对位置即振动曲线来描述。由于结构属于多质点体系,有多个自由度,故可呈现出多个自振频率和多种振型。振型是对应于频率而言的,一个固有频率对应于一个振型。按照频率从低到高的排列,依次称为第一阶振型、第二阶振型等。实际的振动形式是若干个振型曲线的叠加组合。结构振型仅与体系的质量和刚度的大小、分布有关,与外界激励无关。

振幅是某阶振型在体系动力作用下的响应幅值。对于自由振动,振幅应该与初位移、初速度以及体系的质量和刚度的大小与分布(也即频率等特性)有关。当计及体系阻尼时,则还与阻尼有关。结构振型的一个特点是理论得出的振型与结构体系实际的振动形态不一定相同。

3. 阻尼

当结构受到外力作用而振动时,会产生一种使外力衰减的反力,称为阻尼力(或减振力)。阻尼的大小取决于结构的物理性质,它与自振频率、振型不同,不能通过计算得到,只能由试验测定,原因是阻尼机理十分复杂,能引起结构振动能量损耗的因素各种各样。

阻尼与作用力的比被称为阻尼系数。因为阻尼力的方向总是与结构振动的方向相反,因此结构材料的阻尼系数越大,意味着其减振(震)效果或阻尼效果越好。当结构体系中的阻尼大到一定程度时,体系在初位移和初速度作用下并不产生振动,将这时的体系阻尼系数称为临界阻尼系数。当阻尼系数小于临界阻尼系数时,体系可以发生自由振动。

阻尼比是表示体系中阻尼大小的一个量,它为体系中实际阻尼系数与临界阻尼系数之比。若阻尼比为0.08,则意味着体系阻尼是临界阻尼的8%。阻尼比可通过实测获得,振幅法是其中之一;也可直接按《公路桥梁抗风设计规范》(JTG/T 3360-01—2018)中表6.6.1和表6.6.2取值。

4. 模态参数

振动力学中把结构体系具有n个主频率和主振型称为具有n个模态,而将主质量和主刚度称为模态质量和模态刚度。主频率、主振型、模态质量、模态刚度以及模态阻尼系数统称为模态参数。

二、动力特性计算

在动力计算中,质量在任意瞬时的几何位置可以用独立的几何参数来表示,其参数的数目称为体系的振动自由度。对于斜拉桥这种质量和刚度连续分布、具有无限多个自由度的结构体系,进行动力特性计算最有效的方法是采用有限元方法。有限元方法是建立在把一个整体连续的结构体系离散成有限个单元的基础上,换言之,即用一个等价的计算模型去代替真实的物理模型。

具有 n 个自由度体系的自由振动可用下述方程来表示:

$$M\ddot{U}(t) + KU(t) = 0 \tag{4-8}$$

式中:M、K——结构体系的质量和刚度矩阵;

$U(t)$——体系各节点的位移矢量。

与上述 n 个自由度的振动模型相对应的特征方程可表示为 $(K - \omega^2 M)U = 0$,由于位移是任意的,应当满足:$|K - \omega^2 M| = 0$。采用子空间迭代法求解特征值,所求得的 n 个实根,分别代表结构的 n 个自振圆频率。一旦得到了体系的振动频率矢量,将各个振型频率代入特征方程,就可得到相应的振型或固有模态。

上述动力特性计算过程目前可采用大型通用程序,如 SAP、ADNA、ANSYS 等来实现,关键问题是正确建立斜拉桥结构的动力计算模型。计算模型应着重于结构的刚度、质量和边界条件的模拟,使其尽量与实际情况相符。结构的刚度模拟主要指各构件的轴向刚度、弯曲刚度、扭转刚度、剪切刚度,以及各杆件之间的相互连接刚度模拟。质量模拟主要指构件和附属物的平动质量和转动惯量模拟,其中平动质量可采用集中质量或分布质量的形式,而转动惯量通常按实际截面的质量分布情况进行计算再作处理。边界条件的模拟应和结构的支承条件如支座形式、基础形式等相符。

1. 主梁模拟

斜拉桥主梁模拟分为单主梁、双主梁和三主梁三种,单主梁又分为脊梁形和Ⅱ形两种,如图 4-13 所示。

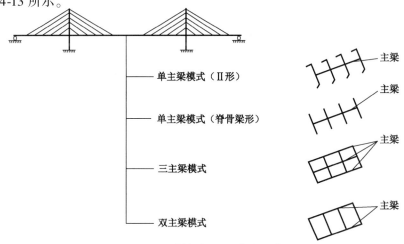

图 4-13 斜拉桥主梁模拟示意

脊梁模式是将结构主梁离散成纵横向空间梁单元,形式上类似脊梁,故称脊梁模式。原主梁的轴向刚度、弯曲刚度、扭转刚度和剪切刚度均集中到纵向梁单元上,然后再通过两根刚度较大的脊骨单元与索单元相连。脊骨单元的刚度取值很重要,对计算结构有影响。Ⅱ形模式在模拟主梁时,是将结构刚度和质量分开处理,即把刚度集中在中间主梁单元上,把桥面系质量分配到两侧的质量元上。质量元与主梁单元的连接通过水平和竖向刚臂单元实现。Ⅱ形模式能比较正确地反映截面实际受力情况,缺点是节点和单元数量增大,和脊梁模式类似,由于原桥面系刚度都集中在唯一的中间主梁单元上,因而无法考虑截面翘曲刚度的影响。

双主梁模式由两根对称分布于两侧的梁单元(面积和竖弯刚度分别取原主梁断面的一半)以及连接两侧主梁的横梁单元组成。纵梁间距等于索面距离,横梁间距等于索距。与单主梁模式相比,双主梁模式横向刚度模拟比较符合实际情况。三主梁模式是将原结构主梁横向离散成三根梁单元,梁单元之间通过刚性横梁连接。

通常,在斜拉桥的地震反应分析中,采用单主梁与双主梁模式计算的居多;在大跨径斜拉桥抗风分析中采用三主梁模式更为合适,因为三主梁模式能更好地模拟主梁的扭转特性。

2. 主塔模拟

塔柱和横梁均采用空间梁单元模拟,截面变化点和拉索锚固点都是单元的自然节点。

3. 拉索模拟

采用杆单元模拟,并按等效弹性模量来考虑非线性影响。

4. 基础模拟

扩大基础、沉井基础等可按固结模型模拟;桩基础可按土弹簧单元模拟桩周边土抗力的影响。

斜拉桥由外荷载引起的振动常分为竖向弯曲振动、扭转振动和弯扭耦合振动。竖向弯曲振动主要表现在主梁的垂直方向弯曲振动及塔柱沿桥纵向的弯曲振动,这种振动的特点是在面内振动,亦可称为竖向振动;面外横向振动,由于斜拉索的牵制作用,它总是与主梁和索塔的扭转振动耦联在一起,总称为横向振动。竖向振动与横向振动都属于简谐振动,一般不关联。斜拉桥动力计算模式应着重于结构刚度、质量和边界条件的模拟,使其尽量与实际情况相符。

动力计算结果一般取前十阶频率及相应的振型,自振频率由低向高排列。自振频率越低,说明结构这个方向振动的刚度配置越低,约束越弱,对应的振型发生的可能越高,如斜拉桥全飘浮体系,第一自振频率对应的是纵飘振型。斜拉桥抗风、抗震动力稳定性都是建立在其结构动力特性基础上的,抗风稳定性分析,根据风致振动特性如颤振、抖振等,着重针对第一阶竖弯、第一阶扭转和第一阶侧弯振型;抗震分析,则着重针对第一阶纵飘振型和第一阶竖弯振型。

第六节 抗风计算

斜拉桥在风荷载作用下,结构内力和变形的最大值与结构的自振频率和振型,即结构动力特性密切相关。总体上讲,结构刚度越大,动力特性越好,结构越具有良好的抗风性能。

当风作用在一般为非流线型截面的桥梁结构时,会产生旋涡和流动的分离,形成复杂的空气作用力。若结构刚度较大,这种空气作用力仅相当于静力作用;若刚度较小,结构振动受到激发,此时空气作用力不仅具有静力作用,而且还具有动力作用。风的静力作用会引起结构的变形,导致结构的强度和静风稳定性问题。风的动力作用会引起结构发散振动或疲劳振动,导致结构破坏。

大跨径斜拉桥,属于柔性结构,风致振动既有静力作用又有动力作用。静力作用主要针对主梁的静力失稳,包括扭转发散失稳和横向屈曲失稳。动力作用则引发斜拉桥构件发生颤振、驰振、涡激共振、抖振、风雨振等风振现象。动力作用的特点是,气流引发结构振动,结构振动反过来又影响气流状态,彼此耦合,相互作用。动力效应通常呈现两种状态:①当风速达到某一临界值时,桥梁振幅不断增大直至产生使结构毁坏的自激振动,它是一种发散振动,如颤振和驰振;②结构振幅有限,不会发散,虽不会引起毁灭性破坏,但会引起疲劳和行车不舒适,如低风速时经常发生的抖振和涡振。对斜拉桥影响最大的是竖向弯曲振动和横向振动(又称弯扭联合振动)。横向振动是空气作用力和结构物反应间存在相位差而产生的一种发散性振动,常易导致桥梁破坏。

1. 风振现象基本概念

斜拉桥几种主要动力风振现象的产生机理如表4-4所示。

主要动力风振现象的产生机理 表 4-4

风振现象	发 生 机 理
抖振	在风的脉动力、上游构造物尾流的脉动力或风绕流结构的紊流脉动力的作用下,结构或构件发生的一种随机振动现象
涡激共振	风经过结构时产生漩涡脱落,当漩涡脱落频率与结构或构件的自振频率接近或相等时,由涡激力所激发出的结构或构件的一种共振现象
驰振	振动的桥梁或构件通过气流的反馈作用不断吸取能量,横风向弯曲振幅逐步增大的发散性自激振动失稳现象
尾流驰振	一定距离内的并列结构或构件在上游结构或构件的尾流诱发下,下游结构或构件产生的一种驰振现象
颤振	振动的桥梁或构件通过气流的反馈作用不断吸取能量,扭转振幅逐步或突然增大的发散性自激振动失稳现象
风雨振	拉索在风和雨共同作用下发生的一种驰振现象
参数共振	桥面或索塔在斜拉索弦长方向的小幅振动引起的一种斜拉索横向振动放大现象
线性内部共振	桥面或索塔在垂直于斜拉索弦长方向的小幅振动引起的一种斜拉索横向振动放大现象

1)斜拉索的动风效应

由于斜拉索自重和阻尼小、柔度大,因此在风或支撑端运动的激励下,会发生强烈的横向运动,导致拉索根部的疲劳破坏,影响拉索的使用寿命。斜拉索的振动从理论上讲可以表现为涡激共振、参数共振、横流驰振、尾流驰振抖振和风雨振。

(1)涡激共振。当拉索的涡脱频率与拉索某一阶的横向振动频率相一致时会发生涡激共振。由于拉索的基频较低,相应的涡振风速也小。

(2)参数共振。当主梁的振动频率和某一斜拉索的横向局部振动频率成倍数关系时,将会引发斜拉索的自激性参数共振。常见的制振措施有高阻尼橡胶阻尼器、黏滞液体阻尼器、黏滞剪切型阻尼器、磁流变阻尼器、永磁铁阻尼器和干摩擦阻尼器等。实际设计时,需要确定斜拉索最优的对数衰减率、最优的阻尼比和阻尼器系数。

(3)横流驰振。严寒地区,当圆截面拉索表面裹冰以后,形成非流线型气动外形,可能引发裹冰拉索横流驰振。应及时除去拉索表面的结冰体。

(4)尾流驰振。斜拉索受纵向风作用时,由于前后拉索的固有频率相近,若后排拉索位于前排拉索尾流区形成的不稳定驰振区内,其振幅会不断加大。斜拉索索距一般

16m 左右,距离较大,一般很少发生尾流驰振。

(5)抖振。因斜拉索迎风面不大,其自振频率一般在脉动风能量较小的频率范围,故抖振不大。

(6)风雨振。雨水在拉索表面形成的水线在风激励下产生的不稳定振动称为风雨振。风雨振最强烈,造成的危害也最大,目前已成为国内外桥梁工程界研究的难点和热点问题之一。拉索的制振措施有:在拉索表面设凹槽或缠绕螺旋线,或在拉索与主梁交接处附近安装减振阻尼器,以及增加拉索的刚度从而提高拉索的振动频率,避免低频率的风致拉索振动。

2)主梁的动风效应

大跨径斜拉桥主梁纤细,结构较柔。从理论上讲,主梁在风作用下,既要考虑风对结构的静力失稳效应,包括扭转发散失稳和横向屈曲失稳;还必须考虑风对结构的动力失稳效应,包括可能发生的抖振、涡激共振、驰振和颤振失稳。

(1)扭转发散失稳。当风速达到静力扭转发散临界风速时,主梁由于升力矩过大导致扭转角剧增而产生倾覆现象。提高结构的刚度,增大结构的固有频率尤其是扭转频率,是提高结构的抗风稳定性的有效措施。

(2)横向屈曲失稳。主梁在静风荷载作用下发生偏转,当风速达到横向屈曲临界风速时,主梁变形由原来的侧向弯曲突然变成在侧弯状态下的竖弯和扭转的耦合变形,导致结构失稳。同样需要提高结构的刚度,增大结构的固有频率尤其是扭转频率。

(3)抖振。主梁自身尾流引起抖振较小,受上游附近结构(一般距离较大)尾流的影响也较小。主要考虑大气边界层特征紊流(不规则的来流紊流)引起的抖振。虽然抖振不会引起结构毁灭性的破坏,但由于它发生的频率较高,风速相对较低,会导致结构的功能性障碍,如引起构件疲劳,影响行车舒适。在主梁上附加抑流板、导流板和扰流板对减小抖振反应十分有效。

(4)涡激共振。对于非流线型主梁,来流会因钝体结构存在不同断面引发涡激力,引起结构振动。如果旋涡脱落的频率与结构的固有频率相接近时,就会引起涡激共振。提高主梁截面的扁平度是有效措施。主梁宽高比愈大,即扁度愈大,则气动稳定性愈好。一般要求桥梁截面的扁度 $B/h > 7$。或改善加劲梁截面两端(来流分离的主要部位)的外形,如添加风嘴等,使截面趋向流线型,以改善气流绕流的流态,减少涡脱。

(5)驰振。驰振是一种单自由度弯曲自激振动,具有发散性,通常可能发生在横风下主梁为棱角截面(如矩形)的结构中,即横流驰振。带悬臂的截面与钝头截面相比有较好的气动性能,而且悬臂愈长,稳定性愈好。

(6)颤振。主梁颤振是一种发散性的自激振动,当风速增大到一定程度时,主梁在振动过程中从气流中吸收的能量会大于结构阻尼在振动中耗散的能量,于是主梁的振动幅度会不断地增大直至破坏。当气流经过流线型主梁断面时会导致弯扭耦合颤振,当气流绕过钝体主梁断面时则会引起扭转颤振。

试验和分析表明,中心开槽的闭口箱梁的颤振临界风速将得到一定程度的提高,而且随着开槽宽度的增加桥梁的颤振临界风速会继续上升。采用分离式闭口箱梁,在分离的箱梁间通过横梁连接成整体。通过分离箱梁间的开放空间增加透风率,减小加劲梁顶底面的空气压力差从而增加气弹稳定性。

3)索塔的动风效应

斜拉桥索塔,尤其是普遍应用的混凝土索塔,刚度相对大,一般认为只可能发生涡激共振和驰振两种风振现象。常见的 A 形、倒 Y 形和钻石形等索塔结构形式都具有较好的抗风稳定性。索塔塔柱断面切角或附加气动装置可以改善索塔的驰振稳定性或抑制涡激共振。

(1)涡激共振。斜拉桥索塔一般都是非流线型,同非流线型主梁一样,会因涡激力引起结构振动。如果旋涡脱落的频率与结构的固有频率相接近时,就会引起涡激共振。

(2)驰振。同主梁一样,具有棱角的索塔截面结构,可能在横风作用下发生横流驰振。

钢结构索塔的阻尼比小,抗风稳定问题相对突出,一般须通过风洞试验研究钢塔在风场中的振动特性,并择优选出涡激振动响应最小的结构断面。

2. 风作用及效应

自然风对斜拉桥的作用可分为静力和动力两大类。静力作用主要引起斜拉桥的强度、变形破坏和静力失稳。静力失稳又分两种形式:一种是主梁以扭转变形形式失稳,称扭转发散;另一种是由于主梁过大的横向弯曲变形而引起垂直方向的失稳,称横向屈曲。动力作用则引起斜拉桥结构的风致振动,大致分抖振、涡激共振、驰振、扭转颤振和耦合颤振。

风对桥梁结构作用的分类见表 4-5。

风对桥梁结构作用的分类　　　　　　　　表 4-5

效应分类		作用
静力效应	内力和变形	风荷载的静力作用或与其他荷载的组合静力作用
	静力失稳	

续上表

效应分类		作用
静风效应	静风扭转发散	风的静力扭转作用
	静风横向失稳	风的静力阻力与扭转共同作用
动力效应	抖振	紊流风随机激励作用
	涡激共振	漩涡脱落频率与结构自振频率相近或相等时的涡激力作用
	弛振	结构振动自激力的气动负阻尼作用
	颤振 — 扭转颤振	
	颤振 — 弯扭耦合颤振	结构振动自激力的气动阻尼及刚度作用

根据实践经验,对于跨径在150m以下的各类公路混凝土桥梁,由于结构的刚度较大,风致振动很小,与静风荷载相比,动力风荷载是次要的,采用短时距的阵风风速进行静力抗风设计已能满足桥梁在风作用下的抗风设计要求,因而可不进行复杂的风致振动的分析和动力抗风设计。

3. 风速计算

风速计算相对简单,具体公式及参数取值,如地表粗糙度系数、风速高度修正系数和施工阶段的风速重现期系数等,可参阅现行《公路桥梁抗风设计规范》(JTG/T 3360-01)。在进行抗风计算之前,首先要弄清楚基本风速、桥址处设计风速、设计基准风速和施工阶段设计风速的概念。风速计算成果是最终确定的设计基准风速和施工阶段设计风速,并以此来进行抗风计算。

1)基本风速

开阔平坦地貌条件下,地面以上10m高度处,100年重现期的10min平均年最大风速称为基本风速。当桥梁所在地区的气象台站具有足够的连续风速观测数据时,可推算基本风速;当桥梁所在地区缺乏风速观测资料时,基本风速可由全国基本风速分布图选取。

2)桥址处设计风速

基本风速是桥梁所在地区的观测数据,并非桥址处,应根据桥址处与附近气象站的风速观测数据的相关性推算桥址处的设计风速。显然设计风速也是地面以上10m高度处,100年重现期的10min平均年最大风速。

3)设计基准风速

基本风速或设计风速都是地面以上10m高度处的自然风概率统计值,并非桥梁具体构件位置处的数据,因此需要根据桥梁构件基准高度换算。通过基准高度换算得到的风速称为设计基准风速。设计基准风速既可以通过基本风速换算得到,也可以通过桥址处的设计风速换算得到。

对于斜拉桥而言,基准高度取值见表4-6。

斜拉桥构件基准高度   表4-6

构件	基准高度
主梁	主跨桥面距水面或地表面或海面的平均高度(河流以平均水位,即一年中有半年不低于该水位的水面为基准面,海面以平均海面或平均潮位为基准面)
斜拉索	斜拉索的平均高度距水面或底面的高度
索塔(墩)	水面或地面以上塔(墩)高65%高度处

4. 风荷载

作用于桥梁结构上的风荷载是随时间和空间不断变化的。实际抗风设计中是将自然风分解成不随时间变化的平均风和随时间变化的脉动风两种,并分别考虑它们对桥梁结构的作用。一般来讲,风荷载由三部分组成:①平均风的作用;②脉动风的背景脉动;③由脉动风诱发抖振而产生的惯性力作用,它是脉动风谱和结构频率相近部分发生的共振响应。一般是将平均风作用和风的背景脉动两部分合并,以静阵风系数来综合考虑其影响。静阵风系数是总的风响应和平均风响应之比,是大于1的系数。静阵风系数越大,脉动风影响越大。抖振惯性力与平均风效应和风的背景脉动效应一般不能直接叠加,需要按矢量方式叠加。作用在主梁上的竖向力和扭转力矩主要由结构惯性力构成。

5. 抗风计算

斜拉桥的抗风设计计算分承载能力极限状态和正常使用极限状态进行。承载能力极限状态的设计计算包括静风稳定性、驰振稳定性、颤振稳定性等风致振动稳定性计算;正常使用极限状态的设计计算包括涡激共振、抖振、拉索振动等风致限幅振动计算。具体计算方法参见现行《公路桥梁抗风设计规范》(JTG/T 3360-01)进行,并应考虑结构体系的转换过程,必要时进行风洞试验。

对于斜拉索风致振动计算应符合下列规定:①横截面不能保证为圆截面时,应计算斜拉索的驰振临界风速。②斜拉索由两根以上平行索组成,且风向上下游索距在$6D \sim 40D$(D为上游索直径)范围内,下游索距尾流中心距离在$2D \sim 4D$时,应考虑下游索的尾流驰振。③斜拉索外防护层为圆截面时,应计算斜拉索涡激共振的临界风速。④计算斜拉索风雨振时,风雨振相关参数可按现行《公路桥梁抗风设计规范》(JTG/T 3360-01)取用或风洞试验确定。

斜拉桥施工阶段的抗风验算,应考虑裸塔、最大双悬臂状态和最大单悬臂状态等典型工况。对于裸塔工况,最危险的状态是索塔浇筑完成、施工模板尚未拆卸时的状态,此时结构的挡风面积是最大,静风荷载效应最危险;另外由于裸塔是高耸结构,风荷载作用下需要验算驰振或涡激共振的稳定性。对于主梁最大悬臂工况,应验算索塔两侧不平衡横向风力作用下的稳定性,横风作用较为复杂,既直接横向作用在主梁上又会从梁底对主梁产生升举力。对横风作用可按空间结构计算;对升举力可视为静荷载按平面杆系进行计算。

6. 风致振动控制

斜拉桥结构的抗风能力可以通过结构措施、气动措施、机械措施予以提高或改善。结构措施是通过增加结构的总体刚度来提高桥梁的气动稳定性;气动措施是通过选择空气动力稳定性好的断面或附加气动装置,来达到减小激振外力输入的目的;机械措施是通过附加阻尼来达到减小桥梁整体或局部构件的振动反应输出的目的。但各种措施不可截然分开,应综合考虑。另外,从结构设计上应使桥宽与跨径之比不小于1/30。

1)主梁

当主梁断面不能满足气动稳定性要求时,可适当修改断面、增加阻尼或采用附加导流板、抑流板、风嘴、分流板和中央稳定板等装置改善空气动力学性能。在满足气动稳定性要求的前提下,可采用机械措施降低涡激共振或抖振响应。

2)索塔和高墩

索塔塔柱断面切角或附加气动装置可以改善索塔的驰振稳定性或抑制涡激共振。当气动措施不能满足抗风要求时,可以采用阻尼装置或主动控制措施控制索塔施工过程和成桥后的风致振动。

3)斜拉索

辅助缆索、设置阻尼装置、联结器联结若干根斜拉索可以达到减振的目的。附加凸起、卷缠螺旋线、表面加工或改变断面形状的方式可以防止或降低斜拉索风雨振的发生。横向并列的拉索中心间距宜大于拉索直径的5倍,并应避免在10~20倍的直径范围内,拉索在风侧发生尾流驰振。

第七节 抗震计算

地震作用是一种不规则的循环往复荷载,具有较强的随机性,它对桥梁结构破坏的主要影响参数是地震动强度(振幅、峰值)、频谱特性和持续时间。对于斜拉桥,地震荷载的传力路径是:地震作用产生的上部结构惯性力→通过斜拉索传给塔柱→通过塔柱再传给基础。地震动对桥梁结构的作用分水平、横向和竖向,对于大跨径斜拉桥而言,一般情况下结构纵向和横向的地震反应均大于竖向反应。

斜拉桥的抗震性能与结构体系密切相关。

(1)飘浮体系。主梁和索塔在桥梁纵向位移相对自由,这种结构体系在纵向地震作用下,索塔是抗震薄弱环节,索塔纵向振动引发的主梁振动表现为纵向和竖向耦合振动,塔顶处的纵向位移最大,并在塔底截面产生最大纵桥向内力;由于主梁纵向位移自由,主梁的地震反应远小于索塔。在横向地震作用下,塔顶处发生最大横向位移,并在塔底产生最大横向内力;主梁的最大横向位移出现在跨中,横向内力的最大值则出现在塔梁交接处截面。飘浮体系纵向多采用黏滞阻尼器,向结构提供额外的耗散地震动能量的能力来减小地震响应。

(2)刚构体系。由于塔-梁-墩全部固结导致了主梁纵飘振型消失,使得地震作用无论是纵向还是横向下的整体位移反应较小,而塔、梁等构件的内力反应较大,尤其是塔梁墩固结处。

(3)塔梁固结体系。体系特点是塔梁连接采用固结,其余部分位移自由。全桥位移反应总体较小,塔梁固结处内力反应则较大,因此塔梁固结处的索塔、主梁部分是这种纵向部分固结体系的抗震薄弱部位。

对于塔梁固接体系的独塔斜拉桥而言,纵向刚度较大,结构振动周期较短,可以有效地控制地震荷载作用下梁端纵向位移,因此,一般情况下过渡墩、辅助墩竖向均设置活动支座,横向多采用拉索支座,正常运行情况下通过支座自带的剪力键保证横向约束,地震力达到一定程度后,剪力键剪断,拉索起限位作用。

1. 基本概念

1)峰值加速度

地震峰值加速度指地震震动过程中,地表质点运动加速度的最大绝对值。《公路工程抗震规范》(JTG B02—2013)规定,桥梁设计中基本地震动峰值加速度是指50年超越概率10%的地震动峰值加速度,也即重现期为475年的地震动峰值加速度。地震动峰值加速度是抗震设计计算的基本依据,同时也是确定地震基本烈度的依据。地震动峰值加速度和地震基本烈度的关系见表4-7。对于斜拉桥这种大型桥梁结构,当地震峰值加速度大于或等于$0.4g$时,应进行工程场地地震安全性评价。

地震基本烈度和地震动峰值加速度的对应关系　　　　表4-7

地震基本烈度	6	7		8		9
水平向	≥0.05g	0.10g	0.15g	0.20g	0.30g	≥0.40g
竖向	0	0		0.10g	0.17g	0.25g

2) 反应谱特征周期

反应谱是在给定的地震加速度作用期内,单质点结构体系的最大位移反应、速度反应和加速度反应随质点自振周期变化的曲线。反应谱特征周期是指加速度反应谱曲线下降段起始点对应的周期值,一般取决于地震环境和场地类别。特征周期实际上是地震专家们为了模拟地震反应谱提出的设计参数,是根据大量地震统计数据提出来的。特征周期的取值实际基本上是经验值。

3) 地震作用

地震作用是指作用在结构上的地震动,包括水平地震作用和竖向地震作用等。一般E1地震作用是指重现期为475年的地震作用;E2地震作用是指重现期为2000年的地震作用。地震作用应根据场地设计地震动峰值加速度和地震动反应谱特征周期来确定。

4) 抗震设防标准

按照《公路工程抗震规范》(JTG B02—2013),桥梁抗震设防标准分A、B、C、D四类,其中A类是指桥梁单跨跨径超过150m的特大桥,斜拉桥绝大多数应该属于A类设防。A类设防的目标是E1地震作用下,结构不受损害或不需要修复可继续使用;E2地震作用下,结构可能发生局部轻微损伤,不需要修复或经简单修复即可继续使用。

为了保证结构抗震设防标准,应采取抗震措施。表4-8为A类桥梁抗震措施设防烈度表。

A类桥梁抗震措施设防烈度表　　　　表4-8

地震基本烈度	6	7		8		9
对应基本峰值加速度	≥0.05g	0.10g	0.15g	0.20g	0.30g	≥0.40g
A类桥梁	7	8	8	9		专门研究

5) 两阶段抗震设计

《公路工程抗震规范》(JTG B02—2013)规定按两阶段进行抗震设计。第一阶段采用弹性抗震设计方法,对应 E1 地震作用,不允许结构在地震中发生塑性变形,采用构件强度控制设计;第二阶段采用延性抗震设计方法,对应 E2 地震作用,允许结构在地震中发生可控塑性变形,但不发生严重损伤,设计时不仅控制构件强度,而且还要校核构件的延性能力是否满足要求。对于 A 类设防标准的桥梁,抗震设计应在专门研究的基础上进行。

2. 抗震计算方法概述

桥梁抗震计算总体上分静力和动力两大类。静力法假设结构物各个部分与地震动有相同的振动,此时结构物上只作用着地面运动加速度乘以结构物质量所产生的惯性力,即公式(4-9)。

$$F = K \cdot W \tag{4-9}$$

式中:F——惯性力;

K——地面运动加速度峰值与重力加速度的比值;

W——结构物各部分重量。

静力法的特点是概念清楚、计算简单。但静力法只有当结构物的基本固有周期比地面运动卓越周期小很多时才能成立,这时结构物在地震动时几乎不产生变形而可以被当作刚体。如果结构物的动力效应不能忽略,公式(4-9)就不适用。

对大跨径斜拉桥而言,静力法基本上不适用,因为仅仅把地震加速度看作是结构地震破坏的单一因素局限性很大,因为它忽略了结构动力特性的影响。有时忽略动力特性的影响会导致对结构抗震能力的错误判断。随着对抗震计算的深入研究,更为合理的、与结构动特性挂钩的反应谱法和动态时程分析法被提出。

反应谱法利用地震荷载概念,通过求解地震力控制方程而得到结构的最大地震反应,计算中考虑了地面运动加速度、结构振动周期以及阻尼比等动力特性,比静力法有了很大的进步。反应谱方法只适用于线弹性体系的抗震计算,因为它使用了振型叠加原理。反应谱法的优点是概念简单、计算工作量小,对于一般桥梁而言,只要计算前几阶振型即可得到满意的结果。反应谱法虽然能得到结构的最大反应,但不能反映结构在地震动过程中的经历,也无法反映地震动持续时间对结构地震反应的影响。

针对反应谱法的局限性,工程界又提出了动态时程分析法。时程分析法的基本思想是将地震动持续时间分为若干个相等的时间步长,并假定了在时间步长内加速度的变化规律以及加速度、速度、位移之间关系,然后采用前一时间步末的结果作为本时间步计算的初始条件进行方程求解,得到地震过程中每一瞬时结构的位移、速度和加速度响应。

显然,时程分析法与实际情况更吻合,优势更明显。

像斜拉桥这样的柔性结构体系,其基本振型的周期一般较长,应用反应普法具有局限性,因为规范中反应谱的长周期段较短,会导致反应谱法得到的结构响应有较大的误差。应用动态时程分析法,则能较为客观、准确地计算结构地震反应。

3. 反应谱分析法

反应谱法是目前结构抗震设计中广泛使用的方法。它的基本含义是单自由度体系在给定的地震记录下,体系的自振周期与结构最大响应的关系曲线,即在给定的地震加速度作用期间,单质点体系的最大位移反应、速度反应和加速度反应随质点自振周期变化的曲线。反应谱法建立了结构动力特性与地震动特性之间的动力关系。

1) 单自由度体系的反应谱

广义线性单自由度体系的反应谱是抗震分析的基础。范立础编著的《桥梁抗震》一书给出了广义线性单自由度体系的反应谱。设 $\ddot{u}_g(t)$、$\ddot{u}(t)$ 分别为地面运动加速度、质点相对地面的运动加速度,ξ、ω 分别为阻尼比和自振频率,则质点在地震作用下的振动方程为:

$$\ddot{u}(t) + 2\xi\omega\dot{u}(t) + \omega^2 u(t) = -\ddot{u}_g(t) \tag{4-10}$$

通过数值积分法,由式(4-11)、式(4-12)、式(4-13)可以得到相对位移、相对速度和绝对加速度反应:

$$u(t) = \frac{1}{\omega_d}\int_0^t \ddot{u}_g(\tau) e^{-\xi\omega(t-\tau)}\sin\omega_d(t-\tau)\mathrm{d}\tau \tag{4-11}$$

$$\dot{u}(t) = -\frac{\omega}{\omega_d}\int_0^t \ddot{u}_g(\tau) e^{-\xi\omega(t-\tau)}\cos[\omega_d(t-\tau)+\alpha]\mathrm{d}\tau \tag{4-12}$$

$$\ddot{u}(t) + \ddot{u}_g(t) = \frac{\omega^2}{\omega_d}\int_0^t \ddot{u}_g(\tau) e^{-\xi\omega(t-\tau)}\sin[\omega_d(t-\tau)+2\alpha]\mathrm{d}\tau \tag{4-13}$$

式中:$\omega_d = \omega\sqrt{1-\xi^2}$;

$\alpha = \arctan(\xi/\sqrt{1-\xi^2})$。

抗震工程中的动力放大系数或称标准化反应谱见式(4-14):

$$\beta(\omega,\xi) = \frac{|\ddot{u}+\ddot{u}_g|_{\max}}{\ddot{u}_{g,\max}} \tag{4-14}$$

式(4-14)仍保留了早期静力理论的形式。

2) 多自由度体系的反应谱

由动力学可知,多自由度线性振动体系应用振型分解法可分解成多个独立的广义单自由度振子。但一般情况下,广义单自由度振子的最大反应不同时发生,因此需要以适当的方式将它们组合起来,以得到工程设计所关心的最大反应量的近似估计值。

目前应用较广泛的是基于随机振动理论的 CQC 方法,即体系振动考虑平扭耦联效应,与实际情况较为符合。CQC 法有三个基本假定:①地震动为平稳随机过程;②地震动为宽带过程;③平稳随机过程的性质对其峰值因子的影响不显著。显然平稳假定是一种简化,实际地震动过程是非平稳的。结构振型周期小,平稳假定影响不大,对大跨径柔性结构的斜拉桥而言,一般振动周期较长要慎重应用这一假定。

多维地震动输入下的振型组合,问题更为复杂,且不少问题没有得到解决。有兴趣的读者可参阅相关专业书籍。

4. 动态时程分析法

由于反应谱方法存在诸多局限性,自 20 世纪 60 年代开始,时程分析法被引入到大跨径桥梁的地震反应分析中。时程分析法可分析得到结构在地震作用下的响应时程,即在整个地震持续时间内每一时刻的位移、速度和加速度反应,以及振幅、频谱和持续时间对结构响应的影响;可分析出结构在地震作用下,构件逐步开裂、损坏直至倒塌的全过程;可分析地震时程相位差、不同地震时程多分量多点输入以及复杂非线性因素、分块阻尼等问题,因而被认为是大跨径桥梁地震响应分析的有力工具。

时程分析法是将连续结构离散为多节点、多自由度体系,并在支点激励下建立结构的运动方程:

$$\begin{bmatrix} M_s & 0 \\ 0 & M_b \end{bmatrix} \begin{Bmatrix} \ddot{y}_s \\ \ddot{y}_b \end{Bmatrix} + \begin{bmatrix} C_s & C_{sb} \\ C_{sb}^T & C_b \end{bmatrix} \begin{Bmatrix} \dot{y}_s \\ \dot{y}_b \end{Bmatrix} + \begin{bmatrix} K_s & K_{sb} \\ K_{sb}^T & K_b \end{bmatrix} \begin{Bmatrix} y_s \\ y_b \end{Bmatrix} = \begin{Bmatrix} 0 \\ F_b \end{Bmatrix} \tag{4-15}$$

式中:$\ddot{y}_s$、$\dot{y}_s$、y_s——非支承处自由度的绝对加速度、速度和位移向量;

M_s、C_s、K_s——相应的质量、阻尼和刚度矩阵;

$\ddot{y}_b$、$\dot{y}_b$、y_b——支承处自由度的绝对加速度、速度和位移向量;

M_b、C_b、K_b——相应的质量、阻尼和刚度矩阵;

F_b——支承反力。

忽略支承运动产生的阻尼力,式(4-15)可给出增量方程形式:

$$M_s \Delta \ddot{u}_s^d + C_s \Delta \dot{u}_s^d + K_s \Delta u_s^d = -M_s R \Delta \ddot{y}_b \tag{4-16}$$

式中:$\Delta \ddot{u}_s^d$、$\Delta \dot{u}_s^d$、Δu_s^d——分离出来的动力反应绝对加速度、速度和位移向量的增量。

由于式(4-16)为非线性方程,求解需要采用迭代方法。求解一般步骤如下:

①确定积分步长;

②确定当前积分步长内结构的质量、刚度、阻尼及恢复力;

③计算初始加速度；

④确定等效刚度和等效荷载；

⑤计算位移增量；

⑥计算结构的位移、速度和加速度反应。

大跨径斜拉桥结构地震反应时程分析主要采用有限元方法，其空间非线性主要考虑如下几方面：

①缆索垂度影响。采用等效弹性模量；

②大变形引起的塔、梁、柱单元轴力、弯矩相互作用。采用考虑大变形的塔、梁、柱单元的切线矩阵；

③梁柱单元的材料非线性。采用空间混凝土梁弹塑性单元；

④大位移引起的结构几何非线性。采用大位移几何矩阵；

⑤桥梁支座、伸缩缝、挡块等边界及连接单元非线性。采用空间支座或伸缩缝连接单元；

⑥地基土壤的非线性。采用桩土结构相互作用模型及地基土层非线性模型。

采用时程分析法分析，应注意地震动加速度时程波形对计算结果的影响。目前加速度时程波形主要有三种选择方法：①直接利用强震加速度记录；②采用人工合成地震加速度时程；③标准化的地震加速度时程。若直接利用地震加速度记录时，应依照下述原则，即强震加速度记录的最大峰值加速度应符合桥址所在地区的烈度要求，其主要周期应尽量接近桥址场地的卓越周期；至于地震持续时间，原则上应采用持续时间较长的记录。

5. 抗震性能验算准则

《公路斜拉桥设计规范》(JTG/T 3365-01—2020)明确给出斜拉桥抗震性能的验算准则，见表4-9。

斜拉桥抗震性能的验算准则　　表4-9

结构部件	抗震设防水准	
	E1 地震作用	E2 地震作用
基础	按现行《公路桥涵地基与基础设计规范》(JTG 3363)进行基础的承载力计算	基础结构由地震组合产生的弯矩设计值小于截面等效抗弯屈服弯矩(考虑轴力)，等效抗弯屈服弯矩按现行《公路桥梁抗震设计规范》(JTG/T 2231-01)的规定计算； 按现行《公路工程抗震规范》(JTG B02)和《公路桥涵地基与基础设计规范》(JTG 3363)进行地基的承载力计算

续上表

结构部件	抗震设防水准	
	E1 地震作用	E2 地震作用
辅助墩、过渡墩、索塔	按现行《公路钢筋混凝土及预应力混凝土桥涵设计规范》(JTG 3362)和《公路钢结构桥梁设计规范》(JTG D64)进行承载力计算	按现行《公路工程抗震规范》(JTG B02)和《公路桥梁抗震设计规范》(JTG/T 2231-01)的规定,进行塑性变形能力和抗剪承载力计算;索塔截面由地震组合产生的弯矩设计值小于截面等效抗弯屈服弯矩(考虑轴力),等效抗弯屈服弯矩按现行《公路桥梁抗震设计规范》(JTG/T 2231-01)的规定计算
主梁、斜拉索	—	按《公路斜拉桥设计规范》(JTG/T 3365-01—2020)第7.2.4条的规定进行承载力计算
支承连接装置	—	按现行《公路工程抗震规范》(JTG B02)和《公路桥梁抗震设计规范》(JTG/T 2231-01)的规定,进行变形能力和抗剪承载力计算

6. 结构抗震控制

大跨径斜拉桥的抗震控制主要体现在减隔震设计,即在桥梁上部结构和下部结构之间设置减隔震系统如阻尼器,以增大原结构体系的阻尼或周期,降低结构的地震反应和减小输入到上部结构的能量,达到预期的防震要求。阻尼器可布置在主梁与索塔、主梁与过渡墩或辅助墩连接处。阻尼器安装位置应设置相应的预埋装置,并对结构进行局部加强。另外,塔梁交界处,宜在横桥向梁体两侧设置橡胶缓冲装置。

CHAPTER FIVE 第五章

斜拉桥主梁设计

斜拉桥主梁的截面形式应根据材料、跨径、索距、桥宽、索面数等情况,并考虑结合结构受力、抗风稳定性要求和施工方法进行选用。斜拉桥主梁宜在全桥长度范围内,布置成连续结构。

斜拉桥主梁类型较多,根据实际应用情况,本章主要介绍混凝土主梁、钢结构主梁、叠合梁主梁、混合梁主梁、波形钢腹板主梁五种。对于混凝土主梁,矮塔斜拉桥比较特殊,故单独介绍;钢结构主梁主要分钢箱、钢桁架、格构梁三种介绍;对于叠合梁,主要分混凝土板与钢箱叠合、混凝土板与钢格梁叠合介绍;对于混合梁斜拉桥,因混凝土和钢主梁已在混凝土主梁、钢主梁中作过介绍,故只介绍钢混结合段;波形钢腹板主梁应用相对少,只作一般性介绍。

第一节　混凝土主梁

一、一般斜拉桥

1. 截面形式及布置

混凝土斜拉桥主梁截面以实心板式、肋板或边箱、箱形截面为主,其典型截面形式如图 5-1 所示。

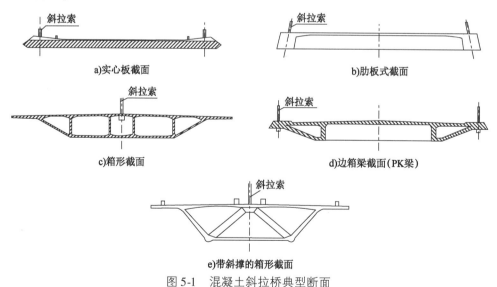

图 5-1　混凝土斜拉桥典型断面

(1)实心板截面。如图 5-1a)所示,实心断面构造简单、建筑高度低、抗风性能好,多用于跨径 200m 以下的双索面体系的窄斜拉桥。当板较厚时,可做成空心板截面。采用板式截面的斜拉桥有瑞士的 Rhein 桥、加拿大的 ALart Fraster 桥和希腊的 Evipos 桥(主跨215m)。实心板在目前工程中已很少采用,多被肋板式或边箱式代替。

(2)肋板式截面及边箱截面。如图 5-1b)、d)所示,边肋或边箱主要用于承重及锚固拉索,梁(肋)之间设置桥面系,是混凝土斜拉桥双索面应用较多的断面形式,国内 20 世纪 90 年代和 21 世纪前十年,建造了大量肋板式截面斜拉桥工程。究竟采用肋板式截面还是边箱截面则要进行施工方法和经济性的比选,一般来讲边肋板式截面经济好且施工方便,但边箱截面刚度大。采用双边箱截面的工程有上海泖港大桥和阿根廷的 Rio Parana 桥;采用双主肋截面的工程有广东西樵山大桥、重庆长江二桥、安徽铜陵长江大桥、绍兴的曹娥江大桥和湖北铁罗坪大桥,以及美国的 Dame Point 大桥。有时为了增加桥面板刚度在板中设置小纵肋,如江苏五河口大桥桥面宽38.6m,在桥面板中间设置了两个小纵肋。

(3)箱形截面。如图 5-1c)、e)所示,闭合箱形截面,具有较大的抗弯、抗扭刚度,适用于单索面斜拉桥。箱形截面中的倾斜腹板虽然施工麻烦,但在抗风方面优于垂直腹板,此外还能减小桥墩宽度。采用箱形截面的工程有广州海印大桥及法国的伯鲁东大桥等。箱形截面不止图 5-1c)、e)两种,若不是中央索面,箱形内部构造不一样,如对于混合梁斜拉桥的边跨混凝土结构,多采用单箱双室截面。

混凝土斜拉桥设计中选用何种截面形式为好,需根据斜拉索布置、主梁对索力和扭矩传递、施工方法和抗风稳定性等因素综合考虑确定。因混凝土斜拉桥具有相当大的系统阻尼,一般抗风稳定性不控制设计,所以索面布置(单索面还是双索面)和施工方法(悬臂、顶推等)是决定截面形式的主要因素。

2. 截面尺寸拟定

(1)主梁高度。密索体系下,主梁受力以轴力为主,主梁高度不大,且不像普通梁桥那样随跨径变化较大。但影响斜拉桥梁高的因素很多,如索的布置(索距、索面距)、跨径、截面形式、荷载等,实际情况中,斜拉桥梁高和跨径的比例关系离散性也很大,故《公路斜拉桥设计规范》(JTG/T 3365-01—2020)中并未给出梁高与跨径的关系。根据以往资料,密索体系下主梁高度为跨径的 1/100~1/220 之间,可参考选用。主梁的纵断面通常是采用等高度布置。值得注意的是,双主肋截面应处理好主梁高度与横梁高度之间的关系,如主梁高度要大于或等于横梁高,则其高度就取决于横向弯矩大小,即梁高与桥宽和横向索跨密切相关;当桥面很宽,按横向弯矩算出横梁高很大时,也可以采用两侧低中间高的鱼腹式横断面,即主梁低于横梁跨中高度,并配以中间高两端低的鱼腹形梁。

(2)主梁宽度。主梁宽度除与设计车道数有关外,还应考虑拉索占用的宽度,约在

0.75~1.2m之间/每索。如果考虑抗风要求,主梁宽度与高度之比一般应大于6∶1。

(3)梁上索距。密索体系混凝土梁中跨索距,一般在6~8m之间;边跨索距按边跨长度布置,数量与中跨相同,尾索间距应适当加密,一般在1.5~3m之间。

(4)细部尺寸。主梁截面高度、宽度确定之后,可根据局部荷载、所受到的轴向力大小以及构造要求,拟定主梁细部尺寸。对于初步拟定的尺寸是否满足强度和刚度要求,可通过专业程序试算和调整。

3. 预应力钢束布置

一般预应力混凝土斜拉桥均需要配置纵向预应力钢束,钢束配置应根据结构应力包络图进行配置,越到跨中附近和边跨端部,斜拉索对主梁产生的轴力减小,越应该配置钢束;较宽的预应力混凝土斜拉桥需要配置横向预应力,另外在主梁端部由于尾索布置较密,为克服斜拉桥的横向张力,也需要配置横向预应力;对于单索面箱形主梁,为防止开裂,宜配置纵、横、竖三向预应力。

4. 斜拉索锚固构造

斜拉索与混凝土主梁锚固宜采用如下形式:顶板锚固、箱内锚固、斜隔板锚固、梁体两侧锚固和梁底锚固等,如图5-2所示。

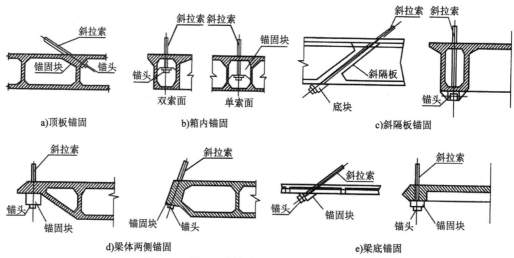

图5-2 混凝土斜拉桥主梁预应力锚固构造

对混凝土斜拉桥而言,斜拉索通常锚固在主梁的顶板、底板或梁高中部。为了将锚固处复杂的空间受力进行分散,需要在主梁上设置锚固实体并进行局部构造验算,以保证传力稳固可靠、结构安全。

顶板锚固宜用于箱内采用加劲斜杆的单索面斜拉桥;箱内锚固宜用于两个分离单箱

的双索面斜拉桥;斜隔板锚固应用范围与箱内锚固一致;梁体两侧锚固宜用于双索面斜拉桥;梁底锚固宜用于梁截面较小的双主梁或板式梁斜拉桥。

二、矮塔斜拉桥

1. 截面形式及布置

矮塔斜拉桥与一般斜拉桥不同,主梁以受弯、受剪为主,同时还要承受拉索带来的水平轴力,因此主梁截面一般都采用整体刚度大的箱形截面,易于在构造上布置拉索和处理拉索在主梁上的锚固。根据设计要求,可采用单箱单室、单箱多室和双箱双室等形式,箱梁腹板可设置为直立、倾斜和曲线等形式;根据斜拉索单双索面布置,可选择如图5-3所示截面。目前,矮塔斜拉桥多为中央索面,故图5-3b)形式更为常见。

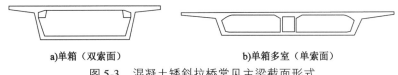

a)单箱（双索面）　　　　　　b)单箱多室（单索面）

图5-3　混凝土矮斜拉桥常见主梁截面形式

2. 截面尺寸拟定

(1)主梁高度。根据已建矮塔斜拉桥,主梁截面高度可以分为变截面和等截面两种情况,其中大部分矮塔斜拉桥主梁为变截面,等截面情况只有不多的几座,如山西大同十里河大桥为等截面高度1.8m、浙江德清英溪大桥等截面高度2.4m和北京峪道河大桥为等截面高度1.8m。

对于矮塔斜拉桥,若采用等截面时,梁高与跨径之比宜在1/35～1/45之间;若采用变截面时,根部高跨比在1/25～1/30之间,跨中高跨比在1/55～1/65之间。我国修建的单箱三室单索面矮塔斜拉桥占绝大多数,单索面矮塔斜拉桥抗扭性能不及双索面好,往往需要主梁自身来抗扭。

(2)梁底曲线。变截面主梁存在梁底曲线指数的选择问题。梁底曲线指数次数降低,梁高会增高,结构自重会加大。总结目前矮塔斜拉桥的梁底曲线指数规律,对于主跨小于200m情况,采用高次曲线指数,如二次抛物线是合理的;对于主跨大于200m情况,采用低次曲线指数如1.8次是合理的。

(3)有索区与无索区。由于矮塔斜拉桥索塔较矮,如果在中跨跨中和边跨端部布索,那么斜拉索倾角较小,对主梁提供的竖向反力较小,起不到斜拉索的作用,因此矮塔斜拉桥有明显的3处无索区段:①中跨跨中无索区段;②边跨端部无索区段;③索塔根部无索区段。根据统计,无索区长度值各桥差异较大,该值与索塔高度、边中跨比、主梁结构等因素有关。

中跨跨中无索区段长度:宜为 0.2~0.35 倍的主跨径;

边跨端部无索区段长度:宜为 0.2~0.35 倍的主跨径;

索塔根部无索区段长度:宜为 0.15~0.20 倍的主跨径。

(4)细部尺寸。矮塔斜拉桥结构行为介于连续刚构和斜拉桥之间,而且大部分矮塔斜拉桥刚度更倾向于连续刚构,故主梁细部尺寸可参考连续刚构相关设计。

3. 预应力钢束布置

由于矮塔斜拉桥更接近于变截面连续刚构,主梁是承重的主要构件,故结构一般都需要配置纵向和竖向预应力,并根据桥宽情况设置横向预应力。

4. 斜拉索锚固方式

矮塔斜拉桥的斜拉索一般仅承担活载,主梁是主要承重构件,故斜拉索锚固构造与一般斜拉桥不同,即不需要具有充分刚性的横梁或横隔板来锚固斜拉索,而是直接在主梁腹板上锚固斜拉索,其锚固方式如图 5-2 所示。

三、工程实例

1. 湖北荆州长江大桥

湖北荆州长江大桥主桥为(200 + 500 + 200)m 双塔双索面 PC 斜拉桥,采用全飘浮体系,主梁为预应力混凝土肋板式连续梁,横断面如图 5-4 所示。主梁顶宽 26.5m,底宽 27.0m,双主肋高度为 2.4m,标准梁段肋宽 1.8m,桥面板厚度为 32cm。为了消除边墩支座的负反力并增加结构刚度,两边跨自梁端起长 68m 范围内采用加大主肋宽度的方法施加压重。由于塔下主梁承受巨大的轴向压力,塔下共 52.0m 长的梁段肋宽增加至 2.4m。除上述节段外,其余节段均为标准节段。主梁中设置了 126 道横梁(每对拉索处设一道),横梁厚度为 30cm。

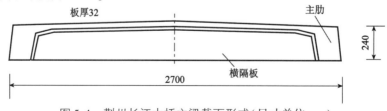

图 5-4 荆州长江大桥主梁截面形式(尺寸单位:cm)

2. 广东崖门大桥

广东崖门大桥主桥采用双塔单索面,墩、塔、梁固结的混凝土斜拉桥,主跨径布置为:(50+115+338+115+50)m。主梁为倒梯形的单箱五室混凝土箱梁,梁中心高3.48m,箱宽26.8m,如图5-5所示。全桥共有100个标准节段,主梁标准段悬浇长度为6m,重约270t。除0号块及边墩现浇段采用支架现浇外,其余节段均采用牵索挂篮全断面一次浇注施工,分别在边跨和中跨合龙。

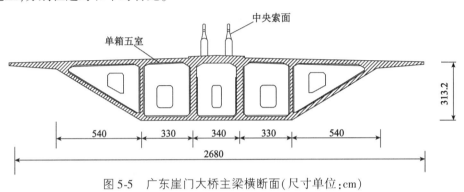

图 5-5 广东崖门大桥主梁横断面(尺寸单位:cm)

第二节 钢箱主梁

一、截面形式

《公路斜拉桥设计规范》(JTG/T 3365-01—2020)明确给出了钢箱斜拉桥截面形式,主要分整体式、分体式和边箱式三类,其中边箱式又分两种,如图5-6所示。

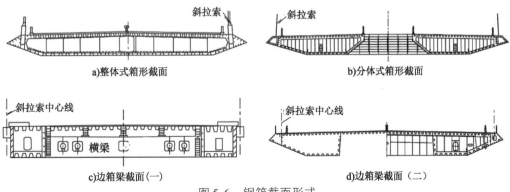

图 5-6 钢箱截面形式

早期钢结构斜拉桥的主梁还有工字形结构,一般由两根工字形"双主梁"、横梁和桥面板组成。钢桥面板底面焊有纵向和横向加劲肋,形成正交异性钢桥面系。这种结构构造简单,易于施工,但构造单薄,斜拉索锚固处理相对困难。这种结构目前多被混凝土桥面的叠合梁取代,故实际工程已很少采用。

(1)整体式钢箱梁截面,如图5-6a)所示。现代大跨径斜拉桥多采用整体式单箱多室流线型扁平结构,一般由顶板、底板、纵向腹板和横隔板组成。顶板、底板及斜腹板均为正交异性构件。中纵腹板和横隔板分板式和桁架式两种,其中横隔板间距一般为3~4m。为了提高截面抗风性能,在箱两边设置三角形风嘴。这种主梁结构整体刚度大、抗风性能好,又能设置除湿系统,防腐效果好,故多用于沿海大跨径斜拉桥中,如南京长江二、三桥。在实际工程中,整体钢箱形式应用最多。

(2)分体式钢箱梁截面,如图5-6b)所示。一般由两个分离式单箱和横梁组成,其中单箱多数为倒梯形,抗风性能好。单箱梁具备扁平钢箱梁的典型构造特征,由顶板、底板、腹板、横隔板组成;横梁沿纵桥向间隔一定距离布置,其作用是将分离的单箱梁连成一体。分体式钢箱的结构特点是:①由于沿截面横向增设的内腹板不仅能增加主梁的抗剪、抗弯和抗扭能力,还在一定程度上减小了钢箱梁截面的变形;②由于分体不仅减轻了主梁结构自重,而且还具有良好的抗风性能。目前分体式钢箱梁已逐渐成为大跨径斜拉桥常用的截面形式。上海长江大桥(两主梁间距为10m,采用横梁连接)、昂船洲大桥(主梁结构中间开槽14.3m,两个箱梁由鱼腹形横梁连在一起)、芜湖长江公路二桥以及浙江宁波外滩大桥均采用了这种截面形式。这种截面对提高颤振临界风速有好处。

(3)边钢箱梁截面,如图5-6c)和图5-6d)所示。

图5-6c)所示的边钢箱梁截面,一般由边箱、正交异性桥面板、横梁组成,边箱设置横隔板。这种组拼式结构,可施工性强,方便吊装,但由于边箱呈钝头形,抗风不利,多应用于抗风和起吊能力要求不高的桥梁,如山东东营黄河大桥、上海徐浦大桥等。

图5-6d)所示的边钢箱梁截面,一般由两个分离式单箱和正交异性桥面板组成,单箱之间设置横隔板或横向连接系。若桥梁较窄,横隔板底板取消时,即成为通常所说的P-K断面。这种主梁结构多用于四车道以下的桥梁,如广东的岩石大桥。该桥由两个边箱、中间板块和单独的风嘴块组成,除顶部桥面板采用纵向对接焊外,其余梁段和板块间均用高强度螺栓连接。该桥桥面板与边箱底板采用U形闭口肋加劲,腹板等采用板肋加强。

二、主要参数设计

钢箱梁斜拉桥的主要结构参数包括梁高、梁宽、梁高跨比、梁宽跨比和梁高宽比、斜拉索在梁上布置间距、合龙段长度等。密索体系下,梁高与跨径关系不是很大,因为主梁主要以受压为主,受弯为辅。梁宽一般受通行活载的车道数和抗风稳定性控制,应先确定。考虑到梁的横向刚度要求,梁高与梁宽之比(也可以是梁高与横向索距之比)宜控制在 1/15～1/10 之间。梁高、梁宽确定后,结构整体刚度基本确定,这是设计之初必须考虑的事情。结构的梁高跨比、梁宽跨比,只是确定梁高、梁宽和梁高宽比之后的表征数据,实际上意义不是很大。《公路斜拉桥设计规范》(JTG/T 3365-01—2020)已不推荐高跨比和宽跨比范围。斜拉索在钢箱主梁上的间距宜在 8～16m 之间。钢箱梁的合龙长度宜控制在 4～12m 之间。

表 5-1 为部分大跨径钢箱斜拉桥主梁控制参数表。从表 5-1 可知,主梁高度一般在 3～4m 之间,宽度由于都是按整幅设计,一般都在 30m 以上;梁高跨比、梁宽跨比的数据也列在其中,供参考。

国内部分钢箱斜拉桥主梁控制参数表　　表 5-1

桥　名	主跨径(m)	截面	梁高(m)	梁宽(m)	高跨比	宽跨比	梁高宽比
苏通长江大桥	1088	整体钢箱	4	41	1/272	1/26.5	1/10.3
芜湖长江二桥	806	分体双箱	3.5	53	1/230	1/15.2	1/15.1
上海长江大桥	730	分体双箱	4	51.5	1/183	1/14.2	1/12.9
象山港大桥	688	整体钢箱	3.5	34	1/196	1/20	1/9.7
重庆丰都长江二桥	680	整体钢箱	3	28.5	1/227	1/23.9	1/9.5
福州琅岐闽江大桥	680	整体钢箱	3.5	30.1	1/194	1/22.6	1/8.6
南京长江三桥	648	整体钢箱	3.2	37.2	1/203	1/17.4	1/11.6
中朝鸭绿江大桥	636	整体钢箱	3.5	33.5	1/182	1/19.0	1/9.6
南京长江二桥	628	整体钢箱	3.5	38.2	1/179	1/16.4	1/10.9
舟山金塘大桥	620	整体钢箱	3	30.1	1/207	1/20.6	1/10
安庆长江大桥	510	整体钢箱	3	30	1/170	1/17	1/10
武汉军山长江大桥	460	整体钢箱	3	38.8	1/153	1/11.9	1/12.9
杭州湾北航道桥	448	整体钢箱	3.5	37.1	1/128	1/12.1	1/10.6
润扬北汊大桥	406	整体钢箱	3	37.4	1/135	1/10.9	1/12.5

三、主要构造

钢箱梁中正交异性桥面板、横隔板(横梁)、底板和内腹板是四个典型构造。

(1)正交异性桥面板。一般由桥面板和纵向闭口 U 肋组成,其结构在纵横向呈现不同的受力特征,故称正交异性桥面板。从目前实际运营情况看,正交异性桥面板存在疲劳开裂问题,尤其是早期钢结构斜拉桥。桥面板与U肋角焊缝处开裂、U肋与横隔板连接处开裂是主要问题。究其原因为,桥面板刚度偏弱、焊缝不到位、重载交通可能是主要因素。从构造上讲,应正确设计桥面板厚度、纵肋间距和横隔板间距。

正交异性桥面板传统的构造是厚度12mm,U肋中心距60mm,横隔板间距3~5m。现在业内共识是,板厚12mm偏小,应适度加厚,如象山港大桥,为提高桥面板刚度和抗疲劳性能,减少桥面铺装病害的发生,钢箱梁顶板统一采用了16mm的厚度。按《公路钢结构桥梁设计规范》(JTG D64—2015)规定,正交异性钢桥面板最小厚度不应小于14mm。提高板厚和分区域设置板厚是提高桥面板刚度的有效措施。

支承桥面板的纵肋腹板间距(图5-7),可参考《桥梁钢结构细节设计》(赵廷衡著)中给出的要求:

①车道处:$e \leq 300$mm,$e/t \leq 25$;

②其他处:$e \leq 400$mm,$t = 10$mm,且$e/t \leq 40$。

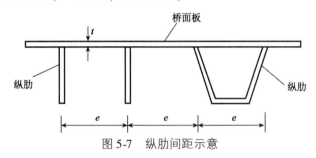

图5-7 纵肋间距示意

(2)横隔板。一般为受弯构件,为防止产生过大的面外变形,应控制横隔板厚度,一般应在12mm以上。支点处的横隔板应特殊设计以满足实际需求。横隔板的间距对结构刚度影响较大,应慎重考虑,既不能太大也不宜过小,《公路斜拉桥设计规范》(JTG/T 3365-01—2020)建议不大于4m。横隔板既可以采用板式也可以采用桁架式。但在支点和拉索锚固处宜采用板式。在武汉军山长江大桥中,对接式、整体式和搭接式三种横隔板都采用了,其中在受力较大的支座处、临时约束处采用整体性能好的对接式横隔板,在钢箱梁端部采用整体式横隔板,标准梁段处采用受力相对差的搭接式横隔板。

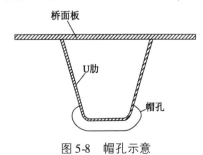

图5-8 帽孔示意

纵肋与横隔板连接,应连续通过,但在纵肋下应设置帽孔。帽孔的形状与位置有关,一般车道下的帽孔形状如图5-8所示。中朝鸭绿江界河大桥设计时曾考虑了三种U肋帽孔方案,即小切口、设置内隔板、不设内隔板。经过比较计算,设置内隔板的U肋帽孔方案受力状态明显好于其他方案。

(3)底板。底板厚度相对复杂,在墩顶、索塔附近应比纵向其他部分厚。实际工程中,底板沿纵向分区域设置不同板厚,一般在 12～20mm 之间选择。底板若加劲一般采用 U 肋,标准间距可采用 8m,板厚可采用 6mm。平底板和斜底板之间可采用对接焊接,或冷弯连续通过。后者可以避免将对接焊缝设置在应力集中的位置,改善钢箱梁的受力。

(4)内腹板。在桥面较宽情况下,应设置内腹板形成单箱多室结构。内腹板的设置较为复杂,应根据空间受力状况、上下翼缘板的有效宽度和经验进行。

四、斜拉索锚固构造

钢箱梁的斜拉索锚固一般应采用《公路斜拉桥设计规范》(JTG/T 3365-01—2020)推荐的锚箱式、锚拉板式和耳板式,如图 5-9 所示。锚箱式锚固应设置锚固梁供斜拉索锚固。锚固梁用焊接或高强度螺栓方式与主梁连接;锚拉板式锚固应在主梁顶板上或腹板上连接一块厚钢板作为锚拉板,在锚拉板上部开槽,槽口内侧焊接在锚筒外侧,斜拉索锚固于锚筒底部;耳板式锚固应在主梁的腹板上伸出一块耳板,斜拉索通过铰连接在耳板上。桃夭门大桥斜拉索梁端锚固为首次在国内采用耳板形式。

图 5-9 钢箱梁与斜拉索锚固示意

钢箱梁上的斜拉索锚固区各构件之间应连接可靠,各构件的最小厚度应不小于 10mm。锚下钢垫板尺寸应根据张拉吨位、张拉机具大小和锚具形式等确定,厚度不宜小于 20mm,斜拉索锚管的最小壁厚应不小于 10mm。斜拉索锚管和锚下钢垫板之间应采用加劲板加强。

五、工程实例

(1)苏通长江大桥。主桥为七跨双塔双索面钢箱梁斜拉桥,主跨径 1088m。主梁采用全焊扁平整体式钢箱梁(图 5-10),中心线处高度 4.0m,含风嘴全宽 41.0m,底板宽 (9+23+9)m,标准节段长 16m。顶板厚采用 14～24mm,顶板 U 肋上口宽 300mm,下口宽 180mm,厚度 8～10mm,间距 600mm;底板 U 肋间距 800mm,厚度 6～8mm;外腹板厚

30~36mm；钢箱梁内横向设置两道纵隔板，除局部区段受力需要设置实腹板式外，其余均为桁架式，横隔板标准间距4m。

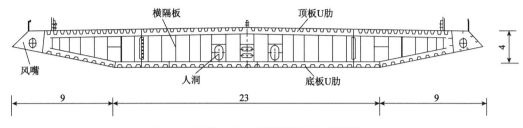

图5-10 苏通长江大桥横断面（尺寸单位：m）

（2）南京长江三桥。主桥为双塔双索面五跨连续钢箱梁斜拉桥，主跨径648m。主梁梁高3.2m，含风嘴桥宽37.2m，顶板厚14mm，紧急停车带及重车道板厚16mm。钢箱梁标准梁段长15m。主梁内设纵隔板2道，除支座等局部区域为实体式外，其余均为桁架式，横向间距15.2m。斜拉索的锚箱焊接于腹板上。

（3）湖北荆岳长江大桥。主桥为双塔不对称混合梁斜拉桥，主跨径816m，采用半飘浮结构体系。北边跨和中跨主梁采用扁平钢箱梁，标准断面为分离式双边箱的结构形式（图5-11），两边箱之间以横梁相连接，北塔区和北边跨辅助墩、过渡墩墩顶压重区梁段采用整体式单箱三室断面。主桥箱梁全宽38.5m，至索塔区渐变为36.5m，梁高3.8m。混合梁斜拉桥钢箱段采用分离式双边箱断面较为常见，如湖北鄂东长江大桥、武汉白沙洲大桥等。

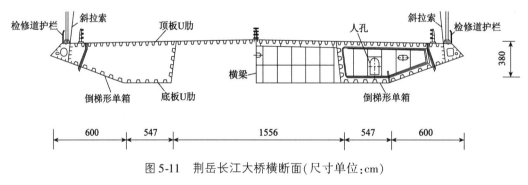

图5-11 荆岳长江大桥横断面（尺寸单位：cm）

（4）南京浦仪公路上坝夹江大桥。独柱形钢塔双索面钢箱梁斜拉桥，主跨径500m。钢箱梁为分体式封闭钢箱梁（图5-12），其上翼缘为正交异性板结构，梁高4.0m，顶板厚16mm，横向外腹板锚索区板厚20mm，U肋厚8mm。底板根据受力需要，不同区段采用14~28mm四种不同的钢板厚度，底板U肋分6mm和8mm两种。横隔板采用整体式，标准间距3.2m。两幅钢箱梁在拉索对应位置，设置中间箱形横梁连接，横梁宽度为横隔板间距。采用分体式横断的钢箱梁斜拉桥还有芜湖长江二桥。

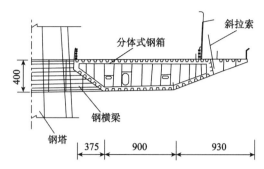

图 5-12　南京浦仪公路上坝夹江大桥横断面(尺寸单位:cm)

第三节　钢桁架主梁

1. 截面形式

《公路斜拉桥设计规范》(JTG/T 3365-01—2020)明确给出了钢桁架斜拉桥可选择的主要截面形式,即矩形和倒梯形,如图 5-13 所示。其中,矩形又分为板桁结合和板桁分离两种截面形式。目前,越来越多地采用板桁结合式的断面,即正交异性钢桥面板与主桁形成一个整体结构共同受力。图 5-13 所示的矩形截面更多地应用于单层行车结构;倒梯形结构更多地应用于双层行车结构。无论哪种截面,钢桁架梁一般由桥面板、主桁和横向联结系组成。

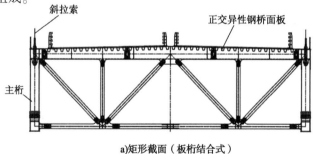

a)矩形截面（板桁结合式）

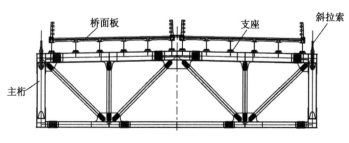

b)矩形截面（板桁分离式）

图　5-13

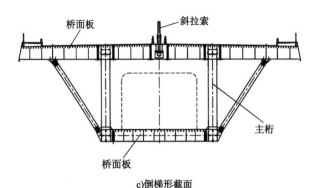

c)倒梯形截面

图 5-13 钢桁架梁典型横断面

由于钢桁架梁自身通透性好,具有良好的抗风性能,且结构刚度大,具有双层桥面结构的先天优势,故多应用于上下两层公路、铁路或公路两用桥,如厄勒海峡大桥、芜湖长江大桥、铜陵公铁两用大桥、沪通长江大桥等。目前,在山区由于运输条件有限,钢桁架梁现场拼接优势明显,慢慢地单层桥面应用钢桁架梁开始增多,尤其是大跨径钢斜拉桥,如贵州北盘江大桥、鸭池河大桥等。

与钢箱梁相比,钢桁架梁具有如下特点:

(1)钢桁梁的竖向刚度、横向刚度以及主塔水平位移均优于钢箱梁,因此钢桁梁主梁形式更适宜于对主梁刚度要求高的超大跨径斜拉桥。

(2)钢桁梁更易于发生局部失稳,而钢箱梁在局部满足有关构造要求的情况下更易于发生整体失稳。无论钢桁架还是钢箱梁,均应重视靠近索塔处因压应力过大导致梁局部失稳问题。

(3)钢桁梁对桥位处运输空间的条件要求低,对现场拼装质量要求高,而钢箱梁节段在工厂预制,质量有保证,不过对运输空间条件要求高。所以钢桁架梁更适用于山区斜拉桥建设。

(4)在仅考虑工程用料的情况下,钢箱梁斜拉桥的经济性要明显优于钢桁梁斜拉桥。

2. 主要构件

(1)主桁架。主桁架是主要承重构件,它由上下弦杆、腹杆(斜杆或竖杆)组成。主桁架形式主要有 N 形桁架[普拉特式,图 5-14a)]、华伦式桁架[图 5-14b)]和三角形桁架[图 5-14c)]。几种桁架形式的区别只是在于腹杆的布置方式,在结构性能方面没有较大的优劣差别,技术上均可行。现代双层桥面斜拉桥中多采用三角形桁架和 N 形桁架两种,主要原因是外形简洁、制作安装方便。N 形桁架的竖杆是主要受力杆件,而华伦式桁架的竖杆是局部受力杆件。加竖杆的华伦式桁架可减小节间长度。重庆红岩村嘉陵江大桥、贵广铁路北江特大桥、南广铁路桂平郁江特大桥、粉房湾公铁两用大桥和东京东神户大桥等都是三角形主桁架。贵州北盘江大桥、贵州鸭池河大桥等都是N形主桁架。对于公路桥,一般横向多为两片主桁架;对于铁路桥,荷载大可选择两片式或三片式主桁架。武汉天兴洲公铁两用大桥、安庆铁路长江大桥都是采用三片式主桁架的工程。

a) N形桁架　　　　b) 华伦式桁架　　　　c) 三角形桁架

图 5-14　钢桁架梁典型桁架形式

(2)联结系。联结系分横向联结系和平面纵向联结系,其作用是将主桁架连接构成空间桁架结构,抵抗荷载产生的竖向和水平变位。横联不是必须设置,而平联一般都设置,只是在铁路桥整体桥面时可以不设置上平联。上下平联的腹杆体系可采用交叉式体系、K式体系、米字形体系以及双交叉式体系等,如图5-15所示。

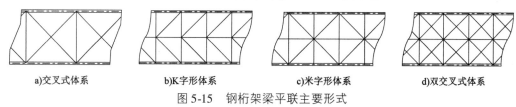

a) 交叉式体系　　　b) K字形体系　　　c) 米字形体系　　　d) 双交叉式体系

图 5-15　钢桁架梁平联主要形式

(3)桥道系。桥面板与主桁架结合是通过纵横梁完成。一般来讲,桥面板与主桁架结合有两种方式:不结合和结合,如图5-13所示。所谓不结合是指桥面板通过支座放置在主桁上,只传递荷载不参与受力;所谓结合是指桥面板下不设支座,直接与纵横梁通过剪力钉结合,或与纵横梁和主桁结合形成整体受力结构。不结合构造处理相对简单、施工方便。但从使用情况看,该形式易发生桥面板支座脱空的现象,并存在支座和伸缩缝养护难度大、费用高等问题。

大跨径钢桁梁斜拉桥以板桁结合桥面结构为主,即正交异性钢桥面板与主桁通过焊接或栓接结合成整体,既可承受桥面荷载作用也参与主桁的共同受力。板-桁结合的桥面板相当于增加了主桁弦杆的面积,可有效提高钢桁梁的总体刚度和弦杆的压屈稳定性,并相应降低了对主桁杆件尺寸和板厚的要求。连续的桥面结构也有利于保障桥面系刚度的均匀性。对双层桥面结构,采用板-桁结合整体桥面系可使一部分桥面荷载通过桥面板和纵梁、纵肋沿纵向传递到节点横梁,再传到弦杆节点,以减小节间横梁对主桁弦杆的竖向弯曲作用。

目前的趋势是桥面板参与主桁受力,形成整体桥面系结构。国际上,日本20世纪90年建造的柜石岛桥、岩黑岛桥(一对主跨420m公铁两用斜拉桥)率先采用了板-桁结合的整体结构。国内首先应用板-桁结合的钢桁梁斜拉桥是武汉天兴洲公铁两用长江大桥(主跨径504m斜拉桥),之后陆续得到应用的大桥有上海闵浦大桥(主跨径708m双层公路钢桁梁斜拉桥)、安徽铜陵公铁两用大桥(主跨径630m钢桁梁斜拉桥)、红岩村大桥(主跨径375m钢桁梁斜拉桥)等。

对于铁路钢桁架斜拉桥,一般在钢桁梁受力较大的区域及边墩和辅助墩需要压重的部位采用正交异性钢箱桥面,在其他结构受力较小的区域仅在横梁处设置横梁下缘底板,即从正交异性钢箱结构变为正交异性钢板结构。对于公路钢桁架斜拉桥,一般采用主桁与正交异性板完全结合形式,如上海闵浦大桥中跨(主跨径708m双层公路钢桁梁斜拉桥)、贵州北盘江大桥全桥(主跨径720m单层公路钢桁梁斜拉桥)。

研究表明,尽管板-桁结合体系中的钢桥面板受力,要比非结合体系的钢桥面板受力复杂得多,但综合对比认为,板-桁结合体系相比非结合体系在技术上有较大的优势,应用前景广泛。

(4)整体节点板。节点板(一般分为外贴式、内插式和整体式)主要起传递和平衡主桁杆件内力的作用。早期节点设计主要针对散装节点,现在主要针对整体节点。所谓整体节点,是将节点板与一端的弦杆焊接成为一个整体,主桁节点板成为箱形弦杆的一部分;整体节点与其他杆件采用对拼连接,减小了节点板的尺寸。整体节点技术与散装节点技术相比,其优势主要体现在节省高强度螺栓(约15%~30%)、节省钢材5%~10%和不需要预拼安装,由于减少了拼装的工作量,施工速度可加快50%以上。国内京九铁路孙口黄河钢桁梁大桥首次采用了整体节点技术。整体节点设计内容包括节点与竖杆、腹杆、横梁、平联连接,以及节点内隔板设计等。

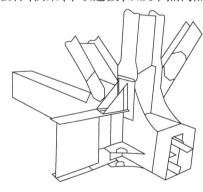

图5-16 整体节点板示意

目前,大跨径钢桁架梁几乎都是采用整体节点板(图5-16),故上下弦杆的截面以箱形为宜,这不仅因为箱形截面抗压性能和稳定性能好,还因为整体节点是在节点外拼接,箱形四个面拼接很方便。弦杆的宽度因内力大小不同,为节省材料应设计成变宽,但应遵循变宽不变高、变宽部位避开拼接范围的原则。箱形弦杆内部常需要设置纵向加劲肋,以增加截面面积满足稳定要求。为加工方便,加劲肋以矩形条为宜。弦杆拼接应满足强度、刚度、焊缝应力等方面的要求。

腹杆截面选择应视内力大小而定,内力较大时应选箱形断面,并设置内横隔板,箱形断面的问题是节点连接相对困难;内力不大时应选 H 形断面,以方便节点连接。斜腹杆的角度规范上无硬性规定,有竖杆情况斜杆与弦杆之间的夹角应大于 45°;没有竖杆情况此夹角还要大。合理的夹角不仅与受力有关,还影响节点板尺寸的大小。

现在采用的全焊桁片式设计,即是通过整体节点将主桁上弦、下弦、腹杆、斜杆焊接在一起,如黄冈公铁两用桥。然后桁片之间再通过高强度螺栓连接形成整体。

3. 主要参数

桁架梁的桁高和节间长度是两个重要的几何参数。

桁架梁的桁式与桁高、节间长度和杆件长度密切相关,应综合考虑。其中桁高最为重要,它决定桁架杆件内力和桁梁挠度的大小。单层桥面桁架梁和双层桥面桁架梁桁高的取值是不一样的,应根据具体情况而定。上海闵浦大桥(双层公路)主梁高跨比为 1/78.7,武汉天兴洲大桥(公铁两用)主梁高跨比为 1/33.2,贵州北盘江大桥(单层公路)主梁高跨比为 1/90,芜湖长江大桥(公铁两用)主梁高跨比为 1/22.3。

桁架梁节间长度与杆件长细比、纵梁跨度、横梁内力、平面联结系斜撑杆长度有关。一般认为,节间长度宜适中,过大时会使受压弦杆折减过多;过小会增加主桁杆件的次弯矩。贵州北盘江大桥主桁节间长度主跨、边跨不一样,主跨节间长 12m,边跨节间长 12m、8m 两种。上海闵浦大桥主桁节间长 15.1m。红岩村大桥节间长度 15m。芜湖长江三桥节间长度为 14m。

4. 斜拉索锚固

斜拉索锚固点有设置在上弦和下弦上两种方案。上弦锚固是在上弦箱形杆件内,下弦则需要横向延长下弦,以便锚固。两种斜拉索锚固方案技术上都可行,需根据上下弦杆件安装顺序决定是在上弦锚固还是在下弦锚固。锚固在上弦常规,锚固在下弦新颖。芜湖长江三桥斜拉索就是锚固在下弦。

斜拉索锚固形式主要分为节点内置式和节点外置式,如图 5-17 所示。

(1)节点内置式。节点内置式包括弦杆内置锚箱[图 5-17a)]和节点板内置锚箱[图 5-17b)]两种。

采用弦杆内置锚箱式锚固结构时,斜拉索锚固于上弦杆内。由于锚固点位于杆件内部,操作空间狭小,制造及安装都比较困难。该锚固结构多用于主梁采用三角形的钢桁梁,如郑州黄河公铁两用大桥和黄冈公铁两用大桥。

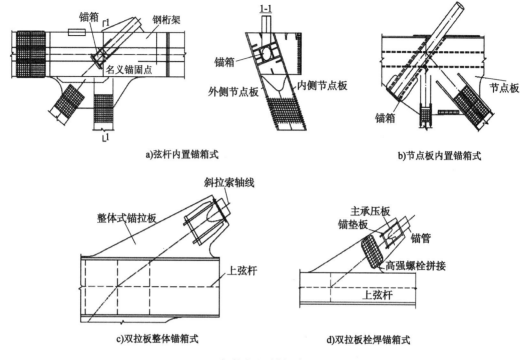

图 5-17 钢桁架梁斜拉索锚固形式

采用节点板内置锚箱式锚固结构时,斜拉索锚于节点板内,斜拉索的传力钢板直接焊在杆件节点板上,索力由锚箱与节点板的焊缝承担。这种锚固方式有利于拉索的安装与维护,但节点构造复杂,且由于锚管穿过杆件,会对截面造成削弱。该锚固结构多用于主梁采用 N 形钢桁梁的桥梁,如武汉天兴洲大桥、铜陵公铁两用大桥和新疆果子沟大桥。

(2)节点外置式。节点外置式主要是双拉板整体式锚箱和双拉板栓焊式锚箱两种。前者为整体结构,在拉板上部焊接承压板形成封闭的箱式结构,拉板下部为与钢梁上弦杆焊接,斜拉索穿过箱内锚管,固定在锚垫板上,如图 5-17c)所示,上海闵浦大桥采用的是双拉板整体式锚箱锚固结构;后者为分离结构,上部拉板与锚垫板、承压板形成封闭的箱式结构,下部拉板与钢梁弦杆连为一体,上拉板与下拉板通过高强度螺栓连接,斜拉索穿过箱内锚管,固定在锚垫板上,如图 5-17d)所示。

5. 工程实例

(1)湖北忠建河大桥。双塔双索面钢桁梁斜拉桥,主跨径 400m。斜拉索扇形布置,梁上索距 12m;塔上索距为 1.8～3.2m。主梁为 N 形钢桁架,桁高 6m,节间长度有 4m、

5m、6m 三种。钢-混组合结构桥面(钢筋混凝土桥面板+工字钢纵梁),在主桁横梁处设置连续支座,主桥桥面系纵向连续,如图 5-18 所示。

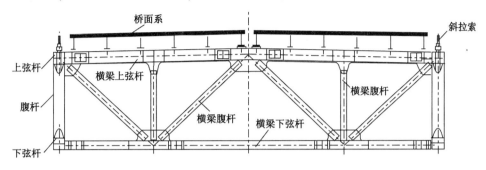

图 5-18　忠建河大桥主梁结构

(2)新疆果子沟大桥。双塔双索面钢桁架斜拉桥,主跨径 360m,钢桁梁为 N 形桁架,两片主桁,主桁中心间距 26m,桁高 6m,节间长度 6m,主桁采用焊接整体节点结构形式。主桁上下弦杆采用箱形截面,斜杆及竖杆均采用 H 形截面。主桁最大板厚 40mm。桥面系由纵横梁及钢筋混凝土桥面板组成(图 5-19)。钢筋混凝土桥面板支承于纵横梁上,每块预制桥面板上预留直径 10cm 大小孔洞,在纵梁上对应位置设抗剪锚栓,待全桥合龙后,灌注现浇湿接缝及预留孔混凝土,保证混凝土桥面板不与纵横梁发生相对滑动。

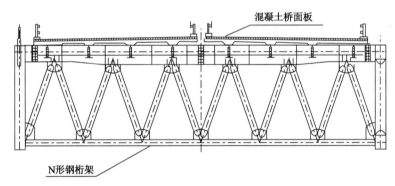

图 5-19　果子沟大桥主梁结构

(3)重庆白沙沱长江大桥。双塔双索面、半飘浮体系钢桁梁双层桥面铁路斜拉桥(图 5-20),主跨径 432m。主桥采用 N 形钢桁梁,两片主桁,桁宽 24.5m,桁高 15.2m,节间长度 13.5m。上下弦杆均采用箱形截面。主桁腹杆采用箱形截面或 H 形截面。主桁节点采用焊接整体节点,节点外拼接。上层桥面为正交异性钢板整体桥面,采用板式加劲肋。下层铁路桥面采用纵横梁体系,下层桥面共设 4 道纵梁,上面铺设道砟槽板。采用整体双锚拉板-锚箱复合式索梁锚固结构体系。

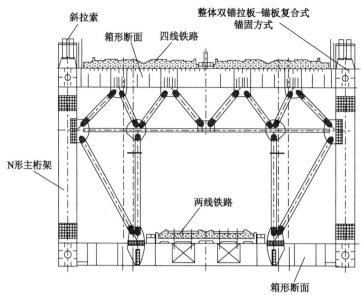

图 5-20 重庆白沙沱长江大桥主桥横断面

（4）贵州北盘江大桥。钢桁架公路斜拉桥（图 5-21），主跨径 720m。主桁架结构采用普拉特式结构，桁高 8m，节间长 12m，主桁架上弦杆、下弦杆、竖腹杆均选用闭口箱形断面，斜腹杆除在支座处附近区域采用闭口箱形断面外，余均采用 H 形断面。两片主桁中心距 27m。主桁架结构均为焊接结构。正交异性钢桥面板，板厚 16mm，板桁结合。

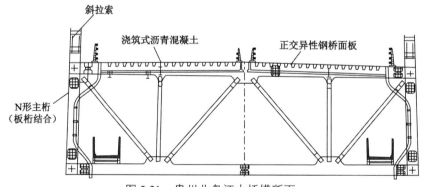

图 5-21 贵州北盘江大桥横断面

（5）安徽铜陵公铁两用大桥。主桥采用跨度布置为(90 + 240 + 630 + 240 + 90)m 的五跨连续钢桁梁斜拉桥。主梁采用 3 片主桁（图 5-22），N 形桁架，桁高 15.5m，节间长 15m。上层公路桥面采用正交异性钢桥面板，下层铁路桥面采用正交异性钢箱桥面，设计时考虑主桁和桥面板的共同作用，上下弦杆均采用箱形截面。主桁腹杆采用箱形截面或 H 形截面。斜拉索锚管置于上弦节点内，焊接于主桁节点。主桁采用全焊桁片式设计。

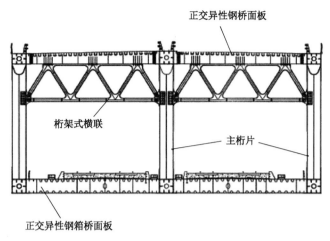

图 5-22　安徽铜陵公铁两用大桥横断面

第四节　叠合梁主梁

一、结构特点

叠合梁是由混凝土桥面板和钢结构主梁组成,两种不同材料的结构之间设置剪力键、开孔板等抗剪连接件,并通过现浇接缝混凝土将桥面板与钢主梁有效地结合成整体共同受力。混凝土桥面板以受压为主、钢主梁以受弯拉为主。研究表明,叠合梁斜拉桥在正常运营情况下,混凝土桥面板承担的轴力可达全部轴力的 3/4 以上,这对以受压为主的斜拉桥来讲更为有利。叠合梁的优势主要体现在如下几方面:

(1)混凝土受压翼缘板增加了梁的侧向刚度,防止了主梁在使用荷载作用下的扭曲失稳。由于混凝土翼缘板的作用,截面重心提高,钢梁腹板大部分处于受拉区,有利于避免钢板腹板发生局部压屈。

(2)由于混凝土桥面板参与工作,叠合梁的计算截面比钢板梁大,可使主梁挠度减小 20% 左右;而且横向宽度可以做得比较大,国外有桥面宽度 43m 的斜拉桥主梁采用叠合梁的先例,而混凝土斜拉桥桥面宽度大于 35m 后,桥梁开裂问题非常突出。

(3)临界风速远高于检验风速,说明叠合梁具有良好的颤振稳定性。

(4)用钢量省。跨径 400~600m 左右的钢箱梁斜拉桥的用钢量约为 450~550kg/m²,叠合梁斜拉桥的用钢量约为 280~350kg/m²。后者只有前者的 60%~70% 左右。

(5)工字钢主梁容易采用纵向分段、横向分块的施工工艺,更适应山区桥位的主梁施工。

二、截面形式

《公路斜拉桥设计规范》(JTG/T 3365-01—2020)明确给出了叠合梁斜拉桥可选择的钢主梁主要截面形式,即工字钢、边箱、扁平流线型箱梁、整体箱梁和钢桁架梁,如图5-23所示。选择钢主梁截面需要根据跨径、桥宽、荷载和施工等要求而定。截面形式确定后,需要根据叠合梁的高跨比确定梁高,拟订钢主梁细部尺寸,然后通过计算调整各部分尺寸。

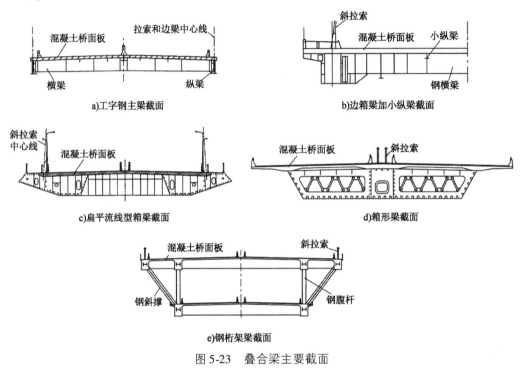

图 5-23 叠合梁主要截面

三、主要构件

(1)双边钢主梁。一般由双边梁(工字形、箱形)、横梁、小纵梁组成,其截面形式如图 5-23a)、b)所示。双边钢主梁制造、运输和架设相对简单,且造价低,应用较为广泛,尤其是山岭重丘区。工字形与箱形主梁截面形式相比,工字形比箱形在施工便捷上更具优势,但箱形比工字形承载性能好。福建闽江大桥为钢工字梁截面;上海杨浦大桥为双边箱截面。叠合梁斜拉桥一般都是按整幅设计,边主梁的间距较大,一般都在 20m 以上。工字形主梁还有一种特殊形式,即"上"字形截面,如图 5-24 所示。工程实例有国内贵州乌江特大桥和美国福雷得-哈特曼桥。

(2)箱形钢梁。钢箱梁截面形式一般包括流线型钢箱（PK 型）和整体式钢箱等[图 5-23c)、d)]。钢箱梁抗扭刚度大，荷载横向分布和抗风整体性能好，多用于沿海地区的桥位。但钢箱制作相对复杂，起吊设备要求高。PK 钢箱梁相对于双边箱钢梁，其截面整体性及抗风性能更优。椒江二桥和望东大桥的钢主梁均为 PK 箱梁。东海大桥的钢主梁为整体式钢箱。

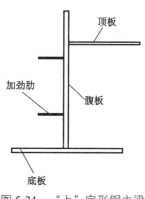

图 5-24 "上"字形钢主梁横断面

大挑臂钢箱叠合梁（图 5-25）也被称为钢-混脊骨叠合梁，是一种新式的钢-混叠合梁，以箱形梁为主梁结构（脊梁），其腹板上安装大挑臂结构形成钢结构主体，结构上再浇筑钢筋混凝土形成桥面板，挑臂形式可采用变截面工字梁、波形钢腹板梁等不同形式。大挑臂钢箱叠合梁外形轻盈美观，舒展大方，在城市桥梁及大跨桥梁中有着良好的应用前景。工程实例有黑瞎子岛乌苏大桥为钢箱叠合梁独塔单索面斜拉桥，主跨径为(140 + 140) m。

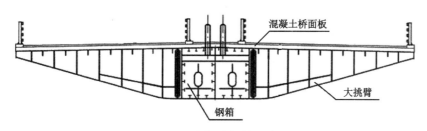

图 5-25 大挑臂钢箱叠合梁

(3)钢桁架主梁。钢桁架梁构造参见本章第三节钢桁架主梁。其典型截面如图 5-23e)，工程实例有上海闵浦大桥边跨则采用钢桁架主梁与混凝土桥面板的叠合形式。

(4)横隔板（梁）。主梁横向连接系采用横隔板（梁），是使主梁成为空间整体结构的重要构造，它能增加主梁的抗扭、抗剪刚度。叠合梁的横隔板（梁）在拉索锚固点处和支座处宜采用板式结构，其钢板厚度不宜小于 10mm。

(5)混凝土桥面板。桥面板既可以是钢筋混凝土结构也可以是预应力混凝土结构，视受力需要而定。一般大跨径叠合梁斜拉桥，辅助墩顶负弯矩区、中跨局部区和尾索区均要配置预应力；若桥面板与钢主梁整体吊装，为了克服施工过程桥面板中可能产生的拉应力，亦需要在应力"吃紧"的部位配置临时预应力。

桥面板厚度一般在 25cm 以上。桥面板横向为等截面或为变截面，双边主梁断面一般为等截面，钢箱断面一般为变截面。南浦大桥等截面桥面板除主梁梁端处板厚加厚外，其余部分板厚均为 25cm；东海大桥为变截面桥面板，跨中板厚 28cm，腹板处 55cm；椒江二桥桥面板标准厚度为26cm,在箱梁腹板及横梁的上翼缘设14cm混凝土承托,在边跨78m范围的桥面板加厚到40cm(无承托)。

目前桥面板多采用预制方式,即采用分块预制吊装、板间设现浇缝的方式,预制板顺桥向设锯齿形剪力键。为了减少混凝土收缩、徐变对结构的影响,每块预制板在拼装之前,要求保证6个月以上的存放时间。现浇接缝要求采用微膨胀混凝土。为保证预制板与钢梁顶缘之间的密贴,在钢梁上边缘粘贴有1cm厚橡胶带,主要防止砂浆外溢和水汽侵入锈蚀钢梁。

桥面预制板之间采用现浇湿接缝连接,一般标准梁段横桥向单侧边主梁顶现浇缝宽为70cm左右,单片小纵梁顶现浇缝宽为40cm左右,纵桥向横梁顶现浇缝宽为50cm左右。湿接缝混凝土一般采用低收缩微膨胀混凝土。

(6)连接件。桥面板与钢主梁连接主要依靠抗剪连接件和钢梁与混凝土板之间的黏结力和摩擦力,但由于这种摩擦力和黏结力的不确定性,因此实际设计中常常被忽略,只考虑抗剪连接件的作用。抗剪连接件的作用主要包括:①传递混凝土板与钢梁间的剪力;②提供一定的抗拔力,防止混凝土板与钢梁间的竖向分离。

桥面板与钢梁之间的抗剪连接件主要有焊钉连接件、开孔板连接件和型钢连接件等形式,以焊钉和开孔板连接件为主(图5-26)。焊钉直径一般取$\phi22mm$,焊钉间距不宜超过300mm;开孔板连接件又分孔内设置钢筋和孔内不设置钢筋两种形式,开孔板中钢筋直径可采用$\phi12\sim25mm$。焊钉设计应考虑承载力和疲劳剪力幅大小。钢与混凝土结合面剪力作用方向不明确时,应选用焊钉连接件;钢与混凝土结合面对抗剪刚度、抗疲劳性能要求较高时,宜选用开孔板连接件。目前叠合梁斜拉桥,多数采用焊钉连接件。

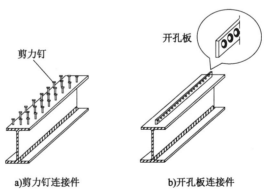

图5-26 剪力连接键形式

钢主梁和混凝土桥面板之间的结合界面是钢主梁防腐的薄弱地方。一般在结合界面应涂刷环氧涂层以提高结合面钢结构的耐久性,并沿结合面周边混凝土切缝,填充高强防水密封材料(例如不干性密封材料HM106),以确保结合部位的密封。

四、主要参数

(1) 主梁节段长。钢格主梁节段的长度选择与密索索距布置、桥面板受力、横梁间距有关。从方便架设考虑以布置 1~2 根拉索和 2~4 根横梁为宜,节段过长会导致架钢梁格时需另增加临时拉索。工字形钢梁格主梁标准节段梁长一般取 12m 左右,在边跨由于尾索要求应适度减小。箱梁主梁标准节段长一般取 9m 左右,如椒江二桥开口钢箱标准节段长 9m,东海大桥整体式钢箱标准节段长 8m。

(2) 梁细部主要尺寸。叠合梁细部尺寸一般根据经验确定。表 5-2 所示为叠合梁中钢工字梁、钢边箱、钢 PK 箱梁的部分参数统计。从表中可知,叠合梁高度与跨径关系不大,横梁一般在 4~5m 之间,在辅助墩和根部适当加密。工字梁上缘板厚一般在 35~50mm 之间,下缘板厚在 70~80mm 之间,腹板厚在 16~35mm 之间;钢箱梁顶板厚 24mm 左右,底板、腹板位置不同厚度不一样,一般底板厚度在 16~35mm 之间,腹板厚度在 16~30mm 之间。

部分钢主梁结构参数　　　　表 5-2

桥　　名	主跨径(m)	梁高(m)	横梁间距(m)	工字梁或箱梁尺寸(mm)
闽江大桥	605	2.45	4.5	工字梁:上缘板厚 36 和 50,下缘板厚 70 和 80,腹板厚 16 和 28
平塘大桥	550	2.92	4.5	工字梁:上缘板厚 36,下缘板厚 80,腹板厚 36
贵州红水河大桥	508	2.8	3.85	工字梁:上缘板厚 40,下缘板厚 80,腹板厚 36
贵州老棉河大桥	450	3.37	4.0	工字梁:上缘板厚 40,下缘板厚 80,腹板厚 36
杨浦大桥	602	2.7	4.5	钢边箱:上缘板厚 25,下缘板厚 35~60,腹板厚 16~25
南浦大桥	423	2.1	4.5	钢边箱:上缘板厚 35,下缘板厚 50~80,腹板厚 20~35
东海大桥主航道桥	420	4.0	—	钢单箱三室:横隔板厚 16,顶板厚 24,腹板厚 16~24
富翅门大桥	340	2.95	4.0	开放式钢单箱三室:横隔板厚 16,腹板厚 16~24,底板厚 16~36
望东大桥	638	3.5	3.6	PK 箱:顶板厚 24,底板 16~28,腹板 16~28
椒江二桥	480	3.5	4.5	PK 箱:顶板厚 24,底板厚 16~30,腹板 16~30

(3)剪力连接键。剪力钉多采用 φ22mm 圆头焊钉,焊钉间距不宜超过 300mm。焊钉在纵横向布置不一样,如扁平流线型半封闭钢箱叠合梁,在横桥向腹板上翼缘、横梁、过渡区域布置间距与纵桥向腹板、横梁上翼缘交叉区域、过渡墩、辅助墩顶布置间距不一样。焊钉高度应根据承载力和疲劳剪力幅大小确定。福建闽江大桥,叠合梁剪力钉按单钉承载力5t、疲劳剪力幅2.5t设计,长度为160mm。

五、工程实例

(1)加拿大安纳西斯(Annacis)桥。半飘浮双索面叠合梁斜拉桥,主跨径465m,桥面宽30m。主梁(图5-27)采用两片钢工字形主梁(位于拉索平面内,便于拉索锚固)与钢筋混凝土板的复合结构,标准节段长18m。钢工字梁上、下翼缘宽80cm,厚30~80mm,钢横梁间距4.5m。斜拉索与主梁的锚固采用焊在主梁上翼缘顶上的锚固板。预制桥面板。同期建成的还有印度加尔各答胡格利河二桥,该桥为双索面叠合梁斜拉桥,主跨径457.2m,桥面总宽35m。叠合主梁由钢筋混凝土板和钢格子梁组成,桥面板厚23cm,钢格子梁由3片纵梁和密布横梁组成。现浇桥面板。

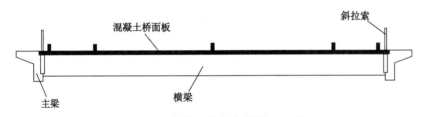

图 5-27 安纳西斯桥主梁断面示意

(2)希腊 Rion-Antirion 大桥。全飘浮双索面叠合梁斜拉桥,主跨径(3×560)m,桥面宽27m。叠合梁由钢板纵梁和钢板横梁组成的框架以及混凝土桥面板构成,纵横梁高均为2.2m,横梁间距4m,桥面板厚25cm,C60混凝土,节段长12m。

(3)上海南浦大桥。主桥为双塔双索面叠合梁斜拉桥,主跨径423m。主梁标准节段长9m,梁高2.2m,横梁长24m,横梁高1.5~1.7m。每个标准节段由两根主梁、4根横梁、4根小中梁及4根牛腿梁组成。桥面板除少数现浇外,均为现场预制,C60混凝土。横断面如图5-28所示。

(4)安徽望东长江大桥。双塔双索面半飘浮体系叠合梁斜拉桥,主跨径638m。主梁采用PK型分离双箱叠合断面,截面全宽35.2m,梁高3.5m。混凝土桥面板由预制板、纵横向湿接缝组成。根据结构受力需要,桥面板中设置横向预应力,并在两边跨、中跨合龙段附近桥面板中设置纵向预应力。桥面板与PK箱形成完整节段后吊装。通过在桥面板中预埋横隔板上半部分来减少横向湿接缝是本桥的特色之一。

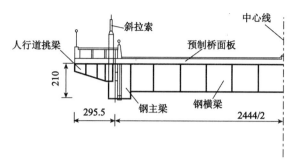

图 5-28　上海南浦大桥主梁断面示意(尺寸单位:cm)

(5)东海大桥主航道桥。主桥为双塔中央索面叠合梁斜拉桥,主跨径420m。钢主梁为单箱三室截面,梁高4m;混凝土桥面板板厚28cm,在腹板顶附近加厚至55cm,混凝土强度等级为C60。该桥为国际上首次在斜拉桥上采用开口钢箱与混凝土桥面板结合断面。

(6)闵浦大桥。主桥主跨为708m的双塔双索面钢桁梁斜拉桥,中跨主梁为正交异性结合钢桁梁,边跨为桁架叠合梁结构,N形桁架,倒梯形截面。桁高9m,主桁宽27.0m,上层桥面外边弦间中心距41.5m,节间长度10.5m,上、下桥面宽分别为40.5m、26.0m。腹杆采用钢结构,上、下层桥面采用混凝土内包劲性钢骨架。

(7)南京长江五桥。主桥为三塔中央索面叠合梁斜拉桥,主跨径600m。主梁为扁平流线型整体钢箱梁叠合梁,钢箱为单箱三室结构,三个箱室的宽度分别为12.05m、5.6m和12.05m,两侧挑臂宽度2.95m。中间箱两侧中腹板厚度36mm,对应底板标准段厚度16mm;两侧边箱底板、斜底板标准段厚度12mm。钢梁上铺设粗集料活性粉末混凝土桥面板,钢和混凝土通过剪力钉连接以形成组合截面。桥面板标准厚度17cm,在中腹板及边腹板顶加厚至20cm,中间箱桥面板厚20cm。主梁横断面如图5-29所示。标准梁段长14.6m,桥面板全宽35.6m,分为4块预制板,3道纵向湿接缝,1道工厂横向湿接缝和1道工地横向湿接缝。

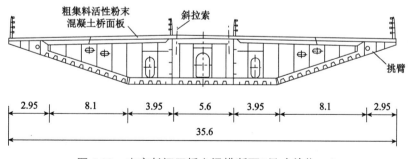

图 5-29　南京长江五桥主梁横断面(尺寸单位:m)

(8)湖北赤壁长江大桥。主桥为跨径720m的叠合梁斜拉桥,双塔双索面半飘浮体系,斜拉索采用7mm高强度锌铝合金镀层平行钢丝索,扇形布置。索塔采用H形混凝土塔。叠合梁由钢主梁、钢横梁、小纵梁和桥面板四部分组成。叠合梁标准横断面如图 5-30 所示。钢主梁除承受轴压外还承受较小的弯矩,底板的截面参数对截面惯性矩贡献较大。钢主梁底板通常采用变厚不变宽、变宽不变厚方式,由于该桥主跨跨径较大,若采用常规的底板变化方式将导致用钢量大,较大的跨中区钢主梁截面又会导致桥面板预应力数量的增加,故该桥钢主梁底板采用既变宽又变厚的方式。

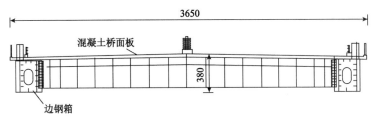

图 5-30　湖北赤壁长江大桥横断面(尺寸单位:cm)

第五节　混合梁主梁

混合梁斜拉桥是由两种主梁结构形式纵向对接而成。一般情况下,边跨结构刚度要大于中跨结构的刚度,所以实际工程中边跨多数是混凝土结构,也有少量是叠合梁结构;中跨则多数是钢梁结构,少量是叠合梁结构。边跨、中跨采用不同结构形式主要是为适应桥位两岸地形和提高结构整体刚度。目前,混合梁斜拉桥已成为斜拉桥家族中的重要一员,已被广泛应用于工程实践中。

一、结构特点

(1)混合梁能充分发挥各自结构的优势,即中跨采用钢梁能发挥钢梁自重较轻、跨越能力大的优势;边跨采用混凝土梁能发挥刚度大、适应短边跨布置的优势。

(2)混合梁抗风性能比全钢结构要好,因为结构自振频率增大了。

(3)边跨混凝土梁可以起到压重和锚固作用,不但可以平衡中跨钢主梁重量、确保边跨各支点不出负反力,而且当中跨布置活载时,中跨梁体变形和主塔变位都有减小的趋势,总体上提高了整座桥的刚度。

(4)边跨多设置辅助墩以减小混凝土主梁的支承长度,这有利于减小中跨主梁的弯矩变幅和斜拉索索力变幅,降低疲劳影响。

(5)根据桥位地形和通航情况,既可以采用混凝土短边跨也可以采用正常边跨,比较灵活。但较小的边跨导致顺桥向索塔两侧斜拉索对称性差,将影响斜拉索在塔端的锚固构造及安装张拉施工。

二、断面形式选择

混合梁斜拉桥的跨径一般都很大,其主梁断面形式基本上采用箱梁,或整体多室单箱断面、或 PK 箱断面、或分体式箱断面。整体箱断面抗扭刚度大,但构造复杂,施工期容易出现裂缝,尤其对箱宽超过 30m 的结构;PK 箱断面和分体式箱断面,结构开裂风险小,但刚度不及整体箱、横向抗风阻力系数相对大。对于单索面混合梁,由于锚固在箱体中间部位,故一般采用单箱多室形式,中间室小、两侧室大;对于双索面混合梁,则单箱、分体箱、PK 箱断面都有,相对比较灵活。

三、钢-混结合段构造

混合梁主梁,根据需要可以选择对称布置,即两个边跨都是混凝土梁;也可以不对称布置,即一个是边跨混凝土梁,另一个是边跨钢梁。无论哪一种情况都存在两种不同材料的结构连接问题。为了保证连接可靠,应设置钢-混结合段。钢-混结合段的设计原则是:

①确保两种不同材料的结构刚度平稳过渡,不发生突变。

②两种梁段的结构重心高度位置应尽量一致,以保证两边内力的合理传递。

《公路钢混组合桥梁设计与施工规范》(JTG/T D64-01—2015)明确给出了混合梁钢-混结合段的四种典型构造形式,如图 5-31 所示。

四种典型结合段的主要构件如下:

①钢格室。可以将结合段的钢桥面、腹板及下底板做成双壁结构形成钢格室。钢格室的高度应考虑填充混凝土应力分散所需的面积、格室内进行焊接的操作空间、预应力筋的张拉及锚固作业空间、填充混凝土施工的方便性及构件加工制作可行性等因素。钢格室的长度应考虑从钢格室传递到填充混凝土部分的应力分散、应力传递状态及应力传递所需要的抗剪件配置数量等。

②抗剪装置。为防止钢板与混凝土之间的剥离,可在钢桥面板、腹板、下翼缘板及钢格室靠近混凝土的一侧设置抗剪连接件。抗剪连接件包括栓钉、开孔板连接件等类型,应根据实际需要选用。

③预应力。为了使钢箱梁与混凝土箱梁紧密结合,一般应在结合段设置预应力钢束。预应力的大小由结合面所需抵抗的弯矩及轴力确定,宜使结合面在各种内力组合下均不出现拉应力。为提高锚固效果,宜采用长短束结合的布置方式。

④钢主梁加强段。为了使钢主梁加强段的钢桥面板、斜腹板及下底板的应力与填充

混凝土梁段的应力扩散相一致,可设置加强肋板。这些肋板与钢桥面板、斜腹板及下底板形成 U 形结构,可使应力扩散更趋均匀。

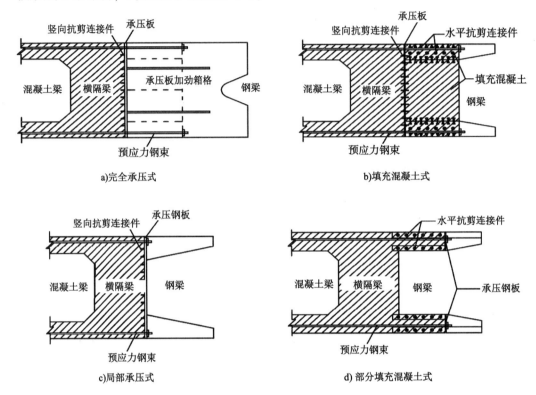

图 5-31　四种典型钢-混结合段构造

四种典型结合段的传力特点如下:

①主梁全截面完全承压式连接方式。

如图 5-30a)所示。结构主梁以受压为主。混凝土梁和钢梁连接完全依靠承压钢板传递梁的轴力,依靠承压钢板上的竖向抗剪连接件传递剪力。为提高承压板的刚度,在钢梁端部设置纵横向隔板形成格室,并在混凝土梁上下缘设置预应力钢束。这种连接方式的连接处应力较小,但构造相对复杂。

②主梁全截面填充混凝土连接方式。

如图 5-30b)所示。结构主梁以受压为主。为了把钢梁顶、底板和腹板上的力传递到整个混凝土梁截面,在钢箱梁梁端内部填充混凝土,依靠承压钢板和水平抗剪连接件共同传递梁的轴力,依靠承压钢板上的竖向抗剪连接件传递剪力。由于连接段钢梁填充混凝土,故承压钢板厚度相对小,承压钢板的应力分布也相对均匀。这种连接方式构造较复杂,施工操作困难。

③主梁局部承压方式。

如图5-30c)所示。结构主梁以受压为主。钢箱梁内的轴力主要集中在顶、底板和腹板位置,通过在梁端这些部位设置承压板,可以将钢梁内力直接传递到混凝土梁的顶、底板和腹板上。这种构造方式传力明确,但为了有效传力,承压板的厚度较大,且存在一定的应力突变。汕头岩石大桥、舟山桃天门大桥采用该方式。

④主梁部分填充混凝土方式。

如图5-30d)所示。结构主梁以受压为主。在第三种方案[图5-30c)]的基础上,钢梁端部的顶、底板和腹板形成双壁构造。施工时在两层钢板内填充无收缩混凝土。这种方案的截面变化较为平缓,应力传递均匀,且可避免使用很厚的承压钢板。日本的生口桥、多多罗大桥,中国的鄂东长江大桥、荆岳长江大桥采用该方式。

目前通过对已建混合梁斜拉桥钢-混结合段使用状况的调查,发现格室中灌注普通混凝土存在脱空和开裂等问题,主要原因是:钢-混结合段格室内混凝土的灌注空间较为狭小,不便振捣施工;普通混凝土后期收缩大且与钢板的黏结强度不高,结合段格室顶板与混凝土极易出现脱空现象。近期通车的湖北嘉鱼长江大桥和石首长江公路大桥的混合梁钢混结合段在鄂东长江大桥、荆岳长江大桥钢混结合段的基础上,采用活性粉末混凝土为灌注材料,保证了结合段混凝土的密实度,提高了抗裂性能。

四、钢-混结合段位置

混合梁钢-混结合段位置是影响结构整体刚度的重要因素,一般应设置在弯矩相对小的位置。实际混合梁斜拉桥工程中结合段位置设置在中跨、边跨都有,规律性不强,但多数设置在索塔中跨侧附近,见表5-3。

混合梁对称性及钢-混结合段位置不完全统计表　　　表5-3

桥梁名称	主梁形式	刚混结合段位置	混合梁对称性
中国香港昂船洲大桥	独立双箱	深入边跨49.75	双侧混合梁
中国湖北鄂东长江大桥	分离双箱	深入中跨12.5	双侧混合梁
日本多多罗大桥	单箱	深入边跨164.5	双侧混合梁
法国诺曼底大桥	单箱	深入中跨116	双侧混合梁
中国安徽池州大桥	单箱	深入中跨3	单侧混合梁
中国江西九江公路大桥	单箱	深入中跨49.5	单侧混合梁
中国湖北荆岳长江大桥	PK断面	深入中跨26	单侧混合梁

续上表

桥梁名称	主梁形式	刚混结合段位置	混合梁对称性
中国湖北武穴长江大桥	PK断面	深入中跨11.4	单侧混合梁
中国贵州鸭池河大桥	钢桁架	在索塔处	双侧混合梁
中国广东江顺大桥	单箱	深入边跨158	双侧混合梁
中国武汉白沙洲大桥	分离双箱	深入边跨143	双侧混合梁
中国浙江舟山桃夭门大桥	单箱	深入中跨16.7	双侧混合梁
中国福建长门闽江特大桥	单箱	深入中跨46.5	双侧混合梁
中国广东汕头岩石大桥	分离双箱	深入边跨100	双侧混合梁
日本生口大桥	单箱	深入中跨2.65	双侧混合梁
中国湛江海湾特大桥	单箱	深入边跨120	双侧混合梁
中国宁波甬江特大铁路桥	单箱	深入中跨24.5	双侧混合梁
中国福建淮安闽江大桥	单箱	深入中跨10	双侧混合梁

五、工程实例

(1)湖北荆岳长江大桥。半飘浮双塔不对称混合梁斜拉桥,主跨径816m。中跨和一侧边跨钢主梁采用分离式双边箱,两边箱之间以横梁相连接;另一侧边跨混凝土主梁采用整体式单箱三室断面,如图5-32所示。主梁钢-混结合段设置在中跨侧距索塔中心26.0m处。由于本桥跨径大、桥面宽、主梁轴力大的特点,结合段采用带钢格室的部分连接填充混凝土方案。结合段钢格室为封闭箱形结构,钢格室通过钢箱梁加强段与钢箱梁连接,其内填充混凝土。钢箱梁加强段在U肋中间加设T形加劲。为保证钢-混结合面结合紧密,在结合段还设置有纵向预应力钢束。

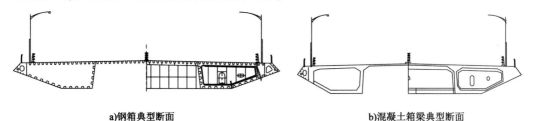

a)钢箱典型断面　　　　　　　　b)混凝土箱梁典型断面

图5-32　荆岳长江大桥主梁断面

(2)法国诺曼底大桥。塔梁固结双索面混合梁斜拉桥,主跨径856m,其中两个边跨为混凝土PC梁,并深入中跨116m。主梁截面设计既要减小桥梁的承风面,又要提高梁的抗扭刚度,还要使其形状适应钢和预应力混凝土结合的构造要求,最终选定流线型箱梁,梁高3m,全宽22.3m,如图5-33所示。

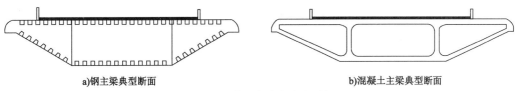

图 5-33 诺曼底大桥主梁断面

（3）武汉二七长江大桥。半飘浮对称三塔混合梁斜拉桥,跨径布置为(90 + 160 + 2×616 + 160 + 90)m,其中汉口及武昌岸90m边跨采用混凝土梁,其余梁段为工字钢叠合梁。梁高3.5m(桥梁中心线处),节间长度13.5m,如图5-34所示。

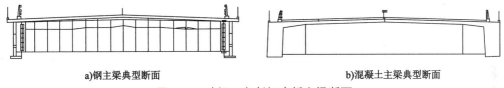

图 5-34 武汉二七长江大桥主梁断面

（4）贵州鸭池河特大桥。双塔双索面半飘浮体系的混合梁斜拉桥,主跨径800m。桥面全宽28m,其中边跨为预应力混凝土箱梁,中跨为钢桁梁结构。钢桁梁结构采用N形桁架,横向两片主桁,中心间距为27.0m,节间长度为8.0m。边跨混凝土截面为双边箱结构,如图5-35所示。钢-混结合段由钢桁梁部分、钢箱部分及内伸至混凝土横梁的上下翼缘板组成,钢箱梁段由钢桁梁段通过增加实体腹板和底板演变而来。为保证钢-混结合面处于均匀的受压状态,沿箱梁四周及腹板布置了纵向预应力钢绞线。

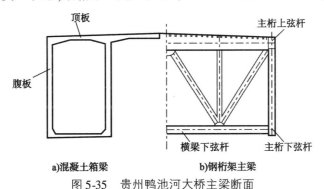

图 5-35 贵州鸭池河大桥主梁断面

（5）武汉青山长江大桥。主跨为938m混合梁斜拉桥,采用双塔双索面全飘浮体系。主桥中跨主梁采用整体式钢箱梁,梁高4.5m,全宽48m,设置4道纵腹板,中腹板间距18.5m、边腹板间距41.76m。顶板厚度在重车道、一般车道区域分别为18mm、16mm,底板厚12mm,顶、底板均采用U肋加劲;边跨主梁采用钢箱叠合梁,由开口钢箱与预制混凝土板通过湿接缝与剪力钉结合而成,梁高4.49m,全宽48m,混凝土板标准厚度37cm,

叠合梁标准节段长 11.5m。大桥横断面如图 5-36 所示。

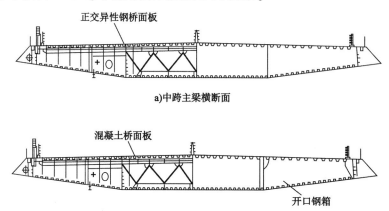

图 5-36 武汉青山长江大桥主梁断面

第六节 波形钢腹板主梁

波形钢腹板箱梁斜拉桥是钢-混组合结构斜拉桥中的一员,发展相对晚,但由于其自重轻、预应力效率高,并从根本上解决了传统混凝土封闭箱梁结构容易开裂的难题,因此在国内外工程中也有所发展。波形钢腹板箱梁斜拉桥与传统混凝土箱梁斜拉桥相比,主要区别就是用波形钢腹板代替混凝土腹板,除此之外,两者在结构体系上差别不大。

一、主要构造

波形钢腹板箱梁构造设计可遵照《波形钢腹板组合梁桥技术规范》(CJJ/T 272—2017)、《组合结构桥梁用波形钢腹板》(JT/T 784—2010)和河南省地方标准《公路波形钢腹板预应力混凝土箱梁桥设计规范》(DB41/T 643—2010)进行。上述规范给出了波形钢腹板箱梁的主要构造和常见断面形式,包括波形腹板常见形状及钢板之间的连接方式。

(1)常见断面。波形钢腹板箱梁由混凝土顶板、底板、横隔板、钢波形腹板、体内和体外预应力束,以及顶底板与钢波形腹板之间的抗剪连接件组成,如图 5-37 所示。设置横隔板的原因是波形钢腹板呈波折形状且钢板很薄,为防止截面的横向扭转、翘曲变形,需要在结构中设置一定数量的横隔板。另外,在支点附近为了增加腹板结构局部稳定性,需要在箱内腹板处设置内衬混凝土墙。

波形钢腹板箱梁截面常见形式如图 5-38 所示。实际工程中为了斜拉索锚固方便,多室箱中也有设计混凝土腹板与钢波形腹板同时存在的情形,如山西运宝黄河大桥(单索面矮塔斜拉桥),单箱五室中中间两道为混凝土腹板,两侧为波形钢腹板。为了减小下部墩台尺寸,波形钢腹板也有设计成倾斜状态的情况,如郑州朝阳沟大桥,边腹板是倾斜状态,中腹板是垂直状态。

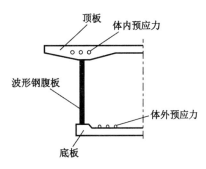

图 5-37 波形钢腹板主梁构造示意

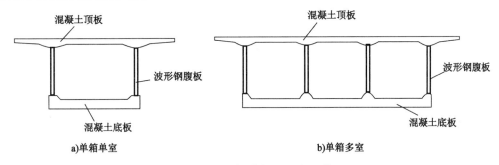

a)单箱单室　　　　　　　　b)单箱多室

图 5-38 波形钢腹板主梁常见截面

(2)预应力体系。波形钢腹板箱梁一般采用三向预应力体系,纵向在顶、底板内设置体内束,在箱内设置体外束;横向在顶板内设置体内束;竖向主要在墩顶混凝土节段内设置体内束。一般结构自重、施工荷载及二期恒载等永久荷载由体内预应力筋承受,运营中车辆等可变荷载由体外索承受。

(3)波形钢腹板。由钢板加工成波形形状,如图 5-39 所示。波形钢板按波长主要分为三种类型:1000 型、1200 型、1600 型。一般应根据结构要求选择合适的波高、幅段长度和幅段倾角等。对于波形钢腹板主梁斜拉桥,通常选择 1600 型(波长 1600mm)。

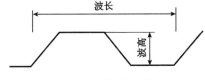

图 5-39 波形钢板形状示意

波形钢腹板一个节段是由若干波长型钢板组成,如 3×1600 型 =4800mm。实际工程中应根据吊装能力组拼,一般在工厂加工完成。波形钢腹板节段间需要现场对接,对接方式有焊接和栓接两种。

(4)连接件。对于波形钢腹板主梁斜拉桥,波形钢腹板存在与混凝土顶板、底板、横隔板连接。波形钢腹板与顶板连接多采用双 PBL 键、栓钉、角钢剪力键和埋入式连接等方法;与底板连接多采用单 PBL 键 + 栓钉、埋入式连接、角钢剪力键等方法;与横隔板连接多采用单 PBL 键方法。

双 PBL 键连接如图 5-40a)所示,即通过两块开孔钢板与孔内横向贯穿钢筋使混凝土与波形钢腹板共同受力的连接方法;单 PBL + 栓钉键连接,如 5-40b)所示,即通过开孔钢板与栓钉连接件使混凝土与波形钢腹板共同受力的连接方法。其他角钢剪力键连接是通过焊接在钢翼缘板上的角钢、U 形钢筋、纵向贯穿钢筋使混凝土与波形钢腹板共同受力的连接方法;埋入式连接是在波形钢腹板上焊接纵向接合钢筋、开孔设横向贯穿钢筋并埋入混凝土中使其与混凝土共同受力的连接方法。其中,双 PBL 键连接和单 PBL + 栓钉键连接最为常见。

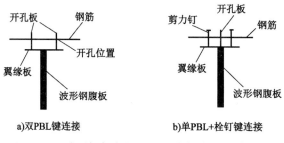

图 5-40 波形钢板与混凝土顶底板常见连接形式

二、主要参数

波形钢腹板箱梁与混凝土 PC 箱梁相比,受力模式基本相同,但结构刚度偏弱,因此一般波形钢腹板箱梁截面尺寸选择,如梁高、顶底板厚度可参考普通混凝土 PC 梁。其中梁高可适当加大以提高结构刚度,梁高的增加只是加大腹板高度,自重增加不大。波形钢腹板箱梁高度:支点处宜取为跨径的 1/15 ~ 1/17,跨中处宜取为跨径的 1/32 ~ 1/50。

波形钢腹板厚度一般不是定值,沿纵向根据剪力大小变化,一般取 12 ~ 28mm。

三、斜拉索锚固

波形钢腹板主梁斜拉桥的拉索在主梁上的锚固,一般采用钢横梁 + 钢锚箱结构,如图 5-41 所示。

四、工程实例

(1)山西运宝黄河大桥(图 5-42)。主桥采用(110 + 2 × 200 + 110)m 波形钢腹板矮塔斜拉桥,全长 620m。桥梁横断面采用单箱五室,箱梁顶面宽 34m,底宽 25m,翼缘宽度为 4.5m。箱梁根部高度为 7m,跨中高度为 3m,梁高按 1.8 次抛物线变化。箱梁除中室腹板采用混凝土腹板外,边腹板、次边腹板共 4 道全部采用波形钢腹板。钢波形腹板采用耐候钢制成,这在国内是首次。

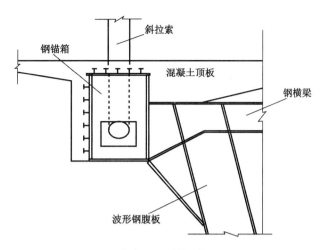

图5-41 波形钢板主梁斜拉索锚固构造示意

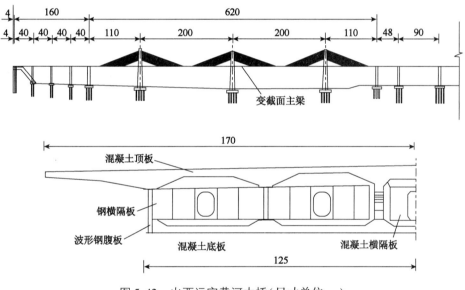

图5-42 山西运宝黄河大桥(尺寸单位:m)

(2)南昌朝阳大桥。主桥为波形钢腹板预应力混凝土组合梁六塔斜拉桥,跨径布置为(79+5×150+79)m,塔梁固结、梁墩分离,主梁为单箱五室。波形钢腹板采用1600型,厚度18~22mm,节段之间连接采用错板搭接,现场高强度螺栓定位,角焊缝围焊。波形钢腹板与顶板连接采用双开孔板连接件,与底板连接采用角钢剪力键,与横隔板连接采用圆柱头焊钉。

CHAPTER SIX 第六章

斜拉桥主梁施工

第一节　主梁施工方法概述

斜拉桥主梁的施工方法归纳起来大致有五种：悬臂法、支架法、顶推法、转体法和吊装法。最为常见的方法是前三种，悬臂法、支架法、顶推法。由于斜拉桥主梁类型多种多样，既有混凝土结构、钢结构，还有钢-混组合结构，再加上主梁不同部位如索塔区、边跨、中跨、过墩段、合龙段等，因此一座斜拉桥主梁施工可能会采用几种组合方式来完成，如边跨采用支架法、中跨采用悬臂法；或边跨采用顶推法、中跨采用悬臂法等。总之，斜拉桥主梁的施工应根据桥位实际地质、地形、水文和结构、施工设备等因素来选择恰当的工艺方法。

一、悬臂法

悬臂施工方法是20世纪50年代由国际著名桥梁专家莱昂哈特创建，先是在莱茵河桥施工中首次采用了挂篮悬浇工法，接着又在Krahnenberg桥施工中首次采用了移动托架拼装工法（悬拼法）。这两种新型工法的出现，促进了大跨径桥梁的发展。

斜拉桥主梁采用悬臂施工方法，是以索塔为中心，纵桥向对称逐梁段架设的一种方法，分悬臂浇筑和悬臂拼接两种。前者主要针对混凝土结构主梁，后者混凝土、钢、钢-混组合结构主梁都适用。

斜拉桥主梁悬臂施工过程中，索塔两侧的梁体因自重和临时荷载的不平衡会产生一定的倾覆力矩；梁体受风荷载作用以及斜拉索两侧不对称索力的作用会对主梁产生一定的水平或纵向推力。该倾覆力矩和水平推力对结构将产生不利影响。为确保结构在施工阶段的安全，一般都需要采取适当的措施进行塔梁临时锚固，固结措施待主桥合龙后再拆除。目前，国内外常用的斜拉桥塔梁临时锚固措施主要是增加纵横向临时支撑和柔性临时拉索。

1. 悬臂浇筑法

悬臂浇筑法是在索塔两侧采用挂篮对称逐节段浇筑混凝土主梁的施工方法。悬臂浇筑法的特点是不受桥梁净空限制、不需要搭设满堂脚手架，受桥下交通（通航）影响较小，模板可以周转使用，施工工艺简便。因此，无论山区、平原还是沿海地区的混凝土斜拉桥均可以应用悬臂浇筑法施工，是混凝土斜拉桥主梁最为常见的施工方法。

悬臂浇筑施工的主要设备是挂篮。通过挂篮来承载模板,并完成一个节段的钢筋绑扎、浇筑混凝土、张拉预应力和斜拉索,再移至下一节段循环施工。挂篮结构分为后支点悬臂式(图6-1)、前支点拉索式(图6-2)和劲性骨架式三种。

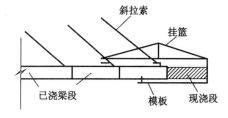 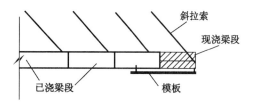

图6-1　后支点悬臂式挂篮示意　　　　图6-2　前支点拉索式挂篮示意

后支点挂篮的特点是挂篮承重锚固点在已浇梁段上,与索塔结构无直接关系,挂篮的定位和一个节段的混凝土浇筑过程不需调索,施工工艺简单,但挂篮需承受全部施工荷载,使浇筑节段长度受到限制。后支点挂篮以三角形和菱形桁架式挂篮为主,一般由承重系统、提升系统、后锚系统、行走系统和模板系统组成。后支点挂篮目前多应用于矮塔混凝土斜拉桥。

前支点挂篮的特点是充分利用斜拉索牵引挂篮的作用,减轻挂篮自重,增大节段长度,在浇筑节段混凝土过程中,根据所浇梁体的重量可分几次张拉斜拉索。前支点拉索式挂篮,一般由承重系统、行走系统、模板系统、止推系统和牵索系统组成,目前多用于肋板截面混凝土斜拉桥。前支式挂篮又分短平台复合式牵索挂篮和长平台复合式牵索挂篮(图6-3),后者是前者的改进型。采用长平台复合式牵索挂篮施工的大桥有安徽铜陵长江大桥、武汉长江二桥、湖南岳阳洞庭湖大桥、湖北荆沙长江公路大桥等。

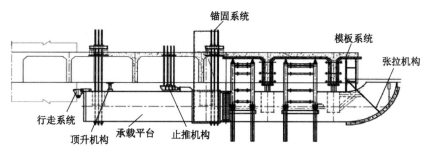

图6-3　长平台前支点挂篮示意

劲性骨架式挂篮的特点是利用斜拉索吊拉主梁中的劲性骨架,减少挂篮所受荷载,施工安全可靠,但钢材用量大。劲性骨架式挂篮多用于单箱多室截面。前两种挂篮应用较多,是悬臂浇筑法的主流设备,劲性骨架式挂篮应用较少。三种挂篮施工的工程实例见表6-1。

三种挂篮施工的工程实例(部分)　　　　　表6-1

序号	桥　名	主跨径(m)	截面形式	挂篮方法
1	湖南湘江北大桥	210	单箱三室	后支点式
2	黄山太平湖大桥	2×190	带斜撑单室箱	后支点式
3	杭州钱塘江三桥	168	单箱五室	后支点式
4	安徽铜陵长江大桥	432	肋板	前支点式
5	岳阳洞庭湖大桥	2×310	肋板	前支点式
6	湘潭湘江三桥	270	肋板	前支点式
7	南昌新八一大桥	160	单箱单室	前支点式
8	湖北荆州长江大桥	500	肋板	前支点式
9	鄂黄长江大桥	480	肋板	前支点式
10	江西鄱阳湖口大桥	318	肋板	前支点式
11	重庆梅溪河大桥	386	肋板	前支点式
12	重庆石门大桥	200+230	单箱三室	劲性骨架式

2. 悬臂拼接法

悬臂拼接法的主梁节段，若是混凝土结构，一般采用长线法或短线法(图6-4)预制；若是钢结构，或是工厂加工制作成型，或是工地现场拼接成型。悬臂拼接法的特点是：①梁段质量容易保证，对混凝土梁段而言收缩和徐变影响小；②对预制场地和起重设备要求较高；③现场节段梁拼接控制技术要求高。悬臂拼接法的主要设备是桥面起重机、浮式起重机、缆索式起重机、履带式起重机等。

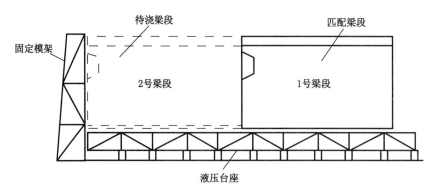

图6-4　短线法预制节段示意

悬臂拼接法主要应用于钢结构主梁架设，无论钢箱梁、钢桁架梁还是叠合梁钢主梁都是采用悬臂拼接法施工，这是结构性质所决定，差别是吊装设备不同。对于有运输条件的江海地区钢结构斜拉桥，一般都是采用桥面起重机施工；山区没有运输条件的钢结构斜拉桥则一般采用散件吊装施工。混凝土主梁斜拉桥采用悬拼法施工,没有采用悬臂浇筑法广泛。国内最早采用悬臂拼装的混凝土斜拉桥是1991年建成的安徽蚌埠、凤台大桥,主跨径都是224m,半封闭双向截面,悬臂拼接节段重在114~135t之间。其他工程实例有:云南东风大桥,采用缆索式起重机进行主梁悬臂拼装;广东九江大桥,采用500吨级浮式起重机进行主梁悬臂拼装;湖北郧阳汉江桥和宜昌夷陵长江大桥均采用半长线法预制主梁;珠海淇澳大桥采用短线匹配法预制主梁节段。

短线法预制主梁的结构特点如下:①节段长段2~4m,以单箱单室为主;②节段间分干湿两种接缝,并设置剪力键;③结构体内和体外均设置预应力。

二、支架法

支架法施工是传统的施工方法,一般只适用于桥下净空小、搭设支架方便如岸侧或不影响桥下交通的情况。支架法施工主梁分支架现浇和支架拼接两种。前者主要针对混凝土结构主梁;后者钢结构、混凝土结构主梁都可以。由于支架法施工简单、控制线形相对容易,故应用较为广泛,小跨径混凝土斜拉桥主梁、大跨径斜拉桥索塔区节段梁或变宽段、斜拉桥边跨段,无论是钢结构还是混凝土结构主梁都可采用支架法施工。

支架法自身又可分满堂支架和桥式支架两种,前者应用更为普遍。支架一般由贝雷梁、分配梁、立柱等组成。斜拉桥支架现浇施工工艺与一般梁式桥基本相同,主要步骤如图6-5所示。支架拼接则是将预制加工好的节段梁,在支架上运输、就位、拼接。

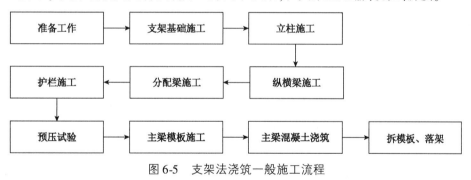

图6-5 支架法浇筑一般施工流程

三、顶推法

顶推法是借助千斤顶施力,将梁体从预制场逐节段顶推到桥位的一种施工方法,如图6-6所示。该方法源于钢桥施工的纵向拖拉工法,1959年由国际著名桥梁专家莱昂哈特在阿格尔桥首次采用,后不断改进形成分段预制、逐段顶推、逐段接长的连续施工工艺。顶推方式从单点集中顶推发展到多点分散顶推、从间歇式顶推发展到连续顶推、从拖动(推动)到发展步履式平移顶推。顶推法的特点是施工设备简单,操作方便,可重复利用,一般不受桥下净空、通航影响,但受顶推跨径影响较大,需要设置临时墩才能实现较大跨径的顶推。

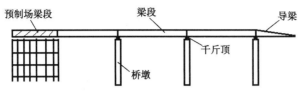

图 6-6 顶推施工示意

斜拉桥主梁无论是钢结构还是混凝土结构,均可采用顶推法架设。顶推过程中梁体要反复承受正、负弯矩,因此对于混凝土结构主梁,往往需要设置临时预应力束;对于钢结构主梁则需要设置辅助支撑措施,以保证顶推过程中结构稳定。顶推施工的主要设备是千斤顶系统和钢导梁。千斤顶系统主要分拖拉式千斤顶、楔进式千斤顶和步履式千斤顶三种。目前应用较多的是拖拉式千斤顶和步履式千斤顶。

(1)拖拉式千斤顶。拖拉式千斤顶施工原理是沿桥纵轴方向的一侧设置拼装平台,并在沿桥纵轴方向设置临时墩,通过水平液压千斤顶施力,借助于不锈钢和聚四氟乙烯模压板组成的滑动装置,将梁逐段向对岸顶推,待全部顶推就位后再落梁。更换正式支座,完成桥梁施工。

(2)步履式千斤顶。步履式千斤顶系统由纵横向千斤顶、支撑梁和液压系统等组成。在计算机控制下,可实现梁体顶升、顺桥向移动,同时还可以实现梁体横桥向的调整,在顶推过程中随时纠偏。顶推装置滑移面由梁体底部改到顶推设备内部,可满足永久结构设计受力要求。不必对主体结构进行改造加强,通过对千斤顶的同步和平衡控制技术保证结构受力均匀可靠,可实现完全的自平衡顶推。

四、转体法

转体法是将成形的斜拉桥整体结构水平转动 90°达到设计桥位的一种特殊施工方法,多用于跨铁路线、受通行影响较大的跨线桥,或桥址地形平坦、塔身较低的桥位。一般做法是,在平行桥位一侧搭支架现浇主梁或悬臂施工主梁,并完成梁体预应力张拉、斜拉索调索等上部结构所有安装工序,然后塔墩临时固结形成整体后,以塔墩为中心,整体旋转到桥位合龙。转体法适合于中小跨径斜拉桥,如四川金川县曾达独塔斜拉桥,为塔墩固结体系,跨径布置为(68 + 37)m。

转体施工的主要原理是采用球铰(图 6-7)将桥梁结构分为上下两部分,下部固定,上部可以整体旋转。球铰分钢球铰和混凝土球铰两种,埋置于主墩底的中心部位。转动体系包括球铰、滑道、千斤顶系统等,应具备兼顾转体、承重和平衡等功能。

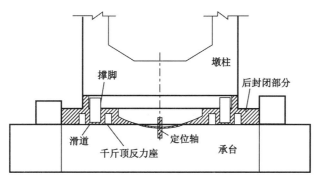

图 6-7 球铰装置示意

五、吊装法

吊装法首先根据吊装能力(一般都是采用浮式起重机)将主梁分段吊装到位的一种方法。对于斜拉桥,一般首先根据分段设置临时墩,然后逐段吊装成简支状态,最后再湿接或焊接成连续状态。斜拉索一般随节段吊装后张拉。吊装法施工速度快,是在具有浮式起重机、可设置临时墩情况下的一种有效施工方法。港珠澳大桥九洲航道桥主梁架设就是采用吊装法施工。该桥为双塔单索面叠合梁斜拉桥,跨径布置为(85 + 127.5 + 268 + 127.5 + +85)m,主梁采用分离式开口钢箱 + 混凝土桥面板的组合截面,共分为 20 个大节段和两个合龙段。为方便主梁架设,全桥共设置 5 个临时墩。利用"天一号"3000t 运架一体船进行架设。大节段主梁吊装就位后,利用墩顶布置的临时三向调节滑移装置(纵向、横向、竖向),进行位置的精调。九洲航道桥主梁架设示意如图 6-8 所示。广东九江 160m 独塔斜拉桥的主梁架设也是采用浮式起重机吊装方法。

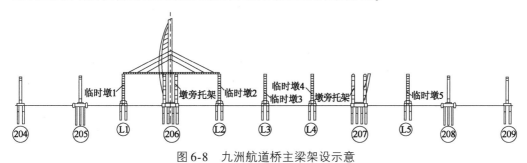

图 6-8 九洲航道桥主梁架设示意

第二节 混凝土主梁施工

混凝土斜拉桥主梁的施工可以采用悬臂法、支架法、顶推法和转体法,但以悬臂法和支架法为主,悬臂法中又以悬浇法为主,悬拼法为辅。目前,悬浇法的前支点挂篮主要针对肋板式主梁;后支点挂篮主要针对变截面箱形主梁。在实际工程中也有同时采用前支点和后支点挂篮的工程实例,如湖北鄂黄长江大桥,标准节段采用前支点挂篮悬臂浇筑,在次边墩上悬浇的梁段采用后支点挂篮悬浇施工。

一、后支点挂篮施工

矮塔斜拉桥变截面箱梁多采用后支点挂篮施工,如图 6-9 所示。大致分如下几个主要施工环节:墩顶 0 号块(或 0 号块、1 号块)、标准节段、合龙段(边跨和中跨)和边跨现浇段。其中,标准节段主要采用挂篮施工;边跨现浇段和 0 号块一般采用支架或托架施工;合龙段一般采用吊架或挂篮施工。主要施工流程:现浇 0 号块和 1 号块→拼装挂篮→标准节段对称悬臂浇筑施工,同时边跨现浇段施工→先边后中合龙段施工,或先中后边合龙段施工→桥面系施工。若斜拉桥不是刚构体系,拼接挂篮前要通过预应力将主墩与主梁临时固结,待全桥主梁合龙后再拆除预应力措施,实现体系转换。

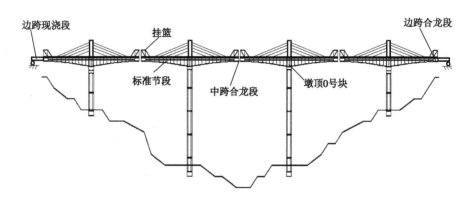

图 6-9 悬臂浇筑法几个主要施工环节

(1)标准节段施工。后支点挂篮标准节段的施工内容与连续刚构基本相同,只是不分幅,一般为全断面施工,并且多了斜拉索的张拉环节:安装模板、钢筋,浇筑混凝土→张拉结构预应力→挂篮行走→张拉上节段斜拉索。一个节段施工周期约 8 天。

(2)墩顶主梁节段。索塔区主梁节段(0 号块、1 号块)一般在支架或托架上施工。支架或托架拼装好后,首先进行预压,以消除非弹性变形,然后安装模板及钢筋,浇筑混凝土。待混凝土强度达到要求后,张拉预应力,拼装挂篮,进行后续主梁节段的悬臂施工。

(3)边跨现浇段。现浇段长度通常小于 10m。若边墩(或交界墩)不高一般可采用落地支架施工;若边墩较高可采用其他方法施工,如利用箱梁悬臂采用吊架施工,或者在边墩上设托架现浇。

(4)合龙段。合龙段施工利用吊架或挂篮施工。具体流程大致如下:合龙前先调整中线位置和高程→合龙口临时锁定→张拉合龙临时钢束,并按设计要求在两端悬臂用水箱法预加压重→浇筑混凝土,在混凝土浇筑过程中逐步减掉临时压重。边跨合龙也可不设支架现浇合龙段,直接由挂篮施工至交接墩,如荆州长江大桥。

(5)工程实例。

工程实例1:中国贵州龙井河大桥。预应力混凝土矮塔斜拉桥,主跨径160m,变截面单箱三室截面,梁段采用后支点三角斜拉式组合挂篮悬臂浇筑施工,边跨现浇段采用支架现浇,中跨、边跨合龙段采用吊架施工。一个标准节段的施工内容如下:挂篮移动→立模板,绑钢筋→浇筑梁段混凝土→张拉结构预应力→横隔板施工→挂斜拉索→挂篮移动→张拉斜拉索。

工程实例2:马来西亚槟城二桥。双塔三跨预应力混凝土斜拉桥,主跨径240m,塔梁固结。主梁采用宽34.6m的肋板式断面,施工并没有采用前支点挂篮而是采用后支点挂篮施工。该桥的特点是梁段按平面品字形施工推进(图6-10),即在浇筑边肋的同时浇筑前一节段的桥面板,两者同时浇筑并养生。既节省了施工工序和施工周期,又避免了前支点挂篮的牵索二次锚固转换,同时由于桥面板滞后浇筑,降低了对挂篮的要求。

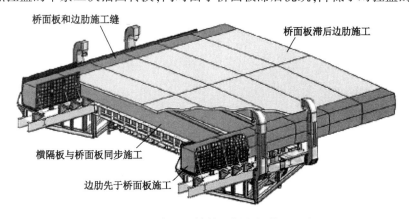

图6-10 马来西亚槟城二桥主梁施工示意

二、前支点挂篮施工

前支点挂篮施工的主要内容与后支点挂篮施工基本相同,只是标准节段的施工内容操作步骤要复杂一些,斜拉索张拉时间也不同。一般情况下,节段混凝土分两次浇筑(图6-2),当前斜拉索分三次张拉到位:第一次初张拉→浇筑下层混凝土→第二次张拉→浇筑上层混凝土→第三次张拉。待节段混凝土达到所需强度后,拆除斜拉索与挂篮的连接,使节段荷载转换到斜拉索上,再移动挂篮。一个标准节段的施工周期约10天。早期施工的斜拉桥钢索分多次调索,如临时墩拉压支座安装后、边跨合龙后、中跨合龙后和二期恒载上后。现经过发展优化,调索不再作硬性规定,以需要为前提。为了确保结构线形符合设计要求,有些大桥研发了挂篮牵索系统的自动适应转动锚座,能够自动调整拉索的空间转角,如湖北的巴东长江大桥。

工程实例1:重庆大佛寺大桥。主桥为450m双塔双索面PC斜拉桥,飘浮体系。主梁为预应力混凝土肋板结构,肋高2.7m;桥面板厚0.28m,每4.05m设一道横隔梁,在梁肋中设隐蔽式斜拉索锚箱,锚于梁肋中。主梁采用斜拉悬挂式挂篮施工(前支点挂篮),中跨27个节段,边跨23个节段,一个标准节段施工流程如下:移动挂篮→安装斜拉索、模板、钢筋和管道等→混凝土浇筑和养生→张拉预应力→体系转换。主梁挂篮施工特点是首次采用尾部梁段固结的边跨合龙模式,如图6-11所示。

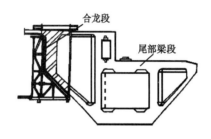

图6-11 边跨合龙示意

工程实例2:重庆梅溪河大桥。双塔双索面预应力混凝土斜拉桥,主跨径386m,肋板式主梁采用前支点挂篮悬臂浇筑施工,大致分六个阶段:0号块施工→挂篮悬臂对称施工1~26主梁节段→边跨现浇段施工及边跨合龙施工→挂篮悬臂施工中跨27~30主梁节段→中跨合龙施工→桥面系施工。其中一个标准节段的施工内容如下:

(1)挂篮移动,张拉第一次索力;

(2)立模板,绑钢筋;

(3)浇筑梁段一半混凝土;

(4)第二次张拉索力;

(5)浇筑梁段一半混凝土;

(6)张拉结构预应力,锚固点转移;

(7)第三次张拉索力。

三、悬臂拼接

(1)节段预制。采用悬臂拼接的混凝土斜拉桥主梁,其节段预制可采用长线法或短线法。长线法适用于直线桥,预制线形控制相对简单,但对基础刚度要求较高;短线法的优势在于节段预制周期短,适用于节段数量多的多跨长桥和曲线桥。但短线法预制精度要求高,需要有专门应用程序辅助工作。

主梁节段预制应考虑安装顺序,依次串联预制,并按设计要求设置预拱度。对预制节段的基本要求是保证各节段相对位置及斜拉索与预应力管道的相对尺寸。预制节段的长度划分一般以梁上斜拉索水平间距为标准,并根据起吊能力决定。通常情况采用一个索距或将一个索距梁段分为有索节段和无索节段两个块段预制。

主梁节段的预制工序、移运和整修均与一般梁式桥预制构件相同。

(2)现场拼接。主梁预制节段按先后预制顺序,从预制场运至桥下吊装位置,然后通过起吊工具(悬臂式起重机、缆索式起重机、大型浮式起重机等)进行预制节段的现场拼接和接缝处理。预制节段之间拼接一般通过体外预应力和剪力键连接。接缝处理形式有干接缝(图6-12)和湿接缝两种。干接缝一般在匹配面进行涂胶;湿接缝则现浇微膨胀混凝土。

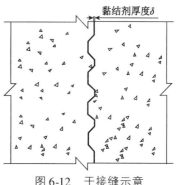

图6-12　干接缝示意

(3)工程实例。

工程实例1:湖北夷陵长江大桥。三塔单索面五跨连续混凝土斜拉桥,主跨径348m,中塔塔梁墩固结,主梁为单箱三室截面(图6-13)。大桥两主跨采用半长线法预制拼接,每40m左右设一个0.5m湿接缝,其余均为干接缝,节段长4m,标准节段重160t。预制节段之间的体外预应力采用直径32mm的精轧螺纹粗钢筋。现场采用干接缝和湿接缝相结合的方法悬拼施工。干接缝涂胶胶层厚度1mm左右,不宜太厚。涂胶达到黏合强度后再进行拼装。湿接缝的作用是及时消除施工累积误差。

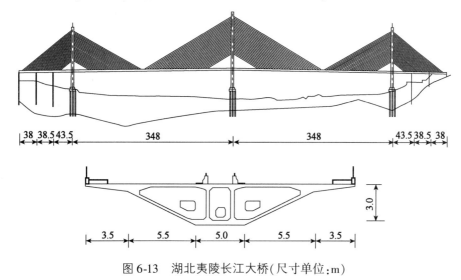

图6-13　湖北夷陵长江大桥(尺寸单位:m)

工程实例2:福建闽江四桥。独塔单索面混凝土箱梁斜拉桥,主跨径238m,短线法预制拼接,节段长有3.5m和3.0m两种,0.5m的湿接缝。该桥于1999年通车。

四、支架现浇

混凝土斜拉桥整体现浇的工程实例并不多。一般小跨径混凝土主梁或主梁变宽,只要桥址处基础和净空条件许可,可选择满堂支架或移动式支架施工。移动式支架是以塔为中心按节段对称向两侧施工,类似悬臂施工,只是将挂篮改为支架。两种方式均有工程实例,前者如广西灵峰大桥,主跨径(86+68)m,全桥满堂支架左、右各分5、4个节段浇筑混凝土和张拉相应的斜拉索;后者如耿村汈大桥(图6-14),主跨径150m,独塔单索面预应力混凝土箱梁斜拉桥,塔梁固结、梁墩分离体系全桥分8个节段移动支架施工。变宽段主梁施工如武汉大道独塔双索面预应力混凝土箱梁斜拉桥,跨径布置为(138+81+41)m。该桥主跨MB5~MB21节段桥面宽度由47.680m渐变至50.499m,采用支架法现浇施工。

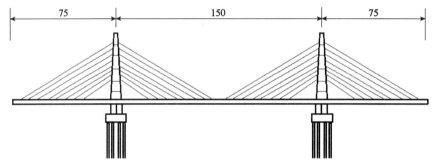

图6-14 湖南耿村汈大桥示意(尺寸单位:m)

五、顶推法

实际工程中顶推法多用于混凝土和钢连续梁桥。对于斜拉桥,钢箱主梁采用顶推法施工相对多,混凝土主梁采用顶推施工的工程实例相对少。衡山湘江大桥为三塔单索面预应力混凝土斜拉桥(图6-15),主跨径(2×90)m,箱形主梁。采用双向顶推施工工艺。为减小主梁顶推过程中的弯矩,在90m跨中,加设钢管桩临时墩。全桥上部箱梁顶推就位后,修建三个索塔,张拉斜拉索。待斜拉索张拉到设计值后,才能顶升箱梁拆除临时墩,形成最终的三塔斜拉桥。这是我国首例用顶推法修建的斜拉桥。

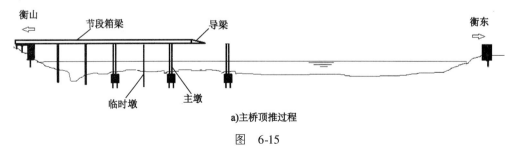

a)主桥顶推过程

图 6-15

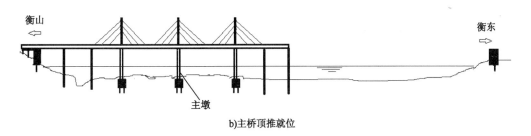

b)主桥顶推就位

图 6-15　衡山湘江大桥主桥顶推施工示意

六、转体法

转体施工属于特殊情况下的施工方法。北京五环路斜拉桥为四跨连续独塔预应力混凝土曲线矮塔斜拉桥(图 6-16),主跨径 95m,采用塔、梁、墩固结体系,单箱三室。为了减小施工对桥下铁路交通的影响,大桥采用单铰平转转体法施工,转体梁部长度 168m,转体质量 14000t。球铰上、下盘混凝土均为 C50,球铰结构由钢面板、四氟块、混凝土组成,球铰的直径由混凝土压应力和上下面板间圆形聚四氟乙烯滑板的压应力控制。

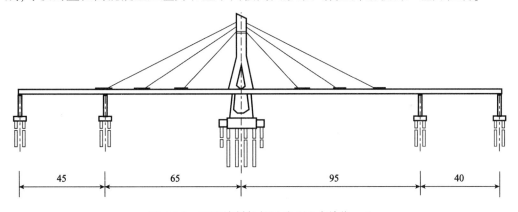

图 6-16　五环路斜拉桥示意(尺寸单位:m)

第三节　钢箱主梁施工

一、钢箱梁单元制作

目前,国内钢箱梁制作一般分板单元制作和梁段组装两个阶段完成。

板单元由钢板、U 形肋(或板条肋)、接板(隔板连接板)组成,是构成钢箱梁顶板、底板、斜底板、横隔板、纵隔板、腹板及风嘴单元的基本部件。板单元的制作一般按类型在工厂车间内专用胎型上形成流水作业,实现作业标准化和规范化,其工艺主要包括钢板赶平、精确下料、U 肋制作、焊接等。板单元的划分应尽可能将单元件尺寸做大,以减少其种类和数量以及拼装工作量。

板单元制作过程中,目前多采用各种先进的工艺:基于 BIM 的数控下料技术和焊缝管理技术、CAM 技术、腹板单元的组焊技术、陶质衬垫单面焊双面成型工艺和立体阶梯推进方式组装等,并采用三维激光跟踪仪检测箱口尺寸,效果很好。

正交异性钢桥面板 U 肋内焊技术是近期出现的新技术,即由传统的外侧单面焊发展到内焊+外焊的双面焊,有效提高了 U 肋与钢板结合处焊缝的抗疲劳性能。当前闭口纵肋自动化内焊技术已在武汉沌口长江公路大桥、广东肇庆西江大桥、深中通道、五峰山长江大桥、宜昌伍家岗大桥等重大工程建设项目中得到了成功应用。

传统 U 肋单面焊存在的问题主要是:①"熔而不透"的单侧角焊缝制造,熔深率要求达到 75%~80%,但实际质检只能通过外观来查看;②U 肋焊缝主要承受横向外力作用,但对此焊缝一直未明确相关的技术要求。针对单面焊存在的问题而发展出来的 U 肋双面全熔透焊接技术,其主要特征是采用的双面埋弧焊,熔深大而且熔池底部宽,可满足对接焊缝横向强度的受力要求。

二、钢箱梁节段组装

板单元制作完成后进行梁段组装。组装多采用设计专用组装胎架进行,并采用纵横基准线、测量塔控制箱口几何尺寸和断面垂直度。组装一般要保持各节段的组装精度、约束条件、焊接工艺、施焊顺序相同,以便确保所有节段几何精度一致,以及相邻节段断面的吻合。小节段组装一般在工厂完成。大节段组装由于受装船和运输条件的限制,多数在现场附近找场地进行组装,也有厂家在工厂完成。

钢箱梁组装一般采用正装法,即按照"底板→横、纵隔板→腹板→顶板"的顺序组装,至少同时完成 5 个梁段的连续匹配组装、焊接和预拼装。但在焊接过程中,隔板与顶板间不可避免地存在仰焊缝,这就导致焊接操作困难,并可能存在焊缝成型差、熔深浅、焊接效率低等问题。韩国仁川二桥曾采用反装法组装钢箱梁,如图 6-17 所示。在制作车间将钢箱梁分成三个节段进行反装,即每个节段按照"顶板→横、纵隔板→腹板→底板"的顺序进行组装,隔板与底板间定位点焊,有效避免了隔板与顶板间的仰焊缝和箱梁的"二次翻身"。同时,为了保证梁段接口精确匹配,隔板与顶、底板间焊缝两端各预留余量不焊。梁段转运至外场,翻身,完成节段间对接焊,并进行预拼装。

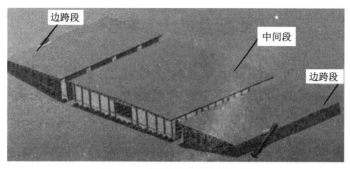

图 6-17　钢箱梁横向分段示意

三、钢箱梁节段悬臂拼接

悬臂拼接法主要应用于钢结构斜拉桥,包括钢箱、钢桁架和叠合梁钢主梁的施工。钢箱梁节段拼接大致分索塔区梁段、标准梁段、墩顶梁段、边中跨合龙梁段,如图 6-18 所示。钢箱梁节段拼接的一般流程如下:索塔区梁段架设并与索塔横梁临时固结→安装桥面起重机→对称依次吊装标准梁段→墩顶梁段架设→合龙段施工。对于混合梁斜拉桥来讲,边跨为混凝土箱梁,中跨为钢箱梁,故标准梁段施工一般采用单悬臂吊装拼接。

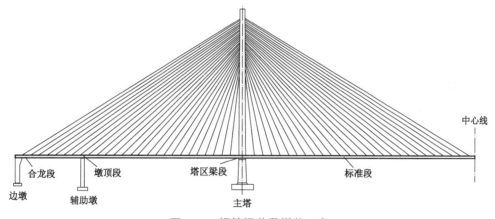

图 6-18　钢箱梁节段拼装示意

(1)索塔区梁段。索塔区梁段施工一般采用支架或托架施工,梁段通过浮式起重机或缆索式起重机等设备吊至支架上,然后滑移至设计位置,最后对该梁段进行精确调整姿态、高程和里程。

(2)墩顶段。墩顶段施工一般与索塔区梁段施工类似,采用支架施工,梁段通过浮式起重机或缆索式起重机等设备吊至支架上,然后滑移至设计位置。

(3)标准梁段。标准梁段施工一般有如下几个步骤:梁段起吊→梁段临时固定→梁段焊接→梁段一张斜拉索→桥面起重机前移→梁段二张斜拉索。梁段间拼接可以采用全焊、全栓和栓焊结合三种方式。南京长江二桥、安庆大桥、武汉军山长江大桥、浙江之江大桥节段之间采用全焊连接；广东崖石大桥节段之间采用全栓方式衔接。栓焊结合一般指节段之间连接既有焊接也有栓接，通常情况下桥面板采用焊接，顶板U加劲肋，为避免仰焊，采用栓接方式，如南京长江三桥；也有腹板、底板采用栓接，如天津塘沽海河大桥。国内钢箱梁节段之间的连接，目前以全焊、栓焊连接方式为主。

标准梁段的施工以采用桥面起重机方式为主(图6-19)。通常采用单桥面起重机吊装标准梁段，如多多罗大桥、诺曼底大桥、南京长江三桥等；如果桥宽较宽、节段质量大，若采用传统单桥面起重机，支点反力大，可能导致钢箱梁局部强度、稳定性出现问题，也可能导致已安梁段与吊装梁段间局部变形较大，造成匹配困难。因此可采用分离式双桥面起重机。

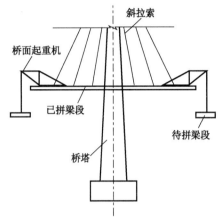

图6-19 钢箱梁标准节段吊装示意

对于宽幅分离式钢箱梁施工，可采用现场组拼方式。即钢箱梁体和连接横梁在工厂内分块制造，现场先分幅吊装钢箱梁，再吊装两幅钢箱梁间横梁。钢箱梁分幅安装，减少了双幅箱梁之间的干扰，有利于钢箱梁的调位、匹配及线形控制。

（4）合龙段。主梁合龙方法一般采用温度配切法和几何控制法。温度配切法是根据合龙时的温度，测量合龙口距离，临时锁定，现场配切合龙段长度，然后完成与两侧梁段的匹配与焊接。当实际合龙温度与设计基准温度有较大差别时，可采用顶推方式辅助合龙，以达到主动克服施工误差和温度对合龙口长度的影响，从而保证成桥结构线形与理论线形一致。有时为发挥两种方式的优势，可采用半配切半顶推的合龙工艺。武汉沌口长江大桥采用的是顶推辅助合龙的方式，即根据实测温度下合龙口间距确定基准温度下合龙段长度，并由南岸桥面起重机单侧起吊合龙段，北岸侧单侧顶推北主桥进行合龙。采用顶推辅助合龙可修正悬臂梁长误差，确保主梁基准温度下无应力总长度不变，对成桥结构内力与线形影响小。

四、钢箱梁顶推施工

顶推法架设钢箱梁分两种情况：①全桥主梁均采用顶推法施工，如长沙洪山庙无背索斜拉桥，主跨径206m，主梁为鱼脊形钢箱梁，采用顶推法施工；山东济南黄河三桥，独塔双索面斜拉桥,跨径组成为(130+386)m,其钢箱主梁采用顶推法施工;②边跨主梁采用顶推法施工,如苏通大桥500m边跨采用顶推法施工。

工程实例:珠海市横琴新区依依桥(图6-20)。主桥为双向变截面、双向纵坡的钢箱梁斜拉桥,采用步履式千斤顶多点顶推钢梁就位。由于钢箱梁梁高变高(在1.5~3.0m之间),为了将变高度段梁底调整成统一平面,以适用顶推施工的需要,在变高度段梁底滑道范围内采用型钢加工,设置宽度为80cm的楔形垫梁。楔形垫梁顶面线形与钢箱梁梁底线形保持一致,楔形垫梁与箱梁底面形成平顺的上滑道,使箱梁沿着滑道向前顶推,待安装就位后再将楔形垫梁拆除。顶推设备包括机械结构系统、油缸系统、电气控制系统和液压系统,通过组合形式可以在钢箱梁进行顺桥向移动、竖向顶升、横桥向调整,减少了施工成本。

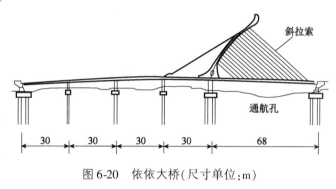

图6-20 依依大桥(尺寸单位:m)

五、钢箱梁支架法施工

支架法施工钢箱梁同样分两种情况:①全桥主梁均采用支架法施工;②边跨采用支架法施工。两种情况均有工程实例。支架法施工边跨情况更为普遍,如南京长江二桥边跨在长84m的落地支架上拼装,采用350t大型浮式起重机吊装,用轨道导向牵引就位,顶推合龙。

工程实例:青林湾大桥(图6-21)。主桥为五跨连续反对称双塔钢箱梁斜拉桥,主跨径180m,桥宽40.5m,主梁为栓焊流线型扁平钢箱梁。鉴于大桥反对称特殊结构形式和先梁后索的施工顺序,钢箱梁采用满堂支架法施工,即在管桩基础+贝雷组成的支架上拼焊钢箱梁节段。支架安装过程分提梁、移梁、运梁、落梁和调梁五大步骤。由于钢箱梁是在不等跨支架上拼焊的,支架各跨上承载的钢箱梁节段类型及重量不尽相同,支架结构加载后的应力和变形也必然不尽相同,为确保安装结构线形平顺,在安装过程应考虑支承结构的弹性变形对钢箱梁线形的影响。

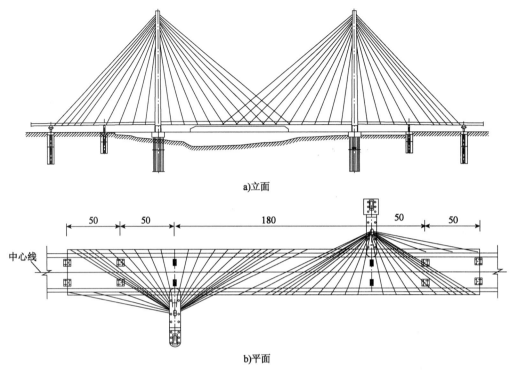

图 6-21 青林湾大桥(尺寸单位:m)

第四节 钢桁架主梁施工

一、概述

钢桁架斜拉桥主梁节段划分与钢箱梁基本一致,按所处位置分塔区段、墩顶段、边跨段和中跨段几种。一般塔区和墩顶段钢桁架节段采用支架拼装,或整节段吊装。其余边跨段和中跨段可采用双悬臂拼装、边跨支架中跨悬拼、边跨顶推中跨悬拼等方法施工。也有全桥主梁采用支架法施工。

(1)双悬臂拼装。钢桁梁架设从主塔区开始,先搭设 0 号块支架,并在支架上拼装塔区钢桁梁节段,形成工作平台,安装桥面起重设备,然后进行节段悬臂拼接,挂索张拉,如此循环,直至全桥合龙。悬臂拼接方法分杆件散拼、桁片拼装和整节段架设三种,如表 6-2 所示。悬臂拼接不受地形条件限制,可以逐节段调整钢桁梁高程、轴线偏位,线形容易控制。桁架节段之间的连接既可以全焊、全栓,也可以栓焊结合。

国内部分钢桁梁斜拉桥主梁架设方法统计 表 6-2

桥　名	主跨径(m)	主梁形式	架设方法
沪通长江大桥	1092	钢桁架	整节段架设
贵州鸭池河大桥	800	钢桁架	整节段架设
贵州都格北盘江大桥	720	钢桁架	整节段架设
上海闵浦大桥	708	钢桁架	整节段架设
铜陵长江大桥	630	三主桁	桁片式架设
安庆长江大桥	580	三主桁	散杆件架设
黄冈长江大桥	567	钢桁梁	散杆件架设
武汉天兴洲长江大桥	504	三主桁	整节段架设
重庆东水门长江大桥	520	钢桁梁	散杆件架设
韩家沱长江大桥	432	钢桁梁	散杆件架设
新疆果子沟大桥	360	钢桁架	散杆件架设
芜湖长江大桥	312	钢桁梁	散杆件架设
重庆千厮门嘉陵江大桥	312	钢桁梁	散杆件架设
贵广铁路北江桥	230	钢桁梁	散杆件架设
南广铁路郁江特大桥	228	钢桁梁	散杆件架设

（2）边跨支架中跨悬拼。边跨施工，根据桥位地形、地质情况，可采用支架及临时墩配合的方式拼装钢桁梁；中跨一般不宜采用支架，仍恢复悬拼方法施工钢桁架节段，直至全桥合龙。采用此方法边跨可与主塔施工同步，不影响总工期，工作场地开阔，但会增加临时支墩施工步骤。

（3）边跨顶推中跨悬拼。边跨施工还可采用顶推法，逐段拼接逐段顶推，直至边跨架设完成。中跨恢复悬拼方法施工钢桁架节段，直至全桥合龙。采用此方法钢桁架杆件可以直接运至现场，起吊、安装较为方便，但同样会增加临时支墩施工。

二、悬拼技术

（1）杆件散拼。所谓散拼法即所有杆件和桥面系都是独立依次拼装。散拼法对安装设备要求较低，但拼装速度较慢。安装设备一般有塔式起重机、龙门式起重机、桅杆式起重机和桥面起重机等。散拼法是传统的钢桁架施工方法，既可以在平原、沿海地区应用，也可以在山岭、重丘区应用。目前，山区应用散拼法更为常见，因为杆件运输方便，现场拼接不需要大型起吊设备，优势更为明显。散拼顺序一般为下弦杆→腹杆→上弦杆。工程实例有新疆果子沟大桥和重庆千厮门嘉陵江大桥（图6-22）等。

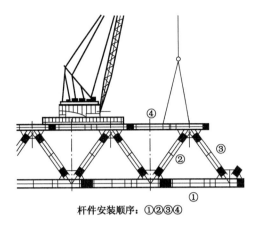

图 6-22　千厮门嘉陵江大桥主桁安装顺序示意

(2)桁片拼装。所谓桁片拼装,是将成型的桁片整体吊装拼接,其优势是缩短了空中拼接时间,提高了拼接质量,但对吊装设备有一定要求。桁片成型既可以是栓接,也可以是焊接。安徽铜陵长江大桥首次实现了全焊桁片整体吊装的施工工艺。所谓全焊桁片,是每 2 个节间的主桁上、下弦杆、斜杆、竖杆通过整体节点焊接在一起,形成稳定的桁片结构,如图 6-23 所示。桁片拼装法结合了散件拼装法和整节段吊装法的优点,是近年来兴起的施工新工艺。工程实例有忠建河大桥、铜陵长江大桥等。

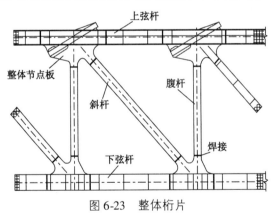

图 6-23　整体桁片

(3)整节段拼装。所谓整体节段拼装,是将成型的桁架节段整体吊装拼接,其优势为:①大幅减少空中作业,安全风险小;②节段成型在地面完成,质量容易保证;③由于整节段架设安装,现场仅进行少量的栓接和焊接,故一个节段架设只需要 7 天左右,与散拼、桁片拼装相比提高了工效。整节段拼装的不足是需要大型吊装设备。整节段拼装的工程实例有沪通长江大桥、鸭池河大桥、上海闵浦大桥、武汉天兴洲长江大桥等。

(4)合龙段施工。合龙段施工可分温度法和拖拉法两种。

①温度法合龙。利用温度变化自动调节合龙口距离使螺栓孔对位,速度快,方法简

便,对梁段精度要求不高,不需拖拉设备等。但依据温度稳定时段的实测合龙口距离,不一定与设计值相吻合,故成桥结构及受力状态之间均存在一定差异。

②拖拉法合龙。合龙段按设计长度制造,安装时需先解除临时约束,然后主动扩大合龙口,吊装合龙段进行合龙。这种方法的优点是,在施工时环境温度不确定的情况下,仍可合龙;不足是拖拉装置与合龙口顶拉装置需专业设计,对安装精度要求较高。

三、工程实例

工程实例1:贵州北盘江大桥。720m钢桁梁斜拉桥。边跨钢桁架架设采用整体节段自适应步履式顶推方法,如图6-24所示;中跨钢桁架节段拼接方法很有特色,采用整节段纵移悬拼架设方法,即在桥位拼接场完成整节段拼装,然后在已拼接完成的钢桁梁下弦杆底部安装轨道,运送拼接好的桁架节段,最后在悬臂端采用缆索吊装系统拼接,如图6-24所示。同时,地面开始后续节段的整体组拼,保证地面随时具有组拼完全的待安装节段。

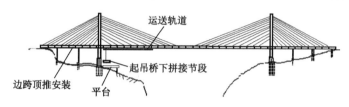

图6-24 贵州北盘江大桥主桁架安装示意

工程实例2:安庆长江大桥。三索面钢桁梁铁路斜拉桥,主跨径580m,主梁采用3片N形主桁的钢桁架,正交异性板整体桥面结构。弦杆为整体节点的箱形结构,节点外拼装,采用高强度螺栓连接方式。钢桁梁架设,无索区钢桁梁节段在膺架上拼装架设;有索区钢桁梁除墩顶4个节间采用浮式起重机散拼架设外,其余均采用悬臂架设。全桥设2个合龙口,采用"长圆孔+圆孔"合龙铰技术,先中跨后边跨合龙。

工程实例3:徐盐铁路盐城特大桥。钢桁架斜拉桥,主跨径312m,如图6-25所示。根据桥梁结构特点及施工条件,主桥采用"边跨、次跨支架法+中跨单向悬拼"的施工方法。支架基础为采用1.2m钻孔灌筑桩,支架立柱采用1000×20mm的钢管,钢立柱横向与纵向之间均设置连接系。钢桁架梁在承重支架上的安装顺序为:下弦杆、桥面板、斜腹杆、上弦杆、横联、上平联。

工程实例4:芜湖长江三桥。芜湖长江三桥主桥为双塔双索面钢桁架斜拉桥,主跨径588m,钢主梁采用三角形桁式的双主桁布置,上层为板桁组合结构、下层为箱桁组合结构。主梁标准节段采用悬臂分层变幅法架设(图6-26),其起吊设备选择变幅范围为5~22m的变幅式架梁起重机。每个标准节段分2次吊装,先吊装下层节段(含腹杆),再吊装上层节段。节段对接时利用架梁起重机起落和变幅精确调整空间位置。两层吊装完成后进行节段间的高强度螺栓连接和焊接,然后架梁起重机向前行走,继续下一节段的循环架设。分层变幅法架设技术是继散拼法、桁片法、整节段法之后钢桁梁架设的又一创新方法。

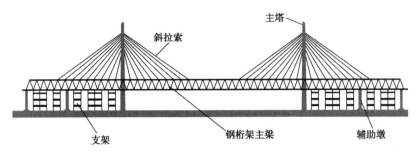

图 6-25　徐盐铁路盐城特大桥

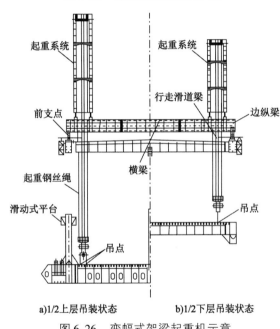

图 6-26　变幅式架梁起重机示意

第五节　叠合梁主梁施工

一、概述

叠合梁由钢梁和混凝土桥面板组成,施工主要采用悬臂方法。对于钢梁架设分为散件拼装和整节段安装两大工艺。散件拼装主要针对钢格构梁,即主纵梁、横梁和小纵梁分别吊装,空中拼接成型;整节段安装则针对钢箱梁和钢格构梁,即在场地拼接成型钢梁节段,然后整节段吊装拼接。散件拼接多应用于运输条件差的山区斜拉桥,吊装能力要求不高;整体吊装则多应用于有运输条件的沿海地区斜拉桥,吊装能力要求高;对于桥面板施工主要分两类,一类是分块预制吊装、现浇板间施工缝;另一类是现场整体浇筑桥面板。前者应用更为普遍。

二、悬臂施工工艺

悬臂施工工艺流程总体上与钢梁、混凝土梁差不多,都是首先采用支架法进行索塔区0号、1号梁段的施工,然后在索塔区梁段上安装桥面起重机,并以主塔为中心对称悬臂逐段施工标准节段梁。边墩、辅助墩顶梁段是特殊节点,一般采用支架或整体吊装施工。过了辅助墩,边跨继续施工标准梁段,直至边跨合龙,张拉边跨预应力及进行边跨结构配重。边跨合龙后,继续悬臂施工拼接中跨标准梁段,直至中跨合龙,最后进行桥面铺装施工。

三、桥面板施工

桥面板施工有预制吊装、顶推和滑模方法。后两种目前已较少采用。滑模法是用设置在钢梁上的滑动模板,逐段在其设计位置就地浇筑混凝土成型;顶推法是在钢梁上逐段顶推桥面板,为了改善梁与桥面板之间的滑移性能,在每2~3m的桥面板下设有钢滑动装置,靠它们在两片钢梁上滑移,钢梁上撒有石墨粉,可减小钢与钢之间的摩擦。目前,主流桥面板施工采用预制吊装或现场浇筑方法。

(1)桥面板分块预制。桥面板在桥址梁场按设计要求纵横向分块预制。为了减少混凝土收缩、徐变对结构的影响,每块预制板在吊装拼装之前,要求保证六个月以上的存放时间。现场将预制好的桥面板块吊装铺设于已架设好的钢结构梁段的纵横梁上,并通过现浇纵、横湿接缝,将各桥面板连接成整体。分块预制方法,板块吊装重量相对较小,但现场湿接缝较多,受力龄期差异较大,后期应力重分布难以分析。工程实例如贵州六广河特大桥、青海哇加滩黄河大桥和贵州老棉河特大桥等。

(2)桥面板现浇施工。场地上在完成钢主梁节段整体成型后,直接在其上进行混凝土桥面板的浇筑,并在节段两侧各留出一定长度的湿接缝。桥面板浇筑完成后,需将主梁整体节段搁置六个月以上,以减少叠合梁成型后混凝土收缩、徐变对整体结构的影响。桥面板现浇施工可有效减小现场吊装拼接工作量,易于控制质量,但桥面板节段混凝土的前期收缩无法释放,将在钢梁上产生二次应力,致使混凝土桥面板配筋相对多。工程实例如东海大桥、希腊Rion-Antirion大桥等。

四、标准梁段施工

标准梁段施工一般流程为前移起重机、拼接钢构件、第一次张拉斜拉索、安装桥面板和浇注桥面板湿接缝、第二次张拉斜拉索。也有根据情况增加斜拉次数,即在浇筑湿接缝之前增加一次斜拉索张拉,如重庆江津观音岩叠合梁节段施工;也有改变浇筑湿接缝的时间,即所谓节段单循环和双循环法。节段单循环施工(图6-27):吊装、拼装钢结构→梁段斜拉索一张→安装桥面板浇筑湿接缝→桥面起重机前移→梁段斜拉索二张;节段双循环施工:安装 i 节段钢格梁→i 节段斜拉索一张→安装 i 节段桥面板→桥面起重机前移→安装 $i+1$ 节段钢格梁→$i+1$ 节段斜拉索一张→安装 $i+1$ 节段桥面板→桥面起重机后退→湿接缝浇筑→桥面起重机前移→i 节段和 $i+1$ 斜拉索二张。双循环与节段单循环相比可以节省时间。双循环中斜拉索一张还可以调整,但差异不大。

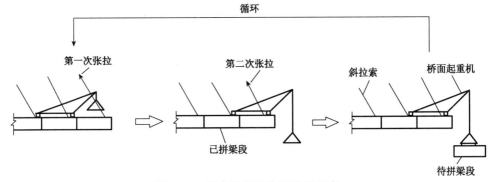

图 6-27 叠合梁节段施工流程示意

五、格构梁反顶力方法

对于格构梁来讲,两边主纵梁刚度大、中间连接的横梁刚度相对较小(小纵梁仅起增强横梁面外稳定性的作用)。在整节段拼接时,主纵梁产生向下、中间横梁产生向上的变形,节段梁格横向形成上拱趋势;但对已安装的当前梁格节段,在两侧拉索作用,以及中间桥面起重机自身和起吊节段联合重量作用下,主纵梁产生向上、中间横梁产生向下的变形,尤其在钻石形索塔、A形索塔以及倒Y形索塔中更为明显。当前节段与起吊节段变形正好相反,这会直接影响两者的对接。消除这种节段对接偏差,可采用如图6-28所示的反顶力方法。工程实例如东海大桥、南浦大桥、杨浦大桥、温州永嘉瓯北大桥等均成功应用了反顶力方法。

六、工程实例

工程实例1:闽江大桥。主梁采用悬臂拼装法,首先从主塔处逐段对称双伸臂安装主梁节段,直至边跨梁段完成,然后转换为单悬臂安装主跨剩余梁段,最后进行主跨合龙梁段的安装。主梁在安装过程中,塔、梁间采用临时固结。主梁标准节段施工工序:利用桥面起重机安装钢纵梁、钢横梁、钢小纵梁形成平面框架→初张拉相应的斜拉索→吊装相应的预制桥面板,现浇施工缝→在现浇缝混凝土强度达到设计要求后调整斜拉索索力→桥面起重机前移进入下一节段的循环。

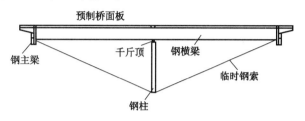

图 6-28　钢横梁反顶内力调整示意

工程实例2:浙江椒江二桥。主梁首次采用半封闭钢箱叠合梁,即在全封闭钢箱基础上取消一部分底板。主梁标准的预制梁段长度为9m,在已成型的半封闭钢箱上现浇8m长的桥面板混凝土,两端各预留0.5m的缝隙(湿接缝)在桥上现场浇筑。每吊装两个节段浇注一次接缝,有效提高了安装工效。椒江二桥在充分研究"先结合后拼装"工法基础上,实现了半封闭钢箱叠合梁先在钢梁节段上浇筑混凝土桥面板,后整体节段运输吊装的施工范例,如图6-29所示。节段标准施工步骤:①起吊 i 号梁段钢结构并栓接,首次张拉 i 号梁段斜拉索 N_{i1};②起重机前移,第二次张拉 i 号梁段斜拉索 N_{i2};③起重机吊装 j 号梁段;④ j 号梁段钢结构栓接,起重机不松钩,浇注 i,j 号梁段混凝土板湿接缝,待湿接缝混凝土达到设计强度后,张拉 j 号梁段斜拉索,索力 N_j,张拉 i,j 号梁段预应力。

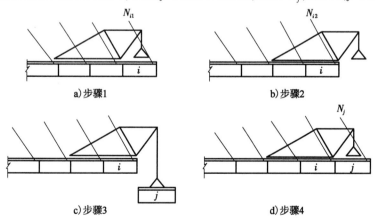

图 6-29　叠合梁节段标准施工步骤示意

工程实例3:印度加尔各答胡格利河二桥。叠合主梁由钢筋混凝土板和钢格构梁组成,桥面板厚23cm,钢格构梁由3片纵梁和密布横梁组成。主梁施工采用悬臂法,主要步骤如下:在临时支架上吊装边跨钢格梁,现浇边跨混凝土桥面板→吊装塔柱单元(6m

预制节段),为稳定塔柱下端用临时拉索加固→悬拼主跨钢格梁,安装钢丝拉索,然后现浇主跨混凝土桥面板→中跨合龙,施工桥面系。

工程实例4:希腊Rion-Antirion大桥。叠合梁由钢板纵梁和钢板横梁组成的框架以及混凝土桥面板构成,纵横梁高均为2.2m,横梁间距4m,桥面板厚0.25m,C60混凝土,节段长12m。主梁采用悬臂法施工。每节梁段(含桥面板)运输到桥位后,采用浮式起重机吊装。梁段通过专用的临时构架,栓于已安装节段,并调整位置,然后与两根新的拉索连接。

工程实例5:赤壁长江大桥。720m叠合梁,主梁全桥均采用双边箱截面(图6-30),节段设置三道钢工字横梁,两边跨混凝土桥面板厚增至58cm,其余梁段板厚25cm。该桥主梁采用新型栓焊混合+叠合梁钢梁连接方案:钢纵梁底板和腹板与相邻节段的连接采用栓接,顶板采用焊接。

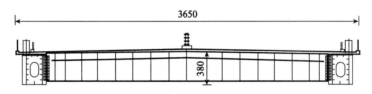

图6-30 赤壁长江大桥主梁横断面(尺寸单位:cm)

工程实例6:望东大桥。叠合梁节段采用工厂一体施工,即将横隔板拆分为上、下两部分,一部分随预制板预埋,拼接时横隔板对接,可显著减少全桥横向湿接缝数量,提高结构整体性。

工程实例7:泉州湾跨海大桥。PK钢-混凝土叠合梁标准梁段长10.5m。叠合梁首次采用"干拼接"连接,即U形钢箱梁之间采用全焊接连接,在混凝土顶板之间涂抹环氧胶并施加预应力连接。这种顶板之间的连接称为"胶接缝"。叠合梁采用"干拼法"连接时,剪力键数量显著减少,每个接缝断面有2~4个剪力键,位于混凝土顶板中的永久和临时预应力管道之间的空当处。接缝断面的剪应力主要由U形钢箱梁的焊缝承担。标准节段平均工效为4.5天/节段,与钢箱梁斜拉桥水平相当。泉州湾大桥横断面如图6-31所示。

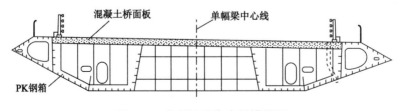

图6-31 泉州湾跨海大桥横断面

第六节　混合梁主梁施工

混合梁斜拉桥的特点是主梁由两种不同结构混合而成，因此施工方法比一般单一结构主梁的斜拉桥要复杂，既要有钢结构的施工方法，也要有混凝土结构的施工方法。由于桥位情况千差万别，不可能有统一的混合梁施工方法，一般需要根据桥位地形、地质、运输、通航等建设条件综合判定进行选择。

对于中跨结构，无论是钢箱、钢桁架、叠合梁，有运输条件的如大江大河，可以直接将主梁节段船运到桥位，一般都采用桥面起重机悬臂拼装；没有条件运输的如山区深峡谷，则一般采用缆索吊装。

对于边跨结构，情况相对复杂，既可能是混凝土结构，也可能是钢结构和叠合结构，再加上设与不设的辅助墩情况，使得实际工程中边跨的施工方法多种多样，如顶推（贵州红水河大桥）、悬臂浇筑（诺曼底大桥）、悬臂拼接（木曾川大桥）、支架现浇（鄂东长江大桥）、预制（荆岳长江大桥）施工都有应用。

对于钢-混结合段施工，如何保证狭小空间混凝土浇筑密实是关键技术，需要优选混凝土配合比、外掺剂，以保证混凝土与钢结构的有效连接，并且保证自身不开裂。

下面介绍几个工程实例。

工程实例1：荆岳长江大桥。主跨钢箱梁架设，主要采用变幅式桥面起重机和桅杆式起重机进行。塔区5个梁段吊装采用桅杆式起重机与桥面起重机相结合的方式，即三个无索段采用桅杆式起重机起吊安装，两个有索梁段采用桥面起重机单侧悬拼安装。对于特殊区段，如临时墩、辅助墩和过渡墩处的钢箱梁，亦采用桥面起重机安装。

南边跨混凝土箱梁，采用短线匹配法预制（全宽38.5m，见图6-32）。充分利用南侧岸坡地形，箱梁采用分段预制、匹配制造、逐段拼装的施工方法，提高混凝土施工质量，减小混凝土受力期间的收缩、徐变变形，降低宽幅箱梁开裂的可能性。

工程实例2：贵州红水河大桥。如图6-33所示，中跨钢主梁长508m，采用单侧悬臂拼装方法施工。钢主梁构件首先在贵州岸拼装成整节段运至贵州岸主塔下，然后采用缆索式起重机起吊、运梁并两岸交替悬臂安装。钢节段梁悬臂拼装与斜拉索、桥面板安装交替进行。中跨桥面板也采用缆索式起重机进行安装。

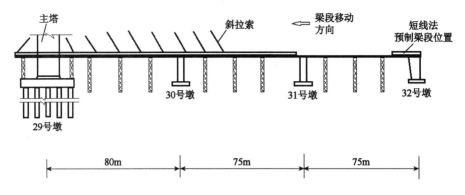

图 6-32 荆岳长江大桥南边跨支架预制拼接施工示意

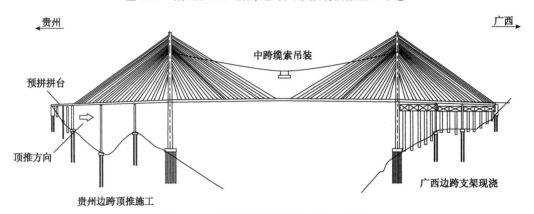

图 6-33 贵州红水河大桥主梁施工示意

贵州岸边跨钢主梁,长213m,采用多点同步顶推工艺安装。每个桥墩上水平千斤顶施力的大小根据桥墩上所受梁体滑动摩擦阻力大小而确定,千斤顶施力与摩擦阻力基本平衡,梁体能在滑板和不锈钢滑道板组成的滑道装置上以较小的摩擦系数向前移动,柔性桥墩基本不承受或承受较小的水平力。

广西岸边跨混凝土主梁,长185m,采用满堂支架施工。根据现场地形及主梁结构参数,主梁分四段进行浇筑,浇筑顺序由桥台往主塔方向进行,每个浇筑阶段一次浇筑成型。

工程实例3:湛江海湾大桥。中跨钢箱梁架设采用桥面起重机进行悬臂对称安装,期间对边跨混凝土箱梁采用满布膺架法进行现浇施工。边跨合龙后,成为单悬臂继续进行钢箱梁安装,直至主跨合龙。在钢梁架设过程中,每对斜拉索均采取"一拉到位"的原则,但在挂索初期,为保证安全,前3对斜拉索采取"二拉到位"的原则。

工程实例4:鸭池河大桥。鸭池河大桥中跨钢桁梁梁段在拼装场采用先片拼后

"1+2"立拼的模式组拼。中跨节段钢桁架梁采用缆索吊装方法施工,如图 1-16 所示。缆索式起重机吊装预拼好的节段,可在中跨范围内垂直起吊、纵向运输。吊装节段与已装梁段末端采取限位法进行整体对接。缆索吊装方法不仅解决了场地狭小、无喂梁条件等施工难题,而且快速高效、安全可靠。边跨混凝土主梁采用悬臂法施工。

工程实例 5:二七长江大桥主桥。二七长江大桥是三塔斜拉桥,主梁采用混合梁,其中汉口及武昌岸 90m 边跨为混凝土梁,其余梁段均为工字形截面钢-混叠合梁。二七长江大桥的特点是首次采用工字钢梁与矩形截面的混凝土梁结合形成钢-混结合段。大桥边跨混凝土主梁在钢管支架上分 3 段现浇施工,分段长度为 33m+24.5m+37m。先施工辅助墩侧 33m 梁段(包括钢-混结合段),再施工边墩侧的 37m 梁段,最后施工中段的 24.5m 梁段。大桥钢主梁和混凝土桥面板施工分两种情况,中主塔采用桥面起重机对称悬臂架设,边主塔采用单悬臂+膺架安装。

工程实例 6:中国台湾省高屏溪大桥。边跨混凝土箱梁采用满堂支架法施工。边跨箱梁施工完成后,在中塔附近组装钢箱梁节段,并通过挂篮运输到安装位置,然后通过移动式起重机单悬臂吊装。这种钢箱梁架设方法称为"悬挂运输安装法",对于无法从河道运梁的施工有借鉴意义。

工程实例 7:法国诺曼底大桥。法国诺曼底大桥边跨混凝土箱梁采用顶推法施工,由桥台向索塔方向进行,直到顶推通过最后一个桥墩 6m 位置停止。对称悬臂浇筑施工边跨剩余 90m 长的混凝土箱梁,直至边跨合龙,然后在单悬臂浇筑中跨剩余的混凝土箱梁(26m)。采用单悬臂拼装法安装中跨钢梁节段。施工从主跨两侧混凝土悬臂处开始,两岸各采用一台移动式起重机,逐节起吊 19.6m 的节段拼装,直至合龙。

工程实例 8:日本多多罗大桥。日本多多罗大桥为混合梁斜拉桥,主跨径 890m。主梁边跨靠近生口岛侧 105m 长和靠近大三岛侧 62.5m 长都是混凝土箱梁,其余边跨和中跨都是钢箱梁。混凝土和钢梁都是单箱三室截面。采用 3500t 浮式起重机施工混凝土梁体;采用 3500t 浮式起重机和 600t 浮式起重机分别施工生口侧和大三岛侧的边跨钢梁,中跨钢梁则采用悬臂起重机对称施工。主梁主要施工步骤参见图 6-34。

步骤1:
1. 主跨主梁悬臂架设准备。
2. 主梁结合部位架设。
3. 主、边跨主梁大块段架设。

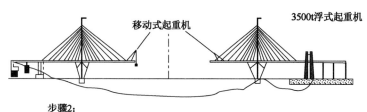

步骤2:
1. 主梁悬臂架设。
2. 边跨主梁大跨段架设。

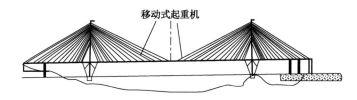

步骤3:
1. 主梁悬臂架设。
2. 主跨主梁合龙作业。

图 6-34　日本多多罗大桥主梁施工主要步骤示意

第七节　波形钢腹板主梁施工

波形钢腹板斜拉桥跨径一般都大于100m,其主梁目前主要采用悬臂法施工,先施工波形钢腹板,后浇筑顶底板混凝土,如图 6-35 所示。与普通混凝土斜拉桥相比,采用悬臂法施工的波形钢腹板主梁总体流程基本一致,即墩顶段一般采用支架或托架现浇施工,其余段采用挂篮对称施工,区别主要是每个节段的施工内容不同。波形钢腹板梁节段一般施工流程:吊装钢腹板、钢锚箱及钢横梁→浇筑底板,养生,张拉预应力→浇筑顶板,养生,张拉预应力→前移挂篮,挂索张拉。也可以采用异步施工方法如四川头道河大桥,其工艺流程如图 6-35 所示。采用异步浇注法施工时,作业区由原来的单个节段工作

面扩大到 $n-1$、n、$n+1$ 共 3 个节段工作面。$n-1$ 节段顶板施工、n 节段底板施工、$n+1$ 节段波形钢腹板安装，3 个作业面流水施工，极大地提高了施工效率。

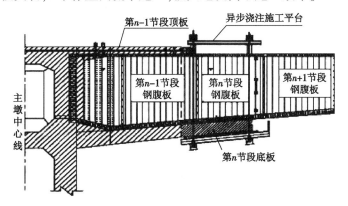

图 6-35　波形钢腹板典型梁段

工程实例：南昌朝阳大桥主桥为波形钢腹板预应力混凝土组合梁六塔斜拉桥，跨径组成为 $(79+5\times150+79)$ m。主梁断面采用单箱五室大箱梁，采用挂篮悬臂施工，其流程如下：各塔 0 号块两侧安装挂篮→安装 1 号块底板钢筋及波形钢腹板→浇筑底板混凝土→安装顶板钢筋→浇筑顶板混凝土→张拉 1 号节段钢束→前移挂篮→张拉 1 号节段斜拉索。重复上述过程，直至完成 9 号梁段。

CHAPTER SEVEN 第七章

斜拉索设计与施工

第一节　斜拉索发展

现代斜拉桥的拉索主要采用平行钢丝斜拉索和钢绞线斜拉索两种,其最初起源和发展主要在国外。20世纪50~80年代,大跨径斜拉桥的拉索材料经历了从高强粗钢筋、高强裸钢丝到高强镀锌钢丝的变化。高强钢丝索为了减小成索直径,一般采用紧密排列的平行钢丝拉索。1968年,美国新港大桥上首次采用了平行钢丝索。由于平行钢丝索制索、运输、安装和张拉等全过程较为复杂,20世纪70年代末,国外大跨径斜拉桥开始采用施工简便、经久耐用的钢绞线斜拉索,并于1978年在法国修建了首次采用钢绞线拉索的勃洛东纳桥,之后钢绞线拉索在欧洲、美国、日本等国家和地区得到广泛应用。最初钢绞线斜拉索孔隙率较大,为了降低钢绞线的孔隙率,20世纪90年代,提出了紧缩型钢绞线索,并在法国诺曼底大桥中成功应用,推动了紧缩型钢绞线索的发展。

国内斜拉桥最初采用的平行钢丝索和钢绞线索均引进国外产品,如1980年建成的西红水河铁路斜拉桥上首次采用了国外引进的钢绞线斜拉索。随着工程建设需求的不断发展,国内开始自主研发斜拉索。1986年,我国在广东九江大桥(2×160m独塔斜拉桥)上,采用了由湖南路桥总公司与重庆交通科研所共同研制的国内第一根热挤PE防护扭绞型平行钢丝拉索。20世纪90年代后,国内厂家又推出大节距扭绞型热挤PE护套平行钢丝索和OVM200型拉索——用平行钢绞线作为索材的群锚拉索。

平行钢丝拉索的最大特点是工厂预制,锚具与索体结合在一起进行运输和架设。最初拉索材料强度在1470~1670MPa之间。国内应用平行钢丝束拉索的桥梁主要有南浦大桥、杨浦大桥、徐浦大桥、铜陵长江大桥、武汉长江公路大桥、南昌新八一大桥、珠海横琴大桥、广州鹤洞大桥、荆州长江公路大桥等。到了20世纪末,平行钢丝斜拉索强度达到1770MPa,国内江苏苏通大桥、香港昂船洲大桥、湖北荆岳长江大桥和国外日本明石海峡大桥、韩国仁川大桥、越南九龙大桥都采用了1770MPa高强度、低松弛、具有良好扭转性能的镀锌平行钢丝拉索,并依托苏通大桥研发出一套系统的长、重索架设的三级组合牵引施工工艺,以及与之配套的关键设备,有效解决了千米级斜拉桥超长斜拉索的架设技术难题;进入21世纪后,钢丝拉索强度又向前发展了两个级别,即1860MPa和2000MPa,其中2018年建成通车的港珠澳大桥采用了1860MPa拉索,2020年通车的沪通长江大桥研发并应用了2000MPa平行钢丝拉索。经过半个多世纪的发展,拉索钢丝直径从4.1mm发展到7mm;钢丝的防腐镀层也从光面钢丝发展到了镀锌钢丝,再到锌铝合金镀层钢丝。

平行钢绞线拉索的主要特点是现场编索和制锚,拉索材料为 $\phi15.24$ 镀锌钢绞线或环氧涂层钢绞线。国内应用平行钢绞线拉索的桥梁主要有柳州柳江四桥、长沙浏阳河黑石渡桥、衡山湘江大桥、汕头岩石大桥、夷陵长江大桥等。目前,钢绞线斜拉索抗拉强度主要有 1770MPa 和 1860MPa 两种,其中,1860MPa 的钢绞线斜拉索应用更为普遍。钢绞线斜拉索的防护有两种形式:一种是有黏结刚性防护,即将整根拉索传入一根外套管中,外套管与钢绞线之间压注水泥浆,因其防护效果欠佳,且不便换索,目前已很少采用;另一种是无黏结柔性防护,是将每一根钢绞线束外涂防锈油脂或镀锌或喷铝后挤裹 PE 护套,再将若干根带有护套的钢绞线束组装成一根拉索,在拉索外再套一层 HDPE 套管形成无黏结柔性拉索,这种防护形式的拉索目前应用较为普遍。钢绞线斜拉索的锚具,早期采用的是销式组合锚、弗氏锚、楔形锚等。随着锚具的不断开发创新,国外有 Freessinent 和 VSL 公司先后研制了自锚夹片式群锚体系;国内有 HVM、OVM、VSL 等厂家生产的自锚夹片式群锚,均广泛应用于斜拉索的锚固上。

目前,世界已经建成的典型斜拉桥中,7 座采用平行钢丝拉索,3 座采用紧缩型钢绞线拉索,如表 7-1 所示。钢绞线拉索因其施工轻便、高效、精准、防腐性能优良以及单根换索等优点,越来越多地在工程中得到应用。

世界典型斜拉桥 表 7-1

序号	桥名	地点	主跨跨径(m)	拉索形式	建成年份(年)
1	俄罗斯岛大桥	俄罗斯	1104	钢绞线	2012
2	沪通长江大桥	中国江苏	1092	平行钢丝	2019
3	苏通大桥	中国江苏	1088	平行钢丝	2008
4	香港昂船洲大桥	中国香港	1018	平行钢丝	2009
5	青山长江大桥	中国湖北	938	平行钢丝	2019
6	鄂东长江大桥	中国湖北	926	平行钢丝	2010
7	嘉鱼长江大桥	中国湖北	920	平行钢丝	2019
8	多多罗大桥	日本	890	平行钢丝	1999
9	诺曼底大桥	法国	856	钢绞线	1994
10	池州长江公路大桥	中国安徽	828	钢绞线	2019

斜拉索长期暴露在风雨、潮湿和可能有污染的空气环境中,防护不当,极易受到腐蚀。斜拉索的腐蚀主要是索体中的钢材与周围介质发生电化作用,造成氧化还原反应所致。引起斜拉索腐蚀的常见因素有空气、水、氯离子以及持续作用于高强钢丝的拉应力等。斜拉

索的防腐主要包括索体防腐、索体与锚具结合部位防腐、上桥安装后的防腐处理等。

斜拉索处于高应力状态对锈蚀比较敏感。锈蚀会直接影响钢丝的疲劳抗力,同时会导致力的重分配并引起更多拉索的破坏,如此下去会导致整束拉索失效、断裂。早期的斜拉索防腐性能弱很容易发生锈断,国外某桥,由于斜拉索腐蚀严重,建成的第三年就更换了全部斜拉索,耗资达6000万美元,是原造价的四倍;国内某桥,1988年底建成,1995年发生了9号索断裂事故,原因是管道压浆未能保证拉索顶部的饱满,造成拉索锈断。

斜拉索自身防护方式大致经历了四个阶段:①空心管+水泥浆+黑钢丝,现场制索,如上海恒丰桥、广州海印桥;②黑钢丝+PE现场制索,如重庆石门桥、广东南海九江桥;③镀锌钢丝+PE工厂制索,如苏通大桥、嘉绍大桥;④镀锌铝合金钢丝+PE工厂制索如韩国北港大桥和中国港珠澳大桥。镀锌铝防护作用比镀锌作用更强。现代工厂制作的成品索,其防腐能力大为提高,很多斜拉桥的斜拉索寿命已经超过20年依然在使用。

第二节　斜拉索设计

一、总体布置

斜拉索布置分横桥向和纵桥向两种情况。

斜拉索横桥向布置根据桥宽、所承受的荷载、基础要求等因素一般可分为单索面、双索面和三索面布置,对于分体式主梁横断面可采用四索面布置。单索面布置时拉索对主梁抗扭不起作用,因此,主梁应采用抗扭刚度较大的截面;双索面布置时,作用于桥梁上的扭矩可由拉索的轴力来抵抗,主梁可采用较小抗扭刚度的截面。对于斜向双索面布置时,斜向双索面限制了主梁的横向摆动,对抵抗风力扭转振动特别有利,此时倾斜的双索面应采用倒Y形、A形或双形索塔;三索面布置一般出现在铁路或公铁两用斜拉桥上,承担的荷载大,如武汉天兴洲大桥。

斜拉索纵桥向布置常见的有三种形式:①竖琴形(平行索);②辐射形;③扇形,如图7-1所示。

(1)竖琴形。斜拉索呈平行排列布置,简洁美观,实际工程较多。塔上斜拉索锚固点分散,对索塔的受力有利。缺点是斜拉索的倾角较小,索的总拉力大,故钢索用量相对多。

(2)辐射形。斜拉索沿主梁为均匀分布,而在索塔上则集中于塔顶一点布置。由于其斜拉索与水平面的平均交角较大,故斜拉索的垂直分力对主梁的支承效果也最好,与竖琴形布置相比,可节省拉索材料 15%~20%,但塔顶上的斜拉索锚固点构造较为复杂。实际工程并不多。

(3)扇形。斜拉索的布置介于竖琴形和辐射形之间,故它兼有上面两种布置方式的优点,即对主梁支承效果较好,斜拉索用钢量相对省,在实际工程中获得广泛应用。

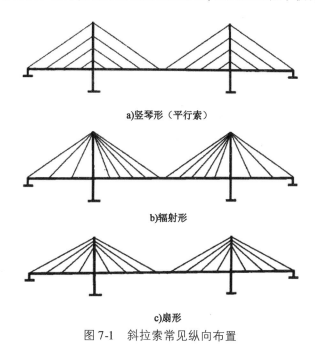

图 7-1 斜拉索常见纵向布置

二、主要构造

平行钢丝拉索和钢绞线拉索所用的材料都是高强钢丝,两者不同的是平行钢丝拉索直接由镀锌高强钢丝制成;而钢绞线是先由多根高强钢丝(一般为 5 根或者 7 根)拧成一股成为钢绞线,再由钢绞线丝股制成斜拉索,使用的钢绞线可以是光面钢绞线、镀锌钢绞线、环氧涂层钢绞线和超耐久性钢绞线。从使用材料来看,两者并无本质区别,只是钢绞线通过对高强钢丝进行了预处理,而这一处理会使得钢绞线的弹性模量略低于单根高强钢丝,同时涂层和绞拧处理会使得拉索结构应力松弛损失相对增大。因此,采用钢绞线拉索时应特别注意锚固及张拉端夹具和锚头的尺寸。

1. 高强钢丝斜拉索

高强钢丝斜拉索体系主要由索体、锚具、减振器、预埋钢管和防水罩等组成,如图 7-2 所示。

a) 索体结构　　　　　b) 索体断面结构

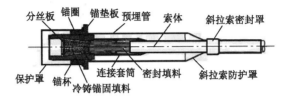

c) 斜拉索梁端锚具结构（塔端类似）

图 7-2　钢丝斜拉索构造示意

索体由热镀锌高强度钢丝聚合，叠合缠带和热挤 PE 防护层；斜拉索两端配冷铸镦头锚，通常一端是固定端锚具(梁体)，另一端是张拉端锚具(索塔)。减振器、预埋钢管和防水罩是辅助设施。

冷铸锚斜拉索具有良好的承载和抗疲劳性能，能较好地满足斜拉索锚固的技术要求。所谓冷铸镦头锚，是在锚杯锥形腔的后部设一块钢丝定位锚固板，索中钢丝穿过锚杯后，再穿过定位锚固板上对应的孔眼，最后进行镦头。锚杯中钢丝间的空隙填充特制的环氧混合料，使钢丝和环氧填料固化成整体。冷铸镦头锚是有别于高温浇注的热铸锚而言。

索体中高强钢丝的成型一般工艺如下：高碳钢盘条经过多道次连续拉拔形成光面钢丝，然后经过热浸镀锌处理形成镀锌铝合金钢丝，再经过稳定化处理最后形成高强度钢丝成品。其中拉拔、热镀和稳定化处理是三个关键工艺。

索体加工主要是将高强钢丝聚合、小角度扭转、缠包定型和热挤 PE 防护。绞制与缠包工序是高强钢丝斜拉索制作的基本工序，通过聚合钢丝、小扭角绞制索体平行钢丝、缠绕定型缠包形成合成索体。这种索体都是在工厂中机械化生产，索体挠曲性能较好，适应盘绕，具备长途运输的条件。

平行钢丝斜拉索的特点：

（1）平行钢丝斜拉索必须在工厂制作后盘绕，再通过重型运输设备将成盘的索体运输到施工现场。跨径越大拉索越长，对运输的要求就越高。

（2）平行钢丝斜拉索施工是整体安装。斜拉索张拉与调索必须采用大吨位群锚千斤顶。由于在塔内张拉调束,空间有限,操作困难,而且对起吊设备或吊装工具要求高。

(3)平行钢丝斜拉索的防腐耐久性相对弱,使用寿命一般 20~30 年,与大桥 100 年寿命相比,需要在大桥寿命期内多次换索。

(4)平行钢丝斜拉索的自振频率低、阻尼小,低频率小阻尼的斜拉索易发生风雨振。

2. 钢绞线斜拉索

钢绞线斜拉索体系主要由钢绞线索体、HDPE 护套、定位器、导管、钢锥管和锚具等组成,如图 7-3 所示。一股钢绞线束一般由七根钢绞线组成并热挤 PE 护套;整索束根据受力计算由若干股钢绞线束组成,其外层是双层同步挤压成型的高密度聚乙烯(HDPE)防护套管,形成自由伸缩段,两端配有单根锚定夹片式张拉端锚具和固定端锚具。定位器、导管、钢锥管等是附属设施。钢绞线斜拉索抗拉强度主要有 1770MPa 和 1860MPa 两种,目前普遍采用抗拉强度为 1860MPa 的钢绞线斜拉索。

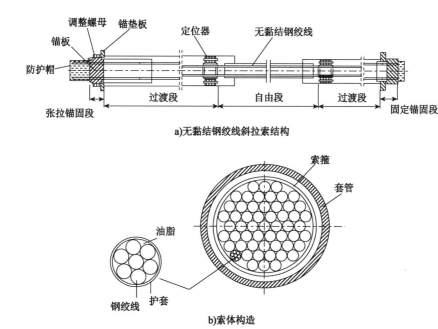

图 7-3 钢绞线斜拉索构造

钢绞线一般以高碳钢盘条为原料,经过酸洗表面处理后冷拔成钢丝,然后按钢绞线结构将一定数量的钢丝绞合成股,再经过消除应力的稳定化处理而成。

与平行钢丝斜拉索相比,钢绞线斜拉索有如下特点:

(1)钢绞线斜拉索的主要材料的运输一般不需要重型运输设备,相对平行钢丝斜拉索来讲对运输要求不高。

（2）钢绞线斜拉索需要单根张拉锚固，不需要大型张拉设备，操作相对简单、安全，但必须按一定的规则张拉。

（3）钢绞线斜拉索由于内外层都有护套，这将大大增加它的耐腐蚀性和使用寿命。其防腐耐久性远高于平行钢丝拉索，使用寿命可达到平行钢丝斜拉索的3倍左右。

（4）钢绞线斜拉索阻尼大于平行钢丝斜拉索，其斜拉索抵抗风雨振性能相对好。

（5）钢绞线斜拉索最大的不足是同样拉力情况下斜拉索的直径要大很多，这使得作用在斜拉索上的风荷载增大，进而增大了整个斜拉桥的风荷载。目前，国外Freessinent公司已经将紧密型钢绞线斜拉索体系应用于俄罗斯岛大桥和土耳其博斯普鲁斯海峡三桥等工程中，我国在这方面的技术研发和应用实践相对滞后。

3. 两种斜拉索抗风性能比较

斜拉索的抗风性能可分为风载性能和风雨振性能。风雨振性能是斜拉索特有的动力性能。无论斜拉索的风载性能还是风雨振性能都与拉索的直径和阻尼参数直接相关。钢绞线斜拉索与钢丝斜拉索在同等设计索力下，其直径有较大差异，有文献表明，普通钢绞线斜拉索的外径比平行钢丝斜拉索约大68%，紧缩型钢绞线斜拉索的外径比平行钢丝斜拉索约大20%~40%。无论普通型还是紧缩型钢绞线外径都比钢丝斜拉索大（表7-2），因此两种斜拉索抗风性能上也呈现较大差异。直径大意味着钢绞线斜拉索的风载阻力远远大于平行钢丝斜拉索。

两种斜拉索规格直径对比表（单位：mm） 表7-2

钢绞线斜拉索规格	紧缩型		普通型	钢丝斜拉索规格	普通型
	OVM250C	VSL (SSI2000-C)	JT/T 771—2009		JT/T 775—2010
55	175	180	200	211	133
61	185	190	225	241	139
73	200	210	250	283	151
85	210	225	250	313	158
91	225	230	280	349	166
109	240	250	315	409	180
121	250	—	—	451	189
127	260	270	315	475	194

对于风雨振性能,文献《钢绞线与平行钢丝斜拉索性能分析与展望》(罗维、葛耀君、谢正元)给出了这两种斜拉索抗风性能的比较分析:钢绞线斜拉索与平行钢丝斜拉索的风雨振性能主要取决于斜拉索阻尼和外径,根据目前统计情况,平行钢丝斜拉索的阻尼比在0.05%~0.15%之间,紧缩型钢绞线斜拉索的阻尼比在0.10%~0.20%之间,因此,从阻尼角度而言,钢绞线斜拉索优于平行钢丝斜拉索。根据上述介绍,紧缩型钢绞线斜拉索的外直径比平行钢丝斜拉索外直径大20%~40%,因此,从外直径角度而言,平行钢丝斜拉索又优于紧缩型钢绞线斜拉索。

三、斜拉索技术体系

1. 钢丝斜拉索

(1)组成:钢丝束+外缠绕纤维增强聚酯带+外挤高密度聚乙烯护套。

(2)钢丝:斜拉索所用钢丝为直径7mm的镀锌高强度、低松弛钢丝,索体内的各根钢丝不允许有任何形式的接头,抗拉强度$\sigma_b \geqslant 1670$MPa。技术指标应符合现行《斜拉桥用热挤聚乙烯高强钢丝拉索》(GB/T 18365)和《大跨度斜拉桥平行钢丝拉索》(JT/T 775)的要求。

(3)防腐:斜拉索护套采用彩色高密度聚乙烯材料,技术指标应符合现行《桥梁缆索用高密度聚乙烯护套料》(CJ/T 297)的要求。聚乙烯材料应具有稳定的化学性能,在斜拉索可预计的暴露温度和使用寿命下不会有老化和软化现象。防腐材料与钢丝的黏着力应使保护层与钢丝不产生相对运动。

(4)锚具:斜拉索锚头为冷铸锚,冷铸锚材料应符合现行《预应力筋用锚具、夹具和连接器》(GB/T 14370)的规定。斜拉索锚头采用合金钢的部件,应按现行《钢锻件超声检验方法》(GB/T 6402)的要求进行超声波探伤;按现行《承压设备无损检测》(JB/T 4730)的要求进行磁粉探伤。张拉端及固定端拉索连接件、冷铸锚锚杯及锚圈采用40Cr,坯件为锻件,符合现行《合金结构钢》(GB/T 3077)要求,外表面要求镀锌。

(5)附属设施:挡板、防水盖等材料为Q235B,其技术指标应符合现行《碳素结构钢》(GB/T 700)的规定。

2. 钢绞线斜拉索

(1)组成:钢绞线拉索索体由多股无黏结高强度平行镀锌钢绞线组成,外层装有HDPE护套管,锚固区钢绞线也应始终处于平行独立的无黏结状态,钢绞线有PE导管组件防护,其端部浸泡在油脂(蜡)中,不得在锚固区内裸露的钢绞线之间直接灌环氧树脂、沥青或水泥浆,这会使钢绞线不能单根更换。

(2)钢绞线:钢绞线几何尺寸与机械性能须符合现行《钢的脱碳层深度测定法》(GB/T 224)、《高强度低松弛预应力热镀锌钢绞线》(YB/T 152)及《无粘结钢绞线斜拉索技术条件》(JT/T 771)的规定要求。钢绞线斜拉索可以单根穿索、单根张拉、单根测试检查,并可以进行单根钢绞线调索和更换。

(3)防腐:PE挤压后表面光滑、均匀,护套的外径厚度一致,且要对钢绞线包裹紧密,按钢绞线形状包裹且随钢绞线伸长。PE护套应具有耐久性好,能抗氢离子侵蚀老化和有害物质的渗透;PE护套的表面应没有斑痕或机械损伤,以免导致护套厚度局部减薄。

(4)锚具:拉索锚具静载锚固性能应满足现行《预应力筋用锚具、夹具和连接器》(GB/T 14370)中1类锚具的要求,即锚固效率系数≥95%,极限拉力时总应变≥2%。拉索锚具在预应力状态下,夹片对钢绞线夹持性能应稳定可靠。

(5)附属设施:减震装置中橡胶硬度必须符合现行《硫化橡胶或热塑性橡胶—硬度的测定(10IRHD~100IRHD)》(GB/T 6031),拉伸强度和延伸率符合现行《硫化橡胶或热塑性橡胶—拉伸应力应变性能的测定》(GB/T 528)的规定;其中减震橡胶内圈硬度为shore A 45 ± 5;减震器橡胶外圈及其他减震橡胶硬度为shore A 65 ± 5。

四、振动与减振措施

1. 斜拉索振动

斜拉索的特点是长细比大和阻尼小。斜拉索的长细比 λ 即长度 L 和直径 D 之比,长度 L 随着斜拉桥跨径的增长越来越长,而直径 D 变化不大,这就造成长细比 λ 越来越大,如表7-3所示;细长的斜拉索自身的结构阻尼(对数衰减率)非常小,根据实际测试,斜拉索的结构阻尼 δ 在0.003~0.001之间。

斜拉索的长细比 λ 统计(部分)　　　　表7-3

桥　名	最长索长度 L(m)	最长索直径 D(m)	长细比 λ
中国宁波招宝山大桥	231.2	0.265	873
中国海口世纪大桥	179.9	0.141	1276
中国武汉白沙洲大桥	329.6	0.119	2770
中国南京长江二桥	330.2	0.20	1651
日本多多罗大桥	450	0.20	2250
中国苏通长江大桥	628	0.20	3140

斜拉索高长细比和低阻尼的结构特性,导致斜拉索的风致振动现象在不同跨径的斜拉桥上普遍存在。有文献表明,实际工程中法国的布鲁东尼桥、日本的名港西大桥、柜石岛桥、岩黑岛桥、横滨港湾桥,中国的天津永和桥、蚌埠淮河大桥、广东南海九江桥、上海南浦大桥、上海杨浦大桥、杭州钱塘江三桥、武汉二桥、武汉军山长江大桥、白沙洲桥、招宝山桥、海口世纪大桥等桥面斜拉索均发生过不同类型的风致振动。

斜拉索的风致振动主要有风雨振、涡激共振、尾流弛振等。其中拉索风雨振是斜拉索风致振动中最强烈的一种。

(1)斜拉索风雨振。日本 1984 年在明港西桥上首次发现了风雨振这一振动现象(图 7-4),我国在南浦大桥、杨浦大桥、南京长江二桥和白沙洲等大桥上也观测记录了风雨振现象。风雨振发生的原因较复杂,目前认为大致有三点:①在一定的来流攻角和风速条

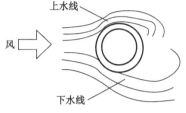

图 7-4 风雨振示意图

件下,雨水在斜拉索表面形成水线,改变了斜拉索原有的圆形截面,进而造成在一定的雨线位置斜拉索截面的气动升力系数斜率为负值,引发驰振,从而发生大振幅振动。②由于轴向二次流的存在,即垂直斜拉索轴线分量和顺走向分量,使斜拉索剖面在平滑流中的升力线斜率为负,引发驰振,从而发生大振幅振动。③雨水在斜拉索表面形成的雨线沿索表面周向振荡运动,当振荡频率和斜拉索某阶固有频率相等时,斜拉索的弯曲振动和水线的振动以及来流产生耦合发生负的气动阻尼,从而引起斜拉索的大振幅振动。

有文献表明:表面光滑的斜拉索例如有 PE 索套的,易发生风雨振。PE 包裹的斜拉索对风雨振较敏感。发生风雨振的斜拉索直径一般为 8~20cm。长索发生风雨振的可能性较大,一座桥上可能有多根斜拉索同时发生风雨振,且桥塔背风面倾斜的拉索较易被激起振动。在来流方向,索塔下游斜拉索比索塔上游斜拉索容易起振,但有时索塔上下游同时或单独振动。斜拉索若发生风雨振,拉索的振幅远大于其他风致振动的振幅,大多数情况下斜拉索的风雨振的振幅幅值能达到 2 倍的索直径,个别甚至达到 5 倍左右索直径乃至相邻拉索相互碰撞。风雨振发生时风速一般为 6~20m/s 左右。雨是斜拉索发生风雨振的必要条件,其强度、适宜的风速和斜拉索三者构成了发生风雨振的充分条件。

(2)涡激共振。涡激共振不是一种危险性的发散振动,而是一种带有自激性质的强迫振动。在风作用下斜拉索从振动的风中不断吸收能量,当能量积累到一定程度时,会产生一种带有自激特点的强迫振动,它在斜拉索上表现为因涡脱而引起的涡激共振。

有文献表明,实际上当涡脱频率 f_v 接近斜拉索基频 f_{si} 时,将引起被绕流物体较大的振动,物体和流体之间便开始了剧烈的相互作用,以频率为 f_{si} 振动的体系将对涡脱产生

反馈作用,使涡频f_v在相当长的风速范围内被f_{si}所"俘获",产生一种"锁定"(Lock-on)现象(图7-5),这就使发生涡激共振的风速范围扩大。

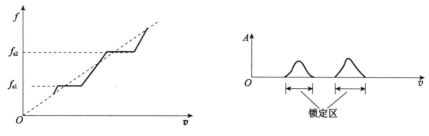

图7-5 漩涡的脱落

A-钢束面积;v-风速;f-拉索频率

有文献表明,涡激共振具有以下特征:①是一种在较低风速区发生的有限振幅振动;②只在某一风速区内发生,即存在锁定区;③最大振幅对阻尼有很大的依赖性;④响应对断面形状的微小变化很敏感;⑤涡激振动可以激起弯曲振动,也可以激起扭转振动。

(3)尾流驰振。风对相邻两根斜拉索可能产生尾流驰振,即上风向斜拉索的尾流作用使下风向斜拉索产生更大的风致振动。尾流驰振一般表现为斜拉索的一阶振动,因而尾流驰振发生时,斜拉索中段的振幅最大,自激振动的能量也主要从斜拉索的中段输入。尾流驰振的发生与风速和两根索的间距有关。有文献表明,当风速在$25f_nD \sim 50f_nD$范围内(f_n为拉索n阶固有频率,D为拉索直径)、斜拉索间隔为2~5或10~20倍的斜拉索直径时发生。尾流驰振发生的充要条件是在下风向斜拉索的响应频率比它的旋涡脱落及上风向斜拉索的响应频率低时才能发生。抑制尾流驰振的有效措施是增大斜拉索的阻尼。

(4)参数振动与参数共振。斜拉索上端锚在索塔上、下端锚在主梁上,当主梁发生竖向振动或索塔发生水平振动时,会使斜拉索中的轴向拉力发生周期性变化。而斜拉索的振动频率与斜拉索拉力有关,拉力周期性改变会引起频率的周期性改变。一旦主梁或索塔的振动频率f_b与某一斜拉索的横向振动频率f_c成整倍数关系时,微小的结构振动产生的斜拉索张力变化能激起较大振幅的斜拉索横向振动。由于频率是振动系统的参数之一,所以称这种振动为参数振动。当桥梁整体结构的某一振型的固有振动频率与某一斜拉索的自振频率相近时,也会引起斜拉索的共振,称为线性内部共振。

(5)抖振。抖振是一种顺风向响应,是由于紊流中的脉动成分使斜拉索结构产生的强迫振动。抖振是一种限幅振动,不像驰振和风雨振那样具有自激和发散的特性,不会引起灾难性的破坏。增加阻尼可以有效地抑制抖振现象。

2.斜拉索减振措施

斜拉索减振措施主要分三种:气动控制法、阻尼减振法和改变拉索动力特性法,其中前两种更为常见。

气动控制法是将斜拉索原来的光滑表面做成带有螺旋凸纹、条形凸纹、V形凹纹或圆形凹点的非光滑表面,通过提高斜拉索表面的粗糙度,使气流经过斜拉索时在表面边界层形成湍流,从而防止涡激共振的产生;同时斜拉索表面的凹凸纹还能阻碍下雨时斜拉索上缘迎风面水线的形成,从而防止风雨振的发生。但斜拉索表面粗糙度的增加,会增大斜拉索对风的阻力。

阻尼减振法,是通过安装阻尼装置,提高斜拉索的阻尼比从而抑制斜拉索的涡激共振、尾流驰振、风雨振以及由支座激励引起的拉索共振和参数振动。根据与拉索的相互关系,阻尼装置又可分为安放在套筒内的内置式阻尼器(图7-6)和附着于拉索之上的外置式阻尼器(图7-7)两种。

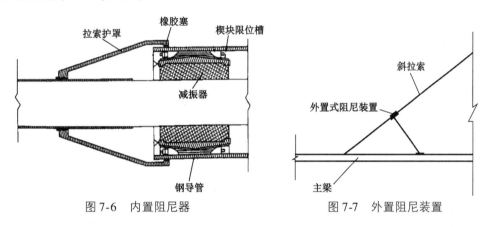

图7-6 内置阻尼器　　　　图7-7 外置阻尼装置

改变拉索动力特性法,是采用连接器或辅助索将若干根索相互连接起来,将长索转换成为相对较短的短索,使拉索的振动基频提高,从而抑制索的振动。这对防止低频振动十分有效,同时也能降低雨振以及单根拉索振动发生的概率。但对通常以高阶形式出现的涡激振动抑制作用不明显。辅助索对桥梁景观有一定影响。日本多多罗大桥采用这种方式防止拉索振动,如图7-8所示。

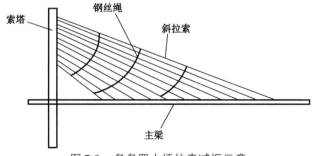

图7-8 多多罗大桥拉索减振示意

五、拉索计算

1. 力学参数

斜拉索计算的基本力学参数包括拉索强度、弹性模量等。

表 7-4 所示为斜拉索抗拉强度标准值。其中,钢绞线标准强度值 1960MPa 和钢丝 1860MPa 都是近几年出现的新产品。一般所指的公称破断索力为钢索公称截面和钢丝标准强度的乘积,由于各根钢丝的强度不完全相同,钢索拉力也不可能均匀分配于各根钢丝上,钢索的实际破断索力总是稍低于公称破断索力。

斜拉索抗拉强度标准值 表 7-4

斜拉索种类		公称直径 d(mm)	标准强度(MPa)
钢绞线	1×7	9.5、12.7、15.2、17.8	1720、1860、1960
		21.6	1860
消除应力钢丝	光面螺旋肋	5	1570、1770、1860
		7	1570
		9	1470、1570

斜拉索的弹性模量受拉索中各根钢丝集合形式的影响,对于平行钢丝斜拉索,受拉时索中各根钢丝的变形情况和单独取出一根单丝做受拉试验时的变形情况基本相同。因此,平行钢丝斜拉索的弹性模量和组成平行钢丝斜拉索的单丝相同。钢绞线斜拉索是由若干单丝集合绞制而成。斜拉索受拉后,除索中单丝的弹性伸长外,还有集合构造变形。因此,绞制而成的钢绞线斜拉索的弹性模量普遍低于单丝弹性模量。《公路钢筋混凝土及预应力混凝土桥涵设计规范》(JTG 3362—2018)给出钢绞线弹性模量为 1.95×10^5 MPa、钢丝弹性模量为 2.05×10^5 MPa。

斜拉索为柔性索,在结构中具有一定垂度,计算呈现非线性问题。因此实际结构计算时,斜拉索需要采用换算弹性模量,按下式计算:

$$E = \frac{E_0}{1 + \frac{(\gamma S \cos\alpha)^2}{12 \sigma^3}} \quad (7-1)$$

式中:E——考虑垂度影响的斜拉索换算弹性模量(kPa);

E_0——斜拉索弹性模量(kPa);

γ——斜拉索换算重度(kN/m³);γ = 每米斜拉索及防护结构材料重力(kN/m)/斜拉索截面面积(m²);

S——斜拉索长度(m);

α——斜拉索与水平线的夹角(°);

σ——斜拉索应力(kPa)。

公式(7-1)表明,通过选用强度高的斜拉索材料,提高斜拉索的工作应力,采用轻而有效的斜拉索防护措施,使斜拉索每延米的重量不致过多增加,均有助于提高斜拉索刚度,降低其非线性影响。

2. 斜拉索长度计算

斜拉索长度是指斜拉索在设计温度时的无应力下料长度 L。对于冷铸锚,斜拉索下料长度可按下式计算:

$$L = L_0 - \Delta L_e + \Delta L_f + \Delta L_{ML} + \Delta L_{MD} + 2L_D + 3d \tag{7-2}$$

式中:L——斜拉索下料长度;

L_0——每根斜拉索的长度基数,是该斜拉索上下两个索孔出口处在斜拉索张拉完成后锚固面的空间距离;

ΔL_e——初拉力作用下斜拉索弹性伸长修正;

ΔL_f——初拉力作用下斜拉索垂度修正;

ΔL_{ML}——张拉端锚具位置修正,如图 7-9 所示,最终位置可设定螺母定位于锚杯的前 1/3 处;

ΔL_{MD}——锚固端锚具位置修正,如图 7-9 所示,最终位置可设定螺母定位于锚杯 1/2 处;

L_D——锚固板厚度;

d——斜拉索两端所需钢丝镦头长度(每一镦头长度为 1.5d),d 为钢丝直径。

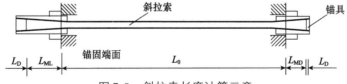

图 7-9 斜拉索长度计算示意

对于采用夹片式锚具,不计入镦头长度,而要加上满足张拉千斤顶工作所需的斜拉索操作长度 ΔL_s,则式(7-2)变为:

$$L = L_0 - \Delta L_e + \Delta L_f + \Delta L_{ML} + \Delta L_{MD} + 2L_D + \Delta L_s \tag{7-3}$$

弹性伸长量和垂度修正值分别按式(7-4)、式(7-5)计算:

$$\Delta L_e = L_0 (\sigma / E) \tag{7-4}$$

$$\Delta L_f = W^2 \cdot L_x \cdot L_0 / (24T^2) \tag{7-5}$$

式中:σ——斜拉索设计应力;

E——斜拉索弹性模量;

T——斜拉索设计拉力;

L_0——斜拉索长度基数;

L_x——L_0的水平投影;

W——斜拉索每单位长度重力。

如工厂下料时的温度和桥梁设计中取定的温度不一致,则在下料时还应加温度修正;如采用应力下料,则要考虑应力下料修正。

3. 斜拉索控制应力

斜拉索的应力控制需要考虑三个因素,即有效弹性模量、标准强度和疲劳效应。若斜拉索的应力过低,则斜拉索的垂度大、有效模量小,因此,控制斜拉索的最小应力是十分必要的。实验表明,当斜拉索的荷载超过破断荷载的50%时,斜拉索的非弹性应变将快速增加,因而对于一般荷载组合,斜拉索的最大荷载只能用到它标准强度的40%。另外,斜拉索应具有足够的抗疲劳能力,即在规定的应力变幅下,斜拉索在承受200万次的荷载循环后,其强度不小于原来强度的95%。斜拉索的抗疲劳能力与钢材和锚具有关,目前生产的成品斜拉索应力变幅为220~250MPa。矮塔斜拉桥主梁刚度较大,斜拉索疲劳应力幅降低,故拉索的最大荷载能用到它标准强度的60%。

第三节　斜拉索施工

斜拉索制作完成后,为了便于斜拉索的吊装和运输,需将直线形的斜拉索卷成圆形索盘,一般盘内径不小于2.0m。索盘有立式和水平两种。索盘运输常用船舶与汽车运输,若索的尺寸超过了汽车运输的高度与宽度的限制,可将索盘与索盘托架分离运输,运至工地后再复原组装成整体,以缩减外形尺寸。斜拉索出厂后的主要工作是上索、展索、塔端和梁端挂索,以及斜拉索张拉。

一、斜拉索上索和展索

1. 斜拉索上索

将索盘运至展索的位置称为上索。斜拉索上索方法常见的有桥面上索、梁端水面上索、桥侧水面上索三种施工方法。上索工艺主要考虑吊装设备、操作空间,以及对航道的影响。

桥面上索是指在一个方便位置如桥墩墩位处,将索盘从地面或水面吊至桥面,然后再运至梁端放索。这种方法主要优点是拉索施工时不影响江河面船舶通行,适用于施工期间水面船舶航行交通量大、航道要求宽、水流速度大的桥位。工程实例如多多罗大桥、苏通长江大桥、上海的杨浦和南浦大桥、武汉长江二桥等就采用桥面上索施工法。

梁端水面上索是指索盘运输船航行至悬臂施工的梁端前方水面停泊,然后在船上进行展索和牵索。这种方法不需要大型起重吊装设备,施工方便简单,但上索时影响施工水域船舶通行。

桥侧水面上索是指若梁端水面上索无条件下的一种变通上索方法,如南京长江二桥边跨已搭设有落地式支架,支架上存储有待安装的钢箱梁,梁端水面上索已无空间,只有采用梁侧水面上索。采用这种方法的难点是拉索的平面弯曲要特别护理。施工时可通过改变转向装置的位置与角度,增设平面限位平滚等措施加以解决。

2. 斜拉索展索

索盘上的斜拉索展开称为展索,其主要目的是舒展索体,散去扭力,使索在安装时处于无应力的自然状态。斜拉索从索盘上释放出来,进入梁端、塔端索套管前,有一段较长距离的移动,需要保护索体的防护层。斜拉索展索的常用方法有:滚筒法、移动平车法、垫层拖拉法三种。

(1)滚筒法。在桥面摆放多个滚筒,滚筒之间要保持合适的距离,防止斜拉索因下垂而与桥面接触,以致刮伤 PE 防护套。滚筒固定在桥面上,避免斜拉索移动时倾倒。制作滚筒时要根据斜拉索的刚柔程度,选择适宜的滚轴半径,以免滚轴弯折,滚轮宜做成凹槽形,用橡胶或塑料等柔性材料制成,可以很好地保护拉索 PE 护套。

(2)移动平车法。当斜拉索上桥面后,每隔一段距离垫一个平车,由平车载索移动。若是混凝土桥面,因施工过程中顶面凹凸不平,平车运动不便,故平车的轮子不宜太小。同滚筒法一样,平车也要保持合理的间距,避免斜拉索同桥面接触。同时,斜拉索与平车之间要用软绳或卡箍临时固定,防止斜拉索从平车上掉落到桥面上。此法常用于桥面上索法施工。

(3)垫层拖拉法。垫层拖拉法是在斜拉索端部放置柔性垫层,然后采取卷扬机边牵引斜拉索前行,边增加柔性垫层边完成斜拉索的桥面展开。垫层拖拉法由于垫层同主梁间摩擦较大,并且容易损伤斜拉索,一般索长超过 200m 后便不采用该方法进行斜拉索桥面展开。

二、塔端挂索

斜拉索塔端挂索(图 7-10)的方法主要有吊点法、硬牵引法、软牵引法和承重索法。

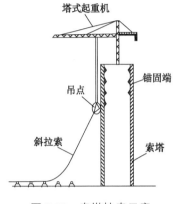

图 7-10　索塔挂索示意

吊点法是指利用吊装设备来完成拉索起吊、牵引就位的方法,一般应用于近塔柱的几根拉索或小跨径斜拉桥;硬牵引法是指通过卷扬机钢丝绳和转向滑轮来完成拉索挂设的方法,一般应用于小跨径斜拉桥或特大桥中靠近塔柱的短、中长度索;软牵引法是指利用多股钢绞线通过特殊连接器,配合千斤顶牵引挂索的方法,一般应用于 300m 以上大跨径斜拉桥及远离塔柱的长索;承重导索法是指在待安装的拉索上方安装一根斜向承重导索,牵引拉索就位的挂设方法,一般应用于 500m 以上特大跨径斜拉桥及远离塔柱的长、重索。塔端挂索起吊设备主要有塔顶起重机、塔式起重机和特制塔顶门式起重机等。除吊装设备外,塔外还应设置操作平台以方便挂索施工。

每种挂设方法又有三种不同的锚固顺序:梁端先锚固作为固定端,塔端后锚固作为张拉端;塔端先锚固作为固定端,梁端后锚固作为张拉端;梁、塔两端同时作为张拉端锚固。目前斜拉桥大多采用塔端张拉、梁端锚固的方式。

三、梁端挂索

梁端一般为斜拉索固定端,故梁端挂索主要是指将斜拉索锚头牵引至梁端锚箱和锚垫板面外,并拧上锚固螺母固定,如图 7-11 所示。梁端挂索首先需要根据拉索长度、重量、倾斜角度等技术参数和拉索牵引过程中的不同工况计算出最大牵引力和张拉力,然后合理地选择牵引方式、牵引设备(钢丝绳、钢绞线、张拉杆、承重索)、牵引动力(卷扬机、千斤顶、起重机、手拉葫芦等)、挂索方法和锚固顺序。

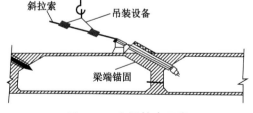

图 7-11　主梁挂索示意

斜拉索牵引一般分软牵引、硬牵引和混合牵引三种方式。软牵引是指利用多股钢绞线通过特殊连接器与锚头相连,配合千斤顶完成梁端牵引锚固的方法。软牵引钢绞线具有柔性好,牵引过程角度比较容易调整等优点;硬牵引是指通过特殊连接器将张拉杆与锚头相连,配合千斤顶完成梁端牵引锚固的方法。硬牵引张拉杆牵引过程中作为一个整体共同受力,具有受力均匀,临时锚固稳定可靠等特点。混合牵引则是软牵引和硬牵引的有效结合,即采用硬牵引可以减小软牵引力,将软牵引钢绞线数量减少,则软牵引钢绞线受力均匀性更容易控制,降低了软牵引的施工风险与难度;采用软牵引又可以缩短硬牵引长度,降低硬牵引风险。

苏通大桥为解决长索牵引距离远、牵引力大的难题,采用了软、硬组合牵引系统,即利用多股钢绞线通过特殊连接器与组合式多节张拉杆连接然后再与锚头相连,配合千斤顶完成梁端牵引锚固的方法,较好地完成了梁端斜拉索的牵引锚固。

四、斜拉索张拉

1. 两种典型锚具斜拉索张拉

根据锚具不同,斜拉索的张拉一般可分为两种:①拉丝式锚具张拉如钢绞线夹片群锚;②拉锚式锚具张拉,如平行钢丝镦头锚。

(1)拉丝式锚具。对于夹片群锚钢绞线斜拉索,挂索时先要在拉索上方设置辅助索,然后逐根穿入钢绞线。张拉时,先采用单根张拉的小型千斤顶调好每根钢绞线的初应力,最后用群锚千斤顶整体张拉。新型的夹片群锚拉索锚具,第一阶段张拉使用拉丝方式,调索阶段使用拉锚方式。

(2)拉锚式锚具。对于拉锚式斜拉索张拉,一般均为整体张拉。实际工程中,拉锚式张拉无论是一端张拉还是两端张拉,一般情况下都需在斜拉索端头接上张拉连接杆,然后使用大吨位穿心式千斤顶张拉调索。为方便施工,张拉杆大都采用分节接长,而非整根通长。根据目前的技术水平,国内外拉索锚具千吨级拉索整体张拉工艺已十分成熟。拉锚式锚具张拉因施工操作方便及现场工作量较少等优点被更多地采用。

2. 单根钢绞线初张力确定

钢绞线束张拉的特点是需要逐个单根张拉。为了使钢绞线在张拉完毕时,整束拉索的索力达到目标索力 T,同时各根钢绞线的索力满足均匀性的要求,即达到 T/n(T 为目标索力,n 为该根拉索内钢绞线的根数),且每根钢绞线的无应力索长都为 S_0,则有必要事先计算出每根钢绞线挂设时的初张力,以指导现场施工。求解平行钢绞线斜拉索单根索股初张力的常见计算方法有倒退分析法和无应力索长控制法。

(1) 倒退分析法。设各根钢绞线的初张力分别为 $f_1, f_2, \cdots, f_n$。当第 n 根钢绞线完成张拉后,每根钢绞线的拉力均变为 f,可认为 $f_n = f$。为求得 f_{n-1},需要对张拉第 n 根钢绞线前的状态进行计算,得到当前拉索的总拉力,按 $n-1$ 根钢绞线均分后,则得到第 $n-1$ 根钢绞线的初张力,即 f_{n-1}。采用倒推法的原因是,后期张拉的第 $i+1$ 根($1 \leq i \leq n-1$)钢绞线,其拉力会使得相邻拉索发生相互接近的变形,该变形会使前期张拉的第 $1 \sim i$ 根钢绞线缩短,从而降低其拉力,降低的幅度对于这 i 根钢绞线是相同的。所以需要适当提高前期张拉钢绞线的拉力,使得在经过一系列的拉力减小后,其剩余的拉力正好等于 f。

(2) 无应力索长控制法。由无应力状态控制法原理可知,对于一定的外荷载、结构体系、支撑边界条件组成的结构,其对应的结构内力和位移是唯一的,与结构的形成过程无关。因此,根据无应力状态控制法原理,已知整根斜拉索张拉力 T 的情况下,只要保证每根钢绞线的无应力长度与挂设完成的整根斜拉索的无应力长度一致,就可以保证斜拉索中所有钢绞线的应力均匀且总张拉力等于整根斜拉索索力。具体单根钢绞线张拉力求解步骤如下:①确定在施工温度 t 下某平行钢绞线斜拉索总张拉力 T 对应的斜拉索无应力长度 S_0。②逐根安装钢绞线,使每根钢绞线张拉完成的无应力长度 S_i 与 S_0 一致,由此求出每根钢绞线的张拉力 T_i。

五、斜拉索换索

1. 换索现状

斜拉索由于长期承受荷载作用,并暴露于风雨、潮湿与污染的大气环境中,耐久性病害较为突出,尤其是早期建成的斜拉桥拉索防护性能弱,已经出现了大量病害,如锚头部位进水、防护 PE 脱落等。拉索的耐久性病害导致许多在役斜拉桥的拉索实际使用寿命大大低于设计寿命。《公路工程技术标准》(JTG B01—2014) 中规定斜拉索的使用年限为 20 年,但早期斜拉桥中有不少工程低于 20 年,有些甚至只有 5 年左右。斜拉索的更换与早期防护方式耐久性弱有关,如水泥浆 + PE 套管、水泥浆 + 铝管等。斜拉桥换索除斜拉索自身质量、防护耐久性问题外,还与设计经验、施工调索误差、超载运营等因素有关。早期斜拉桥不到使用年限换索与当时技术水平不成熟有关系。

目前斜拉索防护技术有了长足的进步,成品索已不需要现场再做防护工作,斜拉索的使用寿命大为提高,不少斜拉桥的斜拉索使用时间已超过20年,工作性能依然良好。但与大桥使用寿命100年相比,斜拉索在结构寿命期内还是需要更换。

2. 换索施工的准备工作

斜拉索更换前,应先做好调查研究、方案设计、施工组织设计等准备工作。

(1)调查研究。主要包括:①斜拉索的上下锚头是否锈蚀、斜拉索防护套是否完好等情况,以及塔、梁外观情况;②需要准确地测定每一根斜拉索的索力,作为了解斜拉桥的状态和新换索索力取值的基本依据;③对主梁的高程、平面位置和挠度曲线,塔柱的水平偏移,斜拉索的长度、上下钢套管的空间坐标等进行测量。

(2)方案设计。主要包括:①整理调研资料,并与原始设计资料进行对比分析,确定是否需要加固维修;②根据原始设计荷载与实际营运荷载的差别,确定换索以后该桥的设计方案;③根据新方案,对结构重新计算确定梁、塔、索的受力是否满足承载力要求;④斜拉索、锚具的选型以及防护方案的确定。

(3)施工组织设计。主要包括:①施工工期计划,特别是放索、挂索的时间安排;②施工方案,即换索顺序,每次换索根数;斜拉索预应力解除方法;松放索、牵挂新索方案;对新旧索的保护措施等;③交通开放与管制措施,尤其是桥面行人、车辆通行的安全保护措施等;④施工安全与质量的保证措施。

3. 换索工艺

(1)平行钢丝斜拉索。平行钢丝斜拉索的更换施工主要分三个骤:①斜拉索张力的放松;②斜拉索的拆除、回收;③新换斜拉索的安装。

斜拉索的松张是换索工程中的关键步骤,为保证梁、塔对称受力稳定,松张斜拉索应同时包括上游、下游、江侧、岸侧共4根单索,即要同时使用4台套千斤顶及其配套张拉杆、工具锚圈、电动油泵等进行斜拉索松张。

斜拉索松张后,开始斜拉索的降落、拆除与回收。斜拉索降落所需设备与索重有关,对于单根索索重大于20t,宜采用承重导索降落;斜拉索回收有水面和桥面回收两种形式,应根据具体情况进行选择。

新换斜拉索的安装方法与原桥初建时斜拉索安装方法基本相同,不同的是斜拉索索长的计算。有两种方法可选择:①对比斜拉索实际长度与原计算长度的差异,修正后确定斜拉索下料长度;②测量斜拉索上下索道钢护筒口的坐标,并利用计算公式计算斜拉索下料长度。

(2)钢绞线斜拉索。钢绞线斜拉索的更换施工同样是分三个步骤:①斜拉索松张;②斜拉索的拆除、回收;③新换斜拉索的安装。

钢绞线斜拉索宜采用先整体部分松张,再单束分束松张的方法。斜拉索索股之间为无黏结,松张施工过程为安装时斜拉索张拉的逆过程。

斜拉索的降落主要分整体降落和分束降落两种方法。整体降落与平行钢丝斜拉索降落方法相同。分束降落方法大致如下:①分离单股拉索之间的黏结;②切割、分解、拆除斜拉索最外层防护套;③逐个单股钢绞线松张;④逐个单股钢绞线降落。

新换斜拉索的安装与建桥时斜拉索的安装方法相同。

4. 换索监控

斜拉索在更换过程中一般维持交通开放,结构受活载作用影响较大;另外由于部分斜拉索(一般同时有4根单索)在拆除,主梁的受力、与被拆斜拉索相邻的斜拉索受力会重分配,给桥梁的运营留下了安全隐患。因此,换索过程须对梁、塔、索进行连续的监测,直至斜拉索更换完毕。监测的内容主要有:①主梁挠度、塔柱偏移变形观测;②索力测量,包括张拉阶段的索力测量和换索对邻近索的影响;③结构薄弱部位的裂缝观测。

5. 换索常见问题

(1)大吨位锚环因锈蚀、索力过大、操作空间狭小等原因导致张拉端锚环拆除效率低。处理方法一般需要提前一天灌注褪锚剂后进行人工拆除。

(2)斜拉索锚管内灌注了混凝土或环氧砂浆而无法拔出锚头;锚环因严重锈蚀或加工时尺寸精度误差过大而无法退出锚环。常规的处理方法是将斜拉索在有应力的情况下进行切割,然后将锚环和锚头取下。但这种方法具有一定的危险性,若是工人稍有操作不当,便有可能造成重大安全事故。

(3)更换斜拉索时索力变化较大,主梁内力多次调整并重分配,因此,对主梁应力变幅的影响较大。如何合理地确定换索方案和优化调整索力,是斜拉桥换索面临的重要问题。

(4)矮塔斜拉桥结构较为特殊,塔端一般采用交叉锚固的结构形式,这就致使空间索在竖直方向不在同一个平面,这时张拉新索就有可能与旧索相互干扰产生影响。

CHAPTER EIGHT 第八章

斜拉桥索塔设计与施工

第一节 索塔发展

索塔是斜拉桥重要的承重构件,它本质上与桥墩作用一样,是将桥梁恒载及活载传递给基础。对于飘浮体系的斜拉桥而言,索塔是桥墩向桥面上方延伸而成的结构;对于塔梁固结体系而言,索塔与桥墩分开,不为一体。无论哪种情况,索塔一定是斜拉索锚固生根的结构。

从材料上讲,索塔经历了混凝土、钢和钢-混组合结构的发展;从形式上讲,索塔经历了直线形、折线形、曲线形的发展;从斜拉索锚固构造上讲,索塔经历了交叉锚固、锚固梁、锚固箱等方式的发展;从施工方法上讲,索塔经历了滑模、爬模、翻模、支架、转体等工艺的发展。主梁、索塔、斜拉索三者的创新融合构成了斜拉桥的发展史。

一、索塔材料

索塔材料主要分混凝土、钢、钢-混组合三种材料。混凝土、钢索塔的出现早于钢-混组合索塔。三类索塔各有优缺点,钢筋混凝土索塔刚度大,造价较低,几乎不需要保养维修,但施工都在桥位现场,施工周长;钢索塔体积小、自重轻、强度高,基础尺寸相对小,结构抗震性能好,制作安装方便;但结构阻尼小,容易产生涡激振动和驰振,稳定问题突出,后期维护工作量大,费用高;钢-混组合索塔吸收了前两者的优点,即结构刚度和稳定性好、工厂化制作程度高,费用介于前两者之间。钢-混组合索塔又可分钢壳混凝土结构、钢混叠合结构和钢管混凝土结构三种。钢壳混凝土结构用钢壳兼作混凝土模板,省去了爬模施工工序,现场仅需完成节段钢筋的连接、环缝焊接和混凝土的浇筑,有利于减少高空作业量、缩短施工周期。当然,由于钢壳内浇筑混凝土的需要,增加了许多钢筋、加劲肋等,使得内部构造相对复杂,给制造、施工也带来了一定的难度。另外,钢-混组合索塔节段为工厂制造的刚性体,且钢壳节段不进行端面加工,这对保证桥位较高的线形精度要求有一定的难度,故钢-混组合索塔柱的线形控制较为关键。钢混叠合结构的上塔柱为钢结构,下塔柱为混凝土结构,上、下塔柱之间设置钢-混结合段。显然,钢-混结合段是叠合塔柱的关键构造,其位置的选择与塔柱纵向刚度要求有关。钢管混凝土结构是钢管节段拼接,然后管内浇筑混凝土而形成的一种结构,管内混凝土是否密实是关键工艺。

现代斜拉桥,除日本因钢材生产较多且考虑地震因素多采用钢索塔外,世界各国包括中国大部分的斜拉桥多采用混凝土索塔,相比之下采用钢-混组合索塔是少数,但其优良的结构性能也许是未来发展的方向。有文献表明,早期的钢塔诞生于美国,如 Williamsburg 桥、金门大桥、维拉扎诺桥都采用了钢塔。其中,1903年建成的 Williamsburg 桥被认为首次应用了钢塔。随后欧洲、日本的悬索桥和斜拉桥大部分都采用了钢塔,尤其日本是地震多发地区,钢塔具有良好的抗震性能,因此,南备赞濑户大桥、明石海峡大桥、多多罗大桥等都采用了钢塔。国内 2003 年建成的南京长江三桥(斜拉桥,主跨径 648m)首次采用了钢塔。随后,港珠澳大桥九洲航道桥(风帆式钢塔)、宝鸡陆港大桥、浙江之江大桥等也都采用了钢塔,尤其是拱形索塔斜拉桥,因为造型原因,多数索塔都是钢塔。钢-混组合索塔有南京长江五桥、宁波大榭第二大桥等。南京长江三桥本质上讲是钢-混叠合索塔,其中上塔柱为钢结构、下塔柱为混凝土结构,这样设计的原因是下塔柱防撞需要。钢管混凝土的工程实例是淮北长山路斜拉桥,其塔柱是哑铃形截面的钢管混凝土结构。

对于钢塔容易锈蚀的问题,一般采用耐候钢材、采用喷涂铝及铝合金涂层、油漆涂装等多种方法。国内外绝大多数钢索塔都是采用油漆涂装的办法作为主要防锈蚀措施。一般重防护油漆涂装可使运营年限保持在 20 年以上。

二、索塔形式与构造

索塔形式的发展与主梁形式、结构抗震抗风性能、景观和基础要求、施工方法密切相关。早期 20 世纪 50 年代钢斜拉桥的共同之处是采用两根边主梁结构,索塔多采用 H 形和 A 形,如德国的 Bruchsal Buchuenauerbrucke 桥(主跨径 58.8m、平行双柱索塔)、Köln Severinsbucke 桥(主跨径 301.7m,A 形索塔)。后到 20 世纪 60 年代,开始采用扭转刚度大的单箱梁,索塔开始出现单柱形式。如德国汉堡北易北河桥(主跨径 171.88m,单柱索塔)、奥地利林茨的弗斯特桥(主跨径 215m,独塔单柱结构)。为了减小基础尺寸,发展出现了钻石形索塔,这类索塔工程实例较多,如安庆长江大桥、青州闽江大桥、南京长江二桥、武汉白沙洲长江大桥等。多塔结构的出现,其索塔为抵消多塔结构效应设计出多肢塔柱或在塔柱上设置托架,如希腊 Patras 海湾大桥、国内嘉绍大桥等。对景观要求的出现,带来了斜塔(无背索)、拱形索塔、反对称索塔等形式的发展。

索塔横梁、斜拉索锚固构造也是索塔发展的重要组成部分。横梁根据受力和施工需要,发展出混凝土(钢筋混凝土、预应力混凝土)、钢结构(钢桁架、钢箱)等结构,多数为混凝土结构,少数为钢结构。采用钢结构横梁索塔的斜拉桥有安徽池州大桥、四川驷马大桥等。斜拉索锚固构造发展出钢锚梁、钢锚箱、贯通锚固、齿块锚固等构造形式。

三、索塔施工方法

经过多年发展,混凝土索塔目前以爬模施工方法为主,重点发展的是钢筋安装、混凝土浇筑及养生为一体的集约化、自动化方法,如筑塔机,以及节段钢筋工厂部品化制作、现场整体吊装成形的塔柱钢筋施工新方法,工程实例有黄茅海大桥、龙潭大桥等。钢索塔重点发展的是大节段吊装,研发大吨位塔式起重机,如马鞍山大桥。钢混组合索塔则是近几年才发展出来的索塔形式,其施工发展主要体现在钢壳节段的制作、吊装及如何保证钢壳内混凝土的密实度,如南京长江五桥。钢塔施工最新发展是将混凝土塔爬模技术引进到塔柱和钢横梁架设上,如顺德大桥。

四、工程实例

1. 象山港大桥索塔

象山港大桥采用钻石形混凝土索塔,如图 8-1 所示。索塔总高度为 226.5m。索塔包括塔柱、横梁以及附属设施(索塔内爬梯、电梯、除湿系统、防雷系统、景观照明、航空障碍灯等)。下塔柱、中塔柱为普通钢筋混凝土结构;上塔柱、上中塔柱结合段、横梁为预应力混凝土结构,斜拉索锚固构造为钢锚箱。索塔下塔柱施工时,设置了水平拉杆,避免因施工荷载和塔柱自重引起过大的横向水平位移;中塔柱施工时,每隔 15m 左右设置了一道水平横撑。水平横撑必须具有足够的强度和刚度,并与塔柱固结,待斜拉索施工完成后方可拆除。

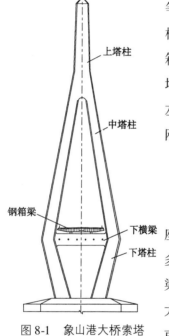

图 8-1 象山港大桥索塔

2. 嘉绍大桥索塔

嘉绍大桥索塔采用 X 形托架,托架上设置纵向双排支座,将主梁和索塔之间的相对转动自由度加以约束来改善多塔斜拉桥受力,如图 8-2 所示。传统半漂浮体系斜拉桥主梁在索塔处仅设置单排支座,提供对梁的竖向支撑。嘉绍大桥主梁采用纵向双排支座后,不仅提供了对梁的竖向约束,还提供了对梁的转动约束。两种受力体系相比,采用纵向双排支座体系在活载作用下由主梁传递到上塔柱的荷载比例下降了,因此,上塔柱的受力可得到缓解,同时主梁的刚度也得到了显著提高。

3. 荆岳长江大桥索塔

荆岳长江大桥索塔采用双柱 H 形结构(图 8-3),南、北索塔高 224.5m、265.5m,下横梁以上高 200m、220.6m,高跨比 0.238、0.264,桥面以上北塔较南塔高 20.6m。上塔柱、中塔柱为单箱单室截面,下塔柱为单箱双室截面。顺桥向上塔柱宽度均为 8.8m,中塔柱、下塔柱宽度由 8.8m 渐变为 13m。除索塔附近几对拉索直接锚固在混凝土塔壁上外，其余索均锚固于塔内钢锚梁上。斜拉索张拉过程中钢锚梁与牛腿一端固结，一端滑动；张拉后，钢锚梁与牛腿两端固结；考虑后期换索、断索等工况下塔壁受力安全，在索塔锚固区配置一定数量的钢筋。

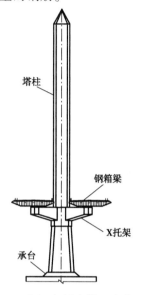

图 8-2 嘉绍大桥索塔 X 托架示意

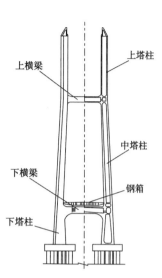

图 8-3 荆岳长江大桥索塔

4. 南京长江五桥索塔

南京长江五桥主桥采用纵向钻石形、横向独柱式索塔，如图 8-4 所示。索塔最大的特点是采用了钢-混组合结构，是国内斜拉桥中首次采用，它的成功建造具有里程碑的意义。该桥索塔由钢壳、钢筋、混凝土、钢锚梁四部分构成。钢壳为双壁异形箱形结构，双壁间距 1.2m，由内外钢壁板、水平及竖向加劲肋等组成。双壁之间采用水平角钢、竖向角钢把内外钢结构连接成整体，壁板与混凝土结合面焊接剪力钉。钢壳内部浇筑混凝土。下塔柱为纵向双肢，每肢为单箱三室的外侧带凹槽的六边形断面；中塔柱为纵向双肢，每肢为单箱单室的外侧带凹槽的四边形断面；上塔柱合并成单箱单室。基于钢-混组合索塔的特点，采用了工厂化、装配化的

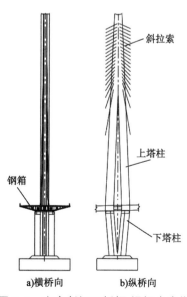

图 8-4 南京长江五桥钢-混组合索塔

施工工艺,将大部分钢筋在工厂内预穿并随钢壳整体吊装装配,现场仅需连接节段间钢筋和浇筑混凝土,有效减少现场作业强度及难度,提高了工程质量。

5. 宁波大榭第二大桥索塔

宁波大榭第二大桥主塔纵桥向由双肢塔柱组成,外形似"帆"形,如图 8-5 所示。塔柱间设置横梁及拉杆,以平衡中跨及边跨斜拉索的水平分力,并使双肢塔柱协调一致,承受顺桥向不平衡荷载。索塔从上而下可分成上塔柱(锚索区)、中塔柱及下塔柱。考虑结构经济性,索塔采用混合结构,上塔柱(锚索区)及拉杆采用钢结构,中塔柱及下塔柱为混凝土结构,采用 C50 高性能混凝土。钢-混凝土结合部按有格室前承压板方式布置,从上而下由钢结构加强传递段、填充混凝土传递段及端板(承压板)接触传递段组成。钢结构加强传递段长 3.1m,通过在钢塔外围板及腹板间增加隔舱,以扩散及降低钢板应力。

6. 平塘大桥索塔

平塘大桥主桥索塔形式如图 8-6 所示。由于主塔的倾斜度较大,为保证钢筋安装施工时的稳定性及安全性,施工中须设置较为强大的劲性骨架,劲性骨架采用角钢加工成格构柱式结构。格构式劲性骨架的加工高度需根据塔柱浇筑分层高度及塔柱外轮廓线确定,劲性骨架标准加工高度按 6.0m 考虑。混凝土在浇筑时要采用缓凝型混凝土,控制混凝土的初凝时间达到 20h 或更长。混凝土中缓凝剂的掺量根据施工时的气温确定,以现场实测试验来确定不同浇筑温度与环境温度下混凝土的缓凝剂掺量,以达到规定的缓凝时间。

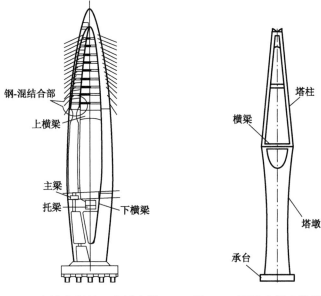

图 8-5 宁波大榭第二大桥索塔　　图 8-6 平塘大桥索塔造型示意

7. 福建龙岩大桥索塔

福建龙岩大桥索塔为钻石形结构，塔高128m。由于工程靠近铁路，塔柱按横桥向平行铁路施工，以争取施工空间（由塔柱靠近铁路6.5m增大到20m）。塔柱成型后，第一次转体到塔柱纵桥向平行铁路位置，然后施工主梁，待主梁架设完成后进行第二次整体转体（塔柱和主梁）达到预期跨越铁路的设计位置。二次转体是龙岩大桥索塔的施工特点。

第二节　索 塔 设 计

一、索塔总体设计

索塔是大跨径斜拉桥的重要组成部分，主要由塔座、塔柱、塔冠和横梁组成，其总体设计内容包括索塔材料、形式、刚度和类型选择及布置。

1. 索塔材料选择

按照建造材料划分索塔可分为钢筋混凝土索塔、钢结构索塔和钢-混组合结构索塔三大类，其中钢-混组合索塔包括钢壳混凝土索塔、钢混叠合索塔、钢管混凝土索塔。一般情况下应优先选择混凝土索塔，因为同等外部尺寸条件下，混凝土塔身刚度较钢塔大，同时混凝土索塔造价低，易于养护。钢塔造型容易、制作安装方便，在景观斜拉桥中得到大量应用。钢-混组合型索塔刚柔并济，它吸收了钢塔和混凝土索塔的优势，结构韧性好，有利于抗风抗震。

钢筋混凝土索塔是国内应用最普遍的索塔结构，绝大多数在役斜拉桥都是采用钢筋混凝土索塔；钢结构索塔国外斜拉桥多采用如日本多多罗大桥、法国马赛纳桥和德国杜伊斯堡诺因坎普桥等，国内只有少数大跨径斜拉桥如南京长江三桥、昂船洲大桥，以及景观类拱形索塔斜拉桥如浙江杭州之江大桥采用。钢-混组合索塔在国内外应用不多，如马鞍山长江大桥、南京长江五桥。实际应用中，对于混凝土主梁斜拉桥，一般都采用钢筋混凝土主塔；对于抗震性能要求高的钢主梁斜拉桥，则可以选择钢或钢-混组合索塔。

2. 索塔形式选择

斜拉桥的主塔结构形式、高度、截面尺寸等，应根据斜拉桥的跨径、桥面宽度、拉索布置、基础尺寸及桥位处的地质环境条件，以及建筑造型等因素确定。

索塔顺桥向主塔结构形式有单柱式、A形和倒Y形等几种；横桥向主塔形式可参照《公路斜拉桥设计规范》（JTG/T 3365-01—2020）推荐的索塔形式，即单柱式、双柱式、门式、A形、倒Y形以及钻石式等几种，如图8-7所示。

工程实践表明，斜拉桥索塔顺桥向采用单柱式（一字形）居多，只有纵向刚度有特殊需求时才选择 A 形和倒 Y 形(人字形),比如稀索体系时,1973 年建成的阿根廷的查科-科连特斯桥,1978 年建成的日本岐阜—富山合掌桥,纵向都是采用 A 形索塔。我国 1982 年建成的主跨径 220m 济南黄河大桥,纵向采用的是倒 Y 形索塔。A 形和倒 Y 形(人字形)索塔的不足之处是纵向基础所需面积较大。

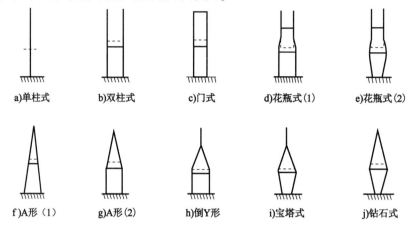

图 8-7 典型索塔形式

斜拉桥索塔横向形式一般有几种选择,单柱式索塔通常用于主梁抗扭刚度要求不大的单索面斜拉桥,如德国波恩北莱茵河桥、日本大阪海鸥桥、中国广州海印大桥等;双柱式索塔横向刚度比单柱式索塔明显提高,抵抗横向水平荷载的能力较强,一般适用于桥面宽度不大的双索面斜拉桥,如日本大阪大和桥、法国圣弗洛朗特桥、中国昂船洲大桥等。A 形、倒 Y 形以及钻石形的共同特点是拉索呈空间布置,索塔自身和结构横向刚度大,但构造和受力复杂、施工难度较大,对于抗风、抗震要求较高的大跨径或特大跨径斜拉桥,常采用这种形式的主塔结构,如苏通大桥(A 形索塔)、洞庭湖大桥(钻石形)、法国的诺曼底大桥(倒 Y 形)。钻石形索塔的另一个优势是节省基础尺寸。

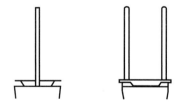

图 8-8 矮塔常见形式

矮塔斜拉桥的索塔是特殊的一类索塔形式。由于矮塔斜拉桥大部分是塔梁固结体系,所以索塔以单柱式为主(图 8-8),塔高取值不宜过高,索塔刚度较小,只起到使斜拉索转向的作用,对结构的整体刚度贡献不大。结构的整体刚度是由主梁来提供,此时结构呈现柔塔刚梁状态。

拱形索塔斜拉桥的索塔同样是特殊的一类索塔形式。从索塔线形上看,椭圆、抛物线(中国台湾乌日桥)和圆曲线(中国福建三明台江大桥)都有,但以椭圆为主。从结构形式上看,以单斜塔以及 X 形与 V 形的双套拱形索塔为主,单纯的竖直拱形索塔较少。由于景观造型需要,拱形索塔可以设计出各种以椭圆形为主的纵、横向造型(图 8-9),并导致斜拉索的布置一般都是空间分布。

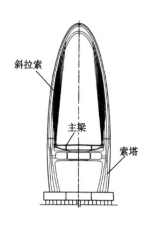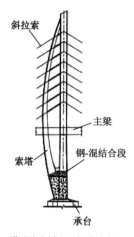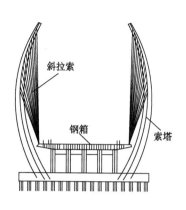

a) 马鞍山长江大桥右汊桥索塔　　b) 港珠澳大桥九洲航道桥索塔　　c) 某高速公路斜拉桥索塔

图 8-9　几种景观索塔造型

3. 索塔刚度选择

索塔通过斜拉索传递上部主梁荷载，其受力如同悬臂梁，下端固结，上端自由，梁自身受对称斜向拉力（索力），以及活载、风力、车辆制动力、摩阻力和地震作用力等。因此，索塔满足整体稳定性至关重要，这就要求索塔具备相应的刚度。索塔刚度的选择主要是纵向刚度选择，显然纵向刚度选择与斜拉索布置、数量和间距等参数有关。目前斜拉索布置主要有扇形、竖琴形和伞形三种，不同的斜拉索布置，索塔设计也不同。

索塔布置扇形拉索，从受力角度上讲是有利的，因为背索集中在塔顶部，形成水平支承，为索塔结构提供较大的纵向刚度。靠近塔区段的短索几乎垂直，它仅提供索塔与桥面之间相对水平位移的一定约束，因此，解除这个约束可以有效地减小由于收缩、徐变和温度变化引起的应力。索塔伞形索布置对索塔提供的纵向约束介于扇形拉索布置和竖琴形拉索布置之间。采用竖琴形索布置时，对索塔提供的纵向约束最弱。无论哪种斜拉索布置，索塔都必须具有足够的刚度以抵抗不平衡荷载产生的自身弯矩和减小桥面的竖向变位。值得注意的是，对于柔性主梁，拉索竖琴形布置的短索对主梁水平位移有较强的约束，但对释放由收缩、徐变和温度变化产生的变位不利。

索塔刚度对矮塔斜拉桥而言至关重要。根据主梁与塔的刚度关系，可以将矮塔斜拉桥分为刚性矮塔斜拉桥和柔性矮塔斜拉桥两种。刚性矮塔斜拉桥主梁的刚度比较大，而塔的刚度相对比较小，塔根部及跨中有无索区段。现在日本的矮塔斜拉桥大都归于此类，国内的矮塔斜拉桥也多采用这种结构形式。这种梁刚塔柔的矮塔斜拉桥的受力更接近于梁式桥。柔性矮塔斜拉桥主梁的刚度比较小，而塔的刚度相对比较大，梁上不设无索区段。

4. 索面与索塔类型匹配

索塔类型不同会导致斜拉索的分布不同。门式、单柱式和双柱式等类型索塔，其上斜拉索分布几乎呈平面分布；A 形、倒 Y 形和钻石式等类型索塔，其上斜拉索分布都是空间分布。斜拉索的不同布置对结构性能有较大的影响。

斜拉索平面分布的索塔特点，斜拉索使索塔与桥面的连接更为刚性，桥面的变形仅取决于斜拉索应力变化和索塔变形；通常需要设置上部横撑来平衡因斜拉索偏离在索塔上产生的横向弯矩；索塔和斜拉索施工相对简便。

斜拉索空间分布的索塔特点，索塔刚度和稳定性较好，空间索面提高了结构横向刚度，对减小主梁转动有利；但倾斜的斜拉索在横向带来净空问题，桥面往往因此需要加宽或斜拉索锚固处需要设置外伸牛腿。

5. 横梁选择

塔柱之间的横梁一般可分为承重横梁与非承重横梁两种，如图 8-10 所示。前者一般为下横梁，承重主要指设置支座直接承受主梁传递下来的荷载，横梁本身或受弯或受弯拉，根据塔柱线形是否转折而定；后者一般为中横梁和上横梁，横梁本身只承受自身荷载，不直接承受外荷载。横梁一般选择混凝土结构，刚度大，经济性好。但为了安装方便或特殊需要，也可选择钢结构横梁或钢-混组合结构横梁。对于混凝土横梁，根据长度和受力性质，可选择钢筋混凝土横梁，或预应力混凝土横梁。实际大跨径斜拉桥索塔多为预应力混凝土横梁，特别是塔柱转折处的拉杆横梁。

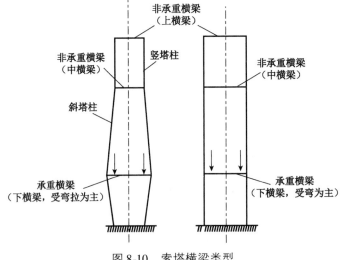

图 8-10 索塔横梁类型

二、索塔塔高、截面设计

1. 索塔塔高与斜拉索倾角关系

索塔高度 H 是索塔设计的重要参数,某种程度上它决定着整个桥梁的刚度和经济性。影响索塔高度 H 的因素除主跨径外还有斜拉索布置形式、斜拉索间距和斜拉索倾角。如图 8-11 所示,H 值越大,斜拉索的倾角 α 越大,斜拉索的垂直分力 V 也越大,反之亦然。H 值越大,索塔抗水平变位的刚度越弱,对主梁的竖向刚度贡献越大。但主塔高度过高,不仅会增加塔柱的材料用量,还会给施工带来困难。因此,综合考虑斜拉索对主梁和索塔的刚度影响,应该存在一个最佳塔高,使得斜拉索和索塔对主梁的支承刚度达到最优。

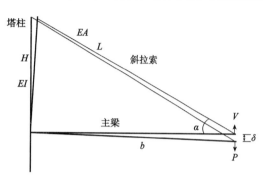

图 8-11 塔高、索长和倾角相互关系

在主梁拉索锚点处荷载 P 的作用下,主梁下挠量 δ 为:

$$\delta = \frac{Pb}{EA\sin^2\alpha\cos\alpha} + \frac{Pb^3}{3EI}\tan\alpha \tag{8-1}$$

式中:δ——主梁下挠量;

P——作用在斜拉索锚点处的荷载;

b——梁上斜拉索锚固点到塔的距离;

E——弹性模量;

A——斜拉索的面积;

α——斜拉索的倾斜角度;

I——索塔及背索的换算截面惯性矩。

从式(8-1)可知,主梁挠度与斜拉索伸长和索塔位移有关。公式右边第一项为斜拉索伸长引起的挠度,当 $\sin^2\alpha\cos\alpha$ 的值为最大时,斜拉索对主梁的支承刚度最大,此时斜拉索的倾角为 55°;公式右边第二项为塔位移所引起的挠度,其中 EI 为综合考虑背索影响的索塔等截面当量刚度,显然 $\tan\alpha$ 越小,即塔越矮则塔对梁的支承刚度就越大。

根据计算分析和设计实践经验,双塔斜拉桥桥面以上塔高与主跨径比宜选用 1/4 ~ 1/6,独塔斜拉桥桥面以上塔高与主跨径比宜选用 1/2.7 ~ 1/3.7,并宜使边索与水平线夹角控制在 25°~ 45°。

2. 索塔截面形式

(1)混凝土索塔。混凝土索塔塔柱截面大致分实心和空心两类,如图8-12所示,截面形式可采用矩形、工字形、箱形或多边形,其中矩形截面最为常见,并且一般是长边 L 与桥轴线平行,短边 B 与塔轴线平行。选择索塔截面应根据斜拉桥结构的强度、刚度和稳定要求,以及施工工艺和建筑造型的需要进行。大跨径斜拉桥的斜拉索多在塔中锚固,故多采用空心变截面形式;矮塔斜拉桥塔梁固结体系或中小跨径斜拉桥塔上交叉锚固时多采用实心截面形式。塔柱上交错锚固一般需在锚固区各挖一槽口,使截面成为如图8-12b)所示形式。索塔截面细部尺寸一般根据经验确定。

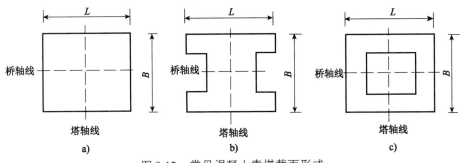

图8-12 常见混凝土索塔截面形式

混凝土索塔应根据施工需要,在塔内设置型钢劲性骨架,对骨架钢筋的要求如下:竖向受力钢筋的直径不宜小于25mm;竖向受力钢筋的截面积不宜小于混凝土截面积的1%;箍筋直径不应小于16mm,间距不应大于竖向受力钢筋直径的10倍,且不大于200mm。处于海洋或其他腐蚀环境中的混凝土索塔,应考虑增大其保护层厚度或增加其他提高结构耐久性的措施。

工程实例1:苏通长江大桥。该桥上、中、下塔柱均采用单箱单室变截面形式,上塔柱截面尺寸由9m×8m变化到10.82m×17.40m,塔壁厚度在斜拉索前侧为1m,侧面为1.2m,中间设钢锚箱;中下塔柱截面尺寸由10.82m×6.50m变化到15.00m×8.00m,中塔柱壁厚1.2m,下塔柱壁厚1.5m。

工程实例2:安庆长江大桥。该桥上、中、下塔柱均采用分离箱形变截面形式,下塔柱由8.5m×10.5m向上渐变至4.06m×7m的分离箱形断面,壁厚1.0m;中塔柱为4.06m×7m分离矩形断面,壁厚0.77m;上塔柱为4.5m×7m分离箱形断面,外侧墙厚0.8m、1.2m,锚索墙厚1.2m。

(2)钢索塔。钢索塔塔柱截面一般采用矩形空心箱形截面,箱室四周主板上均布有加劲肋,并根据需要设置纵横向隔板,如图8-13所示。外壁板及竖向隔板的厚度,根据受力需要可沿索塔内分段取不同的壁板厚度,但不宜小于 20mm。水平横隔板间距不宜大于 4000mm。索塔内一般设有人孔或电梯供养护人员所用。日本应用钢索塔较多,表 8-1 所示为日本几座钢索塔外形尺寸统计。钢索塔分段长度的划分十分重要,既要考虑工厂制作、现场拼接的要求,还要考虑船舶运输及现场起吊设备的能力。日本生口桥为钻石形钢索塔,全塔共划分 37 块,其中索塔上部 22 块,下部 11 块,基座 4 块。南京长江三桥为人字形钢索塔,除钢混结合段外,一个塔柱共分为 21 个节段,节段长度在 7.7 ~ 11.94m 之间。

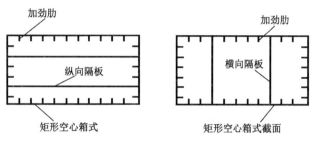

图 8-13 常见钢索塔截面形式示意

日本几座钢索塔外形尺寸统计　　　　　表 8-1

桥　名	主跨径(m)	塔高(m)	塔纵向尺寸(m)	塔横向尺寸(m)
大和川桥	355	60	3.0 ~ 4.0	3.0
圣·纳泽尔桥	404	68	2.5	2.0
名港西大桥	405	122	4.0 ~ 5.5	2.7
岩黑岛桥	420	152.3	6.0	4.0
横滨港湾桥	460	172	5.0 ~ 9.0	5.3 ~ 7.3
东神户大桥	485	146.5	4.0 ~ 5.8	3.5

工程实例:南京长江三桥。该桥钢塔柱为矩形空心箱式断面,断面尺寸上下相等,横桥向宽 5m,顺桥向宽 6.8m;塔柱壁厚 30 ~ 48mm,腹板厚 32mm,壁板加劲肋厚 22 ~ 24mm,横隔板厚 14mm,横隔板加劲肋厚 10mm。

3. 钢-混结合构造

钢塔柱与混凝土塔柱或混凝土承台之间需要设置钢-混结合段,目的是通过钢-混结合段的剪力键将钢塔柱所受荷载传递到混凝土中。以南京长江三桥为例,单肢钢塔柱通过钢-混结合段传入混凝土下塔柱的轴向力为 120000kN,因此,选择何种剪力连接器将轴力均匀传入混凝土中至关重要。经过研究,南京长江三桥选取钢筋混凝土棒剪力键群作为传递剪力的连接器(图 8-14)。试验和计算分析表明:该剪力键具有承载能力高,线性阶段刚度大,抗疲劳性能好;破坏阶段延性好、施工质量容易得到保证等优点。

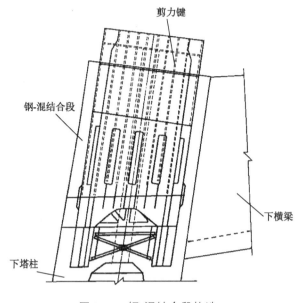

图 8-14　钢-混结合段构造

南京长江三桥钢-混结合段中的钢结构部分分为首段、底座、底座定位件三个部分。首段底板与底座、底座与底座定位件通过高强度螺栓连接。底座定位件与下塔柱劲性骨架连接。底座定位件、底座和一部分首段预埋在混凝土中,另一部分首段伸出混凝土外,与钢塔柱节段连接。为保证索塔在架设完成后的垂直精度,底座顶面高程的调整起到至关重要的作用。为此,在底座下缘四个角点位置设置扁形千斤顶,通过千斤顶的升降调整底座顶面高程。为防止底座发生太大的局部变形,底座的刚度要求相对较高。

三、索塔斜拉索锚固构造

1. 混凝土索塔锚固

索塔的斜拉索锚固构造极为重要,它的作用是将斜拉索的局部集中力,安全、均匀地传递到塔柱中。混凝土索塔斜拉索锚固构造主要分五种类型(图 8-15):①交叉锚固;②贯通锚固;③齿块锚固;④钢锚梁锚固;⑤钢锚箱锚固。交叉锚固一般用于小跨径斜拉桥,目前已较少采用;贯通锚固一般用于矮塔斜拉桥;后三种齿块锚固、钢锚梁和钢锚箱锚固一般用于大跨径斜拉桥。齿块锚固最经济,钢锚梁次之,钢锚箱最贵。

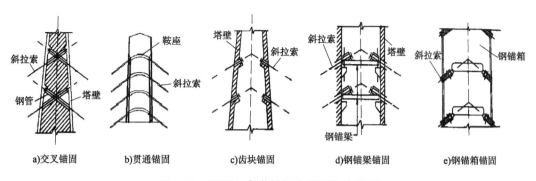

图 8-15 混凝土索塔斜拉索锚固构造类型

（1）交叉锚固如图 8-15a)所示,多应用于实心索塔,在塔柱内设置钢管,将一侧斜拉索穿过钢管锚固到另一侧塔壁的齿块上,形成交叉锚固。同样为了抵抗斜拉索在塔壁内产生的拉力,需在箱形索塔的壁板内配置环向预应力钢筋。斜拉索可在塔上张拉,也可在梁上张拉。为了保证塔柱不产生扭转,在布置时,除考虑斜拉索锚具千斤顶的施工工艺要求外,还应注意塔柱的剪切验算,并保持塔柱轴线两侧横桥向的布置对称性。早期小跨径斜拉桥采用这种斜拉索锚固形式,现在已较少应用。

（2）贯通锚固如图 8-15b)所示,这是矮塔斜拉桥常见的拉索锚固形式。所谓贯通锚固通常是在塔顶部设置鞍座,让一侧斜拉索通过鞍座转向另一侧,鞍座的作用相当于体外索的转向块。鞍座锚固构造可设置成分丝管结构[图 8-16b)]和双套管结构[图 8-16c)],以便将来能对斜拉索整体更换。索塔鞍座两侧设置抗滑锚具,用于抵抗斜拉索产生的不均衡力,防止斜拉索滑动。两种结构比较:①双套管鞍座,构造简单,施工方便,斜拉索更换也方便,但钢绞线在一根钢管内,施工时钢绞线间会相互挤压、打绞,且和环氧砂浆的握裹面积少,管内钢绞线布置及受力存在不确定因素。②分丝管鞍座,索与索之间互不干扰,受力明确,且鞍座下局部应力较小,但是施工较复杂。实际工程中,多采用分丝管鞍座。

（3）齿块锚固如图 8-15c)所示,在塔壁上设置锚固齿块,将一侧斜拉索直接锚固在齿块上。为了抵抗斜拉索在塔壁内产生的拉力,需在箱形索塔的壁板内配置环向预应力钢筋,布置形式可分为以下四类(图 8-17):①井字形束[图 8-17a)],如荆州长江公路大桥等;②塔壁内布置横桥向 U 形束[图 8-17b)],如鄂黄长江大桥、润扬长江公路大桥北汊斜拉桥等;③塔壁内布置顺桥向 U 形束[图 8-17c)],南京长江二桥南汊桥和鄱阳湖口大桥等;④塔壁内布置前三种混合形式束[图 8-17d)],如武汉军山长江大桥和巴东长江大桥等。

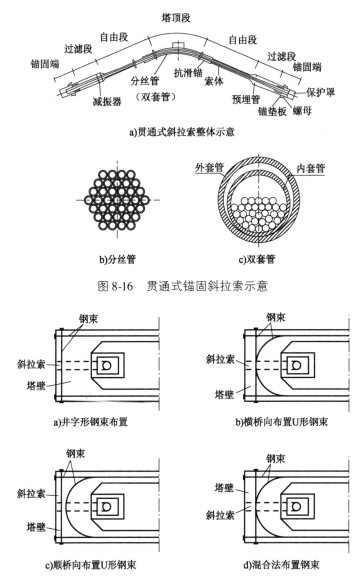

图 8-16 贯通式锚固斜拉索示意

图 8-17 塔内预应力布置类型示意

（4）钢锚梁锚固如图 8-15d)所示，在塔柱两侧塔壁上设置牛腿，在牛腿上设置钢锚梁，两侧的斜拉索锚固在钢锚梁的锚块上。牛腿分混凝土牛腿[图 8-18a)]和钢牛腿两种[图 8-18b)]，混凝土牛腿需要随塔柱一起现浇施工；钢牛腿则是将现场浇筑的混凝土牛腿改为工厂加工可以现场安装的钢牛腿，既方便了施工又加快了进度。实际工程中在完成结构一期恒载施工之前，钢锚梁与牛腿不固死，由钢锚梁单独承受索力的水平分力；在完成结构一期恒载施工之后，钢锚梁与牛腿固死，二期以及活载产生水平力由钢锚梁和混凝土塔壁共同承担。采用混凝土牛腿的钢锚梁工程有加拿大 Annacis 桥、武汉天兴洲大桥等;采用钢牛腿的工程有浙江舟山金塘大桥、厦漳跨海大桥北汊和南汊主桥、荆岳长江公路大桥等。其中,金塘大桥首次提出了钢锚梁-钢牛腿组合锚固结构,如图8-19所示。这种新型锚固结构既能适用于空间索面斜拉索锚固又方便了施工。

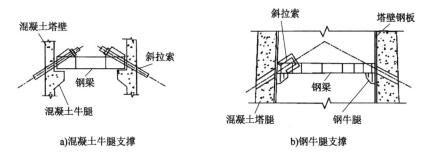

图 8-18　钢锚梁锚固支撑构造类型示意

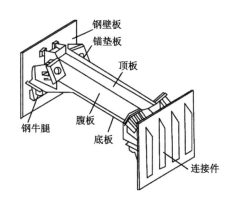

图 8-19　钢锚梁-钢牛腿组合构造示意

对于钢锚梁锚固,当塔柱两侧的斜拉索索力及倾角相等时,水平分力由钢锚梁的轴向受拉及两端的偏心弯矩来平衡,垂直分力则由钢锚梁通过牛腿传给塔柱;当塔柱两侧的索力或斜拉索倾角不等时,情况要复杂,斜拉索水平分力的不平衡值要传给柱壁,因此应尽量避免这种情况。

(5)钢锚箱锚固如图8-15e)所示,钢锚箱一般由锚垫板、承压板、锚腹板、套筒及若干加劲肋组成。各层的钢锚箱上下焊接或高强度螺栓连接形成整体的钢锚箱结构。钢锚箱与塔柱通过剪力钉连接,另外还要用环形预应力筋将钢锚箱夹在混凝土的塔柱内,以增加对斜拉索水平荷载的抵抗力。钢锚箱锚固将塔柱两侧斜拉索的大部分水平分力通过锚箱的竖直钢板来平衡,少部分水平力由塔柱承受。由于锚固区钢箱梁用钢量大,因此费用昂贵。

常用的钢锚箱式索塔锚固系统有两种构造形式:①内置式。钢锚箱置于混凝土塔壁的内部,混凝土索塔是完整的箱形结构,如图8-20a)所示。工程实例如苏通大桥、鄂东长江大桥、上海长江大桥等。②外露式。钢锚箱将混凝土塔壁分成两部分,钢锚箱端板与混凝土开口塔壁共同形成闭口截面,如图8-20b)所示。工程实例如法国诺曼底大桥、杭州湾大桥南北航道桥等。内置式不影响塔柱施工,但钢锚箱节段在封闭空间吊装相对困难;外露式钢锚箱虽然不在密闭空间施工,但塔柱分成两部分,增加了工作量。实际工程中采用内置式钢锚箱锚固体系相对较多。

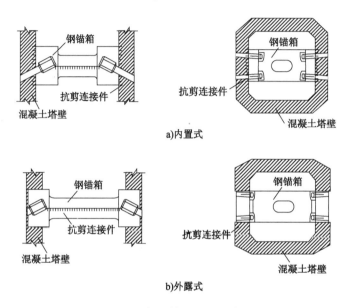

图8-20 钢锚箱锚固系统类型

2. 钢索塔锚固

钢塔在国内应用不多,可查到的文献也较少。根据《公路斜拉桥设计规范》(JTG/T 3365-01—2020),钢索塔斜拉索锚固构造一般分四种:①鞍座支承式[图8-21a)];②鞍座锚固式[图8-21b)];③锚固梁式[图8-21c)];④支承板式[图8-21d)]。其中,锚固梁式是大跨径钢斜拉桥常见的斜拉索锚固形式,如南京长江三桥采用斜拉索锚固于焊接在两道腹板的锚箱上,其构造形式是根据应力分布和组焊工艺而定的。国内南京青奥桥、浙江之江桥、柳州白沙桥及港珠澳大桥江海直达船航道桥的斜拉索锚固均采用的是钢锚箱方案。值得注意的是,锚箱厚度不能太薄,一般采用10mm以上的钢板,以避免因焊接产生的翘曲变形。

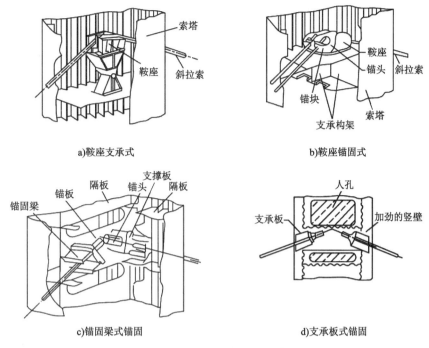

图 8-21　钢塔斜拉索锚固方式示意

3. 特殊锚固方式

在索塔斜拉索锚固方式中,近期出现了两种新型锚固方式:集聚式锚固和回转锚固。所谓集聚式锚固,是将若干对斜拉索集中锚固在缩短的横梁上,而不是传统的塔柱上。国内安徽池州大桥首次采用这种斜拉索锚固方式,如图 8-22 所示。该桥索塔横梁除了锚固斜拉索外,还进行了装饰,即在横梁外装饰了球形护罩,寓意佛珠,因为池州大桥位于九华山佛教圣地。

集聚式锚固的优势:①方便了塔柱施工,内部无须施工大型钢构件(钢锚梁或钢锚箱);②简化了塔柱系梁的施工,无须大型钢管桩支架。

不足之处是增加了钢系梁起重设备。

所谓斜拉索回转锚固,是斜拉索从桥面主梁锚固一侧出发,绕过索塔鞍座后回转到桥面主梁同截面另一侧的锚具上。这种回转锚固体系先后在安徽芜湖长江公路二桥和安徽五河定淮淮河特大桥上得到应用。

安徽五河定淮淮河特大桥主桥为独塔双索面混合梁斜拉桥结构,跨径布置为(246 + 125)m,主跨为钢箱梁结构,边跨为混凝土结构,索塔为尖碑式混凝土结构,塔高 151m。该桥同向回转拉索体系如图 8-23 所示。实际施工时,斜拉索穿过桥面一侧锚具,通过卷扬机牵引至索塔锚固位置,然后绕过索塔斜置鞍座后,回到桥面另一侧锚具,形成同一对编号斜拉索。斜拉索在索塔上连续通过,在主梁上对称张拉。该同向回转斜拉索体系主要包括钢绞线斜拉索系统、夹持型大转角斜置鞍座锚索系统、主梁锚拉板锚索系统及相关附属结构。

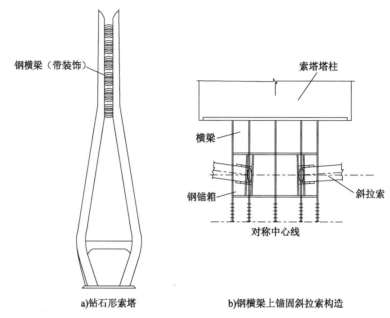

图 8-22　横梁集聚式锚固方式

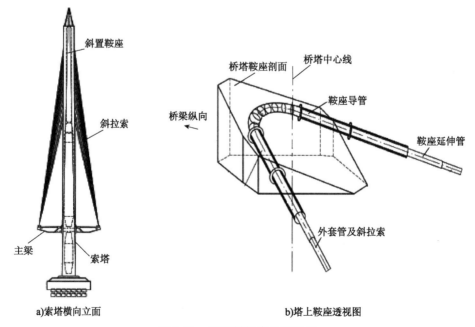

图 8-23　回转斜拉索体系示意

回转拉索锚固体系的优势:①避免在索塔上张拉斜拉索,回转斜拉索是以环形径向压力的形式传递给索塔,而不会产生拉应力;②回转鞍座体系在索塔内所占用的空间较小,无须内置大型钢构件,降低了工程造价。不足之处是在塔上回转斜拉索施工工艺相对复杂。

安徽池州大桥、芜湖长江公路二桥、五河定淮淮河特大桥的成功建成为大跨径斜拉桥索塔斜拉索锚固方式提供了新的可借鉴的范例。

四、索塔计算要点

索塔结构计算十分重要,其内容包括三个方面:①静力计算,主要包括索塔自身重力及由斜拉索传递过来的主梁自重、车辆活载等荷载引起的内力;还包括由温度变化,混凝土收缩、徐变、基础不均匀沉降、体系转换、船撞等因素引起的内力。②动力计算,主要包括风、地震效应计算,尤其是地震效应对索塔结构的影响。③稳定性计算,主要包括施工和运营两部分的稳定验算,尤其是钢索塔,塔身整体和局部稳定性验算是十分重要的内容。

一般情况下,索塔主要计算内容如下:

(1)索塔结构总体内力和变形计算。目前都是采用成熟的专业程序计算,其中静力计算按平面杆系单元进行;动力计算按空间梁单元进行。

(2)索塔结构承载力验算。荷载工况包括静力荷载工况和地震偶然荷载工况。静力工况的荷载包括风荷载、永久作用、温度荷载、强迫位移荷载等。

(3)索塔结构主要验算内容:

①各控制断面裂缝宽度验算;

②防船撞击验算;

③稳定性验算;

④施工过程静力和抗风稳定性验算。

稳定性验算,对于一般跨径的斜拉桥,可按照规范偏心受压构件进行;对于大跨径或特大跨径斜拉桥,需考虑挠曲对轴向力的影响,需按空间稳定理论进行计算。

索塔计算荷载组合一般如表8-2所示。

索塔计算荷载组合 表8-2

受力阶段	荷载组合
裸塔	裸塔 + 风荷载
最大双悬臂	最大双悬臂 + 横风引起的不平衡升举力 + 一侧节段梁突然坠落
最大双悬臂	最大双悬臂 + 横风
最大双悬臂	最大双悬臂 + 风荷载 + 一侧节段梁突然坠落

续上表

受力阶段	荷载组合
最大单悬臂	最大单悬臂+横风引起的不平衡升举力+一侧节段梁突然坠落
	最大单悬臂+横风
	最大单悬臂+风荷载+一侧节段梁突然坠落
使用阶段	恒载+风荷载(100年一遇)
	恒载+汽车荷载+温度荷载+风荷载(桥面风速)
	恒载+满布人群
	恒载+汽车荷载+船撞力
	恒载+地震力

五、多塔和高低塔结构设计

多塔和高低塔结构是斜拉桥中较为特殊的两种情况。

1. 多塔斜拉桥

多塔斜拉桥由于中塔左右都是主跨径，若无特殊措施比如塔顶无纵向约束，其整体刚度与常规双塔斜拉桥相比要弱很多，即当一个主跨满载时其跨中挠度比同样跨径的双塔斜拉桥要大($\delta_1 > \delta_2$)，如图 8-24 所示。

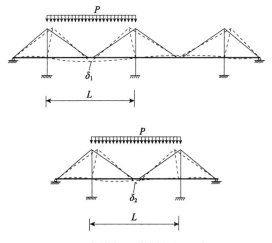

图 8-24 多塔与双塔斜拉桥挠度对比

提高多塔斜拉桥纵向刚度的方法通常有：

(1)增大塔的刚度，选择纵向刚度较大的空间塔(如 A 形塔)或增大塔柱截面尺寸。代表工程如希腊 Rion-Antirion 桥、法国 Millau 高架桥、委内瑞拉马拉开波湖桥、中国湖南赤石大桥、湖北二七长江大桥等。

(2)增大梁的刚度或塔梁固结。代表工程如滨州黄河公路大桥等。但应注意若塔梁固结,塔将产生较大的转角位移,会引起主梁产生较大的附加变形及应力。

(3)增设倾斜、水平、重叠或下拉索。代表工程如英国昆斯费里(Queensferry Crossing)大桥采用重叠拉索方式,如图8-25所示。重叠索布置在最不利的跨中区域,既能有效解决因中塔纵向刚度不足导致非对称荷载作用下主梁竖向变形较大的问题,又能避免一般跨中无索区梁段出现的较大轴拉力(甚至导致横向开裂)等问题。中国香港汀九大桥采用增设倾斜拉索,如图8-26所示。

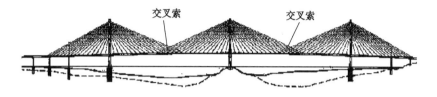

图8-25 英国昆斯费里大桥交叉索示意

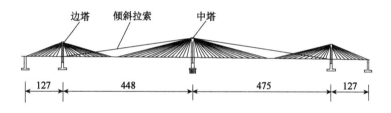

图8-26 中国香港汀九大桥倾斜拉索示意(尺寸单位:m)

(4)设置辅助墩。代表工程如墨西哥Mezcala大桥、中国夷陵长江大桥。夷陵长江大桥边跨设有两个辅助墩,而且边跨索距5.5m,主跨索距为8m,边跨索距要小得多,相应斜拉索面积较大,从而整体结构刚度增大。

实际工程中也有采用多种措施来提高结构体系刚度,如湖南岳阳洞庭湖大桥,在设计中采用了增大索塔刚度、增大梁高、增加配重的方式。增加配重即在中跨跨中和边跨梁端各配重200t,目的是使边跨背索面积增大、张力更大。

贵州平塘大桥是主跨径550m的三塔叠合梁斜拉桥,三个索塔分别高320m、332m、298m。该桥设计单位对大桥索塔刚度的取值进行了比较分析,得到了如图8-27所示的结论。

①随着中塔刚度的增大,中塔弯矩相应增大,主跨跨中主梁的挠跨比减小;边塔的弯矩相应减小,但减小幅度不及中塔弯矩增加幅度那么大。

②加大中塔刚度是改善结构整体刚度的理想方式,即中塔应具有必要的刚度;边塔刚度对结构整体刚度影响较小,因受温度作用等影响,边塔刚度也不宜过大。

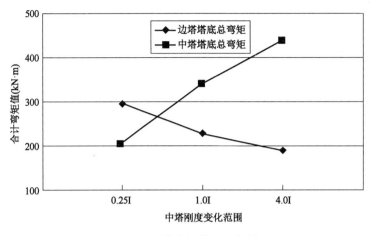

图 8-27　平塘大桥仿真分析结果

多塔结构另一个力学特性是多跨主梁连续引起的温度效应问题,即多塔结构主梁较长,在温度作用下的纵向变形较大。如何保持结构连续又不至于温度变形较大? 在主梁跨中设置刚性铰(图 8-28)是有效措施。刚性铰不限制轴向变形,相当于将长联跨主梁分成了两部分,故能有效释放主梁的温度变形;限制弯曲、错动和扭转变形,故能够传递弯矩、剪力和扭矩,以确保梁结构受力连续。设置刚性铰的工程实例有厄瓜多尔的国家联合大桥、美国旧金山奥克兰海湾大桥的高架公路桥段和中国的嘉绍大桥等。

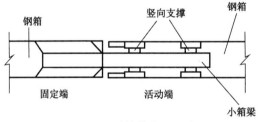

图 8-28　刚性铰立面示意

2. 高低塔斜拉桥

双塔斜拉桥中的一个特例是两个索塔高度不一,即高低塔斜拉桥。在某些场合下,采用高低塔斜拉桥能够较好地适应桥位通航要求,比等塔高度斜拉桥要经济。采用高低塔布置,结构整体受力性能比等高度布置要发生较大的变化。为了准确说明问题,引入高低塔斜拉桥等效跨径的概念,如图 8-29 所示。

定义等效跨径 $L_{等效} = \max(\text{LEQ-}H, \text{LEQ-}L)$,其中 LEQ-$L$ 为高塔至中主跨主梁最大下挠点 A 距离的 2 倍;LEQ-H 为低塔至中主跨主梁最大下挠点 A 距离的 2 倍。在活载作用下,等效跨径 $L_{等效}$ 越接近中主跨 L,梁体受弯效应越小,索力也越均匀。

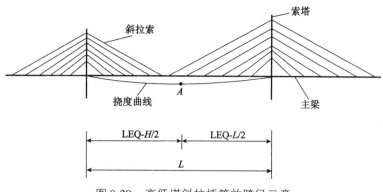

图 8-29　高低塔斜拉桥等效跨径示意

高低塔刚度和高度的变化对等效跨径有多大的影响,《大跨度四线铁路高低塔混合梁斜拉桥桥塔设计》(《铁道标准设计》2018 年第 8 期)依托福厦高速铁路乌龙江特大桥对此进行了仿真分析。该桥工程情况如下:高低塔混合梁斜拉桥,跨径布置为(72 + 109 + 432 + 56 + 56)m,主跨钢箱梁,边跨混凝土箱梁。高塔 170m,桥面以上 136m;低塔 128.5m,桥面以上 104m。

高低塔刚度仿真分析分四种工况:①高塔刚度增加 5 倍,低塔刚度不变;②高塔刚度增加 10 倍,低塔刚度不变;③低塔刚度增加 5 倍,高塔刚度不变;④低塔刚度增加 10 倍,高塔刚度不变。仿真分析结果如表 8-3 所示。

索塔刚度变化对结构效应的影响　　　　　　　　　　　　　表 8-3

项　目	主梁最大下挠值(mm)	等效跨径(m)		低塔侧边支座最小反力(kN)	高塔侧边支座最小反力(kN)
		低塔侧	高塔侧		
基准刚度	410	416	448	1099	4311
高塔刚度增加 5 倍低塔刚度不变	383	416	448	1495	5577
高塔刚度增加 10 倍低塔刚度不变	377	414	450	1575	5876
低塔刚度增加 5 倍高塔刚度不变	390	420	444	1701	4426
低塔刚度增加 10 倍高塔刚度不变	386	420	444	1843	4447

从表 8-3 中得到如下结论:①索塔刚度变化对等效跨径改变效应较低,一侧索塔刚度增加等效跨径将产生向另一侧索塔移动的趋势;②索塔刚度增加能提升桥梁竖向刚

度,但效果不明显;③增大主塔刚度,对改善矮塔侧边支座反力有一定的作用,但同样效益较低。因此,通过增加索塔刚度来改善本桥结构体系受力性能是不经济的,索塔截面尺寸按能够满足受力需求进行设计即可。

高低塔高度匹配仿真分析分三种方案:①高塔桥面以上塔高 136m,低塔桥面以上塔高 104m;②高塔桥面以上塔高 141m,低塔桥面以上塔高 99.5m;③高塔桥面以上塔高 146m,低塔桥面以上塔高 95m。仿真分析结果如表 8-4 所示。

塔高匹配仿真分析结果　　　　　表 8-4

项　目	方案 1	方案 2	方案 3
高塔侧等效跨径(m)	450	456	464
中跨跨中静活载挠度(m)	0.635	0.641	0.653
中跨跨中挠跨比	1/680	1/673	1/661
塔顶静活载最大纵向位移(m)	0.226	0.243	0.249

从表 8-4 中得到如下结论:①3 个塔高匹配方案,桥梁结构整体刚度基本相当;②随着高塔塔高增加、低塔塔高降低,斜拉索在主跨高塔侧布置范围增大,等效跨径点 A 会随之向低塔侧移动,高塔侧等效跨度随之增大;③方案 1 边跨混凝土主梁弯曲效应较方案 2 明显增大,低塔侧边跨配重数量显著增加;④方案 3 边跨混凝土主梁弯曲效应较方案 2 明显增大,结构受力不对称性更为明显,塔高差值增加对改善低塔侧压重效果已不明显,高塔侧出现较大的配重需求。

第三节　索 塔 施 工

一、混凝土索塔施工

1. 塔柱施工

(1)支架法。大跨径斜拉桥塔柱全部采用支架法施工不现实,一般只在塔柱根部起始节段施工采用支架法。支架法施工的优势是不需要特殊的施工机械设备,但支架材料用量大,挡风面积大,施工速度相对慢。

(2)滑模法。滑模法是采用液压提升装置及滑升模板来浇筑混凝土结构的一种施工方法。早期应用于铁路桥墩的施工,后推广到公路桥墩和塔柱施工中,如我国香港青马大桥、重庆石门大桥、黑龙江松花江大桥等塔柱都采用了滑模法施工。由于滑模法技术性强,施工工艺要求严格、控制复杂,尤其是施工过程中间不能停顿,劳动强度及管理难度均很大,目前国内实际工程中应用并不广泛。目前国外还在应用,如2012年建成的韩国李舜臣大桥,其270m高的索塔就是采用了滑模法。

(3)翻模法。翻模法是将塔柱的模板分为2~3节,每节高度为1~3m,在浇筑完混凝土后,上面一节模板保留不动,将下面的模板拆除并利用塔式起重机等起重设备提升至未拆除模板的上方,并与之连接成一体,用于浇筑下一施工节段的混凝土。由于每次将下面的模板转到上面去,因而称为翻模。翻模的特点是施工操作简便,但单块模板尺寸和重量大,故起重工作量大,不利于在沿海或峡谷等风环境恶劣地区施工。另外,塔柱倾斜度较大时,模板的提升和安装就较为困难,影响施工进度和施工质量。翻模法施工高墩较为普遍,也有应用于塔柱施工的,如武汉白沙洲大桥,但并不普遍。目前翻模法由于安全性欠佳,故高塔柱施工已不再采用翻模法施工。

(4)爬模法。如图8-30所示,爬升模板是综合大模板和滑动模板特点的一种模板工艺,因此具有两种模板的共同特点:①大模板逐层分块安装,其垂直度和平整度易于调整和控制,可避免施工误差的累积;②模板能自爬,不需要大型垂直运输设备,能避免风天的影响;③由于模板上悬挂有脚手架,故能省去结构施工中的外脚手架。

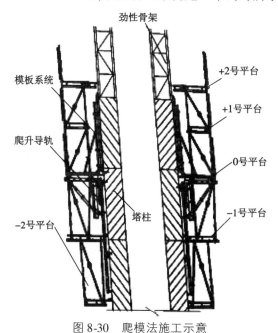

图8-30 爬模法施工示意

早期的爬模为无爬架爬模,如铜陵长江公路大桥的索塔施工,要求用塔式起重机等起重设备进行提升,仅靠模板系统自身不能完成提升作业。后经过改进发展由爬架倒链提升模施工工艺(南京长江二桥)发展到电动爬架爬模施工工艺(广东虎门大桥),直到中交二航局在润扬长江大桥悬索桥中率先引进、吸收、创新了液压爬模法施工索塔工法,并迅速在全国得到推广。目前自动液压爬模法已成为大跨径斜拉桥塔柱施工最为常见的方法。

自动液压爬模技术要求高,一般都是专业人员现场操作,以保证施工的顺利进行。自动液压爬模的关键工艺一般有三点:①导轨爬升前,应确保混凝土强度达到10MPa以上;②爬架爬升前,应确保已清理爬架上的荷载;③安装模板前,先进行模板的收分及确定爬架悬挂预埋件位置。

实际工程中,也可采用混合法施工塔柱,如南京长江二桥、鄂东长江大桥下塔柱采用翻模施工,中上塔柱采用爬模施工。

2. 横梁施工

塔柱横梁分上横梁和下横梁两种。上、下横梁一般都采用支架现浇,支架材料可采用钢管桩、万能杆件、贝雷梁或型钢等。横梁通常采用两次浇筑一次张拉工艺,这样不仅可以保证混凝土外表光滑,且横梁与相应高度的塔柱连接不会因浇筑混凝土而产生裂缝。但当横梁混凝土体积很大时,为了减小支架所承担的恒载,避免搭设强大的施工支架,采用两次张拉预应力的工艺,即在第一次混凝土达到80%设计强度时对称张拉一部分底板预应力束,待第二次混凝土达到强度后,再张拉完全部预应力束。南京长江二桥和岳阳洞庭湖大桥的横梁即采用二次张拉工艺。

上横梁也有采用装配式桁架来施工的,如重庆驸马大桥。该桥上横梁施工支架采用平行弦杆桁架简支梁结构即装配式桁架,支架体系自下而上主要由钢牛腿、型钢支座、轨道梁、主桁架、分配梁、倒角区三脚架、底模板体系等组成。装配式桁架为简支梁受力结构,全部荷载作用于塔壁预埋的钢牛腿上,受力明确,支架安全性在施工阶段易于保证。装配式桁架的使用避免了现有技术中高支架施工大量刚构支架的安装和拆除。

横梁施工是否与塔柱同步应根据比选而定。一般情况下,上横梁与塔柱异步施工,即先施工塔柱后施工横梁;下横梁既可以与塔柱同步施工也可以异步施工,若同步施工,下横梁混凝土收缩受塔柱约束影响,易产生收缩裂缝,应引起注意。

由于横梁是在高空作业,施工过程中要考虑模板支撑系统的连接变形、弹性变形、支撑不均匀沉降变形等,以及日照温差对混凝土横梁、塔柱与钢支撑的影响,并采取相应的控制措施。相比之下,下横梁是受力的关键部位,应格外重视。

3. 劲性骨架施工

一般来讲,塔柱内往往设有劲性骨架,其作用是测量放样、立模、钢筋绑扎及斜拉索钢套管定位使用,也可承受部分施工荷载。劲性骨架需要在工厂分节段加工,然后在现场超前分段拼接,精确定位。

若塔柱倾斜,仅仅在塔柱内设置劲性骨架是不够的,需要在两肢塔柱之间设置支撑。当倾斜塔柱为内倾布置时,应考虑在两塔柱之间每隔一定的高度设置受压支架;当倾斜塔柱为外倾布置时,应考虑在两塔柱之间每隔一定的高度设置受拉拉杆。无论受压还是受拉支架,都是为了保证斜塔柱的受力、变形在合理的范围内。支架具体的布置间距应根据塔柱构造经过计算确定。

4. 锚固结构施工

大跨径斜拉桥拉索锚固结构主要是钢锚梁或钢锚箱。

钢锚梁散件在工厂加工,并进行预拼装,然后将散件运至工地进行现场二次预拼装。钢锚梁一般采用专门吊具,配合塔式起重机进行整体吊装,并分首节段和标准节段吊装两个阶段。首节段安装一般通过塔内设置的调节支架进行精确定位,在完成该节段塔柱混凝土浇筑后,依次吊装标准节段钢锚梁。钢锚梁总体施工工艺流程如下:钢锚梁工厂散件制作及预拼→现场验收→工地预拼→调节支架安装→首节钢锚梁吊装→标准节段钢锚梁吊装。

钢锚箱结构是由各层的钢锚箱上下焊接或高强度螺栓连接而成,其结构比钢锚梁复杂,制作与安装要求也高。钢锚箱施工流程与钢锚梁一样,大致分工厂制作、预拼装和现场安装三个典型阶段。由于钢锚箱是由多个单体部件组焊而成,制作有较高的精度要求,应防止扭曲、翘曲等变形;节段预拼装应检查腹板孔群的通孔率,检测腹板接触面金属接触和钢锚箱垂直度、高度、错边量、锚箱间距等,应尽量多拼几个节段,以减小安装的累积误差;索塔钢锚箱安装包括预埋钢板安装和分块钢锚室安装,一般采用塔顶提升架方案。钢锚箱通常在高空安装,而塔顶除钢锚箱自身空间外,剩余空间不多,如何保证钢锚箱与混凝土连接的密实度是控制的关键点之一。

5. 泵送混凝土

高索塔混凝土浇筑存在高程泵送混凝土问题,其混凝土配合比要求是在保证强度的前提下,寻找混凝土流动性和稳定性相对平衡的黏度,同时延长坍落度和黏度的有效工作时间并控制经时损失,降低泵送压力。随着索塔升高,混凝土配合比要随之进行优化调整。

高程泵送混凝土特性及控制要点如下:

(1)强度。适当增加水泥或胶凝材料的用量或降低单位用水量,以保证配制的混凝土有足够的强度富余系数。

(2)泵送性。要求混凝土具有良好的流动性,甚至需要具备自密实混凝土的一些性能,以适应钢筋较密、间距较小的高塔柱混凝土浇筑。

(3)稳定性。混凝土配合比设计时要考虑混凝土原材料组成比例及相关原材料的稳定性,以保证混凝土经过高程泵送至施工现场后仍保持较好的流动性及和易性。

制备高程泵送混凝土时,应着力解决如下矛盾或问题:①黏度与和易性之间的矛盾;②满足泵送性与施工性能之间的矛盾;③大流动性混凝土强度的保证问题;④坍落度、扩展度经时变化的问题。为此应做好以下几点:①优选原材料;②对常规原材料进行相容性试验,使胶凝材料与外加剂之间保持良好的相容性;③外加剂选用时尽量选择高性能减水剂;④采用复合双掺矿物掺合料技术,使混凝土的坍落度增加的同时,黏聚性及和易性得到改善;⑤配管设计及布置方案。

6. 钻石形索塔施工要点

钻石形索塔是应用比较普遍的一种索塔形式,它既有内倾和外倾的斜线塔柱,也有合龙后的直线段,线形比较复杂,具有各种施工措施的代表性。其中,"拉杆-撑杆"已成为一项线形控制的重要临时措施。拉杆用于外倾的下塔柱,撑杆用于内倾的上塔柱,有时横撑要设置不止一道,如图 8-31 所示。

拉杆和撑杆主动力的大小及安装位置一般由索塔控制截面的应力确定;一般采用应力与线形双控原则,以施工阶段累计位移为计算对象,直观、有效地反映及控制索塔线形,并结合现场实际施工情况,提出拉杆、撑杆安装位置及主动力计算方法。控制要点如下:

(1)下塔柱主动拉杆的安装高度应保证下塔柱根部控制截面不出现拉应力,主动拉力的大小由自重及施工荷载在下塔柱根部所产生的附加弯矩计算确定。

(2)上塔柱第一道主动横撑的安装高度应保证中塔柱根部控制截面不出现拉应力,主动推力的大小由自重及施工荷

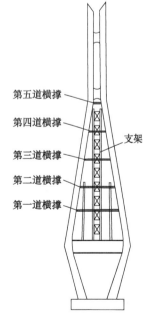

图 8-31 钻石形索塔

载在中塔肢根部所产生的附加弯矩计算确定。

(3)上塔柱主动横撑的设计间距应保证主动横撑安装截面不出现拉应力,主动推力的大小由自重及施工荷载在前一道横撑位置处所产生的附加弯矩计算确定。

(4)由于上塔柱斜率大,仅凭水平横撑有时不足以充分改善塔柱受力,因此,需要根据设计要求,在上塔柱设置向外的预拱度。

(5)塔柱合龙一般采用劲性骨架合龙,合龙控制的核心是劲性骨架锁定的时机控制及合龙口两侧塔肢的水平偏位控制。应通过合龙口连续变形观测及温度观测,确定合龙时机。

二、钢索塔施工

1. 主要施工方法

早期钢塔的施工方法主要有自立式起重机逐段安装法、爬升式起重机架设法。自立式起重机逐段安装法适用于悬索桥的多层门形刚构塔和斜拉桥的 A 形塔、倒 Y 形塔等,日本的南备赞濑户大桥 6 号塔即采用此法施工。爬升式起重机架设法由于起重机自重使塔柱受力偏心,增加了塔柱安装精度(垂直度)控制的难度,同时塔柱需做局部加强,而且,吊装重量不宜过大,日本的南备赞濑户大桥 5 号塔即采用此法施工。

随着装备技术的发展,自动升降式塔式起重机逐步开始应用,日本明石海峡大桥、名港中央大桥和多多罗大桥的钢塔柱均采用自动升降式塔式起重机逐段安装架设。国内建成的钢塔如南京长江三桥、泰州长江大桥、马鞍山长江大桥和鹦鹉洲长江大桥等也采用该方法施工。泰州长江大桥首次采用大型起重船实现了塔肢大节段和下横梁的整体安装。

2. 钢-混结合段施工

下塔柱与塔座之间一般设置钢-混结合段。两者的连接方式主要有:埋入式和螺栓锚固式。埋入式连接即剪力键连接方式,包括剪力钉或开孔剪力键(PBL),如南京长江三桥;螺栓锚固式是将塔柱底节通过承压板和预埋在基础的混凝土中的大型锚固螺栓连接在一起,如泰州大桥,如图 8-32 所示。

埋入式的传力机理是将钢塔传递下来的荷载通过 PBL 剪力键分散传递到塔柱底座混凝土中。螺栓锚固式的传力机理是塔柱根部的压力

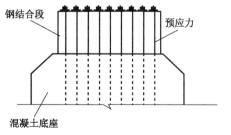

图 8-32 泰州大桥钢-混结合段

是通过承压板传递而弯矩和剪力是通过锚固螺栓传递。由此得知,承压板与混凝土底座之间必须保持密切接触,一般要求承压板底与塔座顶面接触率应满足不小于75%的要求。为了满足这一要求,需要做工艺试验。另外,由于刚度和强度上的要求,承压板通常采用很厚的钢板,泰州大桥承压板厚度达150mm。

3. 塔柱节段安装施工

塔柱节段现场安装主要分两个主要环节:节段吊装和合龙。节段吊装的设备主要有起重船和塔式起重机。对在起重船起重高度范围以内的下塔柱节段,采用起重船吊装,而对于超出起重船起重高度的上塔柱,则采用塔式起重机吊装。南京长江三桥和泰州大桥均采用"镇航工818"号进行首节段吊装,采用"POTAIN MD3600"号进行标准节段吊装。节段合龙的主要工作是做好误差分析、确定所需要的顶推力,在合适的温度下,通过千斤顶对纵、横桥向偏位进行调整、临时锁定,最后完成合龙。

4. 横梁施工

钢塔横梁无论上下横梁一般都是采用吊装施工,或整体吊或分块吊,依横梁吊重而定。下横梁若位置不高,可采用浮式起重机安装,但应考虑浮式起重机受风浪影响,导致横梁会有摆动,因此应对横梁安装开口量进行分析、确定,以保证横梁能顺利安装到位。上横梁位置较高,可考虑采用塔式起重机进行安装,但要考虑高空作业风速的影响。上下横梁拼装时一般都需要搭支架配合安装,并设置千斤顶进行位置调整,调位内容包含三项:横梁平面位置、横梁高程、两塔柱间距。

CHAPTER NINE 第九章

斜拉桥养护与维修

第一节　斜拉桥养护

斜拉桥一般都是大桥或者特大桥。《公路工程技术标准》(JTG B01—2014)规定,特大桥和大桥主体结构的使用寿命为100年,可更换部件斜拉索使用寿命为20年。为了保持斜拉桥在使用寿命期内始终处于正常的使用状态,必须进行必要的养护与维修工作。又为了保证桥上行车畅通、安全,应建立必要的健康监测与预警系统。斜拉桥养护工作内容涉及方方面面,简单地讲,桥梁交付运营后对结构和附属设施所做的一切工作都属于养护范畴,包括检查、评定、保养、监测、预警和加固维修等。

一、斜拉桥主要养护工作

斜拉桥的养护工作以桥面养护为中心,以承重部件养护为重点,全面实施养护,其主要内容包括:①应建立大桥初始状态的数据卡片,掌握完整的结构和附属设施信息,以利于日常的养护。②按规定对大桥进行周期性检查,及时发现结构缺损和相关环境的变化。③建立大桥健康监测系统,实时掌握大桥工作性能,并对结构线形和内力超限指标进行预警。④大桥应外观整洁,桥面铺装坚实平整,排水畅通,结构完好无损,桥头连接顺适,标志、标线等附属设施齐全完好。⑤大桥应建立对付洪水、流冰、泥石流和地震等灾害的防护措施,同时备有应急抢险预案。⑥大桥应配置养护设施、机具,设置养护工作通道。未配置或配置不能完全满足养护工作需要的,应予以增添。⑦对大桥技术状况进行分类评定,制定相应的养护对策。⑧建立完整的大桥养护技术档案及数据库,记录大桥日常养护、检查、评定、维修和加固等工作。

桥梁养护应遵循"预防为主、防治结合"的原则,斜拉桥也不例外。预防性养护是一种高级养护技术,是桥梁养护发展的趋势。预防性养护的概念出现于20世纪80年代的美国,它在核心养护理念有别于传统的养护:①基于结构退化模型,采用最合理的方式,在最合适的时间,维养最该处理的构件。②以不增加结构承载能力的方式改善结构的服务能力,让状态良好的结构能够保持更长时间,从而有效延缓结构的老化进程。

目前,斜拉桥预防性养护技术多停留在理论研究层面,主要研究工作如下:①结合实桥检测试验,掌握病害特点,分析结构病害发展过程和退化规律。②建立预防性养护的病害评分模型及预养护目标,运用理论分析和统计方法进行结构状况变化的预测,确定预防性养护的最佳时机。③提出预防性养护阶段的养护工作内容和要求,优化结构维护处治的技术方案,确定维护处治的具体技术措施。目前由于缺乏大量的真实连续数据,预防性养护的假设或推演大多与工程实际有较大差异,值得改进完善。

二、斜拉桥检查

斜拉桥检查与其他桥梁检查一样,分为初始检查、日常巡查、经常检查、定期检查、特殊检查五类。按照《公路桥涵养护规范》(JTG 5120—2021)规定,桥梁养护检查等级分为Ⅰ、Ⅱ、Ⅲ级,凡单孔跨径大于150m的特大桥、特别重要桥梁的养护检查等级为Ⅰ级。斜拉桥的单孔跨径一般都超过150m,故斜拉桥应按Ⅰ级进行养护检查。各种养护检查的主要内容如表9-1所示。

斜拉桥检查类型及主要内容　　表9-1

检查类型	主 要 内 容
初始检查	内容:与定期检查相同,另包括测量结构尺寸、测定材质强度、保护层厚度、索力等 时间:宜与交工验收同时进行,最迟不得超过交付使用后1年 目的:为交工验收提供依据 执行者:有相应资质的检测单位 检查手段:与定期检查要求相同,另包括材质强度、保护层厚度及索力测定仪器 痕迹:桥梁初始检查报告
日常巡查	内容:伸缩缝、栏杆、桥面铺装、线形、桥路连接处等情况,是否有异常振动 时间:不少于1次/天 目的:及时发现是否存在异常现象 执行者:养护单位 检查手段:以乘车目测为主,并做好记录 痕迹:填写记录表
经常检查	内容:主体结构外观状况、桥面系和附属设施情况 时间:不少于1次/月 目的:为日常保养提供依据 执行者:养护单位 检查手段:目测(配简单的工具,如望远镜) 痕迹:填写记录表 养护:清洁(构造物表面,支座、伸缩缝),小修(更换栏杆、修理泄水孔、疏通排水沟、处理桥面轻微损坏部位)
定期检查	内容:主梁线形、索塔偏位、结构外观(锈蚀、裂缝)和老化情况、索力测试、控制性测量、耐久性检测等,初步病害原因分析,技术状况评定等 目的:评定结构技术状况,为维修保养提供依据 时间:不少于1次/年 执行者:有相应资质的检测单位 检查手段:目力检测为主,结合无损、线形等检测设备 痕迹:桥梁定期检查报告

续上表

检查类型	主 要 内 容
特殊检查	对象:主体结构及其附属构造物、桥面系、支座、河床和调治构造物等 条件:符合下列之一 (1)定期检查中难以判明构件损伤原因及程度的桥梁 (2)拟通过加固手段提高荷载等级的桥梁 (3)需要判明水中基础技术状况的桥梁 (4)遭受洪水、流冰、滑坡、地震、风灾、火灾、撞击,因超重车辆通过或其他异常情况影响造成损伤的桥梁 内容:外观状况、耐久性、控制性测量、索力测试、结构分析、荷载试验 目的:查清桥梁的病害产生原因,评估三方面(耐久性能力、结构承载能力、结构抗灾能力)能力,确定桥梁技术状况等,为加固维修提供依据 检查手段:各种现行的检测设备、计算程序、试验车辆等 执行者:有相应资质的单位 痕迹:桥梁特殊检测报告

按照《公路桥涵养护规范》(JTG 5120—2021)规定,斜拉桥特有的检查内容如下:

(1)索塔有无异常变位,锚固区是否有开裂、水渍,有无渗水现象。混凝土结构有无缺损、裂缝、剥落、露筋、钢筋锈蚀。钢结构涂装是否粉化、脱落、起泡、开裂,钢结构是否锈蚀、变形、裂缝;螺栓是否缺失、损坏、松动;钢与混凝土连接是否完好。

(2)拉索索力有无异常变化,观测斜拉索线形有无异常。

(3)斜拉索防护套有无开裂、鼓包、破损、老化变质,必要时可以打开防护套,检查斜拉索的钢丝涂层劣化、破损、锈蚀及断丝情况。

(4)逐个检查锚具及周围锚固区的情况,锚具是否渗水、锈蚀,是否有锈水流出的痕迹,锚固区是否开裂。必要时可打开锚具后盖抽查锚杯内是否积水、潮湿,防锈油是否结块、乳化失效,锚杯是否锈蚀。锚头是否锈蚀、开裂,镦头或夹片是否异常,锚头螺母位置有无异常。

(5)主梁的检测,应检查梁体拉索锚固区域的混凝土结构是否开裂、渗水,钢结构是否有裂纹、锈蚀、渗水。

(6)钢护筒是否脱漆、锈蚀,钢护筒内有无积水,钢护筒与斜拉索密封是否可靠,橡胶圈是否老化或严重磨损,橡胶圈固定装置有无损坏,阻尼器有无异常变形、松动、漏油、螺栓缺失、结构脱漆、锈蚀、裂缝。

(7)桥梁构件气动外形是否发生改变;气动措施和风障是否完好;钢主梁检修车轨道、桥面风障、护栏、栏杆的形状及位置是否发生改变。

三、斜拉桥评定

斜拉桥评定分一般和适应性评定两部分。

斜拉桥一般评定主要指技术状况评定,包括构件、部件、桥面系、上部结构、下部结构和全桥评定。构件是单一的基本单元如桥墩,部件是一类构件。评定方法用分层综合评定与5类桥梁单项控制指标相结合的方法,先对桥梁各构件进行评定,然后对桥梁各部件进行评定,再对桥面系、上部结构和下部结构分别进行评定,最后进行桥梁总体技术状况的评定。评定流程如图9-1所示。

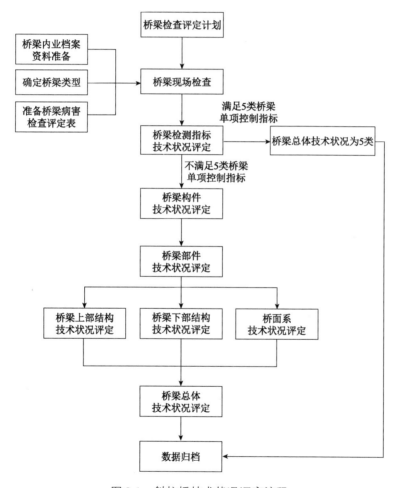

图9-1 斜拉桥技术状况评定流程

斜拉桥技术状况分为五类,如表9-2所示。

斜拉桥适应性评定,主要依据定期及特殊检查资料,结合试验与结构受力分析,评定桥梁的实际承载能力、通行能力、抗洪能力,提出桥梁养护和改造方案。承载能力、通行能力的评定一般采用现行荷载标准及交通量,也可考虑使用期预测交通量。承载能力、通行能力评定方法参见现行《公路桥梁承载能力检测评定规程》(JTG/T J21)。抗洪能力评定的具体要求参见现行《公路桥涵养护规范》(JTG H11)。

斜拉桥技术状况分类及养护对策　　　　表9-2

评定等级	技术状况描述	养护对策
1类	完好状态。(1)主要部件功能与材料均良好;(2)次要部件功能良好,材料有少量(3%以内)轻度缺损;(3)承载能力和桥面行车条件符合设计标准	正常保养或预防养护
2类	较好状态。(1)主要部件功能良好,材料有少量(3%以内)轻度缺损,结构受力裂缝宽度小于设计限值;(2)次要部件有较多(10%以内)中等缺损;(3)承载能力和桥面行车条件达到设计指标	(小修)修复养护、预防养护
3类	较差状态。(1)主要部件材料有较多(10%以内)中等缺损,结构受力裂缝宽度超过设计限值,或出现轻度功能性病害,发展缓慢,尚能维持正常使用功能;(2)次要部件有大量(10%~20%)严重缺损,功能降低,进一步恶化将不利于主要部件和影响正常交通;(3)承载能力比设计降低10%以内,桥面行车不舒适	(中修)修复养护、加固或更换较大缺陷构件;必要时可进行交通管制
4类	差的状态。(1)主要部件材料有大量(10%~20%)严重缺损,结构受力裂缝宽度超过设计限值,锈蚀严重,或出现轻度功能性病害,且发展较快。结构变形小于或等于设计限值,功能明显降低。(2)次要部件有20%以上的严重缺损,失去应有功能,严重影响正常交通。(3)承载能力比设计降低10%~25%	(大修)修复养护、加固或改造;及时进行交通管制,必要时封闭交通
5类	危险状态。(1)主要部件出现严重的功能性病害,且有继续扩张现象,关键部位的部分材料强度达到极限,出现部分钢丝或钢筋断裂、混凝土压碎或杆件失稳变形、破损现象,变形大于设计限值,结构的强度、刚度、稳定性和动力响应不能达到交通安全通行的要求。(2)承载能力比设计降低25%以上	及时封闭交通,改建或重建

四、斜拉桥监测

斜拉桥一般跨径大、造价昂贵,是交通运输的关键节点。在它百年的使用期内,环境侵蚀、材料老化、荷载的长期疲劳效应与灾变效应耦合作用将不可避免地导致结构的损伤积累和抗力衰减,从而降低抵抗自然灾害、甚至正常环境作用的能力,极端情况下引发灾难性事故。因此,在斜拉桥结构上设置运营健康监测系统,全天候地监测桥梁结构工作性能、掌握结构损伤情况,具有重要意义。按《交通运输部关于进一步加强公路桥梁养护管理的若干意见》(交公路发〔2013〕321号)规定,斜拉桥属于大桥应建立长期健康监

测系统,其要求和主要内容如下:

(1)一般要求。

①宜与桥梁养护管理系统相结合。

②应与桥梁的经常检查、定期检查、特殊检查相互补充、相互验证。

③应采用先进的数据采集、传输和处理的硬件设备,保证系统的稳定性。

④合理运用计算机技术和远程信息传输技术,保证系统的实时性和安全性。

⑤系统软件应操作简便,便于维护,并具有一定的前瞻性,易于扩展和升级。

(2)设计原则。

①根据结构特点,综合选择传感器的类型及布置方式、数据采集及处理方法。

②正确设定结构性能评估指标。

③定期给出对桥梁结构安全与运营状态的监测意见,一般每季度1次;对突发事件能及时提取和识别其数据,给出预警。

④系统软硬件可靠、数据来源真实、数据处理分析方法正确。

(3)监测内容。

结构健康监测系统的监测内容如表9-3所示。

斜拉桥健康监测项目内容 表9-3

环境及作用监测	结构监测	
	静力监测	动力监测
温度、湿度、风荷载、车辆荷载	应变(应力)、索力、线形、挠度、沉降、倾角、伸缩缝变位、支座位移	频率、振型、阻尼

(4)数据融合。

斜拉桥从建设到养护运营两个阶段,要经历施工监控、健康监测和检测评定三大环节,虽然每个环节工作性质不同,但对象都是结构,其采集的大量数据之间存在千丝万缕的联系。施工监控数据是健康监测系统数据采集的基础;日常定期和特殊检测数据是健康监测系统数据采集的补充。三者数据融合,构成完整的结构工作性能数据,依此才能准确地分析结构状况。目前已在不少斜拉桥中展开这方面的研究工作,并取得了不少创新成果。

五、斜拉桥维修保养

(1)桥面系。主要维养工作:①桥面应经常清扫,排除积水,清除泥土、杂物、冰凌和积雪,保持桥面平整、清洁。若出现积水,应及时疏通。②沥青混凝土桥面出现泛油、拥包、裂缝、波浪、坑槽、车辙等病害时,应及时处治。当损坏面积较小时,可局部修补;损坏面积较大时,可将整跨铺装层凿除,重铺新的铺装层。③桥面栏杆应经常保持完好状态。④应经常清除伸缩缝内积土、垃圾等杂物,使其发挥正常作用,若有损坏或功能失效应及时修理或更换。

(2)混凝土主梁。应清除表面污垢;修补混凝土空洞、破损、剥落、表面风化以及裂缝;清除暴露钢筋的锈渍、恢复保护层;处理各种纵、横向构件的开裂和锈蚀病害。

(3)钢主梁。清除钢结构的表面污垢,保持杆件清洁,特别应注意节点、转角、钢板搭接处等易积聚污垢的部位;更换所有松动和损坏的螺栓。对整座钢桥,应视油漆失效情况,定期进行涂装防锈;部分油漆失效应及时除锈补漆。

(4)索塔。结构部分维养参见混凝土主梁和钢主梁。索塔的爬梯应每年保养一次,包括除锈、油漆、修理损坏的部件。进出口检查门应经常保持完好。有工作或观光电梯的,应按有关规定进行保养。空心索塔的塔内应经常保持通风干燥。塔内通风照明系统每年至少检查保养一次,损坏的灯具应及时更换。

(5)斜拉索。①拉索两端的锚具及护筒应经常保持清洁和干燥。塔端锚头若漏水、渗水应及时用防水材料封堵,梁端锚头若漏水、积水应及时将水排出并封堵水源。②定期更换拉索两端锚具锚杯内的防护油;定期更换钢护筒与套管连接处的防水垫圈及阻尼垫圈,做好搭接处的防水处理;定期对索端钢护筒做涂漆防锈处理。③若拉索护套出现开裂、漏水、渗水应及时处理。④对损坏超出安全限值的拉索和锚具应及时进行更换。⑤对索力偏离设计限值的拉索进行索力调整。

第二节　斜拉桥检测技术

一、斜拉桥常见病害及产生原因

斜拉桥结构种类多,相应的病害类型也多。对混凝土梁、索塔而言,病害主要是裂缝、蜂窝、麻面、露筋、空洞等;对钢主梁而言,病害主要是裂缝、锈蚀、起皮、螺栓脱落等;对斜拉索而言,病害主要是钢护筒锈蚀、PE护套变形、破损、锚固区进水等;附属设施支座、伸缩缝病害与其他桥型类似,支座主要是橡胶老化、脱空、锈蚀、开裂等;伸缩缝主要是漏水、堵塞、橡胶老化等。

病害1:混凝土结构蜂窝、麻面、露筋、空洞等。

这类病害主要出现在混凝土主梁(肋板、箱梁)、混凝土索塔上,位置随机、比较常见,只是厉害程度不一。混凝土露筋又分剥落露筋和锈胀露筋两种。混凝土蜂窝、麻面、露筋、空洞和网状裂缝这类病害主要与施工不精细有关,如振捣不密实、保护层不够、养护不到位等。混凝土锈胀露筋则是碳化深度已突破保护层厚度达到钢筋引起钢筋锈蚀膨胀造成,也可能是其他原因引起钢筋锈蚀膨胀造成。

病害2:混凝土裂缝,典型形态如图9-2所示。

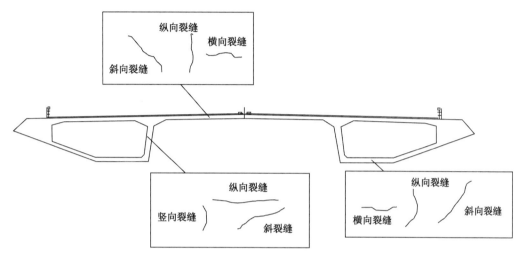

图9-2　混凝土肋板、箱梁典型裂缝形态

混凝土是一种由集料、水泥、水及其他外加剂混合而形成的非均质脆性材料。在它硬化成形过程中,由于非匀质性自身变形受到约束,会产生众多的微裂缝。微裂缝通常是一种无害裂缝,对混凝土的承重、防渗及其他使用功能不产生危害。但是在混凝土受到荷载、温差、收缩等作用之后,微裂缝就会不断的扩展和连通,最终形成肉眼可见的宏观裂缝,也就是常说的混凝土裂缝。从这个意义上讲,混凝土结构,无论是混凝土主梁还是混凝土索塔,结构表面出现裂缝几乎是必然的。

混凝土斜拉桥主梁、主塔的裂缝病害较为复杂,裂缝的位置、形态和走向各式各样。对于混凝土主梁,无论肋板式还是箱式,一般情况下,顶板裂缝可分为纵向、横向和斜向裂缝,位置多在顶板底部中间区域;腹板裂缝可分为纵向、竖向、斜向裂缝,纵向和斜向裂缝位置多在腹板中部区域,竖向裂缝多在腹板中部和底部区域;底板裂缝可分为纵向、横向、斜向裂缝,纵向、斜向裂缝多在中部区域,横向裂缝多在两端部区域;横隔板竖向、横向裂缝,位置多在中部区域。对于混凝土索塔,塔柱裂缝可分为竖向、斜向、横向裂缝,位置多在人孔、塔柱交接及中部区域。

斜拉桥混凝土主梁和主塔裂缝一般可分为荷载裂缝和变形裂缝。

在荷载作用下,结构的强度、刚度或稳定性不够而出现的裂缝称为荷载裂缝或受力裂缝。这类裂缝产生的原因一般可分为三种情况：①由于混凝土早期抗拉强度和弹性模量低，在外部荷载作用下导致结构变形，从而出现裂缝，比如预应力张拉过早导致结构开裂；②结构长期服役，由于劣化导致结构强度、刚度下降，在正常荷载作用下也会出现受力裂缝；③虽然结构工作性能正常，但在超载作用下也会产生受力裂缝。实际桥梁运营养护中应杜绝结构受力裂缝的产生。

由于温度、收缩、不均匀沉降等所引起的裂缝称为变形裂缝。这类裂缝是混凝土中最常见的裂缝，尤其是温度收缩产生的裂缝。无论温度还是收缩裂缝大多在混凝土成型过程中产生。温度裂缝是温度应力造成，而温度应力是水泥的水化热使混凝土内部温度升高，与外部气温形成温差，从而产生温度应力；收缩裂缝是混凝土收缩特性必然导致的现象，收缩可以使微观裂缝发展形成可见裂缝。温度收缩裂缝的产生与混凝土配合比、浇筑工艺、结构配筋和养护等因素有关。彻底杜绝温度收缩裂缝很难，实际工程中应综合考虑各种因素的影响，把产生裂缝的可能降到最低。

对混凝土斜拉桥，无论主梁还是主塔出现裂缝，首先要判断是荷载裂缝还是变形裂缝。常见荷载裂缝，其位置、大小、形态和走向与受力明显相关，一般通过受力分析即能准确判断，如主梁底板跨中横向贯通裂缝、腹板1/4处斜裂缝通常为荷载裂缝；温度收缩裂缝，其位置、大小、形态和走向随机性强，只要裂缝宽度不超限，一般问题不大。

病害3：钢箱梁典型病害，主要有深层起皮、剥落、表面锈蚀、油污、高强度螺栓松动、断裂等。

从目前结构外观检查结果看，斜拉桥钢箱梁的主要病害有以下几方面：

（1）钢箱梁内舱室横隔板发生变形，这个变形多发生在横隔板底部端与U肋的牙板过渡处，或多或少改变了相关结构原始状态下的应力大小分布形态，应予以重视。

（2）钢箱梁表面灼烧、锈蚀、油污等，其中，锈蚀病害最为常见，多与涂层起皮、脱落有关。一般大面积涂装，很难保证保质期内不出现问题；灼烧、油污则是完全有可能避免的施工质量问题。

（3）钢箱梁表面涂层起皮、剥落，为常见病害，尤其是早期钢结构涂装技术落后，保质期不长，若养护不到位较容易出现起皮、剥落等现象；目前，钢结构涂装技术有了长足的发展，涂装体系性能在耐水性、耐盐水性、耐化学品性能方面有了较大提高。针对不同腐蚀环境，涂装体系防腐寿命可达25年甚至更长。但日常养护仍是保护涂层耐久的必要手段。

（4）高强度螺栓松动、断裂和锈蚀。其中，螺栓断裂病害更为不利，造成紧固螺栓断裂的主要原因有：螺栓材质问题、加工缺陷及热处理工艺问题等，或装配时拧紧力矩过大，用力不均匀；还有一种是延迟断裂，一般是由于材料内部的氢致应力集中产生压力，并与材料内部的残余应力形成合力，当这个合力超过屈服强度时，就会导致螺栓断裂的发生。

病害4：钢桁架典型病害主要有杆件锈蚀、裂缝、深层起皮、剥落、螺栓断裂等。

钢桁架斜拉桥建造年代相对近，尚未报道正在使用中的桥梁有发生严重破坏、损伤和落梁事故，但发生杆件锈蚀、断面削弱、裂缝、局部弯扭、螺栓断裂、桥面系损伤的现象较为普遍。从目前结构外观检查结果看，斜拉桥钢桁架梁的主要病害有以下几方面：①下弦节点处积水；②杆件涂装起皮、脱落、锈蚀；③螺栓缺失、断裂、锈蚀、不匹配等。

涂层病害是钢桁架常见病害之一。涂层作为桥梁钢结构的主要防腐蚀手段，对桥梁的防护起到了重要的作用，但是在室外大气环境中受到太阳光（主要是紫外线）、湿度和温度等环境因素的作用，涂层会通过不同降解形式发生老化降解（主要表现为涂层光泽度的下降），累积到一定程度后导致涂层的粉化、起泡、起皮、脱落，最终导致钢结构的锈蚀、涂层失效。

螺栓病害也是钢桁架常见病害之一。与钢箱梁相比，钢桁架采用螺栓连接更为常见，螺栓数量也相对多。在螺栓病害中最应注意的是螺栓延迟断裂或称氢致断裂。影响氢致延迟脆性断裂的因素很多，例如，钢构件存在残余应力、表面比较粗糙以及存在能引起应力集中等因素（如螺纹、缺口等），都会导致氢脆敏感性增强。研究结果表明，钢的强度越高，其氢脆敏感性也越大。

钢桁架另一个值得注意的问题是下弦节点处的积水问题，由于暴露在空间，平联杆件和下弦杆件汇集一点，极易在此处积水和存积污垢。

病害5：正交异性钢桥面板典型病害，如图9-3所示。

斜拉桥主梁无论是钢箱还是钢桁架，桥面板一般都采用正交异性钢桥面板。正交异性钢桥面板薄、用钢量少，虽然具有重量轻、承载能力大的优点，但在日常活载的反复作用下会产生较大的局部疲劳变形，而且板内部件的竖向挠曲变形都将引起与之相邻部件的面外挠曲变形，导致在焊缝约束处产生弯曲次应力，出现疲劳损伤裂纹。出现的位置既有母材也有焊缝，共有七种典型疲劳裂纹情况，如图9-3所示。据文献统计，正交异性板焊缝裂纹占钢箱梁总病害比例36%，正交异性板母材裂纹占钢箱梁总病害40%，其他病害占钢箱梁总病害18%。正交异性钢桥面板的疲劳病害已成为钢主梁的主要病害。

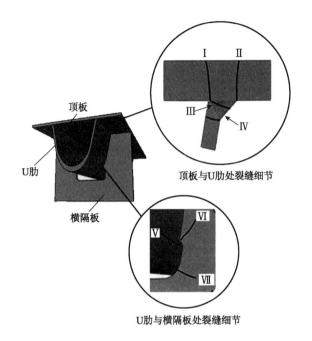

图 9-3 正交异性钢桥面板典型疲劳细节

Ⅰ型裂缝:生于焊根沿顶板发展;Ⅱ型裂缝:生于焊趾沿顶板发展;Ⅲ型裂缝:生于焊根沿焊缝内部发展;Ⅳ型裂缝:生于焊趾沿 U 肋腹板发展;Ⅴ型裂缝:生于焊趾沿 U 肋腹板发展;Ⅵ型裂缝:生于焊趾沿横隔板发展;Ⅶ型裂缝:生于横隔板弧形孔沿横隔板发展

正交异性钢桥面板无论是母材还是焊缝,疲劳病害产生的主要原因都是与局部应力集中过大有关。应力集中通常表现在截面突变、材料不均匀、残余应力等位置。因此顶板与 U 肋、U 肋与横隔板交接处以及交接处焊缝最容易产生疲劳裂纹。力学分析表明,顶板、U 肋和横隔板三者的受力特性相互耦合影响。一般认为,U 肋与顶板焊缝部位主要承受垂直于板面的轮载所产生的局部弯拉复合作用;U 肋与横隔板交叉部位则既承受横隔板的面内作用,也承受由 U 肋受约束而产生的局部面外作用,因此,应力分布状态较为复杂。但无论如何,疲劳开裂首先在正交异性钢桥面板中疲劳抗力最差的部位出现并扩展。

对于 U 肋母材裂纹的产生原因,一般认为当轮载作用在横肋上方时,由于横肋竖向弯曲变形,U 肋侧板产生面外变形,受两者之间角焊缝的约束,在围焊端趾部产生很大的次弯曲应力导致裂纹的产生。

对于 U 肋焊缝裂纹的产生原因,一般认为当车辆沿 U 肋行走时,在纵肋与面板连接处承受相互平衡的不同方向的弯矩共同作用,当纵肋内侧的弯矩大于外侧的弯矩时,会在焊趾处产生较大拉应力;当纵肋外侧的弯矩大于内侧的弯矩会在焊根处产生较大拉应力。这些拉应力导致不同方向的裂纹产生。

对于横隔板母材裂纹的产生原因,一般认为在汽车轮载作用下,纵向 U 肋反复挠曲变形迫使横隔板产生面外反复变形,当该面外变形受到约束时,将在弧形切口及上过焊孔处产生很大的次弯曲应力,约束刚度越大,次弯曲应力越大。次弯应力导致裂纹的产生。

病害6:斜拉索典型病害,主要有PE护套老化、锚头锈蚀、减振器失效等。

目前在役斜拉桥中拉索病害主要有:①下锚头进水导致斜拉索和锚头锈蚀;②PE护套老化开裂、剥落;③减振器锈蚀、失效等。前两点是斜拉索的主要病害,尤其是锚头进水危害更大。HDPE护套的老化与受力有关,即当拉索挂索张拉后,HDPE护套随索体受力伸长,一般认为护套长期处在3~5MPa以上的应力状态下工作,疲劳加速护套老化。减振器失效后果较为严重,因为斜拉索暴露在自然环境中,风、雨等天气下,斜拉索会表现出极为明显的振动,振动会增加斜拉索的张力,并加剧斜拉索和锚具的疲劳损坏。

早期斜拉桥的斜拉索,由于锚头防水和PE护套防护技术落后,或由于建成后管养不到位,导致早期修建的斜拉桥拉索不到使用年限就出现问题,有不少不得不提前大修,甚至提前换索。广东某双塔双索面混凝土斜拉桥,1988年建成后不到10年,南塔边跨一根索突然断裂坠落,原因是锚头处灌浆浆体由于水灰比较大,长时间不凝固,对斜拉索产生应力腐蚀,导致斜拉索断裂;江西某独塔双索面混凝土斜拉桥,建成也是不到10年斜拉索腐蚀严重,不得不全面更换。斜拉索锈蚀的原因是:①施工时未进行有效防腐。②桥面端防水罩失效,雨水长期流入下端锚头,造成下端预埋管内潮湿度大。国外早期斜拉桥的斜拉索由于防护措施不利也存在不到使用年限就更换斜拉索的情况。现代斜拉桥的斜拉索防护技术有了长足的进步,已不需要现场灌浆而是采用全套的成品索,防护效果已大为改善。

病害7:斜拉桥附属设施典型病害,主要有桥面、支座、伸缩缝、阻尼器等。

斜拉桥附属设施的病害包括:①桥面铺装病害:裂缝、坑槽、推移、松散、车辙等,以裂缝病害为主;②支座(竖向和横向抗风)病害:开裂、不能正常滑动、异常变形等;开裂和异常变形是主要病害;③阻尼器病害:主要是泄漏、锈蚀病害;栏杆、人行道、伸缩缝病害;与其他桥梁结构类似,如钢结构栏杆起皮、老化等。附属设施的病害中主要是桥面铺装病害和支座病害,产生病害的原因多与结构劣化或养护不当有关系。

二、斜拉桥常见检测技术

1. 一般检查内容及相关技术

根据现行《公路桥涵养护规范》(JTG H11)、《公路桥梁技术状况评定标准》(JTG/T H21)等文件的相关要求,斜拉桥结构一般检查的项目和内容如表9-4所示。

斜拉桥一般检查的项目及内容　　　　　　　　　　表9-4

检测项目	检测内容
桥面系	桥面铺装层纵、横坡是否顺适,有无严重的裂缝(龟裂、纵横裂缝)、坑槽、波浪、桥头跳车、防水层漏水等
	伸缩缝是否有异常变形、破损、脱落、漏水,是否造成明显的跳车
	栏杆(护栏)有无撞坏、断裂、错位、缺件、剥落、锈蚀等
斜拉索	检查斜拉索是否锈蚀、断丝、滑移变位;检查斜拉索涂层老化情况;检查主梁、索塔斜拉索锚固区是否进水、锈蚀;检查斜拉索线形状况;检查斜拉索减振装置是否损坏
主梁、索塔	(1)混凝土结构:检查梁体混凝土有无风化、剥落、破损、钢筋外露锈蚀;混凝土表面有无严重碳化等病害情况,以及梁体是否存在不正常的变位;着重检查梁体裂缝,并详细记录裂缝的位置、长度、宽度、走向等;对于索塔检查基础冲刷情况;检查塔内爬梯、除湿器工作情况; (2)钢结构:检查构件(梁体、塔体)变形、锈蚀、裂缝、涂层是否劣化、高强度螺栓缺失状况、焊缝是否开裂;对于钢箱梁检查内表面有无漏水,以及除湿系统工作是否正常;正交异性钢桥面板疲劳裂纹状况; (3)钢混结合段:对于叠合梁,检查桥面板钢混结合段情况
墩台	(1)混凝土墩台及帽梁有无冻胀、风化、开裂、剥落、露筋等; (2)检查翼墙、侧墙有否开裂、剥落、倾斜、滑移、沉陷等病害,以及是否降低或丧失挡土能力的状况; (3)检查锥坡是否破损、沉陷、开裂、冲刷、滑移
支座、阻尼器	检查支座功能是否有缺陷;检查支座位移、转角情况;检查支座部件磨损和裂缝情况。检查阻尼器工作情况

一般检查主要以肉眼检查为主,辅助工具有裂缝综合测试仪(宽度、深度)、钢卷尺、手持式激光测距仪、放大镜、内窥镜等。对于中小跨径的斜拉桥,为了能抵近检查,一般需要桥检车辅助作业;对于大跨径斜拉桥,一般桥下或箱内都设置了专门的桥检车。对于不易到达部位,如斜拉索索体、外塔柱表面等,可借助先进的爬索机器人(图9-4)、无人机进行外观检查。索塔和横梁也可以设置塔顶、横梁检修吊台,方便养护人员通过吊台安全、便捷地到达索塔外表面的任何位置,包括横梁底面。外观检查的一个重要工作是如何将病害忠实、完整地记录下来,这是一项十分繁杂的工作,涉及病害位置编号、表达方式、大小程度以及原因分析。

有文献表明,目前先进的爬索机器人具有无线控制、防撞、避震、防水、无损检测钢丝、无线实时传送数据等功能。机器人可将拍摄的视频无线传输给电脑,然后通过缆索外观缺陷识别软件采用神经网络深度学习的方式进行图像分析。由于事先机器人已学习并记住拉索上的缺陷特征,因此视觉自动分析可给出准确的检测结果,并根据预设的文件格式进行输出,形成检测报告。若需要进行拉索钢丝无损检测,则需要开发专项检测模块,如利用漏磁检测法或漏磁检测法与磁通量法结合的方法进行。

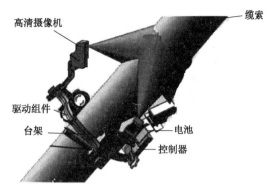

图9-4　爬索机器人示意

有文献表明,目前新一代桥梁智能巡检无人机,具有抵抗4~5级风场的能力,可搭载4000万像素图像采集装置,定位精度可达1cm,后台处理软件裂缝识别精度可达0.1mm。新一代无人机能够在各类艰险、恶劣水域与山区桥梁上,完成高耸塔柱和梁底表面等不易到达部位的检测。图形处理技术是无人机检测的配套技术,即需要对桥梁结构表面裂缝、蜂窝麻面等病害图像进行处理,识别裂缝走向、宽度以及蜂窝麻面区域形状、大小面积等。虽然现在应用无人机检测并不普遍,但这是发展方向。随着无人机技术的不断提高,未来大规模采用无人机进行桥梁外观检测是必然趋势。

2. 混凝土斜拉桥详细检查内容及相关技术

根据现行《公路桥梁承载能力检测评定规程》(JTG/T J21—2011)要求,混凝土斜拉桥详细检查应包括如下内容:①结构线形检测;②结构恒载变异状况调查;③结构构件的材质强度检测;④材料耐久性检测,包括混凝土中钢筋锈蚀电位、混凝土中的氯离子含量、电阻率和碳化状况检测;⑤混凝土结构钢筋分布状况的调查;⑥桥梁结构固有模态参数的检测;⑦斜拉索索力的测量;⑧主墩与基础检测。在实际检测中,也有项目要求进行预应力压浆饱满度检测。

(1)结构线形检测。一般采用全站仪或精密电子水准仪进行。线形检测主要包括如下内容:①对于未设置或缺失、损坏永久性测点的桥梁,首先应补设测点。测点布设参考前次定期检测设置的测点或路线基准测点进行布设,这样便于数据对比,判断桥梁线形的变化规律,进而分析桥梁结构的受力情况。其中,永久基准点应设置在桥梁结构以外的稳固结构上,并进行必要的防护。②由于桥面线形与主梁工作状态、结构刚度密切相关,为此拟对桥面高程线形进行测量。宜在封闭交通前提下,选择在结构温度趋于稳定的时间区段内进行。测量时应采用温度计同时测定大气温度。

（2）结构恒载变异状况调查。主要是指结构尺寸的改变引起的恒载改变，原因或是施工误差，或是维修加固改变了原结构设计。目前，恒载效应主要依靠设计图纸上的参数计算得到，现场测试很难，这方面的研究成果有，盲孔法、环孔法和开槽法等有损检测方法，以及声弹性应力测试、非线性超声谐波和尾波干涉等无损技术。但这些技术尚未达到实际规模应用的程度。

（3）材质抗压强度检测。利用回弹仪进行。测区主要选择构件受力最不利的部位，测点要均匀分布。所选测区具有相对平整和清洁，不存在蜂窝和麻面，也没有任何破损，如裂缝和裂纹、剥落和层裂现象等。检测时依据现行《回弹法检测混凝土抗压强度技术规范》（JGJ/T 23）进行，但测试混凝土龄期不得超过1000天。

（4）混凝土结构钢筋分布状况的调查。主要指采用钢筋保护层测试仪测试结构钢筋保护层厚度，以及采用超声波测试结构受力主筋的分布情况。混凝土结构钢筋分布状况的调查主要为材料耐久性分析服务。

（5）材料耐久性测试。

①混凝土碳化深度检测。混凝土主梁、索塔正常情况下混凝土呈碱性，内部钢筋在碱性保护下，会在表面形成一层钝化膜。但暴露于空气中的混凝土会因大气中CO_2等酸性物质的侵蚀发生碳化，使混凝土的碱性减弱，当发展到一定程度，钢筋就会失去混凝土的碱性保护造成钢筋脱钝（钝化膜破坏），诱发钢筋锈蚀。因此，混凝土碳化深度是判断钢筋锈蚀可能性的重要依据。

混凝土碳化深度检测主要采用酚酞试剂方法，即将酚酞试剂喷到新钻的测孔壁上，若酚酞指示剂从无色变为紫色时说明混凝土未碳化，若示剂未改变颜色说明混凝土已经碳化。

②钢筋锈蚀电位检测。主要采用半电池电位法。钢筋在混凝土中的锈蚀是一种电化学反应，其过程会在钢筋表面形成阳极区（活化区）和阴极区（钝化区），两个区域显示出不同的腐蚀电位。钢筋在钝化时，腐蚀电位升高，电位偏正；钢筋由钝态转入活化态（锈蚀）时，腐蚀电位降低，电位偏负。因此，根据电位值可以评估钢筋的锈蚀状态，如表9-5所示。

钢筋锈蚀电位的判定标准 表9-5

序号	电位水平(mV)	钢筋状态	评定标度值
1	0 ~ -200	无锈蚀活动性或锈蚀活动性不确定	1
2	-200 ~ -300	有锈蚀活动性，但锈蚀状态不确定，可能发生坑蚀	2

续上表

序号	电位水平(mV)	钢 筋 状 态	评定标度值
3	-300 ~ -400	锈蚀活动性较强,发生锈蚀概率大于90%	3
4	-400 ~ -500	锈蚀活动性强,严重锈蚀可能性极大	4
5	< -500	构件存在锈蚀开裂区域	5

(6)斜拉索索力的测试。通常采用频率法(图9-5),即依据索力与拉索的振动频率之间存在对应关系的原理,在已知拉索长度、两端约束、分布质量等参数时,将高灵敏度的拾振器绑在拉索上,拾取拉索在环境激励下的振动信号,然后经过滤波、信号放大、A/D转换和频谱分析测出拉索的自振频率,最后由拉索自振频率与索力的关系计算得到索力。一般情况下,长索比短索计算准确。有时为了校核频率法计算索索力的准确性,需要安装压力传感器或采用千斤顶测量法进行校核。

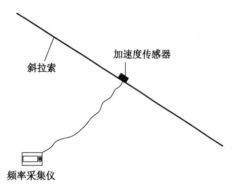

图9-5 频率法测拉索索力示意

拉索索力计算采用下列公式:

$$T_n = \frac{4WL^2 f_n^2}{n^2 g} - \frac{n^2 EI\pi^2}{L^2} \tag{9-1}$$

式中:T_n——对应于 n 阶自振频率的索的张力(索力);

f_n——索的第 n 阶自振频率;

L——索的计算长度;

n——索的振动阶数;

W——单位索长的重量;

g——重力加速度;

EI——索的抗弯刚度。

(7)水下主墩检测。斜拉桥多为跨海大桥,水中主墩大多处于深水激流浑浊水域,检测难度较大。目前,水下细部结构检测的主要技术手段有水下目视检测、摄像技术、水下激光成像、水下摄影、水下声呐成像等,各种检测手段的优劣见表9-6。显然三维成像声呐技术是水下基础表观病害检测的先进手段。

跨海大桥主墩基础病害检测技术对比分析　　　表9-6

测试技术	优　点	缺　点	适应性分析
水下目力检查	具有能分辨色彩,立体观察能力,与大脑的逻辑思维相联系	须亲临现场,大深度潜水作业,风险大、成本高;不能形成永久记录;对低照明条件适应缓慢	不适用
水下摄影、摄像技术	清晰度高,图像可以放大,细部更为清晰,设备的控制可以简化或预先调整	受水质浑浊影响大,需光源	水质浑浊不适用
水下激光成像	可以实现大面积海域成像	该技术在水中会发生很多散射,能量消散较多,到达区域面积小、成像不清楚,受水质浑浊影响大	水质浑浊不适用
三维成像声呐技术	可以实现水下目标外形轮廓扫描成像,是目前水下细部结构水工建筑检测较为先进的手段	测试技术相对较难,需专业培训	不受水质浑浊影响;不需要光源

成像声呐是利用发射和接收声波来测距和定位,按其功能和扫描方式可分为多波束声呐和三维成像声呐。多波束声呐具有效率高、扫射面积广的特点;三维成像声呐系统在三维显示技术的帮助下可实现高分辨率的水下结构成像。后者对水下主墩检测来讲优势更明显。基于三维成像声呐的水下基础无人检测设备主要包括两部分:成像设备和无人检测平台。成像设备如美国产品 BlueView 三维全景声呐,检测最大范围30m,分辨率为0.015m,是水下结构物表观检测的先进设备。目前国内主要用于科学研究,或紧急状态下应急使用。随着实际工程水下基础检测需要量增大,以及产品价格优化,采用先进水下检测技术必然成为趋势。

(8)在役桩基础。群桩基础是斜拉桥常见的基础形式。现有桩基础完整性检测方法主要针对施工期的基桩检测,如低应变法、声波透射法、高应变法等,不能直接运用于在役桥梁桩基础的检测。在役桩基成形后,一般由于设计偏保守,出现问题的可能性较小,故常规情况一般不做检查,现有检测手段如雷达法和旁孔透射波法检测在役桩基也都有局限性。

(9)预应力压浆饱满度检测。管道压浆对保护预应力避免发生锈蚀至关重要。目前,体内预应力钢束孔道压浆饱满度的无损方法主要有:冲击回波法、超声波法、探地雷达法、非线性振动法等。相比之下,冲击回波法测试结果相对好且适用性较强。

冲击回波法的检测原理:利用一个短时的机械冲击产生低频的应力波,应力波在构件表面、内部缺陷表面或构件表面底部边界之间来回反射,从而产生瞬态共振,其共振频率能在振幅谱中辨认出,并用此确定内部缺陷的深度和构件的厚度,如图9-6所示。无论金属管道还是塑料管道此方法都可以采用,而且具有不受金属管线的影响,测试范围大、对外界操作环境要求较低等优点。但冲击回波法对于结构的测试面有较高要求,并且对于不同复杂的边界条件,其数据处理及分析也较为困难。交通运输部公路科学研究院桥梁中心经过多年试验研究取得了不错的研究成果,并发布行业团体标准《公路桥梁预应力孔道压浆密实度冲击弹性波检测技术指南》(T/CHTS 10012—2019)。

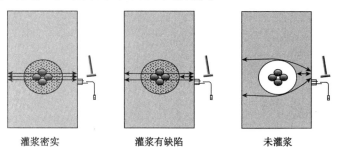

图9-6　冲击回波遇到缺陷时的反射特性图

3. 钢结构斜拉桥详细检查内容及相关技术

钢结构斜拉桥除线形、索力及主墩检测一般与混凝土斜拉桥一致外,还应包括焊缝、涂层、外观缺陷检测等特殊内容。

(1)涂层检测。①厚度检测,钢结构涂层对钢材的保护作用包括两个方面:一是涂层对外界腐蚀介质、氧气及水分等渗入的阻止作用,二是发生火灾时对钢结构的保护作用。因此,钢结构涂层厚度及其分布均匀性是影响钢结构耐久性的一个重要因素。涂层厚度采用涂层测厚仪进行检测。②外观检测。通过目测、手摸、借助放大镜等手段进行检查,包括涂层的漆膜色泽是否正常,涂层是否有粉化、起泡、脱落、裂缝等病害。

(2)构件表面缺陷检测。磁粉探伤是将钢铁等磁性材料制作的构件予以磁化,利用其缺陷部位的漏磁能吸附磁粉的特征,依磁粉分布显示被探测物件表面缺陷和近表面缺陷的探伤方法。该探伤方法的特点是简便、显示直观。

(3)焊缝检测。根据规范要求,对钢箱梁顶板、底板、腹板的横向对接焊缝、顶板纵向对接焊缝等应采用超声波探伤法进行无损检测。钢桁架杆件对接焊缝亦需要采用超声波探伤法进行无损检测。

(4)湿度监测。钢结构在较高的湿度环境下容易发生锈蚀现象,耐久性降低,目前大跨径钢箱梁桥梁在主梁内部均设置了除湿系统,目的是降低箱梁内部湿度,减少发生锈蚀的可能性。

第三节 斜拉桥评定技术

一、技术状况评定

斜拉桥技术状况评定,目前主要按照现行《公路桥梁技术状况评定标准》(JTG/T H21)进行。评定方法主要采用分层综合评定与 5 类桥梁单项控制指标相结合的方法,先对斜拉桥各构件进行评定,然后对斜拉桥各部件进行评定,再对桥面系、上部结构和下部结构分别进行评定,最后进行斜拉桥总体技术状况的评定,流程如图 9-7 所示。

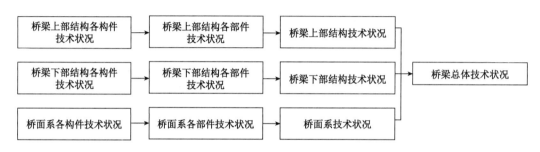

图 9-7 斜拉桥技术状况评定流程

构件是评定基本单位,如某个桥墩、某片梁;部件是一类构件的总称,如桥墩部件、梁部件。部件又分主要部件和次要部件。对于斜拉桥而言,主要部件包括斜拉索、索塔、主梁、支座、桥墩(台)、基础等;次要构件包括栏杆、伸缩缝、桥面铺装、横隔板、锥坡、耳墙等。主要部件和次要部件评定时所取的权重不一样,如表 9-7 所示。若某部件若不存在,需要重新计算权重。

斜拉桥各部件权重值　　表 9-7

部　位	类　别	评价部件	权　重
上部结构	1	斜拉索系统	0.40
	2	主梁	0.25
	3	索塔	0.25
	4	支座	0.10
下部结构	5	翼墙、耳墙	0.02
	6	锥坡、护坡	0.01
	7	桥墩	0.30
	8	桥台	0.30
	9	墩台基础	0.28

续上表

部 位	类 别	评价部件	权 重
下部结构	10	河床	0.07
	11	调治构造物	0.02
桥面系	12	桥面铺装	0.40
	13	伸缩缝装置	0.25
	14	人行道	0.10
	15	栏杆、护栏	0.10
	16	排水系统	0.10
	17	照明、标志	0.05

构件、部件、(上部结构、下部结构、桥面系)和总体技术状况计算得分,可按照《公路桥梁技术状况评定标准》(JTG/T H21—2011)中公式(4.1.1)~公式(4.1.4)进行。也可以将公式制成表格进行计算,如表9-8所示。下部结构、桥面系的计算表格类似。最后根据上部结构权重0.4、下部结构权重0.4和桥面系权重0.2,即可计算得到全桥总体技术状况的总得分,然后参照总体技术状况的评定标准(表9-9)得到桥梁的技术状况等级。

上部结构技术状况评定标准 表9-8

部位	部件名称	权重	重新分配权重	t值	构件数量	构件名称(位置)	病害类型	标度	扣分值	U_x	PMCI	PCCI	SPCI
上部结构	承重结构												
	一般结构												
	支座												

注:1. 权重:参见表9-7;权重重新分配:部件若不存在,需要重新计算权重。
2. t值:随构件数量而变的系数,见《公路桥梁技术状况评定标准》(JTG/T H21—2011)表4.1.2。
3. 标度、扣分值:见《公路桥梁技术状况评定标准》相关表格及要求,这是基础工作。
4. U_x:引入的变量,表征所扣除构件指标分值。
5. PMCI:构件得分,PCCI:部件得分,SPCI:上部结构得分。

斜拉桥总体技术状况评定标准 表9-9

技术状况评定等级	技术状况描述	分值区间
1类	全新状态、功能完好	95~100
2类	有轻微缺损,对桥梁使用功能无影响	80~95

续上表

技术状况评定等级	技术状况描述	分值区间
3 类	有中等缺损,尚能维持桥梁正常使用功能	60~80
4 类	主要构件有大的缺损,严重影响桥梁使用功能,或影响承载力,不能保证桥梁正常使用	40~60
5 类	主要构件存在严重缺损,主要构件不能正常使用,危及桥梁安全,桥梁处于危险状态	0~40

对于 5 类技术状况也可按单项控制指标确定：

（1）上部结构有落梁,或有梁、板断裂现象。

（2）主梁、索塔承重构件控制截面出现全断面开裂；或组合承重构件结合面开裂贯通,造成截面组合作用严重降低。

（3）斜拉索断裂,或严重锈蚀退出工作；锚头失效。

（4）主梁、索塔承重构件有严重的异常位移,存在失稳现象。

（5）结构出现明显的永久变形,变形大于规范值。

（6）关键部位混凝土出现压碎或杆件失稳倾向；或桥面板出现严重塌陷。

（7）基础冲刷深度大于设计值,冲空面积达 20% 以上。

（8）桥墩（桥台或基础）不稳定,出现严重滑动、下沉、位移、倾斜等现象。

二、承载能力评定

斜拉桥结构承载能力检测评定的内容主要包括：①缺损状况调查评估,对应于技术状况评定中的一般性检查；②耐久性状况检测,对应于技术状况评定中的详细检查；③结构检算鉴定和荷载试验鉴定。其中,①和②是承载能力评定的基础,③是承载能力评定的手段。一般情况下,根据桥梁缺损状况调查评估以及耐久性状况检测评定结果,通过结构检算鉴定,对桥梁结构承载能力作出评定。只有根据调查、检测与检算结果尚难以确定现有桥梁结构承载能力时,才可通过荷载试验对桥梁的结构状态和工作性能进行测试评估,确定其承载能力。

（1）检算评定。承载能力检算评定方法应遵循《公路桥梁承载能力检测评定规程》（JTG/T H21—2011）进行,计算评定公式见式（9-2）。

$$\gamma_0 S \leqslant R(f_d, \xi_c a_{dc}, \xi_s a_{ds}) Z_1 (1 - \xi_e) \tag{9-2}$$

式中：γ_0——结构的重要性系数；

S——荷载效应函数；

$R(\cdot)$——抗力效应函数；

f_d——材料强度设计值；

a_{dc}——构件混凝土几何参数值；

a_{ds}——构件钢筋几何参数值；

Z_1——承载能力检算系数；

ξ_e——承载能力恶化系数；

ξ_c——配筋混凝土结构的截面折减系数；

ξ_s——钢筋的截面折减系数。

公式(9-1)由于引入了考虑实际检测结果的检算系数、恶化系数、截面折减系数和活载影响修正系数，使承载能力鉴定结果更能反映桥梁的实际状况。公式中承载能力恶化系数的确定需要根据缺损状况、钢筋锈蚀电位、混凝土电阻率、混凝土碳化状况、钢筋保护层厚度、氯离子含量和混凝土强度的检测指标，考虑权重后综合计算确定；公式中检算系数的确定通过材料风化、混凝土碳化和物理与化学损伤等截面损伤的综合评定值，以及结构振动特性(自振频率)来综合(权重)确定。公式中其余指标的确定相对容易理解和确定。

(2)荷载试验。斜拉桥荷载试验分静载和动载试验两部分。

静载试验一般包括测试截面试验工况(表9-10)、测试内容、试验荷载、测点布置、试验过程控制和试验数据分析等内容，试验方法采用车辆加载方式，测试参数包括应变(应力)、变位、裂缝、倾角和索力。评定方法采用荷载效率系数、挠度和应变校验系数是否符合规范要求进行。

斜拉桥试验工况及测试断面　　　　表9-10

试验工况		测试断面
主要工况	①主梁中孔跨中最大正弯矩及挠度工况； ②主梁墩顶最大负弯矩工况； ③主塔塔顶纵桥向最大水平位移与塔脚截面最大弯矩工况	①中跨最大正弯矩截面； ②墩顶截面； ③塔顶截面(位移)及塔脚最大弯矩截面
附加工况	①中孔跨中附近拉索最大拉力工况； ②主梁最大纵向飘移工况	①典型拉索； ②加劲梁两端(水平位移)

动载试验测试内容主要包括：①结构自振参数包括自振频率、振型、阻尼比；②必要时尚应测试结构的动挠度、动应变和冲击系数等动力反应。前者自振参数测定方法，即在桥面无任何交通荷载以及桥址附近无规则振源的情况下，测定桥跨结构由于桥址处风荷载、地脉动、水流等随机荷载激振而引起的桥跨结构微小振动响应。后者采用无障碍

行车试验方法,即在桥面无任何障碍的情况下采用1辆载货汽车按对称情形,以10km/h、20km/h、30km/h车速驶过桥跨结构,测定桥跨结构在运行车辆荷载作用下的动力反应,并计算冲击系数。

斜拉桥静动力试验应满足现行《公路桥梁荷载试验规程》(JTG/T J21-01)的相关要求。

第四节　斜拉桥维修技术

一、混凝土结构维修养护

(1)蜂窝麻面等。对斜拉桥混凝土主梁或索塔构件出现的蜂窝、剥落、空洞、露筋等病害,应凿除松散混凝土,然后用聚合物水泥砂浆或改性环氧砂浆填充补平。混凝土露筋部位应凿除松散混凝土,并清除钢筋锈迹,喷涂阻锈剂,然后用聚合物水泥砂浆或改性环氧砂浆填充补平。

(2)裂缝。对桥梁混凝土构件的裂缝进行处治,如宽度小于0.15mm的采用表面封闭法修补,宽度大于0.15mm采用压力注浆法修补。封闭后的裂缝,在后续的养护、检查过程中,应加强观测。

二、斜拉索体系

对于斜拉索PE护套划痕,建议使用专用焊枪采用相同的材料覆盖并在损坏处用电磨机进行表面处理,恢复表面平整;对于开裂处宜采用加热套管进行修复;对于防护帽锈蚀、漆皮脱落、锚具锈蚀,建议除去外露部分的表面污染和锈蚀后重新涂层;对于下锚头螺栓缺失处,建议及时增设螺栓;并定期更换下锚头内防腐油脂,避免油脂的老化变质,确保下锚头处于干燥、封闭的环境中。斜拉索的应急处治,若斜拉索发生破断,其位置距离桥面较近时(<5m)可采用原索搭接的方式;其位置距离桥面较远时(>5m)可采用临索连接的方式。

三、钢结构

(1)螺栓和除湿系统。对箱梁、钢桁架各类高强度螺栓松动、缺失、断裂现象进行复位和重新安装;请专业厂商及时维护钢箱梁内的除湿系统,避免由于湿度过高造成钢构件涂层劣化、锈蚀。

(2)裂缝。疲劳裂缝修复一般可采用止裂孔法、机械修复法、热修复法和装配式加固法。

止裂孔法是目前钢结构疲劳裂纹修复常用的临时加固方法。在正式加固修复实施之前,为避免疲劳裂纹进一步扩展对结构造成更严重的影响,通过在疲劳裂纹尖端或扩展路径上钻一个光滑的圆孔(图9-8),将裂纹尖端高应力集中区用曲率半径较大的圆孔代替,减小或消除裂纹尖端塑性区,从而减缓或抑制疲劳裂纹的进一步扩展。

机械修复法主要采用超声波冲击法(UIT),其主要工艺是采用超声波冲击金属表面或焊接接头,使表层局部区域产生较大的压缩塑性变形,从而引入残余压应力并改善局部残余应力场,有效改善焊趾区域的表面轮廓来降低应力集中程度,以提高钢结构疲劳抗力。

热修复法主要包括焊补法、重熔法和局部补强法等。其中,焊补法是对既有焊接细节或疲劳裂纹进行局部研磨或切削后进行重新焊接,以修复疲劳裂纹;熔修法是采用钨极惰性气体保护焊在不加焊丝的情况下重熔焊趾,最大幅度地改善焊趾的几何外形,降低局部应力集中程度;局部补强法则是在裂缝处通过焊接一块钢板进行局部加强。

装配式加固方法是在疲劳开裂局部区域引入钢板加固件,通过装配式方法与既有结构连接(栓接或黏结,如图9-9所示),形成协同受力体系。该方法对交通少干扰甚至零干扰,对既有结构微损伤,加固速度较快。

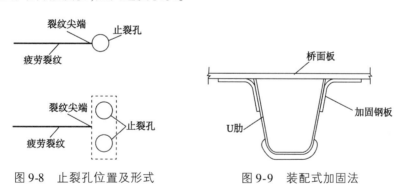

图9-8 止裂孔位置及形式　　图9-9 装配式加固法

四、附属设施

(1)阻尼器。每年定期检查结束后,宜对阻尼器进行一次全面的修复养护,具体内容包括:①及时更换剪断的锚栓,紧固松动的锚栓;②及时修复涂层缺陷,保证阻尼器及其连接件使用寿命;③及时修复连接件部位的混凝土缺陷,保证连接的安全可靠。阻尼器若发生严重漏油、活塞镀层脱落、锈蚀等情况时,应及时联系制造厂商,制定维修方案。

(2)桥梁检修通道等。①检修通道、升降平台进行局部涂装时应先除锈,并清洁表面,按照设计要求进行涂装作业;②紧固松动的供配电设施电缆接头,如发现接头烧伤或过热痕迹,应进行整修处理并重新接好。及时更换被腐蚀的防雷设施接地线,更换后接地电阻应满足规范的要求。

第五节　斜拉桥健康监测技术

一、健康监测主要内容

大桥健康监测是利用现代传感技术、通信技术与计算分析技术等,通过布设在桥梁关键部位的各类传感设备,监测桥梁在外部荷载作用下的响应,实时分析与评估桥梁的运营状态与安全状况,并对桥梁潜在风险做出及时预警。斜拉桥一般跨径大、造价高、社会影响力显著,建立健康监测系统全天候地监测桥梁结构工作状况,把握结构损伤累积和安全度下降程度,对大桥日常养护和维修、保证大桥安全有着重要的意义。

斜拉桥健康监测系统主要包括两部分内容:①环境监测;②结构响应监测。

1. 环境监测

(1) 环境温湿度。温度荷载是桥梁的主要外部荷载,桥位处年温度变化作用对桥梁结构线形影响较大,甚至会影响到桥梁的结构振动频率。若桥址处雨日多,湿度大将对结构的耐久性产生影响。一般在大桥中跨跨中位置布置温湿度传感器。

(2) 风作用。风荷载对斜拉桥而言是重要的荷载源,其大小和方向对桥梁结构的受力状况影响极大,尤其是对结构横向振动的影响更不容忽略,同时风荷载也是了解桥梁结构动力特性和桥梁变形必须关注的监测内容。一般在索塔塔顶、主跨跨中布置风速/风向传感器,如图 9-10 所示。

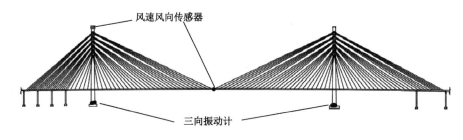

图 9-10　风、地震、船撞监测位置

(3) 船撞/地震。船撞和地震放在一起监测是因为三向振动计传感器既可以用于监测地震动激励时桥梁结构响应,又同时监测通航船舶撞击情况,以及事故对桥墩的影响程度,传感器位置一般设置在主墩承台上,如图9-10所示。

(4)基础冲刷。应根据桥址处水文调查情况,尤其是水中含沙量及输沙量情况,决定是否对桥墩基础冲刷进行监测。

2. 结构响应监测

(1)结构线形/变位。斜拉桥主梁挠度直接反映了主梁当前的整体受力状态,是监测系统预警和安全评定的主要指标;索塔塔顶和主梁跨中的空间变位是判断结构是否处于正常运营状态的一个重要标志。车辆荷载、温度、地震和风荷载是影响主梁、索塔空间变位的主要因素。结构线形和变位监测点布置可参考图9-11所示。

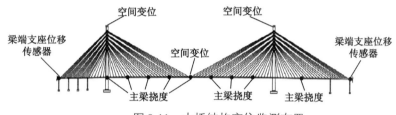

图9-11 大桥结构变位监测布置

(2)支座位移。斜拉桥主梁在温度作用下会发生纵向变形,这种纵向变形将通过梁端支座位移来反映。利用支座位移与温度之间的对应关系,在主梁梁端支座设置位移传感器,实时监测大桥在温度荷载作用下的梁端支座位移,如图9-12所示。

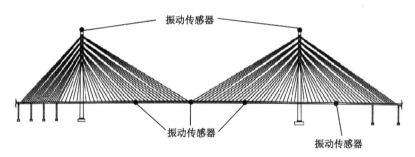

图9-12 大桥结构振动传感器布置

(3)结构振动。结构动力特性监测是为了解在交通、风和地震等动力荷载作用下的动力响应,分析其结构动力特性。通过掌握大桥动力特性参数的变化(频率、振型、模态阻尼系数),可预测结构的刚度降低和局部破坏,进行结构损伤评估。结构振动监测测点一般布置在索塔塔顶,主梁次边跨跨中截面、主跨四分点和跨中截面,如图9-12所示。

(4)斜拉索索力。斜拉索是主要承重构件,其监测内容主要是索力。索力测点布置首先要考虑拉索的受力分布规律,其次是要考虑受力的特殊性。因此一般对主跨最长索、边跨最长背索、主跨和边跨中等长度的拉索予以监测,如图9-13所示。

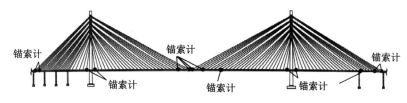

图 9-13 斜拉索锚索计布置

（5）结构应变。结构应变监测包括静应变和动应变监测两部分。静应变监测位置一般针对特殊构造如钢-混结合段；动应变监测则是日常主要监测内容，一般测点布置在主跨四分点、跨中和根部位置截面进行应变监测。

以上各监测项目的监测工况为桥梁运营阶段所发生的所有工况，监测数据既要考虑其变化量，与相应的理论计算值进行对比，来说明结构的工作性能和安全储备；又要考虑其绝对量，与规范规定的允许值进行对比，来说明结构所处的工作状况，同时也要对长期的监测数据进行归纳总结，预测结构性能将来所要发生变化，并制定检查与维护计划。

二、健康监测系统

斜拉桥健康监测系统（图 9-14）主要包括数据传感与采集系统、数据传输系统、数据管理系统、评估决策与预警系统和应用服务系统。各部分主要功能如下：

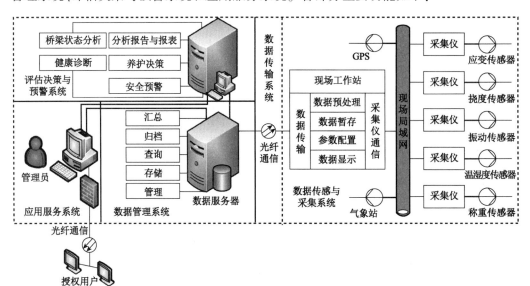

图 9-14 斜拉桥健康监测系统

1. 数据传感与采集系统

数据传感与采集系统是大系统的基层结构，主要功能是通过不同类型的传感器采集能够反映桥梁结构运营与安全状态的关键参数信息。对于斜拉桥而言主要包括结构信息如主梁线形、索塔变位、支座变位、结构应变、结构振动、索力等,以及结构温度场、温湿度、风速风向、车辆荷载等外部环境信息。

2. 数据传输系统

数据传输系统主要是建立现场采集与监控中心之间的数据线路,分为有线传输线路和无线传输线路两种。选择稳定、可靠的有线传输线路是数据传输系统的首选;对于有无线信号的桥址也可以选择无线传输线路。由于斜拉桥一般都具有自己独立的网络体系,因此选择有线传输线路的多。

3. 数据管理系统

数据管理系统的主要功能是进行监测数据的汇总、归档、存储、管理以及与其他系统进行数据交换等,如养护管理系统,或接收施工监控系统传来的数据。数据管理系统主要由不同功能的服务器和数据库软件系统组成。

4. 评估决策与预警系统

评估决策与预警系统是大系统的核心,主要功能是通过各类算法识别结构损伤,分析、评估结构运营状态,提出相应的养护建议和决策,同时对超出预设安全范围的情况发出报警信息。一个健康监测系统好用不好用关键是看这个系统的功能是否强大、稳定。目前对结构损伤的识别尚没有达到十分准确的程度。

5. 应用服务系统

应用服务系统主要是让用户可以对大系统进行各类信息的查询,获取分析评估结果,掌握结构安全状态,接收养护决策与预警信息,进行系统管理等,以及查询和输出分析报告和报表。

目前健康监测系统因受传感器与采集设备型号、数据量等诸多因素的限制,数据采集一般为定时采集,无法实现对突发事件的信号捕捉与分析预警。目前,解决这一问题有两种途径:①对异常事件做出预判(如台风、地震等的预报),采用人工手动修改的方法将预判异常事件发生时间段内的系统采集频率提高,加大各参数的采样密度,以便及时、准确地获取异常事件发生过程中桥梁的关键参数,对桥梁的安全风险发出预警信息;②通过对监测系统的数据监测设置触发采集条件,当满足采集条件时即开始指定参数的数据采集。该方法避免了对系统采集制度的人工设置方式,可实现参数异常时的自动采集,是实现对特殊事件监测的理想手段。

参考文献

[1] 刘士林.王似舜.斜拉桥设计[M].北京:人民交通出版社,2006.

[2] 上海市政工程研究总院.桥梁设计工程师手册[M].北京:人民交通出版社,2007.

[3] 刘士林,王伯惠.斜拉桥结构发展和中国经验(上)[M].北京:人民交通出版社,2003.

[4] 刘士林,王伯惠.斜拉桥结构发展和中国经验(下)[M].北京:人民交通出版社,2004.

[5] 铁道部大桥工程局桥梁科学研究所.斜拉桥[M].北京:科学技术文献出版社,1992.

[6] 林元培.斜拉桥[M].北京:人民交通出版社,1994.

[7] 陈明宪.斜拉桥建造技术[M].北京:人民交通出版社,2003.

[8] 张喜刚,陈艾荣.千米级斜拉桥设计指南[M].北京:人民交通出版社,2010.

[9] 张喜刚,陈艾荣.千米级斜拉桥——结构体系、性能与设计[M].北京:人民交通出版社,2010.

[10] 中铁大桥局集团有限公司.大跨度桥梁设计与施工技术[M].北京:人民交通出版社,2002.

[11] 中铁大桥勘测设计院集团有限公司.桥梁钢结构细节设计[M].北京:西南交通大学出版社,2011.

[12] 周念先,杨共树.预应力混凝土斜张桥[M].北京:人民交通出版社,1989.

[13] 中交公路规划设计院有限公司.《公路钢筋混凝土及预应力混凝土桥涵设计规范》应用指南[M].北京:人民交通出版社股份有限公司,2018.

[14] 项海帆.高等桥梁结构理论[M].北京:人民交通出版社,2001.

[15] 范立础.大跨度桥梁抗震设计[M].北京:人民交通出版社,2001.

[16] 项海帆.现代桥梁抗风理论与实践[M].北京:人民交通出版社,2005.

[17] 中华人民共和国交通运输部.公路钢筋混凝土及预应力混凝土桥涵设计规范:JTG 3362—2018[S].北京:人民交通出版社股份有限公司,2018.

[18] 中华人民共和国交通部.公路桥涵养护规范:JTG H11—2004[S].北京:人民交通出版社,2004.

[19] 中华人民共和国交通运输部.公路桥梁荷载试验规程:JTG/T J21-01—2015[S].北京:人民交通出版社股份有限公司,2015.

[20] 中华人民共和国交通运输部.公路桥涵施工技术规范:JTG/T 3650—2020[S].北京:人民交通出版社股份有限公司,2020.

[21] 中华人民共和国交通运输部.公路斜拉桥设计规范:JTG/T 3365-01—2020[S].北京:人民交通出版社股份有限公司,2020.

[22] 中华人民共和国交通部.公路斜拉桥设计细则:JTG/T D65-01—2007[S].北京:人民交通出版社,2007.

[23] 中华人民共和国交通部.公路桥梁抗风设计规范:JTG/T D60-01—2004[S].北京:人民交通出版社,2004.

[24] 中华人民共和国交通运输部.公路钢结构桥梁设计规范:JTG/T D64—2015[S].北京:人民交通出版社股份有限公司,2015.

[25] 中华人民共和国交通运输部.大跨度斜拉桥平行钢丝拉索:JT/T 775—2016[S].北京:人民交通出版社股份有限公司,2016.

[26] 中华人民共和国交通运输部.无粘结钢绞线斜拉索技术条件:JT/T 771—2009[S].北京:人民交通出版社,2009.

[27] 中华人民共和国交通运输部.桥梁用填充型环氧涂层钢绞线拉索:JT/T 1063—2016[S].北京:人民交通出版社股份有限公司,2016.

[28] 中华人民共和国交通运输部.斜拉桥用热挤聚乙烯高强钢丝拉索:GB/T 18365—2018[S].北京:中国标准出版社,2018.

[29] 中华人民共和国交通运输部.公路桥梁盆式支座:JT/T 391—2019[S].北京:人民交通出版社股份有限公司,2019.

[30] 中华人民共和国交通运输部.公路桥球型支座:GB/T 17955—2009[S].北京:中国质检出版社,2009.

[31] 周远棣,徐君兰.钢桥[M].北京:人民交通出版社,1991.

[32] 中国公路学会桥梁与结构工程分会.面对创新的中国现代桥梁[M].北京:人民交通出版社,2009.

[33] 中国公路学会桥梁和结构工程分会.1991年桥梁学术讨论会论文集[M].北京:人民交通出版社,1991.

[34] 中国公路学会桥梁和结构工程分会.1992年桥梁学术讨论会论文集[M].北京:人民交通出版社,1992.

[35] 中国公路学会桥梁和结构工程分会.1993年桥梁学术讨论会论文集[M].北京:人民交通出版社,1993.

[36] 中国公路学会桥梁和结构工程分会.1994年桥梁学术讨论会论文集[M].北京:人民交通出版社,1994.

[37] 中国公路学会桥梁和结构工程分会.1995年桥梁学术讨论会论文集[M].北京:人民交通出版社,1995.

[38] 中国公路学会桥梁和结构工程分会.1996年桥梁学术讨论会论文集[M].北京:人民交通出版社,1996.

[39] 中国公路学会桥梁和结构工程分会.1997年桥梁学术讨论会论文集[M].北京:人民交通出版社,1997.

[40] 中国公路学会桥梁和结构工程分会.1998年桥梁学术讨论会论文集[M].北京:人民交通出版社,1998.

[41] 中国公路学会桥梁和结构工程分会.1999年桥梁学术讨论会论文集[M].北京:人民交通出版社,1999.

[42] 中国公路学会桥梁和结构工程分会.2000年桥梁学术讨论会论文集[M].北京:人民交通出版社,2000.

[43] 中国公路学会桥梁和结构工程分会.2001年桥梁学术讨论会论文集[M].北京:人民交通出版社,2001.

[44] 中国公路学会桥梁和结构工程分会.2002年全国桥梁学术会议论文集[M].北京:人民交通出版社,2002.

[45] 中国公路学会桥梁和结构工程分会.2003年全国桥梁学术会议论文集[M].北京:人民交通出版社,2003.

[46] 中国公路学会桥梁和结构工程分会.2004年全国桥梁学术会议论文集[M].北京:人民交通出版社,2004.

[47] 中国公路学会桥梁和结构工程分会.2005年全国桥梁学术会议论文集[M].北京:

人民交通出版社,2005.

[48] 中国公路学会桥梁和结构工程分会.2006年全国桥梁学术会议论文集[M].北京:人民交通出版社,2006.

[49] 中国公路学会桥梁和结构工程分会.2007年全国桥梁学术会议论文集[M].北京:人民交通出版社,2007.

[50] 中国公路学会桥梁和结构工程分会.2008年全国桥梁学术会议论文集[M].北京:人民交通出版社,2008.

[51] 中国公路学会桥梁和结构工程分会.2009年全国桥梁学术会议论文集[M].北京:人民交通出版社,2009.

[52] 中国公路学会桥梁和结构工程分会.2010年全国桥梁学术会议论文集[M].北京:人民交通出版社,2010.

[53] 中国公路学会桥梁和结构工程分会.2011年全国桥梁学术会议论文集[M].北京:人民交通出版社,2011.

[54] 中国公路学会桥梁和结构工程分会.2012年全国桥梁学术会议论文集[M].北京:人民交通出版社,2012.

[55] 中国公路学会桥梁和结构工程分会.2013年全国桥梁学术会议论文集[M].北京:人民交通出版社,2013.

[56] 中国公路学会桥梁和结构工程分会.2014年全国桥梁学术会议论文集[M].北京:人民交通出版社股份有限公司,2014.

[57] 中国公路学会桥梁和结构工程分会.2015年全国桥梁学术会议论文集[M].北京:人民交通出版社股份有限公司,2015.

[58] 中国公路学会桥梁和结构工程分会.2016年全国桥梁学术会议论文集[M].北京:人民交通出版社股份有限公司,2016.

[59] 中国公路学会桥梁和结构工程分会.2017年全国桥梁学术会议论文集[M].北京:人民交通出版社股份有限公司,2017.

[60] 中国公路学会桥梁和结构工程分会.2018年全国桥梁学术会议论文集[M].北京:人民交通出版社股份有限公司,2018.

[61] 中国公路学会桥梁和结构工程分会.2019年全国桥梁学术会议论文集[M].北京:人民交通出版社股份有限公司,2019.

[62] 中国公路学会桥梁和结构工程分会.2020年全国桥梁学术会议论文集[M].北京:人民交通出版社股份有限公司,2020.

[63] 中国土木工程学会桥梁及结构工程分会.第十九届全国桥梁学术会议论文集(上册)[M].北京:人民交通出版社,2010.

[64] 中国土木工程学会桥梁及结构工程分会.第十九届全国桥梁学术会议论文集(下册)[M].北京:人民交通出版社,2010.

[65] 中国土木工程学会桥梁及结构工程分会.第二十二届全国桥梁学术会议论文集(上册)[M].北京:人民交通出版社股份有限公司,2016.

[66] 中国土木工程学会桥梁及结构工程分会.第二十二届全国桥梁学术会议论文集(下册)[M].北京:人民交通出版社股份有限公司,2016.

[67] 中国土木工程学会桥梁及结构工程分会.第二十三届全国桥梁学术会议论文集(上册)[M].北京:人民交通出版社股份有限公司,2018.

[68] 中国土木工程学会桥梁及结构工程分会.第二十三届全国桥梁学术会议论文集(下册)[M].北京:人民交通出版社股份有限公司,2018.

[69] 中国土木工程学会桥梁及结构工程分会.第二十四届全国桥梁学术会议论文集(上册)[M].北京:人民交通出版社股份有限公司,2020.

[70] 中国土木工程学会桥梁及结构工程分会.第二十四届全国桥梁学术会议论文集(下册)[M].北京:人民交通出版社股份有限公司,2020.

[71] 杭州湾大桥工程指挥部.杭州湾跨海大桥建设技术[M].北京:人民交通出版社,2005.

[72] 项海帆.中国桥梁(2003—2013)[M].北京:人民交通出版社,2013.

[73] 项海帆.世界桥梁发展中的主要技术创新[J].广西交通科技,2003,28(5):1-7.

[74] 项海帆.桥梁概念设计[M].北京:人民交通出版社,2011.

[75] 聂建国,陶慕轩,吴丽丽,等.钢-混凝土组合结构桥梁研究新进展[J].土木工程学报,2012,45(6):110-122.

[76] 秦顺全,徐伟,陆勤丰,等.常泰长江大桥主航道桥总体设计与方案构思[J].桥梁建设,2020,50(3):1-10.

[77] 张喜刚,王仁贵,孟凡超,等.多塔斜拉桥分体钢箱梁的设计与施工[J].公路,2013(07):289-293.

[78] 张喜刚,王仁贵,林道锦,等.嘉绍大桥多塔斜拉桥创新结构体系设计[J].公路,2013(07):286-289.

[79] 邵长宇,陈亮,汤虎.大跨径组合梁斜拉桥试设计及力学性能研究[J].桥梁建设,2017,47(04):101-106.

[80] 邵长宇.夷陵长江大桥三塔斜拉桥结构体系及性能研究[C]//中国力学学会结构工程专业委员会,西南交通大学,中国力学学会《工程力学》编委会,清华大学土木工程系.第九届全国结构工程学术会议论文集 第Ⅱ卷.《工程力学》期刊社,2000:280-285.

[81] 邵长宇.组合结构桥梁的发展与应用前景[J].城市道桥与防洪,2016(09):11-15.

[82] 高宗余,张强,王应良.组合结构主梁斜拉桥设计进展[J].铁道勘察,2007(51):50-53+100.

[83] 高宗余.沪通长江大桥主桥技术特点[J].桥梁建设,2014,44(02):1-5.

[84] 葛耀君.大跨度桥梁抗风的技术挑战与精细化研究[J].工程力学,2011,28(52):11-23.

[85] 袁博.大跨度集聚锚式斜拉桥施工监控技术研究[M].北京:交通运输部公路科学研究所,2020.

[86] 姜天华.大跨度桥梁风致振动控制研究[D].武汉:武汉理工大学.2009.

[87] 张新军.桥梁风工程研究的现状及展望[J].公路,2005(09):27-32.

[88] 代向群,毛健.南海紫洞大桥钢管混凝土斜拉桥的设计[J].公路交通科技,2002(02):74-78.

[89] 陈湘林,袁太平,王跃武,等.衡山湘江公路大桥主桥斜拉桥施工[J].湖南交通科技,1996(03):46-49.

[90] 叶光华.衡山湘江公路大桥顶推施工中的新技术[J].湖南交通科技,2002(02):60-61.

[91] 刘万伟,段立波.北京石景山南站斜拉桥转体施工[J].公路交通科技,2005(01):70-71.

[92] 邵旭东,程翔云,李立峰.桥梁设计与计算[M].北京:人民交通出版社,2007.

[93] 徐龙,向晋举.单索面斜拉桥内力分布特征及荷载传递机理研究[J].世界桥梁,2018,46(04):62-66.

[94] 游胜意,张海良,罗国强,等.大桥斜拉索制造关键技术研究[J].金属制品,2013,39(03):15-19.

[95] 彭元诚,刘新华.大跨度混合式叠合梁斜拉桥设计特色与关键技术[J].中外公路,2017,37(01):135-138.

[96] 胡秋贵,石建华.摩洛哥布里格里格河谷斜拉桥主梁设计[J].交通科技,2014

(03):37-40.

[97] 刘建梅,范斌卫.大跨径双工字钢组合梁斜拉桥试设计研究[J].公路,2017,62(08):113-117.

[98] 陈宝春,彭桂瀚.部分斜拉桥发展综述[C]//中国公路学会桥梁和结构工程分会,云南省公路学会,云南省公路规划勘察设计院,中国云南路桥建设集团股份有限公司,云南交通咨询有限公司.中国公路学会桥梁和结构工程分会2004年全国桥梁学术会议论文集.中国公路学会桥梁和结构工程分会2004年全国桥梁学术会议论文集,2004:273-283.

[99] 臧华,刘钊.部分斜拉桥的应用与发展[J].中国市政工程,2004(03):35-37+73.

[100] 罗强,陈洪伟,彭江辉.宽幅矮塔斜拉桥后浇带对主梁受力的研究[J].中外公路,2017,37(04):171-175.

[101] 李文献,宋强,覃巍巍,等.矮塔斜拉桥中交叉抗滑键的研究及应用[J].桥梁建设,2012,42(06):92-97.

[102] 陈宝春,黄玲,吴庆雄.波形钢腹板部分斜拉桥[J].世界桥梁,2004(04):5-8.

[103] 邓国良,陈静,邓文琴,等.波形钢腹板组合结构矮塔斜拉桥的发展与应用[J].中外公路,2016,36(03):98-102.

[104] 黄晓航.夷陵长江大桥三塔斜拉桥施工监控[J].桥梁建设,2003(03):22-24.

[105] 胡斯彦,张铭.宜昌香溪河大桥主桥设计[J].世界桥梁,2017,45(04):7-10.

[106] 陈应高.山区超高三塔斜拉桥结构设计探讨[J].交通科技,2017(03):33-36.

[107] 董学武,周世忠.希腊里翁-安蒂里翁大桥的设计与施工[J].世界桥梁,2004(04):1-4.

[108] 陈炜,张德平.武汉二七长江大桥结构体系方案研究[J].桥梁建设,2011(01):1-4+9.

[109] 杨岳华.宽幅组合梁斜拉桥主梁节段预制与安装力学性能研究[D].西安:长安大学,2017.

[110] 贾立峰.王子相.双边主梁式组合梁斜拉桥设计关键技术[J].公路,2018,63(05):176-181.

[111] 刘建梅.范斌卫.大跨径双工字钢组合梁斜拉桥试设计研究[J].公路,2017,62(08):113-117.

[112] 张新军,许江江.超大跨度斜拉桥合理抗震结构体系研究[J].浙江工业大学学报,2017,45(02):230-236.

[113] 屈爱平,李龙安.沪通长江大桥主航道桥抗震设计[J].桥梁建设,2015,45(06):69-73.

[114] 何旭辉,盖永斌,魏标,等.平塘特大桥主桥抗震性能研究[J].桥梁建设,2017,47(01):76-81.

[115] 王宇鹏,马如进.考虑减振问题的斜拉桥极限跨径[J].公路,2014,59(08):263-267.

[116] 刘宏.斜拉桥抗风设计要点与风振控制措施[J].工程建设与设计,2018(07):109-111.

[117] 胡可,梅应华.大跨径斜拉桥结构计算若干问题探讨[J].工程与建设,2010,24(05):581-584.

[118] 陈德伟,李策,谭满江.超大跨径斜拉桥钢桁梁与钢箱梁结构的对比分析[J].公路,2017,3.

[119] 苗家武.超大跨度斜拉桥设计理论研究[D].上海:同济大学,2006.

[120] 冯鹏程,丁仁军等.沌口长江大桥总体设计[J].中外公路,2017,12.

[121] 李宏江.PC斜拉桥拉索使用现状及其养护技术进展[J].公路工程,2014,10.

[122] 经柏林,谢华銮.斜拉桥拉索研究综述[J].中国市政工程,2003,6.

[123] 胡建华,王修勇,等.斜拉索风雨振响应特性[J].中国公路学报,2006,5.

[124] 陈思孝,陈克坚,等.斜拉索耐久性措施研究[J].高速铁路技术,2015,12.

[125] 李传习,夏桂云,等.斜拉索静力分析综述[J].中南公路工程,2001,6.

[126] 彭旺虎,邵旭东,等.背索斜拉桥的概念、设计与施工[J].土木工程学报,2007,5.

[127] 汤意.无背索波形钢腹板部分斜拉桥的整体力学性能分析[J].公路工程,2011,8.

[128] 陈宝春,黄玲,等.波形钢腹板部分斜拉桥[J].世界桥梁,2004,4.

[129] 陈虎成,张家元,等.石首长江公路大桥主桥总体设计[J].桥梁建设,2017,5.

[130] 曹源.巢湖市湖光路跨巢湖大桥主桥设计[J].公路交通科技,2012,6.

[131] 胡明义,黄冰释,等.鄂东长江公路大桥设计关键技术[J].桥梁建设,2011,5.

[132] 杜萍.二七长江大桥主跨斜拉桥钢主梁设计[J].交通科技,2014,2.

[133] 陈开利,余天庆,等.混合梁斜拉桥的发展与展望[J].桥梁建设,2005,2.

[134] 陈开利,余天庆.混合梁斜拉桥结合段设计技术的新发展[J].铁道标准设计,2006,5.

[135] M. Virlogeux.诺曼底大桥的设计与施工[J].杨祖东,节译.城市道路与防洪,1995,3:17.

[136] 孙叔禹.宜昌市夷陵长江大桥主桥桥型方案选择[J].桥梁建设,1998,4.

[137] 胡盛,杨华振,等.海南铺前大桥总体设计[J].桥梁建设,2016,1.

[138] 李晓莉.独塔斜拉桥的设计理论研究[D].上海:同济大学,2006.

[139] 潘军,徐瑜.港珠澳大桥九洲航道桥主梁及桥塔施工关键技术[J].桥梁建设,2016,6.

[140] 贺鹏,王成启.嘉鱼长江公路大桥桥塔设计[J].桥梁建设,2018,4.

[141] 刘自明.板-桁组合结构桥梁结构行为的理论和试验研究[D].成都:西南交通大学,2009.

[142] 刘健新,赵国辉,等.韩国仁川大桥的设计[C]//《桥梁》杂志社.第十九届全国桥梁学术会议论文集,人民交通出版社股份有限公司,2016.

[143] 田康,曾志斌,等.板-桁组合钢桁梁斜拉桥钢桥面板与主桁结合时机的选择[J].钢结构,2016,11.

[144] 吴明威,华勇,等.大跨度钢桁结合梁斜拉桥上部结构施工技术[J].施工技术,2016,6.

[145] 吴江波,袁俊,等.南京长江第四大桥钢箱梁制造关键焊接技术及质量控制[J].焊接技术,2016,9.

[146] 狄谨,周绪红,等.正交异性钢箱梁U型肋加劲板极限承载力试验[J].中国公路学报,2009,3.

[147] 曾甲华,刘智春,等.转体施工钢箱梁独塔斜拉桥设计[J].世界桥梁,2016,4.

[148] 侯满,刘波,等.马来西亚槟城二桥主桥设计[J].世界桥梁,2017,4.

[149] 刘勇,张鹏飞.大跨径钢斜拉桥疲劳性能研究现状与发展[J].城市道路与防洪,2010,4.

[150] 罗维,葛耀君,等.钢绞线与平行钢丝斜拉索性能分析与展望[C]//中国土木工程学会桥梁及结构工程分会.第二十一届全国桥梁学术会议论文集(上册).北京:人民交通出版社,2014:241-247.

[151] 于祥敏,陈德伟,等.贵黔高速鸭池河特大桥钢桁梁施工关键技术[J].桥梁建设,2017,4.

[152] 左明福.厄勒海峡大桥的设计与施工[J].中国港湾建设,2001,1.

[153] 李传习,邹桂生.法国米约高架桥7塔斜拉桥的设计与施工[J].世界桥梁,2005,4.

[154] 游新鹏.韩国巨加大桥的设计与施工[J].世界桥梁,2014,1.

[155] 刘声树,朱慈勉.希月瑞安-安逊瑞安桥构思、设计与施工[J].交通科技,2007,6.

[156] 姚丝思.交叉索多塔斜拉桥结构刚度及拉索交叉比例研究[D].西安:长安大学,2017.5.

[157] 黄辉,刘翠云,等.巴拿马运河四桥主桥宽幅主梁施工方案[J].公路交通科技(应用技术版).2018,11.

[158] 陈宝春,黄玲,等.波形钢腹板部分斜拉桥[J].世界桥梁.2004,4.

[159] 楼庄鸿.桥梁论文集(二)[M].北京:人民交通出版社股份有限公司,2017.

[160] 张喜刚,王仁贵,等.嘉绍大桥多塔斜拉桥创新结构体系设计[J].公路.2013,7.

[161] 冯鹏程,丁仁军.沌口大桥总体设计[J].中外公路.2017,12.

[162] 高宗余.武汉天兴洲公铁两用长江大桥总体设计[J].桥梁建设,2007,1.

[163] 李卫华,黄光武,等.黄冈公铁两用长江大桥主跨567m钢桁架斜拉桥设计[J].桥梁建设,2013,2.

[164] 胡骏.郑清刚.2000MPa平行钢丝斜拉索在千米级公铁两用斜拉桥中的应用[J].桥梁建设,2019,6.

[165] 胡明义,黄冰释,等.鄂黄长江公路大桥设计关键技术[J].桥梁建设,2011,5.

[166] 王凯,郑宏扬,等.漳州战备大桥主桥斜拉桥设计[J].桥梁建设,2002,1.

[167] 张强,徐宏光,等.马鞍山长江公路大桥设计与创新[J].桥梁建设,2010,6.

[168] 陈水生,钟志斌,等.南昌朝阳大桥波形钢腹板多塔斜拉桥结构设计[J].世界桥梁,2014,6.

[169] 赵富生,魏超.望东大桥钢围堰下水施工技术[J].桥梁建设,2014,6.

[170] 张晓勇,王东辉,等.公安长江公铁两用大桥主桥钢桥设计[J].中国铁路,2015,3.

[171] 李厚祥,熊健民,等.钢桁梁整体节点技术研究[J].湖北工学院学报,2001,3.

[172] 彭元诚,黄古剑,邓淑飞,等.忠建河大桥主桥总体设计[C]//中国土木工程学会桥梁及结构工程分会.第二十届全国桥梁学术会议论文集(上册).北京:人民交通出版社,2012:63-69.

[173] 何锦章.忠建河大桥(钢桁梁斜拉桥)施工期间风致抖振控制措施研究[D].南宁:广西大学,2016.

[174] 王明慧,徐伟.新白沙沱六线铁路长江大桥钢桁梁断面的合理选择[J].桥梁建设,2014,5.

[175] 张强.铜陵公铁两用长江大桥主桥设计[J].桥梁建设,2014,3.

[176] 强士中,邢兵,等.乌苏大桥大挑臂钢箱组合梁扭转性能试验研究[J].桥梁建设,2014,5.

[177] 金增洪.法国诺曼底大桥简介[J].国外公路,1996,4.

[178] 张德平,周健鸿,等.赤壁长江公路大桥主桥设计[J].桥梁建设,2019,4.

[179] 杜萍.二七长江大桥主跨斜拉桥钢主梁设计[J].交通科技,2014,2.

[180] 吴游宇,邓淑飞,等.贵黔高速鸭池河大桥主梁结构受力行为分析[J].世界桥梁,2016,4.

[181] 补信丽.波形钢腹板部分斜拉桥——郑州朝阳沟大桥设计方法研究[D].郑州:郑州大学,2014,10.

[182] 张建强,孙立山,等.武汉青山长江公路大桥主梁受力特性分析[J].桥梁建设,2020,s1.

[183] 李翠霞.宜昌夷陵长江大桥主塔设计[J].桥梁建设,2003,3.

[184] 李欣欣.移动支架现浇混凝土斜拉桥施工特点与技术措施[J].华东公路,2013,4.

[185] 邵长宇.夷陵长江大桥三塔斜拉桥结构体系及性能研究[J].工程力学增刊,2000.

[186] 陈湘林,袁太平,等.衡山湘江大桥主桥斜拉桥施工[J].湖南交通科技,1996,9.

[187] 楚兴华.双向变截面钢箱梁顶推工法的应用[J].工程建设,2017,8.

[188] 王杰先,王爱君.满堂支架法在斜拉桥钢箱梁施工中的应用[J].公路交通科技(应用技术版),2015,9.

[189] 丁仕洪.大跨度钢桁架斜拉桥钢梁架设施工技术[J].建造技术,2020,1.

[190] 易云焜.泉州湾跨海大桥主桥施工技术[J].桥梁建设,2015,5.

[191] 黄绍结,李莘哲,等.红水河特大桥斜拉桥顶推施工中导梁设计施工关键技术[J].湖南交通科技,2017,3.

[192] 于祥敏,陈德伟.贵黔高速鸭池河大桥钢桁架施工关键技术[J].桥梁建设,2017,4.

[193] 王令侠,刘幸福,等.芜湖长江三桥钢桁架梁分层变幅法架设技术[J].桥梁建设,2021,2.

[194] 李传平,张保和,等.平行钢绞线拉索技术的研究与实践[J]建筑结构,2007,37.

[195] 高剑,易绍平,等.宁波象山港公路大桥总体设计[J].公路,2014,6.

[196] 顾民杰.宁波大榭第二大桥主塔设计关键技术[J].中国市政工程,2012,6.

[197] 张建,朱劲松.开口拱塔斜拉桥空间布置拉索优化设计[J].四川建筑科学研究,2014,22.

[198] 卢继明,刘瑜.景观斜拉桥钢混组合索塔研究及设计[J].中国市政工程,2020,4.

[199] 杨灿文,张强,等.池州长江公路大桥主通航孔桥设计[J].桥梁建设,2016,4.

[200] 李景丰,周伟明.同向回转拉索锚固体系斜拉桥施工技术[J].桥梁建设,2015,2.

[201] 任征.大跨度四线铁路高低塔混合梁斜拉桥桥塔设计[J].铁道标准设计,2018,8.

[202] 王枭,金文刚,等.运宝黄河大桥主桥设计与施工关键技术[J].世界桥梁,2019,1.

[203] 曾甲华,刘智春,等.转体施工钢箱梁斜拉桥设计[J].世界桥梁,2016,4.

[204] 冯鹏程,丁仁军,等.沌口长江公路大桥主桥设计[J].桥梁建设,2017,4.

[205] 彭晓彬,詹建辉,等.武穴长江公路大桥总体设计[J].中外公路,2019,6.

[206] 胡可,王胜斌.超大跨径柱式塔斜拉桥结构创新与应用[J].桥梁建设,2021,4.

[207] 张晓勇,王东辉,等.公安长江公铁两用大桥主桥钢梁设计[J].中国铁路,2015,3.

[208] 文坡,杨光武.黄冈公铁两用长江大桥主桥钢梁设计[J].桥梁建设,2014,3.

[209] 潘军,徐瑜.港珠澳大桥九洲航道桥主梁及桥塔施工关键技术[J].桥梁建设,2016,6.

[210] 谢涛,王福春,王澎,等.沈阳市富民桥——双折线塔斜拉桥设计[J].中国市政工程.2003,4.

[211] 易金刚.曲线刚构体系矮塔斜拉桥关键技术研究[D].贵阳:贵州大学.2017,6.

[212] 王志强,胡世德,范立础,等.东海大桥粘滞阻尼器参数研究[J].中国公路学报.2005,18(3):37-42.

[213] 赵晓晋,贺拴海,李源,等.斜拉桥前支点挂篮施工过程模拟分析[J].深圳大学学报理工版.2017,34(2):9.

[214] 何旭辉,马广.预应力混凝土箱梁短线法节段预制线形控制[J].桥梁建设.2009(5):4.

[215] 罗锦刚,熊彪.重庆千厮门嘉陵江大桥钢桁梁架设方案研究[J].施工技术.2013,12.

[216] 刘波,彭运动.贵州都格北盘江大桥主桥设计及关键技术[J].桥梁建设.2018,6.

[217] 白著.台州椒江二桥关键施工技术应用[J].公路.2015,2.

[218] 王达,黄海珊,曹政,等.波形钢腹板 PC 组合箱梁桥新型异步施工受力性能研究[J].公路交通科技.2016,33(8):7.

[219] 杨洪波,张秋信,杨健,等.平塘特大桥总体设计[J].公路.2019(9):5.

[220] 吴忠,徐杰.部分斜拉桥斜拉索塔上锚固技术[J].城市道桥与防洪.2007,6.

[221] 张爱军.液压滑模模板在双薄壁墩施工中的应用[J].铁道标准设计.2003,7.

[222] 陈建璋,张科超.管道压浆饱满度冲击回波测试影响因素[J].公路交通科技.2014,4.